曾海军　　主编

丁　纪　　执行主编

癸卯集

四川大学出版社
SICHUAN UNIVERSITY PRESS

目　录

实体教学专区

专题讨论·师友之伦

文献整理

附　录

特　稿

有"我"的人性论[①]

——理解孟子性本善论的一个思想视角

李景林

各位老师，各位同仁：上午好。前两天曾海军老师联系我，希望我能在钦明书院开学的时候，给大家做一场讲座，我就选了这样一个题目："有'我'的人性论"。孟子的性善论代表儒家对人性的理解，也构成了儒家道德教化学说的形而上学的根据。关于孟子人性论的讨论，历来是一个热点，有种种不同的说法。但是我觉得也存在很多问题，有很多提法让人于心未安，需要做进一步的讨论。曾海军老师对钦明书院中"钦明"两字的含义有一个解说：敬而能明。在座的同仁对经典都有一种敬重心，但光有敬重心还不够，还要能"明"，就是把其中的道理说清楚，对圣贤之言、圣贤之意有准确的理解。

我今天就先把有关孟子性善论讨论的一些问题摆出来，略加分析说明，然后再来讲我对孟子人性本善论的理解。

在座的高小强老师对康德非常有研究，我在这儿也从康德讲起。康德建立道德的根据，是从形式上讲，一方面是讲道德法则是自由的认识理由，又讲自由是道德法则的存在理由，这里面有一种循环论证。康德为什么讲道德法则是自由的认识理由？因为他说人对道德法则有直接性

---

① 壬寅二月初四（2022年3月6日）钦明书院壬寅春季开学日，讲于"腾讯会议"。由郑超据录音整理成稿，并经李景林教授亲自改定。

的意识，即我们有时能够当下知道我们应当做什么，不应当做什么。根据人对道德法则有直接性的意识这一点，可以说道德法则是自由的认识理由。人对道德法则有直接性的意识，我们据此可以对自由有间接的肯定，所以说道德法则是自由的认识理由。康德又认为人对自由不能有任何直接的意识、任何直接的经验和直观。但是，如果没有自由的存在这个前提，人对道德法则的意识便是不可理解的，所以自由又是道德法则的存在理由。这就是一个循环论证。通过这样一个循环论证，康德想说明道德的实在性。但是，康德所谓的自由其实就是一个公设，因为他认为人对自由没有任何直接的直观，所以是个公设。因而康德所提出的形式性的道德法则，实质上仅仅成为一种道德之所以为道德的理论必要性的条件，却没法给予道德存在必然性的根据和实在性的意义。这就是只从形式，而非内容、实质上来理解道德的根据所带来的问题。

这也涉及西方哲学对人性理解的方式，就是采取要素分析和形式的讲法，人被理解为各种属性和共相的集合。受西方哲学的影响，我们通常也采取这样一种方法，即以属加种差这样的形式来表述对人的理解。比如说人们经常会说，"人是理性的动物"。在这样一个属加种差的形式表述中，人被理解为一些抽象要素的集合。"人是理性的动物"这样的说法，把人降低到"动物"这样一个现成性上来规定和理解人性的内容和本质。这就使我们对人的理解，失去了它存在的体性和整体性的内涵。在对孟子人性论的研究中，经常看到有人说：人和动物有相同的生物本性，但是人的本质却在于其道德性。这个说法很糊涂，它意味着，道德性只能从人的存在之外"外铄"而来。然而，依据儒家对人性作为"类"性的整体性理解，不可能承认人和动物有相同的生物本性。比如说孟子说"形色，天性也，惟圣人然后可以践形"，"形色"是人的天性，"圣人与我同类"，人修养至圣人的高度，乃能把"形色"作为人之天性的固有本质实现出来。儒家并不认为人与动物有一种相同的生物本性。西方哲学从要素分析的角度来讲人性，把人当作一种现成的对象加以分析，讲人有各种属性，有生物性，有道德性，有社会性等等，这样一种要素分析的方式，我称其为一种"无'我'的人性论"。为什么说是"无'我'的人性论"？因为它以认知为进路，要设定主体和客体，这样，不仅把与"我"相对的"物"视为现成分析的对象，同样也把"我"对象化了。人有自我意识，表现为一种"我意识到某物"意义上的意识。在原初的意义上讲，我意识到一个对象，意识到某物，我也应历时当场性地临在于这个"意识到某物"的境域。但是按照我们刚才所讲的这种主客分立的进路，主体作为"我"，也成为一种反思的对象。我作为反思的对象，脱离了"我"的存在，被把握为"我"的种种抽象的性质、属性或者片段，"我"亦在此退居幕后，隐而不见。这就导致一种无穷后退，不停地把"我"推出去，界定为一种分析的对象，处在一种被述说的对象性的位置，"我"不再出场，因而失去了其作为存在的连续性和当场性，丧失了其体性的充实贯通和内在的整体性。以这种方式来思考的"我"，并不亲临在场，就成为一个不能被认识所把握的抽象的实体，理所当然地落在"奥康剃刀"的剔除之列。这也是当代西方哲学否定实体，否定形而上学的原因所在。儒家哲学以人的存在实现为进路。存在实现，意味着趋赴于一种目的性，一种目的的完成，所以存在实现是价值性的。这个价值不是西方哲学所说事实和价值二分的意义上的价值，这种价值在现代哲学里，被理解为一种相对性的东西。价值相对主义，人言人殊，没有普遍性和必然性。儒家从存在实现的角度理解人的存在和周围的世界。儒家讲人性，是落实到心性的论域，动态地展现人性的整体内涵。这种讲法是内容的讲法，不是形式的讲法。这是儒家哲学理解人性的进路。

我们通常讲人性论，又讲心性论，人性论和心性论是什么关系？儒家讲人性论，是落到心性的论域中来讲。比如《孟子·尽心上》说"尽心知性知天"，是落实到心上讲性；《孟子·告子上》说"乃若其情，则可以为善矣，乃所谓善也"，是落到情上讲性善。孟子的人性论，是在心上讲性，在情上讲心。孟子讲情是以性即心而显诸情，就是在情志的活动中动态地展现人性的整体内涵。这样讲人性，是从内容的展开上来讲，而不是从形式上来讲。孟子讲四端，讲不忍之心，讲亲亲，从这样的情态表现上展现人性的整体内涵，这就是我所谓的落实在心性的论域里来讲人性。这里的心性，当然包括性、心、情、气、才在内，它是一个统一的整体。这是从内容上来讲。

孟子既基于情感实存之内容以言性，那么，如何理解这个"情"，就成了一个重要的问题。

现代学者讲儒家的情感说，常区分道德情感与自然情感。在西方哲学知情或情理二分的观念影响下，学者往往把儒家所讲的情，比如喜怒哀乐、喜怒哀惧爱恶欲等等情感欲望的表现，理解为没有任何内容规定的自然情感。儒家其实并不承认有这样一种自然情感的存在，因为讲喜怒哀乐，讲喜怒哀惧爱恶欲，这是一个抽象的说法。在儒家看来，具体的情感发出来都有因何而哀，因何而乐，因何而喜，因何而怒，有中理不中理，中节不中节这样的问题在里边。因此，情发出来都是有指向性的，有好恶两端。说喜怒哀乐也好，说喜怒哀惧爱恶欲也好，从指向性上来讲，实质上就是好恶。好是迎，恶是拒。好恶两端，就有本然的指向和非本然的指向，所以不能用自然情感这种抽象的中性词，来指谓儒家所理解的情感。

有些学者又把孝悌、辞逊这些具有道德规定性的情感，理解为一种经过实践、践行，积习而成的结果。比如学界有所谓的"内化"说、"积淀"说。李泽厚先生就讲内化和积淀，从这个意义上讲，孝悌、辞逊等情感，都成了一种经过实践学习、内化积淀的结果。这当然不足以说明人性之善。由此，自然会形成如下一类观念：认为儒家讲人性，是说人有和动物相同的生物本性，人和动物的区别则在于其道德性；有人讲先秦儒家人性论的主流是自然人性论；也有把儒家的良心、良知、四端等，理解为一种天赋的道德情感或者道德本能。有种种类似的说法。这种天赋道德情感、道德本能的理解，同样是一种固化的现成性的理解。这样理解儒家的道德情感，是不得要领的。

康德确立他的道德原则，不从实质（质料）或内容上讲，因为他把情感仅仅理解为感性，即自然情感，又把这种情感的表现理解为一种自私和自负的利己主义。因此他认为人对道德法则的敬重，作为一种道德情感，是理智对情感贬损的一种结果，贬损自私自利的倾向，就产生敬重。道德法则有这种力量可以贬损人的自私自利的自然情感，所以会产生出对于道德法则的一种敬重。这种敬重的道德情感不是出于自然的情感，所以康德是排斥一切的禀好、一切的本能和冲动，因为这些禀好、本能、冲动都是自私自利的，所以道德法则要瓦解自私，平复自负，这样才能产生对于道德的敬重。而这种道德的敬重在主体里边并不是先行就有的内容，所以康德说在主体之中并非先行就有或者与道德性相称的情感，这是不可能的，因为一切情感都是感性的。

从这个角度来讲，我们一般地从自然情感或者道德情感的分别出发，也无法准确地诠释孟子的性善论。另外，像道德本能这样一类概念，是西方生命哲学所秉持的一种观念。本能对于人来讲，是逐渐消退的，非恒定存在的。对人来讲，因为理性的逐渐的发达，本能是逐步减弱的一种存在形式。所以道德本能这个概念，也不足据以说明孟子的性善论。

讲性善论有性本善论，有性向善论等等说法，我肯定孟子的性善论是性本善论。我研究孟子的性本善论，提出一个诠释的路径，这个路径，可简单地概括称为一种"先天结构性缘境呈现"说。下面就来讲我所理解的孟子的性善论。

刚才我讲孟子从心上来讲性，从情上来讲心，孟子的人性论是这样，是以性即心而显之于情。我现在就来讲讲这情怎么显，这是理解孟子性善论的关键的问题。

儒家所讲的道德情感并不是西方非理性派所讲的本能或道德本能，道德本能是现成的。孟子不这样讲。思孟一系学者，用"端"这一概念来指称人心不忍、恻隐、羞恶之心一类情感表现。这一点，就很好地凸显了儒家对道德情感的独特的理解方式。

"羞恶之心"，很多人把它读成羞恶（wù）之心，我认为应该读成羞恶（è），即羞于为恶，不能读成羞恶（wù）。我专门有一篇文章讨论这个问题。孔子讲："士志于道，而耻恶衣恶食者，未足与议也。"把"羞恶之心"读成羞恶（wù）之心，就不知道他是"耻恶衣恶食"，还是羞耻于做不好的事情，就失去了它本然道德指向或"善端"的意义。

所以要读为"羞恶（è）"，而不能读为"羞恶（wù）"。

我之所以说这是思孟一系的讲法，是因为简帛《五行》篇也讲到"端"这个概念，这是孟子以前的子思学派的文献。这个"端"，是人心以情应物的当下的显现。孟子论人心的先天的结构，可称其为一个"能－知"一体的结构。我们可以从《告子上》的"牛山之木"章看到这一点："虽存乎人者，岂无仁义之心哉？其所以放其良心者，亦犹斧斤之于木也，旦旦而伐之，可以为美乎？其日夜之所息，平旦之气，其好恶与人相近也者几希。"此处从"才"的角度论性善。这个平旦之气或夜气，不是一种特殊的气，它是人心在不受外物干扰下的一种存在的本然的表现。从上下文来看，"仁义之心"就是"良心"。人心在不受外物干扰时，夜气或平旦之气自然生成，其好恶乃与人相近而指向于仁义。人心在其本然之气上所表现出来的这样一个好恶与人相近，表现的就是良心或者仁义之心。这就是"才"。这个"才"，是人可以为善的先天的存在性基础。夜气和平旦之气，是人的存在的本然的表现。概括起来讲，这个"才"，是以气（平旦之气或夜气）为基础，在好恶之情上显现出良心或者仁义之心的一个标志人性（或人的存在）总体的概念。

良心的"良"字，就是先天本有的意思。《告子上》讲到"良贵"："人人有贵于己者，弗思耳。人之所贵者，非良贵也。赵孟之所贵，赵孟能贱之。"这段话是讲"天爵"和"人爵"。赵孟是晋国的执政，可以给你一个爵位，但也可以把它拿走，这叫"人爵"。"人爵"是别人给予你、也可以取走的东西，所以并不可贵。"贵于己者"是什么？就是"仁义忠信"。这是"天爵"，它得自于天而内在于己，属于自己，是他人夺不走的东西，所以称作"良贵"。所以，良心的"良"，就是强调"仁义之心"为人先天所本有。人先天本来具有仁义之心，良心就是仁义之心。《孟子》所讲本心、仁义之心、良心，是同一层次的概念。从先天本有而言叫作"本心"，从其在己而不在人来讲叫作"良心"，从其内容来讲叫作"仁义之心"。

人的良心（仁义之心）会在与人相近也几希的好恶之情上呈现出来，这个良心，包括良知和良能两个方面。《尽心上》说："人之所不学而能者，其良能也；所不虑而知者，其良知也。孩提之童，无不知爱其亲者；及其长也，无不知敬其兄也。亲亲，仁也；敬长，义也。无他，达之天下也。""亲亲，仁也；敬长，义也"，不是说亲亲就是仁，敬长就是义，而是说亲亲之情、敬长之情，推扩开来，达之天下，可以成就仁义。由此可知，这里所讲到的亲亲、敬长之情，也就是"仁义之端"。从前边所讲到的《告子上》"牛山之木"章我们知道，良心就是仁义之心。把这个"仁义之端"、亲亲敬长之情推扩开来，就可以达于仁义。从这里可以看到，良心即仁义之心，包含良知和良能两个方面，良知和良能的统一就是良心。人心具有一个"能－知"一体的先天结构。良心内涵**"良知"与"良能"为一体**，从反身性的自觉来讲叫作良知，从存在性的情态角度来讲叫作良能。孟子所讲的良心，是以良知依止于良能而统合于良心。这个"能"，包括情、意，包括前面所讲到的"气"——本然之气，即夜气和平旦之气。它是以"能"为体，包含着自觉，"知"即在"能"上表现出的一种心明其义的自觉的作用。"能"是一个存在的概念，也是一个力量的概念。我们有意志，意志有力量，这个力量就是从"能"上来的。这个"能"，统括起来讲，也就是"牛山之木"章所讲的"才"。这样一个能知一体，知是依止于能而发用。所以儒家在心上来讲性，实质上是以人心本来具有"能－知"一体的先天逻辑结构，而把不忍、恻隐、辞逊、亲亲等等有道德指向的情感内容，理解为此"能－知"一体的原初结构或者存在方式，在具体的情境中的一种当场性和缘构性的情态表现。因而不能把这些情态表现理解为某种现成性的道德本能，也不能把它理解为后天实践习成性的一种情操。这一点，对于理解儒家人性论、心性论具有重要的意义。

下面我们再来讲讲如何来理解思孟所谓"端"的涵义。

思孟一系儒家用"端"这个概念，来称谓人心诸如不忍、恻隐、羞恶这一类的情态表现。《孟子》中讲到四端，首见于《公孙丑上》："人皆有不忍人之心。先王有不忍人之心，斯有不忍人之政矣。以不忍人之心行不忍人之政，治天下可运之掌上。所以谓人皆有不忍人之心者：今人乍见孺子将入于井，皆有怵惕恻隐之心；非所以内交于孺子之父母也，非所以要誉于乡党朋友也，非恶其声而然也。由是观之，无恻隐之心，非人也；无羞恶之心，非人也；无辞让之心，非人也；无是非之心，非人也。恻隐之心，仁之端也；羞恶之心，义之端也；辞让之心，礼之端也；是非之心，智之端也。人之有是四端也，犹其有四体也。有是四端而自谓不能者，自贼者也；谓其君不能者，贼其君者也。凡有四端于我者，知皆扩而充之矣，若火之始然，泉之始达。苟能充之，足以保四海；苟不充之，不足以事父母。"恻隐之心是仁之端，羞恶之心是义之端，辞让之心是礼之端，是非之心是智之端。这四端就像四体一样属于我，而非自外来。把它推扩开来，就可以成就德性，平治天下。这里讲到的"四端"，和《告子上》所讲的"四端"，侧重点有所不同。《公孙丑上》讲"四端"，着重于把四端统归于一个不忍、恻隐之心。是非之心也好，羞恶之心也好，辞让之心也好，都统归为一个不忍、恻隐之心。从第一句话就可以看出来这一点，"所以谓人皆有不忍人之心者：今人乍见孺子将入于井，皆有怵惕恻隐之心"，即以"人乍见孺子将入于井，皆有怵惕恻隐之心"来说明人皆有不忍人之心。下面才把四端分开来讲，可见它是以"四端"统括于不忍、恻隐。这是一个要点。第二个要点就是推扩，"四端"推扩开来，可以达之天下，"凡有四端于我者，知皆扩而充之矣，若火之始然，泉之始达。苟能充之，足以保四海；苟不充之，不足以事父母"。孟子首先提出来"四端"说，是在《公孙丑上》"人皆有不忍人之心"章。

再一处讲"四端"，就是《告子上》："乃若其情，则可以为善矣，乃所谓善也。若夫为不善，非才之罪也。"这里也讲到"才"。这章是落在情上来讲的，这个"情"，当然就是指下边所讲的恻隐之心、羞恶之心、恭敬之心、是非之心而言的，这些都属于情。有人把这个"情"字解释为"实"的意思。"情"是可以解释为实，但是看上下文，此处的"情"就是指四端，所以这个"情"是指情感的情，而不好解释为"实"。《告子上》此处讲"四端"，特别强调"情"的涵义，角度与《公孙丑上》"人皆有不忍人之心"章有所不同。这个"端"，有两个涵义，第一个涵义就是端绪义。端绪义，是说它是"情"之缘境的一种当下的发见。这里所谓缘境，借用了佛家的说法，"缘"是因缘的缘，因当下所缘境的不同，那个"情"也有不同的表现。第二个涵义，是始端义，是说它是我们推扩成德，平治天下的一种初始的情态。

孟子所讲的人心善端，并不是他自己突然提出来的一个概念，在子思的《五行》篇里边已经用了"端"这个概念。《五行》篇有两个文本，一个是马王堆帛书本的《五行》，有"经"和"说"两个部分。"经"的内容是提纲性的，提出一些命题和观念；"说"是对"经"的解释和阐发。还有一个是郭店简的文本，大概相当于帛书《五行》的"经"的部分。孟子提出一个"四端"的说法，"四端"说当然是孟子讲人性善的一个根据。但是我们要明白，孟子讲"四端"实质上是讲一个人性的结构和大纲。按朱子的说法，"性是太极浑然之体，本不可以名字言，但其中含具万理，而纲理之大者有四，故命之曰仁义礼智"。孟子举"四端"为例揭示人性本善之义，但在思孟一系的心性思想中，"端"实质上是标志着人心以情应物当下显现的一个普泛的概念，并不局限于"四"。帛书《五行》篇已在这个意义上使用"端"这个概念，孟子也延续了对"端"的这种理解。

我们来看看帛书《五行》篇所讲的"端"："君子杂（集）泰（大）成。能进之，为君子；不能进，客（各）止于其［里］。"帛书《五行》"说"部解释这一段话说："'能进之，为君子；弗能进，各止于其里。'能进端，能终（充）端，则为君子耳矣；弗能进，各各止于其里。不庄（藏）尤（欲）割（害）人，仁之理也；不受许（吁）差（嗟）者，义之理也。弗能进也，则各止于其里耳矣。终（充）其不庄（藏）尤（欲）割（害）人之心，而仁复（覆）四海；终（充）其不受许（吁）差（嗟）之心，而义襄天下。仁复（覆）四海，义襄天下，而成（诚）（由）其中心行［之］，亦君子已。"这里所说的"能进端，能充端"的"端"，就是可以推扩开来达到仁、义的一种情态表现。"里"，可以参照"乡里"的"里"来理解，这个"里"，是局限在某一个范围之内的意思。人心表现出来的这个善"端"推扩开来，超越自身之限制（"里"），就能实现仁义、兼善天下（"仁覆四海，义襄天下"）、成就"君子"人格；"弗能进，各各止于其里"，是说如不能把它推扩开来，也要保持这个"端"不失。我们要注意的是，这里讲，"不庄（藏）尤（欲）割（害）人，仁之理也；不受许（吁）差（嗟）者，义之理也……终（充）其不庄（藏）尤（欲）割（害）人之心，而仁复（覆）四海；终（充）其不受许（吁）差（嗟）之心，而义襄天下。仁复（覆）四海，义襄天下，而成（诚）（由）其中心行 [之]，亦君子已"，在经由仁义之端的推扩扩充以成就君子人格德化天下这一点上，孟子和《五行》的讲法是相同的；不过，这里讲的"端"，不是"恻隐之心，仁之端；恭敬之心，义之端"，而是以不欲害人之心为仁之"端"，以不受嗟来之食的自尊心为义之"端"。

《孟子·尽心下》也有与《五行》篇类似的说法："人皆有所不忍，达之于其所忍，仁也；人皆有所不为，达之于其所为，义也。人能充无欲害人之心，而仁不可胜用也；人能充无穿逾之心，而义不可胜用也；人能充无受尔汝之实，无所往而不为义也。""达之于其所忍"，"达之于其所为"，也是在讲善"端"推扩。下边所举例子，"人能充无欲害人之心"，讲"仁之端"的推扩；"人能充无穿逾之心""人能充无受尔汝之实"，讲"义之端"的推扩。"无受尔汝之实"就是不食嗟来之食，与《五行》所举"不受许（吁）差（嗟）之心"意思相同。孟子此处所举"仁之端""义之端"，与《五行》同。而其所举"义之端"，又多出了"无穿逾之心"一例。"无穿逾之心"，就是不愿意去偷盗，挖窟窿洞盗洞去偷人家的东西。由此可见，"端"这个概念意义是很宽泛的，不仅仅局限在"四"端。

所以，人之良心或仁义之心以好恶来应接或迎拒事物（我们讲喜怒哀乐也好，喜怒哀惧爱恶欲也好，实质都可以归结为，对"好"的对象欢迎之，对我"恶"的东西排拒之），必会由当下具体的情境，而有种种的情态表现，呈现为当下性的种种的"端"。这"端"，就是人心作为"能—知"一体的原初存在方式，在具体情境里边一种当下当场性和缘构性的必然情态表现。一方面，因为它是一种当下当场性与境域性的表现，这"端"必然呈现出各各差异而不可重复的不同的样态，决不是拿几种现成的道德情感可以概括尽的。另一方面，这"端"作为人心"能－知"本原一体结构之情态表现，又本具"智"的内在规定，而具有其自身必然的道德指向与决断。

我们看思孟的文献，可以从中归纳出"端"的种种不同的样态。我概括一下，列出来"端"的表现：如不忍、不为、恻隐、羞恶、辞让、恭敬、是非、孝悌、亲亲、敬长、耻、忸怩、无欲害人、无穿逾、无受尔汝、弗受嘑尔、不屑蹴尔之食等，都可看作此"端"的不同的样态，并可以由此推扩而成德。这里所罗列的上述"端"的表现，也不一定全面，或者说不能完全概括人心应物的所有的情态表现，因为人所面对的情境各不相同，表现出来的情态就有不可重复的差异性。但同时，这些情态表现，又都有必然的道德指向，并可以据以推扩成德，达之天下。譬如孟子讲这个"忸怩"的情态。舜是儒家崇尚的圣王，但舜家"父顽、母嚚、象傲"（《尚书·尧典》），父母和弟弟都很恶，经常合伙去坑他。《万章上》记述舜的父母和弟弟象骗舜修仓房、浚井，借机害他。舜"吉人自有天相"，都能从困境中解脱出来。象以为舜已死，自以为杀害他的哥哥有功劳，要把舜的干戈、琴归自己所有，把舜的两个妻子弄来伺候他。结果象到舜的住处，见舜正坐在床上弹琴，象就表现出忸怩不安的情态。王阳明亦说过："良知在人，随你如何不能泯灭。虽盗贼亦自知不当为盗，唤他做贼，他还忸怩。"（《传习录》下）顽恶如象，见舜亦不能不生忸怩、不安、羞耻之情。这表明，良知可以遮蔽，却不会泯灭。即便是恶人，也会在特定的情境下，有一种善"端"表现出来。"无受尔汝之实"，与"不食嗟来之食"一样，都是人的自尊心的表现。人都有自尊心，即使是一个乞丐，你说"给你个馒头，快滚吧"，他可能宁肯饿死也不愿意吃这个馒头。"不食嗟来之食""无受尔汝之实"，就是这类情态表现。这各种各样的情态表现，就是"端"的不同的样态。因为当下的境域不同，这些"端"也呈现出不可重复的差异性。因此"端"是人心当下缘境而生的情态表现，并不局限在"四"端。孟子举"四端"为例以说明人心本具仁义礼智，讲得很有逻辑性，以至于我们常常会局限在"四端"上来理解"端"这个概念。我们读书，不能拘执于字面。

另一方面，这些"端"虽有不同的形态，都又有本然的指向，就是指向于善，而排拒不善，因此都可以推扩开来，成就德性，平治天下。人心具有"能－知"一体的结构，故此"端"作为"能"的情态表现，又本具"智"的内在规定，而必然具有道德的指向与决断。"能－知"本原一体，意谓"知"依"能"发用，所以这个知，并不仅仅是一种认知。它是依"情"而有的一种心明其义或存在性的自觉，而不仅仅是一种认知。"能"是个存在的概念，是一个力量的概念。所以，这个道德的指向和决断，就是有力量的。

这样一个本然的指向，因为有"好、恶"两端，所以必然包含着肯定和否定两个向度。其"好"的一端，由"智"的规定与"是"相应（"是非之心"的"是"）。王阳明讲"良知"即"是非之心"。所以"是"是良知自觉肯定性的一面。"好"与"是"相应，因此构成人心向善的一种存在性和动力性的基础（如不忍之心、恻隐之心、恭敬之心，亲亲、敬长之情等）。"好恶"这个"恶"，也因为有"智"的规定而与"非"相应（"是非"的那个"非"），构成人性排拒非善的一种自我捍卫的机制（如羞恶、羞耻、不为、忸怩等），这个自我捍卫的机制亦落实在实践上具有动力性的存在性的意义。

所以，思孟一系心性论所言道德情感，指人心"能－知"一体的先天结构以情应物的当下情态显现，即其所谓善"端"，并非一种现成的天赋道德情感或道德本能意义上的道德情感。一方面，它是缘境而生的当下境域性的显现，故其情态有差异不同的表现；另一方面，它又有具有内在必然性的道德或善的指向，是一个始端，由此推扩开来，都可以完成德性，化成天下。

儒家从心性和性情的论域来讲人性，其所言人性，不是根据对象性的认知分析而来的一些抽象的要素和可能性，而是就人作为一个"类"的整体存在的概念。孟子说"圣人与我同类者"，圣人只是"先得我心之所同然耳"。"同然"是一个理性的肯定。不仅如此，孟子又说："理义之悦我心，犹刍豢之悦我口。"（《孟子·告子上》）"理义"不仅仅是作为我理性上肯定的一个"同然"，而且是情感上、存在性上的一种实有诸己。理义"悦我心"，我心在情感上同时是"悦"仁义、"好"仁义的，这是在情感实存上一种"类"性的表现。我们可以分析出人性的种种要素，但这个要素，不是可以现成随意归入另外一物的一种抽象同质性、或可任意加以综合的东西。它是有"体"性的，这"体"性，表现为一种具有贯通性或者一种染色体意义的"通"性。从这个意义上，儒家不能承认人与动物有相同的生物本性。所以，我把人的肉身、情感欲望称作人的"实存性"，而不愿意用"生物性"这个说法。这样说，好像人有一种抽象的生物性。儒家把人理解为一个"类"的整体的存在，在类的整体性上理解人的各种表现，而非把人理解为各种抽象属性的集合。具体而言，就是在"情"作为人心"能－知"一体结构缘境当下显现的意义上，来理解人的道德情感，这就决定了儒家所讲的性善，一定是一种人性本善论。从这个角度理解善"端"，亦可见思孟所言性善，既是本善，又非现成。宋明理学注重工夫，即工夫而呈现本体，根据也在于此。

下面我们再讲讲它的理论意义。

这个人心"能－知"一体的结构，表现在心－物的现实层面上，就是"以情应物"。西方哲学论心物，讲思维和存在、主体和客体的关系，这是一个认知的思想进路。我们不是说儒家哲学没有认知这一层面，但对于儒家哲学而言，以情应物，是人心关涉自身、把握自身存在及其周围世界的最原初性的方式，它是情态性的而非认知性的。《中庸》第一章的"中和"说，是儒家哲学心物关系论的一个最经典的表述。宋儒常常通过对《中庸》"中和"说的诠释来阐发心性的问题，并把形上学、本体论和人性论统一在一起来讲。按我最敬重的吉林大学邹化政老师的说法，宋明理学是把心性的概念本体化了。《中庸》的"中和"说，讲的就是以情应物："喜怒哀乐之未发，谓之中；发而皆中节，谓之和。中也者，天下之大本也；和也者，天下之达道也。致中和，天地位焉，万物育焉。"发与未发，都围绕"喜怒哀乐"也就是从"情"上来讲。按朱子的解释，未发是性，已发是情，心兼赅体用性情。人心表现出来都是一个情。"天下之大本，天下之达道"，天下，指人类社会；"天地位，万物育"，则关涉整个宇宙。所以，以情应物，构成人关涉自身和周围世界以至宇宙的最原初的方式。

"情"是一个实存或生存性的概念，知内在于情并依情而发用，或表现为在情的实存活动中一种心明其义的自觉作用，并非一个独立的原则。《礼记·中庸》讲诚明互体："自诚明，谓之性；自明诚，谓之教。诚则明矣，明则诚矣。""诚"是人性的实现，"明"则是依此实现而有的生命智慧，这两者互证互体不可或分。人依此以情应物的方式来裁成辅相天地万物的化育生成，人与物、与周围世界的关系，首先表现为一种存在或价值实现的关系，而不仅是一种单纯认识的认知关系。《中庸》二十五章说："诚者，自成也；而道，自道也。诚者，物之终始，不诚无物。是故君子诚之为贵。诚者，非自成己而已也，所以成物也。成己，仁也；成物，知也。性之德也，合外内之道也，故时措之宜也。""时措之宜"，就是通过成己而成物的方式，因任人、物的本有之"宜"、之"理"、之"性"而随时随处成就之。这里讲诚是"自成"，道是"自道"。自成自道，是因物之宜而任物各自成其性。"合外内之道"，就是要在人、物存在或价值实现的前提下达成人我、物我之间一体相通。这个物、我一体相通的"通"性，既以物我自性差异的实现为前提，同时又构成这自性实现的存在性基础。

这个以情应物的心物关系观念，表现了一种存在实现的哲学进路。人心以情态性的生存方式当场缘构性地涉着于物，因物之性而时措之宜，成己成物而道合外内。人心对此万物一体所呈现的性体、道体之自觉，乃表现为一种生存实现历程中之心明其义的真实拥有；而此性体、道体由是亦在人之实有诸己的存在实现中呈现自身。《易传》讲"成性存存，道义之门"，又讲"继之者善也，成之者性也"。"成性"，表现为一个生生连续的历程。"成性存存"，存者在也。"存存"，即一个连续性的不断的在在，"道"乃即此而敞开（道义之门）自身。连续性的在在，就是生生。"我"生生而在在，道体性体，总是在这生存的历程之中，常亲临在场。所以，我把儒家的人性论，称作一种"我"之在场或者"在中"的人性论。相较于前面所讲的那种"无我"或"无体"的人性论，也可以说儒家的人性论是一种"有我""有体"的人性论。小程子论中和，说"喜怒哀乐未发，是言在中之义"。这里的"在中"，是借用了小程子的说法。儒家讲天人合一，就是一种有"我"在场的境界。不是说"我"在这边，有一个现成的"道"在对面，"我"去认识那个"道"。人须经由工夫历程才能真实拥有和觉悟那个道。黄宗羲讲"心无本体，工夫所至即其本体"，就是在这个意义上说的。

这样一种我之"在场"或"有我""有体"的人性论，一方面规定了儒家哲学作为一种教化的哲学或者存在实现意义的哲学这样一个特点，同时也使得儒家的哲学具有一种宗教性的意义，能够代替宗教成为中国文化的教化之本和精神的核心。我认为儒家是哲学，但又具有宗教性。西方哲学循认知进路所建立的形上学，是一种知识和理论形态的形上学，它的人性、本体概念，终归是一种理论的悬设。当代哲学走向形而上学的否定，否定实体、本体、基础，出现所谓后现代主义、后哲学文化的思潮，这应是西方哲学原则及其发展的题中应有之义。海德格尔有一个说法，认为西方的形而上学耽搁了存在的问题，是有道理的。

对这一点，西方当代一些哲学家也有反思。我最近读到美国迈阿密大学迈克尔·斯洛特教授的一本书：《阴阳的哲学——一种当代的路径》。这位老先生曾经到北师大做过讲座，我也跟他讨论过相关的问题，并为他这本书写过书评。《阴阳的哲学》一书特别强调中国注重情感的阴阳哲学对纠正和调适西方哲学过度的"理性控制"倾向，"重启"未来世界哲学的重要意义。考虑到在当代宗教精神渐趋弱化的背景下，哲学观念上的"无我"和否定形而上学倾向所导致的价值相对主义和人生意义的虚无化，切实思考和重释儒家这种"有我""有体"的人性论及其哲学精神，不仅对中国哲学和文化的当代建构，而且对人类信仰的重建，都具有重要的意义。

我就讲这么多吧，下边留点时间，大家做一些讨论。

附　交流讨论

主持人李秋莎　各位师友：上午好。今天是钦明书院核心教学《孟子》学期的第一天，我们有幸邀请到了李景林教授来做开学讲座，主题是《有"我"的人性论——理解孟子性本善论的一个思想视角》。李老师在中国哲学研究，尤其是孟子学的研究方面成果斐然，出版过《教养的本原》《教化的哲学》等重要著作，有《论"可欲之谓善"》《论人性本善及其自我捍卫机制》等重要文章，大作《孟子通释》去年底也已经出版。李老师近日已经正式受聘担任四川大学文科讲席教授，成都方面的同学有了更多当面请教的机会，秋莎在此就不再更多介绍。

前面已经发布今天讲座的预习材料，即《孟子通释》的导言和《孟子·告子上》的前八章。讲座时间是上午九点至十一点半，前两个小时由李老师主讲，后面半个小时留作讨论。因为讨论时间有限，大家可以先把问题写在"腾讯会议"的聊天窗口，主持人会从中总结三个提问请李老师赐教，其余提问后面也会总结下来呈李老师过目。

现在有请李老师开始讲授。

（正文见前。）

谢谢李老师。下面我转述同学的提问。

第一个问题是："端"是不是当即就是情？端和情之间有怎样的区别和联系？如果端不限于四端，那么，孟子总结四端的意义是什么呢？

李教授　"端"就是一种情态表现。当然这个情不限于那些情态，也有我在前面讲到的良知良能，它是个整体。人心"能－知"一体的结构，其应物的当下情态表现，就是一种"端"。端不限于四端，孟子言四端，是要据以说明仁义礼智为人先天所本有，要讲出人性的结构。我在前面也讲到，朱子说"性是太极浑然之体，本不可以名字言，但其中涵具万理，其纲理之大者有四，故命之曰仁义礼智"，仁义礼智只是举出了纲理之大者，大体言之，来做一个逻辑的解释，并非把人心应物之情态表现归结为四端。如果停留在"四"来理解"端"的涵义，就把人的道德情感理解成了一种固定的现成的情感，这就与思孟所言善端的意思相去甚远了。我想是这样，这是第一个问题。

　　李秋莎　第二个问题是：老师提到，孟子说的"才"是标志人性善的先天普遍才具，情是有其道德指向而非自然情感的。那么，当我们讨论人和动物的区别，人禽几希的时候，是表现为动物的这种情，也就是说动物的喜怒哀乐都是没有道德指向与决断的这种自然情感，并无仁义理智的先天实存，动物是不具备为善的先天普遍才，在这个意义上，我们是不是没有办法从本质上去讨论天地之善和万物之善？老师在写到仁义礼智的时候，特别提到了比如说仁义礼智的规定这样的词，那么也有人疑问说，如果是这样的话，仁义礼智是作为价值原则或者说一种规定，还是具有道德创造作用？这是第二个问题。就是说老师在用仁义礼智的时候也没有意会规定用法，老师认为仁义礼智是价值原则，还是如牟宗三教授所提的那样，是一种具有创发性的性体了？

　　李教授　当然是指性体。这与刚才讲到的人和动物的区别不是一个问题。

　　当我们说人性善的时候，并不是说动物是恶。这里有一个语言的陷阱：好像"善"是相对于"不善"说的，似乎除了人性善以外，自然物就是不善的。不可以这么说。

　　我们说人性是善的，有一个特殊的语境。自然的存在，不可以善恶言。为什么？善与非善的道德判断，有一个选择问题。就是说，人有选择的能力，可以为善，可以为不善，由此，我们才说人性善。自然物没有选择，动物依照本能的方式存在，自然物的本能本身就肯定着它的存在。朱子讲万事万物皆有其"所以然而不可易之理"，皆有其"所当然而不谷已之则"，如"鸢飞鱼跃"，是即其天性之生生不容已。此当下本能性的表现，就肯定和完成着它自身的存在。物的自然表现就是一个对其自身存在的肯定。宇宙万有，异类殊方，虽相反而不可相无，而共成一和谐的整体。从这个意义上讲，物皆有自身肯定性的价值，如果用"善恶"来讲，它就是一个"善"。譬如一粒种子，它的实现，是一个创造的过程。我们种棵树，不会变成其他的东西。种豆得豆，种瓜得瓜，这是其"所以然而不可易之理"。种子有其生生之几，要生根开花结果，这是其"所当然而不容已之则"。那"所以然不可易之理"是要在生生的"所当然不容已之则"上面表现出来。从这个意义上讲，物皆有它自身肯定性的价值，如果借人性所谓的善恶言，它当然就是善；不过，因为没有与恶相对，所以亦不能说是善。从这个意义上讲，你对一个自然物遽分善恶，就是从你的躯壳起念。这是阳明的讲法。这里边有一些比较细致的可以分析的地方。

而人的善，是通过一种理性的方式把"诚"实现出来的过程，《礼记·中庸》称之为"诚之"之道。这诚之之道，就是个"致曲之道"，"其次致曲，曲能有诚"。诚就是一个天人合一之道，天地之理表现在人性上，就要有一个不断"择善固执"的工夫历程。工夫当然与人的努力不可分，但这工夫所达成的转变，不正是本体性体之创造性的表现吗？

李秋莎 谢谢李老师。第三个问题是：书院同学即将开始读《孟子》，老师在读书方法和需要关注的重点问题上面有什么建议吗？

李教授 这个不太好说。就是朱子讲到一个一般人的读书方法，朱子的读书法，讲读书要"循序而渐进"，"熟读而精思"。再就是用心去体贴，最后能够使圣贤之言"若出于吾之口"，圣贤之意"若出于吾之心"。当然读书有很多具体的路径，最要紧的还是要以心去体贴圣贤之意。我觉得读《孟子》的书，心性论是一个最核心的问题。把握住这样一个根本的东西，其他的东西就比较好理解一点。

李秋莎 谢谢李老师。现在请书院的三位老师来提问。

曾海军老师 李老师，您好。我没有特别具体的问题，主要还是一个呼应。对李老师的这种思考，对孟子人性论和西方形上学的比较，我有很多地方很有呼应，因为我自己也比较关注这些方面。儒家讲这些道理，比如今天李老师讲的性善论，它所具有的不一样，被以前很多比较熟悉的讲法所淹没。我也以孟子的恻隐之心为题写过文章，总体来讲，觉得跟李老师的思路比较能够呼应，尤其是李老师强调人心更重要的是在于其本身的一个成就，是一个不断的成就出来的过程，而不是一个外在、现成规定的东西，这些都是我很有呼应的。其他的问题，李老师开学会到川大来，应该会有很多机会再向李老师来请教的，所以就不再占用时间了。谢谢李老师。

李秋莎 好的。请丁老师提问。

丁纪老师 李老师，您好。年前收到秋莎转来李老师非常宝贵的赠书，在此当面致谢！我先拜读了后记，李老师虽以半年时间完成此著，但是集三十年的功力而成，所以是一个非常丰厚的著述。我们这个学期，好像不只是书院的核心读书班要读《孟子》，其他两三个场合都要读《孟子》，当然，这只是一个凑巧，不是特意的安排，但我想，李老师的书肯定会给大家带来非常多的启发，也希望我们的同学看看能否做一个专精的研读，然后能否撰成书评之类，再来向李老师请教。

今天李老师的报告"有'我'的人性论"，这当然是儒家的一个要点。不光是"有'我'的人性论"，甚至，是"有'我'的天地论、宇宙论"，乃至于，如果在其他人说认识论的时候会仅仅落入到一种主客对峙的或者说一种静止平面的认识论，对儒家来说的认识论，肯定也是一种"有'我'的认识论"。所以，对儒家而言，舍了"我"，一切都成为不可论也不必论。这是一个大要点。再一个，李老师刚才提醒书院同学读书的时候特别要注意，读《孟子》一个要点，就在《孟子》的心性论方面，我觉得这确实是一个要害，我对李老师的提醒非常认同。再一个的话，就是李老师针对着像康德的那样一种形式主义道德哲学，强调人性或者说道德方面的一种实质性，这方面我也是非常认可的。

因为尚未把李老师大作导言关于"道性善"这一部分做尽量仔细的研读，有些问题可能没有什么针对性，甚至可能出于误解。比如说，如果把性本善论里面特别包含进像"缘境当下呈现"这样一种意味，强调当场性、境遇性、多样性等等，孟子的性善论在历来的诠释之下原已出现两歧，有以性本善为理解的，有说性向善或者心向善的，针对这样的两歧，李老师做出了自己的选择，就是归向性本善论，但是，又强调这样一种"缘境当下呈现"的意义，这是不是可以理解成，性本善论在被诠释之中又出现了新的分歧？这是最初以性本善论去对应性或心的向善论的时候的立论本意吗？这个地方，我可能会稍抱疑虑。

再有，也是在理解性善论含义的时候，去大段发明一种"能知一体"的意味，以"能知一体"作为性善或者性本善的核心含义，会不会反而把仁与义的意义说得稍薄弱化了一些？因为在孟子本人的表达里面，会说到"礼之实""智之实""乐之实"等等，如果照孟子这些说法来说，是不是能说，虽然是"能知一体"的，但是"能之实""知之实"也仍然不过只是在仁与义上面，"能斯二者""知斯二者"，能不能这么说？如果贯穿地要特别突出地将性本善的意味着落在"能知一体"的意义上面来，会不会引起我担心的这样一种危险？

接下来是两个看上去是细节，却凝聚着李老师对孟子总体性理解的地方：一个，是羞恶之心念羞恶（è），李老师反复多次强调了这一点；再一个，四端不限于四。这两个看上去很微观、细节化的理解，李老师自己既非常着意，也已不断有同学就这方面发出质疑，表示困惑或觉得不容易理解到位。

比如羞恶之心，按李老师理解是人羞于为恶（è），所以李老师将此念成了羞恶（è）。按这样的理解，羞耻之心之羞于为恶（è），是在羞耻之心发动之前，善之为善、恶之为恶都已然成为一种有定识、有共见的这样一种东西了，因此，对着人人都以为是善的我不去为善则羞，对着人人都以为是恶的我去为恶则羞，这样说成羞于为恶、羞于为不善，语义上至少是可通的。但是，这就带来一个问题：李老师这里一直强调的道德原则也罢、实理也罢，或者人性的实义也罢，都不是一种外在于心或者情或者才或者气的东西，不是一种现成、封闭、既定的东西，那么，羞于为恶（è），先知道善恶之为善恶然后再来羞之或者不羞，由以见其为道德或者不道德，见人性是如何的，这样的话，反而是羞与善恶相外。会不会是这样一种情况呢？但如果按照从来的念法，念成羞恶（wù），则对一个非圣非贤的普通人来说，他并不需要事先知道什么叫作善、什么叫作恶，也就是说，羞恶（wù）之心并不需要以知善知恶为前提，当遭遇到一个他虽日用不知的善或者恶，一旦被真实触动之下，善则他乐之喜之，恶则他羞之恶之，善恶就从他的羞恶（wù）里面呈现出来，被他的本然之知所觉知的。以至于可以说，羞恶（wù）之心对善之为善、恶之为恶具有一种先在的决定性，具有一种造就的可能性，无羞恶（wù）之心，则亦无所谓善，亦无所谓恶。我觉得，这样来理解，反而更能够照应李老师整个一篇之大旨。这一个细节，原来的理解似乎并没有要让李老师觉得会落入到一种寻常的、庸凡的、以致埋没掉某些特别感发人的意味的危险，反而更能契合李老师所要成立的一种大旨。

这样两个细节之处，我乍听之下也觉得充满疑虑，或者说不很了然，是要特向李老师请教的地方。谢谢李老师。

李教授　好，谢谢丁老师，你考虑得很细致。

第一个问题是对我讲"情"之显现的当场性、境遇性、多样性提出的讨论。我这样讲，主要是针对前面提到的对儒家情感说的误解而言的。有人说先秦儒家自然人性论是主流，有人把道德情感理解为一种先天的道德本能，也有人把亲亲敬长等道德情感理解成一种积习而成的东西。我觉得这些说法是不可取的。我讲这个情具有道德指向，根源于人心。与此相关的一个问题是关于"能－知"一体的。我讲"能－知"一体，"能"是在实存的意义上讲，情、气、肉身是实存，但具有内在的"智"的规定，"能－知"是本原一体的，所以情的当下显现，便有向善的内在的指向性。"能－知"一体，我们从《孟子》书里面可以看到有这样一个结构的观念。这个观念与西方哲学理性和非理性的区分是不同的，它是一个整体。"知"在这里是落实在情感实存，依情发用的、心明其义的自觉作用，同时它又内在于情感实存，所以，人的情感的表现，具有本然的道德指向，而非一种非理性的盲目冲动。这样，人心以情应物，因缘不同的境域，必有种种的情态表现，并不限于"四"端，却皆有善的本然指向，能由之推扩成德，达之天下。这个解释，主要是针对那些把道德情感或理解为现成道德本能，或理解为某种积习而成的后天经验概念来说的。这是我对第一个问题的解释。

第二个问题是有关四端这个概念的。凡是语言的表现都是有陷阱的，都有落入言筌的危险，孟子的四端说也有这个问题，关键是要从中体会他那个意思所在。四端不局限于"四"，但四端说是非常好的。《孟子通释》导论讲到四端说，其中有一个说法，就是说四端所显仁义礼智四德统归于仁义，仁义统归于仁。所以这些"情"的表现，实际上都可以统归到"仁"上去讲。仁者心之德，人心有规则性、限定性，就有个"义"的规定在里边，义也是服从于仁的。所以四端讲的也是个能知一体，里面有是非之心，这就是个"智"。阳明讲良知即"是非之心"，就是这个意思。所以讲"能－知"一体，与以仁义为孟子学说的重心，是一致的。至于羞恶（è）读成羞恶（wù）还是羞恶（è），我的想法是要读成羞恶（è）。朱子读作羞恶（wù），但他解释"羞恶之心"，说："羞，耻己之不善也"，"恶，耻人之不善也"。这是因为，羞恶（wù）里边没有一个指向于羞恶什么东西，所以才需要增加一个羞是耻己之不善，恶是耻人之不善，做了这样一个分判，增加了一个羞和恶的对象。这是朱子的一个明见。朱子看到，读成羞恶（wù），会有一种危险，就是这羞恶（wù）之心，缺乏一个善的指向，或者说，缺乏一个对"恶"的拒斥，所以需要增字解经，增加这样一个羞己之不善，恶（wù）人之不善这样一个羞恶的对象，才能说得圆通。我在前面也讲到这一点，就是《论语》里边孔子讲到，说"耻恶衣恶食者，未足与议也"。如读羞恶之心为"羞恶（wù）"之心，那就不知道羞恶（wù）的是什么，是"耻恶衣恶食"，还是耻于做恶事。所以，读为羞恶（è），就比较容易有指向，没必要再增加一个羞己之不善，恶人之不善的说法，来曲为之解。再进一步说，孟子讲四端，都是对己而言的，加一句"恶，耻人之不善"，亦觉于上下文意有些不顺。因此，读为羞恶（è），可能就更简洁明了一些，我是这么看。

李秋莎　请高老师发言。

高小强老师　好的。刚才丁老师说到李老师的大作《孟子通释》，我在年前说，书院这学期正好要做《孟子》研读，李老师的大作要列为书院研读《孟子》的必读书目，这里，也要向李老师表达感激。李老师报告里面的一些具体问题，我在这里就不再展开，只是想进一步来往前说一个问题：谈到孟子的"有'我'的人性论"，当然也是整个儒家的特征，无论是"有'我'的人性论、天地论、认识论"，李老师推广出来，我非常赞成；李老师也追溯了西方的"无'我'的人性论"，然后也对"无'我'的人性论"里面的内容做了展开论述。这些具体的论说，我不再去进一步地追问，我想向李老师请教这么一个问题：是什么原因，导致中西会有这样的分野，"有我的"和"无我的"这种分裂，根本性的原因究竟是什么？中西的分野，往前面追溯根源的话，会如何来论述这个问题？往前追溯，是历史的追溯，还是理论的追溯？当然，也可以是历史和理论兼而有之的。谢谢李老师。

李教授　从历史的追溯说，前孔子时代的中国思想，并不把神性作为一个外在于人伦的东西看。在商周时期的宗教观念里，神性是内在于人伦的，这是一个非常重要的环节。神性内在于人伦的观念转化为哲学上的思考，就构成了神人性既来自于天，又内在于人的性善的观念。过去我们老讲"内在"，没有讲明白这个内在究竟是内在于什么。我的说法就是，人的善性、道德性内在于人的实存性，包括肉身、情感、欲望这些实存的内容，其直接的表现，就是人的情感实存。所以，儒家论心物，就把"以情应物"看作最原初的应物方式。人心"以情应物"，其关涉周围世界的方式，总是生生在在，"我"就在里边，而不是把物看作一个认知的对象——我是主体，对面是一个客体，对这个现成的对象、客体作抽象的分析——不是这样一种表现。人作为主体，在情感生存的生生历程上，因物之宜而随处成就之，由此达到物、我在各自自性实现前提下的一体相通。在存在实现上达成物、我一体的相通，是在物我、天人合一的境界上呈现本体，"我"总是临在当下，在存在上真实拥有这本体。这种观物方式，与西方哲学不同。以认知方式把物、"我"设定为现成分析的对象，不免会形成抽象本体的观念，导致对形而上学的否定。中西方大概区别应该在这个地方。高老师是研究西方哲学的专家，我在此班门弄斧了。

李秋莎　由于时间关系，今天我们的讲座就到这里结束了。再次感谢李老师。大家在聊天窗口的提问，我们会在总结之后交给李老师，谢谢大家。

李教授　谢谢。大家再见。

学术论文

诚：作为一种中国观念

曾海军

《中庸》有云："诚者，物之终始，不诚无物。"又云："诚者，天之道也；诚之者，人之道也。"朱子注曰："诚者，真实无妄之谓，天理之本然也。"[①] 对于"诚"这一名义的表达，这几句堪称关键。诚乃物之终始，即自始至终、始终如一之谓。自天之道而言，有始便有终，终始之间如一，无一丝妄念，更无一丝妄作，故诚为天理之本然。天地生物无不诚，人之道在于诚而有物，一有不诚则无物可言。不过，以上所述显得很不学术，有必要表达为熟悉的学术话语。如"诚"作为天之道，表达为天地万物的运动规律；作为天理之本然，表达为一种本体论概念；其真实无妄的含义，表达为天地万物的属性，等等。只不过如此一来，与经典中的名义又显得很不贴切。这其中的最大问题，可能在于将"诚"理解为一种概念或范畴。若尝试将"诚"视为一种中国观念，以观念而非概念的方式理解其思想内涵，或许就有不一样的收获。"诚"若是"观念的"，则同时也是"中国的"。或者说，"诚"必须作为一种"观念"，才能显示其"中国"意味。若"诚"只是一种品德，比如"诚实"，或只具有伦理价值，比如"诚信"，乃至只是人生境界，比如"虔诚"，都不能显示其"中国的"意味。品德、伦理价值或人生境界，可以在不同程度上以"诚"作为一种概念得以表达。但作为一种本体意义

---

① 朱子《四书章句集注》，页 31，中华书局 1983 年版。

上的"诚"，无法以概念或范畴的方式抵达，不妨尝试着通过观念的方式展开思考，并显示其中的"中国"意味。

一、"诚"并非一种本体论概念

"诚"作为"信"的意思，在《说文解字》和《尔雅》中都有训解。孔颖达亦多以"诚信"注解"诚"，如"诚，谓诚信也；伪，谓虚诈也；经，常也。言显著诚信，退去诈伪，是礼之常也"① 即是。"诚"在"诚信"的意思上，属于伦理范围内的道德概念。"诚信"作为一种概念，可以用来界定某种言行一致的道德行为，并与其他道德行为相区分，这大概没问题。"诚"与祭祀之礼相关，有"虔诚"之意，如"祷祠祭祀，供给鬼神，非礼不诚不庄"（《礼记·曲礼上》），或"君子之于礼也，有所竭情尽慎，致其敬而诚若，有美而文而诚若"（《礼记·礼器》）皆是。"诚"在"虔诚"的意思上，属于人生论范围内的境界概念，用来表达某种人生的心灵境界，并与其他心灵境界相区分，比如逍遥、空寂等。这种界分大概也可以成立，虽与存在事物的概念界定已然大不一样了。作为一种纯主观的概念，主要得避免说向客观的存在事物，尤其不能成为存在事物的某种根据，亦即不能理解为一种本体论概念。

"诚"作为一种境界概念，现代学人关注得比较多。比如理解孟子所言"万物皆备于我矣。反身而诚，乐莫大焉"（《孟子·尽心上》），就认为"如孟子哲学果有神秘主义在内，则万物皆备于我，即我与万物本为一体也。我与万物本为一体，而乃以有隔阂之故，我与万物，似乎分离，此即不'诚'。若'反身而诚'，回复与万物为一体之境界，则'乐莫大焉'"。境界的体验是否具有神秘主义，这种判断可能因人而异，而孟子的"反身而诚"是否属于这种具有神秘气质的境界，则是另一回事。还有论《中庸》中的"不诚无物"，亦以为《中庸》更就孟子之言，加以引申说明，以'合内外之道'，为人之修养之最高境界。此盖

---

① 郑玄注、孔颖达疏《礼记正义》（十三经注疏）（下），页 1537，中华书局 1980 年版。

一境界，于其中虽仍有活动，与一切事物，而内外即人己之分，则已不复存在。《中庸》所谓诚，似即指此境界"云云。① 由于孟子和《中庸》论"诚"皆涉及万物的问题，无论"万物皆备于我"抑或"不诚无物"，如何理解"诚"与"物"之间的关系，成为中国哲学上百年历程中的难题。若以人生境界之意解之，避开事物存在与认识这个大坑，看起来可以化解主观之"诚"与客观之"物"的尴尬，却未免显得囫囵，不能令人满意。或许只有先跳进这个大坑，才有可能想办法怎么填坑。

以"诚"论事物的存在，一开始不可避免会显得很生硬。比如，"所谓诚，用现在的名词来说，即具有一定的规律性。《中庸》以诚为天之道，即认为天（自然）是具有一定规律性的"②。以规律性解"诚"作为"天之道"，明显就有圆凿方枘之感。这其实就着将"道"通常解作事物的规律性而来，"诚"既然作为天地万物的运行之道，就很难不落实在规律性上。规律性属于典型的认识论概念，对存在事物的认识在于把握运动变化的规律性。在事物存在的层面上理解作为"天之道"的"诚"，除了类似于"规律性"这种认识论的解释之外，恐怕也难以找到更合适的意思。但这并不是最难堪的地方，《中庸》不仅以"诚"为"天之道"，同时也以为"人之道"。若作为"天之道"的"诚"是事物规律性的意思，则又为"人之道"时，岂非轻轻松松就把握了事物的规律性？这自然不可能，由是"《中庸》以诚为'天之道'，又认为诚是圣人的境界"，还是将说向"人之道"的"诚"理解为境界的意思，而"实际上，自然的普遍规律与人生的最高理想属于不同的层次。《中庸》将天之道与圣人的境界混为一谈，就混淆了不同的层次了"，③ 最终只能认定混淆了自然规律与人生境界。

受西方认识论的影响，面对像"诚"这种既能说向天道又能说向人道的经典叙说方式，在主客相对的认识框架下，理解起来就特别尴尬。由于主观的认识只能是对客观事物的反映，已经说向了天道的"诚"，

---

① 冯友兰《中国哲学史》（上册），页 102、277，华东师范大学出版社 2000 年版。

② 《张岱年全集》（第四卷），页 555，河北人民出版社 1996 年版。

③ 同上。

具有了客观性，就应当等着主观的认识和把握。当然，也可以将"诚"只说向人道，再与客观事物之间达到主客的统一，可以归为某种主观唯心主义。唯独同时说向天道和人道，就难免令人束手无策，只能当混淆处理。这种混淆还表现为不分自然规律与道德原则，或自然之理与当然之理傻傻分不清。比如小程子论"诚"，"诚是'致一而不可易'之理，即永恒的必然规律"，"程颐认为自然之理与当然之理是一致的，也把自然规律与道德原则混为一谈"，① 便是这种情形。不过，当论到船山的时候，认为"诚不但是'约天下之理而无不尽'，而且是'尽天下之善而皆有之'。王夫之以诚字把自然之理与当然之理统摄起来"②。这未免有些令人吃惊，为何小程子只是"混为一谈"，而船山却能"统摄"呢？自然之理更具存在事物的客观性一面，而当然之理则更具人伦之间的主观性一面，两者确实可以做不同类的划分，甚至可以视为分属不同类型的世界。以一种存在事物的认识论眼光来看，只有可能判定为"混为一谈"。至于以"统摄"称船山，这可能只是一种感情上的偏好，并无义理上的根据。

以规律性的认识解"诚"所造成的生硬感，如何才能加以克服呢？有学者认为："在理学范畴体系中，诚既可以从'天'的方面说，也可以从'人'的方面说，既是客观范畴，又是主观范畴，但是更确切地说，它是人与天、心与理完全合一的本体范畴。"③ 从"天"的方面说是作为客观范畴，可能是自然规律之类的意思；从"人"的方面说是作为主观范畴，可能是道德原则之类的意思。在认识论的框架中，一种概念或范畴要么是客观的，要么是主观的，而看起来既客观又主观的"诚"，就会显得很尴尬。于是便有了对"诚"作"本体范畴"的定位，以摆脱这种生硬感或尴尬境地。先不说这种定位是否"更确切"，单说"本体范畴"这种提法，本身可能比较含糊。对译西方哲学的"本体论"与"存在论"是一个意思，"范畴"更有特别的含义。"本体范畴"这样

---

① 《张岱年全集》（第四卷），页 556、557。
② 同上，页 557。
③ 《蒙培元全集》（第三卷），页 379，四川人民出版社 2021 年版。

的提法在西方哲学的视野中很难获得明确的解释，当然也不能否认，可以在中国哲学固有的语境内，获得独立于西方哲学的理解。若通过传统的"本末""体用"加以理解"本体"，"诚"作为某种"本"或"体"，肯定能获得某种理解，包括人与天、心与理合一的意思，也都可以有所表达。但问题在于，从固有的"本体"或"天人合一"，到西方哲学中的主客观统一，这中间是巨大的鸿沟，没法靠"本体范畴"的定位就能跨越。

然而，"本体范畴"的提法并非仅见，类似的困惑可能有很多。比如具体到对《中庸》论"诚"的解读，"所谓'诚者，天之道也；诚之者，人之道也'，是从天人两方面，即宇宙论和人性论上说的；所谓'自诚明，谓之性；自明诚，谓之教'，则是从主体的认识和方法上说的。'天道'就是'为物不二，则其生物不测'的至诚不息之道，这是'天之所以为天者'。诚已经变成了宇宙本体。由于人性来源于宇宙本体，所以'至诚'便能尽其性，尽人性、物性，以至赞天地之化育而与天地'参'。这就是'诚者物之终始，不诚无物'。能做到'至诚'，就是'纯亦不已'的圣人境界"[1]。这里出现"宇宙论"与"人性论"的对提，又有"宇宙本体"的提法，还有"圣人境界"等，这些提法存在与"本体范畴"一样的问题。在西方哲学的意义上，"宇宙论"不能与"人性论"并提，更没有"宇宙本体"的提法。西方哲学中的"宇宙论"具体指早期的宇宙本原生成论，"本原"是宇宙的构成要素，而"诚"显然不可能是这种"本原"，或许也只能理解为传统固有的"本体"之意。但这种"本体"表达为"宇宙本体"，是不是意味着比存在论更高一层呢？又考虑到有"主体的认识和方法"这种解释，分明还属于存在论层面。既然"人性来源于宇宙本体"，"人性论"就不能与"宇宙论"并列。"圣人境界"是传统中国哲学的固有观念，可能并没那么难理解，但在"宇宙论""本体范畴""人性论"等术语的交织之下，反而变得扑朔迷离了。

---

[1] 《蒙培元全集》（第三卷），页 379—380。

将"诚"视为一种"本体范畴"或本体论概念，已经成为现代学人最为常见的论说方式。一般认为，概念是认识客观事物的基本单位，而范畴往往理解为更为基本的概念。可以确定的是，概念或范畴属于存在论层面上客观事物的指称，要求与客观事物形成一一对应的关系。但"本体"的意思就很难这么确定，可能通常不会理解为与"存在论"不同译法的那种意思。不然，所有概念都属于本体论或存在论层面上的，所谓本体论概念就没有特殊的标举意味。当"诚"十分郑重地被表述为一种"本体范畴"或本体论概念时，一定意味着这已经不同于一般的概念或范畴了。比如，"诚"可能先只是一种伦理范畴或心性概念，后来才被本体化或成为本体论概念。这种表述似乎很好理解，作为一种伦理范畴或心性概念，可能只是这一范围诸多概念或范畴中的一种，"诚"对应着其中的一种。本体化之后，"诚"与其他概念或范畴相比，就拥有了特殊的地位。用传统固有的话语表达，即"本"或"体"的地位，而其他一般的伦理范畴或心性概念皆不具备。这样来说是不是就清楚了呢？也没有。既然本体概念也是一种概念，就意味着如同伦理概念一样，必定对应着相应的存在事物。"诚"作为一种伦理范畴，不难理解其所对应的诚实、诚信之类的伦理行为。但本体化之后的"诚"作为一种范畴，对应的存在事物就很难理解了。若如伦理范畴所对应的某种确定事物，就没有可能成为所有其他事物的"本"或"体"了。具有本体地位的"诚"，必定不再是某种确定事物，也就不可能是存在论层面上的概念或范畴所能把捉。故"本体范畴"或本体论概念的定位并不能清楚地表达"诚"的内涵，具有本体地位的"诚"并非一种本体论概念。

二、一种宇宙论层面的误读

否定"诚"作为一种本体概念或范畴，并非否定其所具有的本体地位，而只是认为不能以概念或范畴的方式反映其本体内涵。若自觉地避免表达为概念或范畴，并不妨碍讨论"诚"的本体内涵。还有另一种很常见的误读方式，即将"诚"表达为一种宇宙本体，也需要得到进一步的澄清。从西方哲学对译的角度理解，宇宙论指古希腊哲学中早期的宇宙本原学说，这种学说主张整个宇宙由某种特殊的本原不断地生成。这种意义上的宇宙论早于存在论，其实是哲学形态还不够成熟的表现。现代学人论中国哲学比较喜欢用"宇宙论"，但显然不局限于表达早期的哲学形态，而往往贯穿整个中国哲学史。正如"范畴"一样，"宇宙论"也未必就要限制在对译西方哲学的意思上使用。如"宇宙是一个总括一切的名词。万事万物，所有种种，总合为一，谓之宇宙"，然后关于"宇宙中之最究竟者，古代哲学中谓之为'本根'"方面的论说，[①] 就可以构成中国哲学自身的宇宙论。但问题在于，如何理解宇宙中的本根、本原或本体，其与整个宇宙当中万事万物的关系，能摆脱西方哲学的影响吗？

古希腊早期的自然哲学中往往以类似于"水"或"火"作为万物的本原，虽说不难察觉以某种特殊事物作为其他事物的本原，其所带有的某种粗糙性，但最大的优势恰恰在于提供了一种可以通过理性能力清晰理解的思路，不需要借助于任何神秘的方式。现代学人论中国哲学的宇宙论，分明无法获得这种明晰性，却又无法摆脱这种本原的思路。作为一种宇宙本体，其与宇宙万物的关系，不能不受本原式的生成论这一模式的影响。比如就固有的"本体"而言，声称"宋明哲学中所谓本体，常以指一物之本然"，这没问题，但认为"张子本以气为宇宙之本根，又以气之原始形态为太虚，所谓气之本体，等于谓气之木然"，[②] 问题就比较大。张子是否以气为宇宙之本体，这本身需要商榷，即便以气为宇宙的本体，也未必能理解为以气的原始形态作为生成万物的本原。同样地，当以"诚"作为宇宙本体时，其与宇宙万物之间的关系就显得特别纠结。由于"诚"毕竟不同于"水""火""气"这种特殊物质，不大可能作生成关系的理解，却又只能借助于这种生成模式予以解释。

---

① 《张岱年全集》（第二卷），页 34、39。
② 同上，页 40、41。

　　"诚"作为一种宇宙本体，究竟意味着什么呢？有学者认为："周敦颐首先提出了诚的系统论述。如果说，'无极太极'只是指客观的宇宙本体，那么，诚则是人和宇宙本体的合一。这又包含两方面意义。一是客观地说，诚是宇宙本体在人的完全体现；二是主观地说，诚是人的主体精神向宇宙本体的超越和复归。只有这两方面结合起来，才是诚的全部内容。"① 先不论"无极太极"作为客观的宇宙本体该如何理解，"诚"作为宇宙本体不同之处在于，具有主客统一的意义，即"人和宇宙本体的合一"。但主客之间的对立与统一，属于对存在事物如何认识层面上的问题，为何在宇宙论层面还会有主客之分呢？现代学人研究周子的思想时，在宇宙本体的问题上，有学者认为，"归纳起来，有周敦颐以无极为本体、以太极为本体、以诚为本体等说法"，但还有可能是"周敦颐本体思想存在着从无极到诚的演变"等等。② 对于这种问题莫衷一是，恐怕就跟究竟如何理解本体与万物的关系，很难有一个明确的界定有关。

　　另外，"诚"作为一种伦理概念，一般认为到了周濂溪才提升到了宇宙本体的高度。如有学者明确指出，"在《中庸》的系统中，'诚'的意义主要是论'性'和成性的工夫，尚未以'诚'直接指认宇宙本体的意义。周子则直接用'诚'来论易道③，这才将心性概念本体化了。以上所引学者看法相当，可有的学者恰恰认为，"春秋战国时期老子提出了以'无'为本的哲学本体论。至子思，则提出以'中'和'诚'为本的哲学本体论。子思认为，'中'和'诚'虽无形影，却具有与上帝、鬼神一样的至上性和神妙性，它已经不仅是一般学者所理解的'时中'之'中'和诚信之'诚'，它同时是'天下之大本'和'天之道'"④，即《中庸》论"诚"已经本体化了。考虑到周子与《中庸》的相距时

　　① 《蒙培元全集》（第三卷），页380。
　　② 郑熊《从无极到诚——略论周敦颐本体思想的演变》，《孔子研究》2012年第一期。
　　③ 李景林《儒学心性概念的本体化——周濂溪对于宋明理学的开创之功》，《北京师范大学学报（社会科学版）》2004年第六期。
　　④ 姜广辉、吴晋先《论〈中庸〉之"中"与"诚"》，《湖南大学学报（社会科学版）》2015年第四期。

间，意味着在"诚"何时具有宇宙本体地位的问题上，彼此的出入竟然可以长达上千年之久，足见宇宙本体之说的模糊性。

仔细想来，"诚"作为一种宇宙本体的定位，大概同时纠缠着西方哲学中的多种思想资源。除了早期自然哲学中作为生成万物的本原外，还有高于可感世界而无形无象的理念，以及在宇宙中具有最高地位的实体，等等。作为宇宙本体，"诚"似乎同时兼具以上这些特征，但不幸的是，不同的思想资源在西方哲学中往往根本不能兼容。这就使得在西方哲学中原本彼此有着清晰界定的东西，用于论说中国哲学时交织在一起就变得模糊、含混了。"诚"作为一种宇宙本体，其思想内涵很难得到清晰的阐明。若仅就无形无象的本体而言，西方哲学中的理念或形式，应该恰恰属于最能说清楚的东西。但这种本体只针对存在事物而言，宇宙层面的最高实体并不承担存在事物的解释，而作为万物的本原却又并非无形无象。这些不同的意思在西方哲学中都得分开说，论说中国哲学中的"诚"却全部搅在一块，故犹治丝而棼，无法得到真正的阐明。

诚作为具体概念时，无论"诚信""虔诚"或"诚实"等，各自的意思相对比较确定。一旦作为宇宙本体，"诚"便成为最高的哲学范畴，又要承担万物生成的解释，基本上就成为如前引学者所言，"具有与上帝、鬼神一样的至上性和神妙性"。"诚"作为宇宙本体，其与宇宙万物的关系，大概也只剩下"神妙性"可以言说了。于是，有人声称，对于"诚"的研究，以前从"中国传统哲学人性论和本体论语境"、"实用层面的道德规范建设的研究"及"经济、法律等领域的信用制度来研究"等方面开展，还显得不够。还可以"从当代西方哲学的'基本存在论'、'心灵哲学'、'道德哲学'与'心性哲学'融通方面入手"，再"将'诚'之思置于'终极价值本源'、'主体间之维的价值共识'与'道德规范的价值导向'构成的自下而上的三个价值层面框架中透视，这一思路就是尝试以中西哲学融通为视角来研究'诚'"云云。① 这看起来是

---

① 张小琴《论"诚"的三个价值层面——以中西方哲学比较为视角》，《兰州学刊》2009年第三期。

在拓宽研究视角，却也使得"诚"就像万金油一样，加剧了思想内涵的模糊性，变得更加含混不清了。可见，这种动辄从宇宙论的高度定位"诚"的本体地位，无助于思想内涵的把握，恐怕属于一种误读。

三、关于"不诚无物"

无论本体论抑或宇宙论，分析"诚"理解为一种概念或范畴时存在的各种问题，却并不否认这种概念或范畴的研究方式取得的成就。现代的中国哲学学科依靠这种研究方式建立起来，帮助我们通过现代学术话语理解传统义理的可能。只不过当这样一种研究方式遇到越来越突出的瓶颈时，就有必要重新进行反思。若没有上百年来这种艰难的研究历程，也走不到今天逐渐开始反思的地步。本文继续围绕着"诚"这一观念来论，以"不诚无物"为例，进一步探讨以不同于概念或范畴研究中国哲学的可能性。"不诚无物"这一命题，对于理解"诚"本体造成了极大的误解，也是将"诚"概念化或视为本体范畴的直接诱因。"不诚无物"既揭示了"诚"的本体地位，又表达了"诚"与存在事物的直接关联。毋宁说，现代学人对"诚"具有的本体地位，正是通过这一命题中所表达其与万事万物的关联获得理解。当然，或许并不能否认"不诚无物"表达了这种关联，但问题在于，对于这种关联的理解，很难摆脱西方哲学中"形式"的影响。准确地说，是用来解释事物存在理由的这种"形式"，也因此才会将"诚"视为一种本体范畴。

"形式"不仅指亚里士多德的"形式因"，在西方哲学史上可以有多种面目。如有的学者所言："为了在中西比照的视野下呈现西方哲学的特质与研究方式，笔者尝试对'形式'概念作一拓展性的使用，使之涵括古希腊以苏格拉底、柏拉图、亚里士多德等为典型代表的重视定义、理念、辩证法、形式、目的的整个思维方式所取得的思想成果，以及后世继承和改造这一思想遗产而形成的诸多思想形态，比如中世纪上帝观、三一论，近代以数学—物理学为典范的自然科学，唯理论与德国古典哲学中诸多重视理念与观念性要素的思想，以及现代中欧价值论、现象学与分析哲学中诸多强调价值、意向内容与意义之独立性的学说。"在这种意义上，"形式是在中西对照之下凸显出来的'西方之为西方'的核心问题，涵括西方思想为了解释事物'是其所是'（存在本身或存在之所以存在）而总结出来的一切秩序性、方向性表述，它不仅仅限于善的理念、不动的推动者、三位一体的上帝等，还包括代表个体事物之'是其所是'的类属、本质，并涵摄了科学规律、技术指数这类在现代人眼中唯一有资格充当'实在'与'真理'的东西"。① 这就概括了以各种面目的"形式"解释事物存在的理由这一西方哲学的基本面貌，当现代学人以不同方式艰难地解释"不诚无物"的思想内涵时，总会带着以上所概括的各种思想烙印。

诚然，早有学者已经指出，像《中庸》所言"不诚无物"，或阳明的"心外无物"之类的命题，并非在表达知识论层面上的外物存在问题。其云："'心外无物'命题所表达的心物关系思想，其立足点决非知识论的立场，不是对作为知识的对象的构成作逻辑的分析。从知识和实然的角度，它并不否认'物在外'。'心外无物'作为一个价值命题，所要排除的乃是上述虚妄的价值态度（'不诚无物'）在物我之间所作的虚妄的价值分别和设置的人为障碍。"由此，"如果我们把'心外无物'与西方哲学中某些表面相似的知识论命题等量齐观，不仅可能产生对这一命题理论内涵的曲解，甚至会障碍对儒学精神的真正理解"。② 这种论断固然排除了将"心外无物"作客观存在物的理解，但限制在价值领域而变成一个价值命题，并不能完全解决问题。一方面，"不诚无物"作为一种价值态度，其中的"物"便是价值概念，用于反映一种价值事实，而这种事实中依然有其客观性，很难理解为何能由诚或不诚所决定。另一方面，作为价值命题的"不诚无物"，就只能与客观存在物保持绝缘状态吗？这就是"据通常的说法，心外无物的'物'是指事或者理，也可称'心外无事'或'心外无理'"，但"为何阳明不限于直截了

---

① 庄振华《从形式问题看西方哲学的深度研究》，《中国社会科学评价》2022 年第一期。
② 李景林《王阳明"心外无物"说的内涵及其理论意义》，《吉林大学社会科学学报》1992 年第三期。

当说'心外无事'或'心外无理'，偏要继续使用易生歧义的'心外无物'"呢？① 这种质疑针对《中庸》中的"不诚无物"照样成立，即是说，仅将"物"之义限定在"事"或"理"上，并不能真正解决问题。"不诚无物"恐怕并非不诚无事或不诚无理的曲折表达，毕竟一种世界观中完全排除了物理世界的客观存在，也显得很不可思议。②

有学者在分析孟子"万物皆备于我"时有批评说："以往对'万物皆备于我'的理解要么落入神秘主义，成为个体内观的'万物一体'之境界；要么落入理性认知主义，以之为认知之结果或认知之前提。"前文亦论及将"诚"理解为一种境界时存在的问题，在境界中论"万物皆备于我"或"不诚无物"，看起来显得圆融无碍，实则过于轻巧。对于境界说可以批评，所谓"理性认知主义"单指"不诚无理"的意思而言，亦可以批评。亦即，"'万物皆备于我'，不是指万物皆在我心中呈现，或万物之理皆具于我心之中"，这没问题。但若指"万物之为万物的可能性的根基，皆具足于我"，并进一步认为，"此'万物'，指人伦事物。故'万物之为万物'，即人伦事物之是其所是"，显然还是将"物"限定于"人伦之事"。虽说在这个范围内，将"不诚无物"解释为"人的相应德行，乃是人伦事物之成为人伦事物的最终决定者"，有相当的准确性，但"不诚无事"的处理方式，仍然绕过了客观事物的存在问题。③

与这种从伦理规范的角度理解"不诚无物"相类似，还有从审美趣味的角度分析阳明的"心外无物"。比如，"从审美经验的角度来看，作为审美意象的天高、地深离开了主体就无法构成，没有人的意识，天还谈得上什么崇高和伟大呢"④。无论人伦之事，抑或审美之事，都可以

---

① 陈少明《"心外无物"：从存在论到意义建构》，《中国社会科学》2014 年第一期。

② 少明师认为，"'心外无物'并非是心外无事或心外无理的隐喻，自身即具有命题的意义"，以及"人类在物理世界生存，并没有包括物的观点的世界观是不完整的"。参见《心外无物：从存在论到意义建构》。

③ 以上所引，出自何益鑫《从"万物皆备于我"到"反身而诚"——以孟子"诚"的思想为线索》，《哲学研究》2020 年第二期。

④ 陈来《有无之境——王阳明哲学的精神》，页 59，人民出版社 1991 年版。

归结为理。亦即，所谓"不诚无事"仍然落在"不诚无理"上说。只不过人伦之事尚有客观的人事经验，审美之事则进一步主观化。此即"心外无理的理，既可以是（伦理）规范，也可以是（审美）趣味。区别在于，伦理涉及人的行为，它对对象会产生经验因果效应；但审美只是在意识状态中，并不对对象构成经验的触动，如果是行为也只是意识行为。所谓欣赏或评价就是赋予对象以意义，没有被评价的对象，意义就不会显示出来。不仅事、理不在心外，物能否被欣赏评价，也与心相关"①。可见，主观性越强的领域，就越说得上"不诚无物"或"心外无物"。

在传统语境中，"诚"更多地说在祭祀方面。如朱子注孔子所言禘礼云"诚意未散，犹有可观"，或注孔子"吾不与祭，如不祭"引范氏云"有其诚则有其神，无其诚则无其神"，等等。② 还有如"身致其诚信，诚信之谓尽，尽之谓敬，敬尽然后可以事神明。此祭之道也"（《礼记·祭统》），在祭祀方面论"诚"论"敬"，尤其说得着。《中庸》所谓"礼仪三百，威仪三千，待其人然后行"，正与"不诚无物"的意思相照应，甚至要是理解为"不诚无礼"，那必定不会让人有任何疑虑。若再说成"不诚无神"，则与心诚则灵的意思差不多了。当然，对于礼仪之"待其人然后行"，仅理解到"一切礼仪威仪作为制度设计，用来规范社会秩序和个人行为，但其施行有待于人"这一层还不够，要进一步意识到，"此所谓'行'不只是让制度运转起来而不至于荒废，而是要使其呈现制作的意义"，这种意义是指，"礼仪威仪的制作有其根据和目的，正是其根据和目的赋予礼仪威仪以价值和意义，而礼仪威仪不会自发地展现其意义，它们有待施行者的自觉性和能动性"。即是说，仅就"不诚无礼"而言，并非只是礼仪的运转离不开人来承担，而是其意义的呈现需要人的诚心诚意来成就。但更重要的在于，"礼仪威仪这些人工物是这样，其他一切物，包括自然之物，同样有待于人"，客观存在的事

---

① 陈少明《"心外无物"：从存在论到意义建构》。
② 朱子《四书章句集注》，页64。

物如何"有待于人"，或有待于人之诚呢？①

就阳明的"心外无物"而言，讨论完心外无事、无理、无礼以及"你来看此花时，则此花颜色一时明白起来"（《传习录》下）的审美意味之后，终究还得面对客观存在的物理世界。"如果不拘于审美意识与对象的关系，而从作为意识对象的'意义'着眼，阳明讨论和关注的显然不是那个山河大地的实然世界，而是与主体活动相关的意义世界，他并不认定没有人的意识，山河大地星辰日月便不复存在，他并不直接否定天地的这种存有意义上的'千古见在'"②。但问题在于，对于一个思想家的要求，不可能只是得到没有否认实然世界的存在这种态度就够了。③ 这种态度常人都有，怎么可能允许一个思想家轻松绕过实然世界来关注意义世界呢？同样地，"不诚无物"必须面对客观存在的实然世界。

以一种"不诚无物"的态度观物，远不只分为人伦之事与客观之物那么简单。从心对物的作用着眼，"除去无关于心的自在之物，从物由心外进入心中，到毁于心外而活在心中，再到心造之物用于生活，都可看作物因心而在的不同表现"。通过这种针对物开展多种不同层次的分析可以发现，物对于心而言，并非只构成存在与思维这种关系，要么承认物存在于心外，要么就得面对物只存在于心中的窘境。物与心的关系其实更为丰富，"'心外无物'中的关键字不是'物'，而是'无'。这个'无'不是不存在，而是缺乏有意义的存在。换句话说，未被心所关照的物，其意义没有在意识中呈现出来。心对所有可能的物的意义均敞开着"，亦即意义建构也是思考心物关系的一种方式。以依靠客观物质的力量约束乃至惩罚人为例，这种物的作用可以在内心形成规则，对规则的遵循可以取代物的作用，便属于心对物进行意义建构的一种。遵循规

---

① 以上所引，出自汪博《从"不诚无物"看儒家的物观》，《孔子研究》2019 年第二期。

② 陈来《有无之境——王阳明哲学的精神》，页 59—60。

③ 丁纪认为，从阳明学本身的性格看，并不能支持其承认常识所言之物存在的推论。将一种常识论之事物观接入阳明学之中，与"心外无物"并不融洽。参见《鹅湖诗与四句教》，《切磋七集——四川大学哲学系儒家哲学合集》，页 143，华夏出版社 2018 年版。

则的信念越来越牢固，甚至可以发挥比物质力量更强大的作用，比如银幕上的地下党员不屈服于敌人的淫威。反过来，这种信念发生动摇，也意味着物质力量的衰微。可见，内心形成的规则相对于客观的物质力量而言，看起来像虚拟的，却可以更切实。"所谓切实，就是心中要诚，'不诚无物'，信念不确立或不牢固就没有意义"。① 通过这种分析，所谓"以心为本，纳物入心"，一种客观的外物终于以意义建构的方式进入内心，从而在相当程度上缓解了"不诚无物"无力面对客观存在物的尴尬。②

四、作为一种观念的"诚"

以上所论大约与康德通过纯粹理性批判要达到的目的相仿，即"诚"作为一种本体，不能通过概念或范畴的方式抵达。但本文的目的并不在此，康德的纯粹理性批判针对西方传统的本体论，现代学人做中国哲学多跟随西方哲学的步伐，才会犯同样的错误，而中国传统哲学自身可能并不这样。本文尝试着思考，传统的中国哲学有没有这种可能，即从来就没有以概念或范畴的方式把捉本体，而以另外的方式抵达，或至少以不同于概念或范畴的方式。

陈少明师就自觉地"尝试对经典做不以范畴研究为中心的哲学性探究"，并认为"不以范畴为中心，不是排斥对古典思想做概念的研究，而是要直接面对经典世界的生活经验，把观念置于具体的背景中去理解"，主张"从古典的生活经验中，发掘未经明言而隐含其中的思想观念，进行有深度的哲学反思"。少明师为区别于概念或范畴，而有意识地运用"观念"的这种提法，并明确表示，这是受罗夫乔（Arthur O. Lovejoy）观念史研究的影响。"观念史是相对于哲学史而存在的。哲学

---

① 以上所引，出自陈少明《"心外无物"：从存在论到意义建构》。

② 丁纪认为："惟欲在一种意义论上为阳明学定位，而对其存在论向度之抱负取一种过分淡化之处理，恐未必为阳明本身所认肯。"即以意义论的方式定位阳明学，依然不够。参见《鹅湖诗与四句教》，《切磋七集——四川大学哲学系儒家哲学合集》，页 143。

史的对象是哲学体系，而观念史对象的观念是松散的，它既表达在哲学著述中，也分布在其他知识领域，包括存在于社会生活中"，少明师由是提出"经典世界的人、事、物"作为观念叙事的土壤，开创中国哲学新的书写方式。①

少明师以"观念"区别概念或范畴，更为关注的则是研究对象的变化、研究焦点的转移以及研究方法的更新，等等。关于观念本身与概念或范畴的区分，虽然并非关注的中心，却也有所涉及。比如，"观念史的观念不限于概念或范畴，它可以是一种意义、信念或是思考模式，是通过对人、事及发生于其中的生活方式的分析才能揭示出来的"②。概念是对存在事物的反映或把握，其与事物之间有着比较清晰的对应关系。而观念则更复杂，也显得更模糊。中国传统哲学中被视为各种概念或基本范畴的东西，很难与事物之间形成清晰的对应关系，令人怀疑究竟能不能当成概念或范畴来理解。根据少明师的看法，理解概念需要抽象，理解观念则更多地需要想象。假如"抽象化的过程，实际也就是思维不断远离经验事物的过程"，对观念的想象则需要不断地亲近和充实经验。好比《韩非子》里论"想象"，"由于象的骨架体现其形态的结构，所以人家能够由此去设想它有血有肉时的生动之态"。中国传统哲学中"还有很多无法用西方哲学类比的概念，如性、命、忍、耻等等描述宗教或道德心理经验的概念，它们在古典精神生活中有重要的意义，只是简单重复古人界定不严格的说法，或停留于隐喻式表达的话，其意义将会消退、失落。只有运用现代人可以体会的经验，才能唤回其意义，而相关经验有效运用，依然是哲学意义上的想象"。③ 若作为概念或范畴理解性、命或本文所论"诚"等，不只明显感觉"界定不严格"，而是很难通过抽象的方式把捉存在事物的对象。相比之下，现代学人调

---

① 陈少明《经典世界中的人、事、物——对中国哲学书写方式的一种思考》，《中国社会科学》2005年第五期。
② 陈少明主编《思史之间——〈论语〉的观念史释读》，《序》页3，上海三联书店2009年版。
③ 陈少明《观念的想象》，《经典世界中的人、事、物》自序，页3、3、6，上海三联书店2008年版。

动相关的生活经验，运用想象的方式，才更有可能理解其精神价值。

若继续关注观念本身，而非镶嵌观念的经典世界这一生活经验的土壤，则对于观念区别于概念或范畴，需要有更多的阐明。以"诚"为例，将其视为一种观念，与视为一种概念或范畴，有什么区别吗？"诚"作为一种观念，并非意味着只能从经典世界的生活经验中提取意义，何况在某些经典当中如《中庸》，并无生活经验可言。能否单纯考虑"诚"作为一种观念，其与"物"之间的关系，就可以获得不一样的阐明呢？当然，"诚"作为一种观念，也不可能凭空来论，还得从其作为一种基本概念开始。比如，从"诚"作为一种道德概念说起，"'诚'是人的一种道德品质，它决定所做之事的意义，但不能抹去事的存在，所以人不诚就会无事，但不会无万物"，"朱子把两个物字做不同解释，从而避开了自然之物如何在人不诚的情况下会不存在的困境"。这些意思前文已有论及，但还需要进一步来说，"'诚'不只是属人的一种品质，同时也是天的一种本质特征。天所生的每个事物都是真实的，从无虚假之物。天道循环不息，维系世界的存在，也是诚的一种表现。因此，诚既是一种高尚的道德品质，同时又具有本体论内涵"，"诚从本体论上解释了物的存在，而物的意义呈现却需要人来完成"。①

作为一种道德概念，"诚"的内涵比较明确，但"具有本体论内涵"则很难明确。看起来"天所生的每个事物都是真实的"这种说法已经很清楚了，实则并非如此。在有的文明看来，上帝可以创世，哪有什么天生万物？又何以关乎真假？而在有的文明看来，所生万物恰恰最不真实了。儒家文明以天地生万物为真实的根基，这种真实同时有待于人的证成。真实毋须在别处去寻觅，却亦非靠眼前的存在事物可以进行界定。故"诚"在一种本体意义上，无法作为概念表达其自身的内涵。在儒家文明这里，认为"诚从本体论上解释了物的存在"并无问题，只是不能像道德概念那样去理解。至于"物的意义呈现却需要人来完成"，更需要得到有效的阐明。上文已经论及可以从意义建构的角度理解"心外无

---

① 汪博《从"不诚无物"看儒家的物观》。

物"，但"建构"的意思强了，"本然"的意味就弱，对"不诚无物"作一种本体论上的理解，还显得不够。由人来呈现物的意义，或许可以在这方面作进一步的阐明。

《中庸》首章云"中也者，天下之大本也；和也者，天下之达道也。致中和，天地位焉，万物育焉"，天地位而万物育，离不开人的推致之功。"虽然凭借'中和'，天地万物可以获得存在与道路，但其意义无法得到澄明。只有通过人的推致，将'中'作为大本与'和'作为达道的意义呈现出来，天地才可能上下得位，万物才能发育成就"。进一步就"物"与"诚"的关系而言，"'物'作为自然世界的存在者独立于人，是自在的，同时也无意义可言，只有进入人的世界，在诚者的观照下物才获得意义。这里须强调的是，物之意义是与主体之诚相对应的，并非任何人都能给予物以意义，或者说非诚者给予物的意义不是儒家所指的意义。如从满足人的生存需要去看，物具有工具价值或功利价值，但这不是物本身所应该彰显的价值，而是人为满足自身需要而强加于物的。只有依物之性而彰显的才是物真正的意义"。人依于物之性而彰显物的意义，而非根据人的需求去对待物。虽然满足人的生存需要与依于物性并不完全对峙，但诚与不诚才是判断能否依于物之性的标准。"诚者要尽的是物之性，而物之性不是由人给予的，而是得自天命（首章），所以人只能依照物之性而为。'尽物之性'就是成物的具体内容，它一方面需要人依据物自身的本性，另一方面要求人自觉地去尽物之性，将物潜在的意义彰显出来"。[①] 物性得之于天命，人诚不诚，决定了能不能依物之性。人诚才能依物之性，依物之性才能彰显物的意义，故诚则有物，不诚无物。

对于呈现物的意义由人来完成，以上阐明是否真正清楚了，以及人彰显物的意义对于理解"不诚无物"是否就足够了，恐怕都不能无疑。万物由天地所生而有其性，这是典型的儒家叙事，其他文明可能不得认。但总有一个物要面对，古希腊早期自然哲学家力图为万物找一个统

---

① 以上所引，出自汪博《从"不诚无物"看儒家的物观》。

一的本原，也是在面对世界万物。后来走向了思维与存在的统一性路线，面对思维与面对万物成为同一件事。儒家面对万物的基本态度是成物，用一种通俗的话语表达，天地所生之物始终处于未完成状态，天地只是生而又生，物则有待于人的完成。面对万物的存在，并未走向人的思维，而毋宁说走向了人的作为。从某种意义上说，成物则有物，不成则无物。既然如此，为何又变成"不诚无物"呢？"诚"作为人的一种道德品质，往往通过人的言出必行来理解。人有心则有意，有意则有言，有言而以行成之，是谓"诚信"。虽则"天何言哉？四时行焉，百物生焉，天何言哉"（《论语·阳货》），天地无言却未必没有意，无意却未必没有心，无心却未必没有生。天地必定生而又生，是以四时能行、百物能生。天地有生，好比人心有意。人有心意，天有生意。人有意以言出之、以行成之，是人以行之"义"成全言之"意"，此即"诚"作为道德品质的"意义"。人以行之"义"成全天地生生之"意"，此即"诚"作为一种本体的"意义"。故物的意义由人来完成，不仅在意义建构上说，还要在物本然的"生""成"意义上说。若人彰显物的意义，仅在对物做意义的阐发或建构上说，则始终有某种客观存在之物无法面对，就好比西方哲学史从亚里士多德的质料到康德的自在之物那样。

不诚则无物，还只是表达了人成就物的一面，"不诚无物"则有在物本然意义上既"生"且"成"之义。"诚"作为一种道德品质，以概念的方式表达了人在言行之间保持一致的思想内涵。但作为具有本体地位的"诚"，便不具有这种确定的思想内涵，将"诚"视为一种概念或范畴，就有问题。概念或范畴以清晰的内涵和外延把捉确定不变的客观事物，这也意味着概念或范畴本身是封闭的，其所把捉的只能是现成的存在物。观念不一样的地方在于，若概念与概念之间的边界是清晰的，与外物构成一一对应关系，观念则具有流动性，观念与观念之间相互交叉、重叠，乃至本身具有生长性。"诚"作为一种本体观念，其与"道"、与"神"、与"太极"、与"明"、与"信"，等等，很明显相互之间并无清晰的界限，尤其不与存在事物形成一一对应关系。"诚"有时可能就是"道"，有时又可能就是"神"，这是重叠关系。"诚"可以表达"明"的意思，"明"也可以表达"诚"的意思，这是相互交叉。但"诚"里也可以说出"明"、说出"信"、说出"神"等诸多意思，一个"诚"观念可以带出许多的其他观念，这就是观念的生长性。以上情形对于概念而言，都不可思议，却正是观念所具备的。故概念无法把捉的本体，观念却有可能抵达。

概念表达对外物的一种客观认识，或基于归纳，或基于演绎。这种认识假定外物本身处于一种静止的完成态，只待认识主体加以把握。通过概念认识客观事物，概念本身只是抵达认识一种工具，甚至认识主体也未必不是充当了认识的工具。故概念与文化无关，与民族性无关，或与认识主体的文化背景无关。观念则不一样，基于一种"仰观俯察"的文化，或今人所言"直观"，表达一种有待于人参与的活动。这种活动固然也离不开以概念化的方式把握认识，但主要还在于有待人参与的未完成态。这一含义在"道"这一观念中表现得最为显豁，"道"便是有待人"行之而成"，其实"诚"也一样。"道"无疑是最具文化特色的中国观念之一，观念与文化息息相关，就此而言，"道"也不能视为无关乎文化的概念或范畴。但"道"终究可以与西方哲学中的术语作某种对译，哪怕对得并不准，"诚"却很难在本体层面上找到相对应的术语。"诚"与儒家独特的君子文化构成一种强烈的"中国性"，惟有作为一种中国观念，才能尽可能真实地勾连现代学术研究与传统中国哲学的关联。

论 "《武》尽美矣，未尽善也"

——以《乐记·宾牟贾》篇为中心

高小强

  "子谓《韶》，'尽美矣，又尽善也'。谓《武》，'尽美矣，未尽善也'。"（《论语·八佾》）我们知道，"《韶》，舜乐。《武》，武王乐"。那么，《韶》究竟如何尽美尽善呢？我们或许在孔子如痴如醉地闻《韶》、学《韶》中能够略有体会，即：子在齐闻《韶》，（学之，）三月不知肉味。曰："不图为乐之至于斯也！"（《论语·述而》）朱子讲："不知肉味，盖心一于是而不及乎他也。曰：不意舜之作乐至于如此之美，则有以极其情文之备，而不觉其叹息之深也。盖非圣人不足以及此。"如郑氏所谓"惟圣人能知圣人也"。而范氏以为："《韶》尽美又尽善，乐之无以加此也。故学之三月，不知肉味，而叹美之如此。诚之至，感之深也。"

  那么，《武》又为什么尽美未尽善呢？对此，朱子、程子都有解释，朱子讲："美者，声容之盛。善者，美之实也。舜绍尧致治，武王伐纣救民，其功一也，故其乐皆尽美。然舜之德，性之也，又以揖逊而有天下；武王之德，反之也，又以征诛而得天下，故其实有不同者。"程子讲："成汤放桀，惟有惭德，武王亦然。尧、舜、汤、武，其揆一也。征伐非其所欲，所遇之时然尔。"① 这该是说得清楚明白，而无须再费

---

  ① 朱子《四书章句集注》，页 39、68、96，中华书局 2016 年版。

口舌笔墨了。不过，《乐记·宾牟贾》篇，恰好正是讨论《武》乐的，所以，我们不妨再来探讨一下朱子所谓"其实有不同者"，具体在《武》乐中是如何体现的呢？

一

对于《乐记》，所幸尚有《史记·乐书》在，故足以令我们做出详细的对勘，甚至间或还可证《乐记》之误。[①] 虽然《乐书》不一定出于太史公手笔，但其价值不会因之而稍减。据说刘向《别录》与郑《目录》的《乐记》十一篇篇名目次相同，[②] 而今《礼记·乐记》十一篇的顺序却与之不同，但《乐书》的顺序却基本上与今《乐记》一致[③]。二者皆各有一处疑似错简，倘若能够调整过来，则顺序就会完全一致了，即皆为：《乐本》篇第一、《乐论》篇第二、《乐礼》篇第三、《乐施》篇第四、《乐言》篇第五、《乐象》篇第六、《乐情》篇第七（《乐象》篇最末一节及《乐情》篇三节，《乐书》误置于《乐施》篇之下）、《乐化》篇第八（《乐记》误置于《宾牟贾》篇之下）、《魏文侯》篇第九、《宾牟贾》篇第十、《师乙》篇第十一。而且，据余嘉锡先生所论，我们在《乐书》这里或许还可以多得二篇，亦即：《奏乐》篇第十二（一说《乐意》篇或《乐义》篇第二十）与《乐器》篇第十三，或者可以补充进《乐记》，而之所以能做如此补充的依据就在于刘向校书，得《乐记》二十三篇，著于《别录》。今《乐记》所断取十一篇，余有十二篇，其名

---

① 张守节以为："《乐书》者，犹《乐记》也。"［司马迁《史记》（第四册）卷二十四，《乐书》第二，页1175，中华书局1987年版］

② 郑玄注、孔颖达正义、吕友仁整理《礼记正义》（中册）卷第四十七，《乐记》第十九，页1455，上海古籍出版社2011年版。

③ 然孙希旦却以为，《乐记》十一篇之次，《礼记》与刘向《别录》、《史记·乐书》皆不同。盖《别录》乃二十三篇之旧次，而《礼记》则取诸入礼者之所更定，《乐书》本取诸《礼记》，而褚少孙又自以其意升降之也。［孙希旦《礼记集解》（下册）卷三十七，《乐记》第十九之一，页986，中华书局2007年版］或许孙氏所指，正在于《乐书》将《乐化》篇调至紧随《乐情》篇之后、《魏文侯》篇之前。而这恰是我们所认同的。

犹在。① 于是，我们便明白了今本《乐记》盖十一篇合为一篇，本属于二十三篇本《乐记》的，于是，《郑目录》所谓"名曰《乐记》者，以其记乐之义。此于《别录》属《乐记》"，便一点也不奇怪了。此外吴澄《礼记纂言·乐记》亦对《乐记》篇目次序做了较大幅度的调整，他所定篇名之序为：《乐本》第一，《乐言》第二，《乐象》第三，《乐施》第四，《乐情》第五，《乐论》第六，《乐礼》第七，《乐化》第八，《宾牟贾》第九，《魏文侯》第十，《师乙》第十一。② 但却未见他说明这样做的理由与依据，清儒汪绂倒是明确断言"亦未见其必然"，不过，他却进一步以为，《乐记》一篇，前后文虽不属，而脉络通贯，止是一篇文字。至若《乐本》《乐论》等篇名，大概乃汉儒所题章目，如《孝经·开宗明义》等章名之类耳，未必其本然也。③ 似又有些过了。现代学人蔡仲德通过考察《乐记》十一篇内容，而以为大致可分为四类：《乐本》论乐的本源，《乐象》论乐的特征，《乐言》论作乐之事，此三篇为一类；《乐化》论乐对个人的感化作用，《乐施》论乐对人民的教化作用，此二篇为一类；《乐论》《乐礼》《乐情》论礼乐异同及其与鬼神的关系，亦即论礼乐的社会功用，此三篇为一类；《宾牟贾》《师乙》《魏文侯》以时间先后为序，分别为孔子论乐、师乙论乐、子夏论乐，此三篇为又一类。而且，他实际上也是按照以上类别这样来重新安排《乐记》十一篇篇次的。④ 他的观点值得参考，但本着古典典籍不到万不得已不予改动的原则，故不取他的做法。

我们可以同意说《乐记》产生于战国中期，其主体部分是由孔门公孙尼子所作。蒙文通曾经这样总结道，《乐记》言性之义与《中庸》相

---

① 参阅郑玄注、孔颖达正义、吕友仁整理《礼记正义》（中册）卷第四十七，《乐记》第十九，页1455；余嘉锡《杂学论著》（上册），《太史公书亡篇考·乐书》第七，页38—49，中华书局2007年版。

② 吴澄《礼记纂言》卷三十六《乐记》，《景印文渊阁四库全书》第一二一册，页649，台北商务印书馆1986年版。

③ 汪绂《礼记章句》卷七，《乐记》第十九，《续修四库全书》第一〇〇册，页511，上海古籍出版社1995年版。

④ 蔡仲德《中国音乐美术史资料注译》（增订本），页267—270，人民音乐出版社2007年版。

近。梁沈约谓："《乐记》取《公孙尼子》。"张守节亦云然。《意林》二引《公孙尼子》云："乐者，先王所以饰喜也；军旅者，先王所以饰怒也。"《初学记·雅乐》引《公孙尼子》云："乐者，审一以定和，比物以饰节。"语皆在今《乐记》中，则沈约所言有足信者。公孙尼子为七十子弟子，与子思盖同时。子思《中庸》以"喜怒哀乐之未发谓之中"言性，《乐记》以"人生而静，天之性也"言性，故工夫在"戒慎乎其所不睹，恐惧乎其所不闻，莫见乎隐，莫显乎微，故君子慎其独也"。以未发、以静言性，则性非徒生之质也，皆就形上以言也。子思直启孟子之端，而尼子下接《管书》、荀卿之续，则《中庸》《乐记》又稍异术也。亦由《乐记》配合血气、心知以言性，而虑喜怒哀乐之无节，不无以物有挠己之嫌。则《乐记》之异于《中庸》审矣。①

再者，一般都以为《乐记》是《乐经》的传记，这是对的。只不过迄今为止都没有见到过《乐经》，于是究竟有无存在过《乐经》，及其与《乐记》的关系也都成了问题。有以为《乐经》亡于秦火；有以为《周礼·大司乐》即《乐经》，而《乐记》为之记；有以为《诗经》即《乐经》；有以为《乐经》之乐官（《周礼》），乐歌（《诗经》），乐义（《乐记》）都在，惟乐谱亡失；甚至还有以为《乐记》就是《乐经》，等等。②像吴澄也曾断定，《礼经》之仅存者，犹有今《仪礼》十七篇，《乐经》则亡矣，其经疑多是声音乐舞之节，少有辞句可读诵记识故。秦火之后无传，诸儒不过能言乐之义而已。③不过，一般意义上，我们还是说《六经》，而具体研读则《五经》，也就是说，我们并未放弃继续寻找《乐经》的可能，既然好多已丧失的经典，譬如《齐论语》等，过去都只见记载，不见书本身，而今日通过考古的最新发现，都出来了，那么，《乐经》有没有重见天日的那一天呢，我们始终不放弃希望。于是，

---

① 蒙文通《儒家哲学思想之发展》，《蒙文通文集》第一卷《古学甄微》，页 71—72，巴蜀书社 1987 年版。

② 详情可参阅吕友仁《礼记讲读》，页 158—162，华东师范大学出版社 2009 年版；孙星群《言志·咏声·冶情——〈乐记〉研究与解读》，页 20—44、350 351、360—364，人民出版社 2012 年版；王锷《〈礼记〉成书考》，页 99—101，中华书局 2007 年版。

③ 吴澄《礼记纂言》卷三十六《乐记》，《景印文渊阁四库全书》第一二一册，页 649。

我们似乎有些明白了，刘向著《别录》将《礼记》四十九篇分为八类，其中，惟《乐记》单独占一类，刘向是否也有保留独立的《乐记》，以配《乐经》的想法呢？

朱子虽然认为"《儒行》《乐记》非圣人之书，乃战国贤士为之"，但总的来看，他对于《礼记·乐记》是持肯定态度的，因为他还说"如《乐记》所谓'天高地下，万物散殊，而礼制行矣；流而不息，合同而化，而乐兴焉'。仲舒如何说得到这里！想必是古来流传得此个文字如此，亦出于孔门之徒无疑"，"看《乐记》，大段形容得乐之气象"，云云，否则，他也不会把原《乐记》的内容几乎全部收入了他的《仪礼经传通解》当中。① 其实，在朱子之前，程子就早已明确地肯定了《乐记》，他讲："《礼记》除《中庸》、《大学》，唯《乐记》为最近道，学者

---

① 黎靖德编《朱子语类》（第六册）卷第八十七，《礼》四，《小戴礼·总论·乐记》，页 2225－2226、2252，中华书局 1994 年版。正像朱子在其《仪礼经传通解》卷第十六，《学记》第二十七，《学礼》十，全录《礼记·学记》文字，同样，朱子也分别在《仪礼经传通解》卷第十四，《礼乐记》第二十五，《学礼》八（朱杰人、严佐之、刘永翔主编《朱子全书》第二册，页 527－533，上海古籍出版社、安徽教育出版社 2002 年版）与《仪礼集传集注》卷第二十七，《乐记》，《王朝礼》四之下（《朱子全书》第三册，页 983－1004）几乎全录了《礼记·乐记》文字，即使未被录用的文字，或者《乐施》篇中"言六代之乐各象其功德"的内容，其实也已更详细地包含在了他的《乐制》《王朝礼》四之上之中了（《朱子全书》第三册，页 966－983）；以及《乐象》篇末一小段文字，此至少亦被船山认为是属于错简的文字（王船山《礼记章句》卷十九，《船山全书》第四册，页 931－932，岳麓书社 1996 年版）。以此，足见朱子对于《礼记·学记》与《乐记》的肯定与重视。此外，朱子还广泛地搜罗了《淮南子·泰族训》、《黄石公三略·中略》、《左传》昭公元年、《尚书大传·皋陶谟》、《孔子家语·辨乐解》（两处）、《说苑·修文》、《左传》襄公二十九年、《吕氏春秋·古乐》中的大量内容来充实《乐记》。因而问题只是在于，朱子把它们都搜罗入《乐记》的目的是什么？朱子又是出于什么样的考虑而安排了这些内容的篇章结构秩序的呢？读《礼记·乐记》，其中第三篇为《乐礼》篇，顾名思义，那就是把乐与礼结合起来论述，可是像这样的论述却远不止《乐礼》篇，像整篇《乐论》《乐情》，以及部分《乐本》、《乐施》、《乐象》以及《乐化》等都是，因此我推测朱子正是出于这个考虑，才把上述凡将礼与乐结合起来论述的内容，从《礼记·乐记》中尽悉抽取出来，构成了他的《礼乐记》，而原《乐记》余下的内容，再加上上述朱子所做出的大量的补充充实的内容，就成为他的《乐记》。如此一来，我们是否可以做出这样的理解，朱子对于《礼记·乐记》的肯定，或者至少不完全同于他对《礼记·学记》的肯定，在后者，朱子不仅肯定其思想内容，也基本肯定了它的篇章形式结构，朱子在那里未做出任何大的结构调整。而在前者，就明显不同了，思想内容仍然值得肯定，但在篇章形式结构上，朱子肯定是以为不甚妥当的，所以才有了上述的调整，这有点类似于朱子对于《礼记·大学》文本的态度。

深思自求之。"① 难怪黄震以为，此书间多精语，如曰"人生而静，天之性也。感于物而动，性之欲也"，"好恶无节于内，知诱于外"，皆近世理学据以为渊源。如曰"天高地下，万物散殊，而礼制行矣；流而不息，合同而化，而乐兴焉"，晦庵先生所深嘉而屡叹者也。② 而陈澧亦赞美有加，即，夫宋儒理学，上接孔孟者也，而其渊源，出于《乐记》此数语，然则此数语，乃孔门之微言也，真精要也。"唯君子为能知乐"，今则去古太远，古乐声容之美，耳不得而闻，目不得而见，何由而知乐哉？读《乐记》，但得其精理名言而已。《乐本》一篇，固为精要，其余精要亦多，如《乐象》篇云"以道制欲，则乐而不乱；以欲忘道，则惑而不乐"，尤足以警学者之身心也。③ 而现代学人如吕友仁认为，《乐记》是反映我国古代音乐理论的代表作，它系统地阐发了儒家关于乐的一系列思想：乐的产生原因，乐的社会功能，乐与礼的相辅相成关系，乐与和的关系，等等。凡此，都具有重要的理论意义，并产生了深远的影响。④

二

　　凡音之起，由人心生也。人心之动，物使之然也，感于物而动，故形于声。声相应，故生变，变成方，谓之音。比音而乐之，及干戚，羽旄，谓之乐。乐者音之所由生也，其本在人心之感于物也。是故其哀心感者，其声噍以杀；其乐心感者，其声啴以缓；其喜心感者，其声发以散；其怒心感者，其声粗以厉；其敬心感者，其声直以廉；其爱心感者，其声和以柔。六者非性也，感于物而后

① 《河南程氏遗书》卷第二十五，《二程集》第一册，页323，中华书局1981年版。
② 杭世骏《续礼记集说》卷六十八，《乐记》第十九，《续修四库全书》第一〇二册，页225。
③ 陈澧《东塾读书记》，页102—103，世界书局1933年版。
④ 吕友仁《礼记全译》，页684，贵州人民出版社1988年版。

动，是故先王慎所以感之者。故礼以道其志，乐以和其声，政以一其行，刑以防其奸。礼、乐、刑、政，其极一也，所以同民心而出治道也。（《乐记·乐本》）

古人所谓"乐"，亦即，据吕友仁，《乐记》之"乐"，由三个要素构成，即诗、歌、舞。所谓"诗"，相当于今天的歌词；所谓"歌"，相当于今天的谱曲；所谓"舞"，即今天的舞蹈。这三个要素不是平列的，而是立体的，是由简单到复杂，由低级到高级。[①] 人心感于物而动而最终成就乐，反之，乐又会深入而深刻地影响人心世道，所谓"乐者，通伦理者也"，所以"先王慎所以感之者"，而制作礼、乐、刑、政，以"同民心而出治道"，"将以教民平好恶而反人道之正也"（《乐记·乐本》）。其中乐，先王必制正乐或说雅乐，后人则称之为"古乐"，譬如《韶》乐，所谓"乐则《韶》舞"，而同时会"放郑声"，因为"郑声淫"，即人称之为"今乐"的（《论语·卫灵公》）。而《乐记·魏文侯》篇就正是在讨论与辨析古乐今乐之别，而尤其强调所谓"今夫古乐，进旅退旅，和正以广；弦匏笙簧，会守拊鼓；始奏以文，复乱以武；治乱以相，讯疾以雅。君子于是语，于是道古，修身及家，平均天下，此古乐之发也"。而就其中"始奏以文，复乱以武"之"文""武"的理解上，郑氏、孔氏解为，文，谓鼓也。武，谓金也。所谓始奏乐时先击鼓，舞毕反复乱理，欲退之时，则击金铙而退。金属西方，可为兵刃，故为武。鼓主发动，象春，无兵器之用，故为文。[②] 船山等认同之。汪绂的解释或许也近似，即，文，木铎。武，金铎。夹持以节舞者，舞之始作，以木铎进之；及其终而反缀，则以金铎还之。[③] 不过，陆奎勋却以为，"始奏以文"，奏文之象舞也。"复乱以武"，奏武之《大武》也。他还以为，此陈氏说"武"为《大武》甚确，可正郑注以文为鼓，以武为金之失。陈

---

① 吕友仁《礼记讲读》，页 142。

② 郑玄注、孔颖达正义、吕友仁整理《礼记正义》（中册）卷第四十八，《乐记》第十九，页 1521－1523。

③ 汪绂《礼记章句》卷七，《乐记》第十九，《续修四库全书》第一〇〇册，页 521。

氏《礼书》又云郑注以相为拊，误矣。《尔雅》和乐谓之节，节即相也。① 而孙希旦的看法则与陆氏相近，即，始奏以文，谓乐始作之时，升歌《清庙》，以明文德也。复乱以武，谓乐终合舞，舞《大武》以象武功也。《论语》曰："《关雎》之乱。"彼谓合乐为乱，此谓合舞为乱，盖合乐合舞皆在乐之终也。讯犹听也。"始奏以文"以上三句，承"和正以广"，而以声言；"复乱以武"以下，承"进旅退旅"，而以舞言也。② 以上两类四种说法，前一类为泛言，后一类为专指，若结合我们要讨论的《宾牟贾》篇，孔子与宾牟贾专言古乐之产生及功效，而特举《大武》来看，或许可取后者。至于所谓古乐，经言"夫古者，天地顺而四时当，民有德而五谷昌，疾疢不作而无妖祥，此之谓大当。然后圣人作，为父子君臣以为纪纲。纪纲既正，天下大定。天下大定，然后正六律，和五声，弦歌《诗》《颂》。此之谓德音，德音之谓乐。《诗》云：'莫其德音，其德克明。克明克类，克长克君。王此大邦，克顺克俾，俾于文王，其德靡悔，既受帝祉，施于孙子。'此之谓也。"（《魏文侯》）所以古乐，依郑氏、孔氏，乃先王之正乐也。所谓"天地顺而四时当"，圣人在上，古乐之由也。实为先王之正乐，而谓之"德音"。所以，君子既闻古乐，近修其身，次及其家，然后平均天下。③ 古乐，是为圣人在天时地利人和之条件下所作，亦如周子所言，古者圣王制礼法，修教化，三纲正，九畴叙，百姓大和，万物咸若。乃作乐以宣八风之气，以平天下之情，故乐声淡而不伤，和而不淫，入其耳，感其心，莫不淡且和焉，淡则欲心平，和则躁心释，优柔平中，德之盛也，天下化中，治之至也，是谓道配天地，古之极也。上述诸事，皆古乐之发动也。周子还从功能功效上区分古乐今乐，以为，乐者古以平心、宣化；今以助欲、长怨。④ 船山则以为，王者之德音本于其德之尽善，故顺人心而凝

---

① 杭世骏《续礼记集说》卷七十，《乐记》第十九，《续修四库全书》第一○二册，页261。

② 孙希旦《礼记集解》（下册）卷三十八，《乐记》第十九之二，页1014。

③ 郑玄注、孔颖达正义、吕友仁整理《礼记正义》（中册）卷第四十八，《乐记》第十九，页1522。

④ 周子《通书·乐》，《周敦颐集》卷二，页28—30，中华书局1990年版。

天命也。因而"德音"者，原本至德，被之音以昭其美，则适如其和平之理，而与六律五声之自然相协合矣。① 而陈旸则立乎"中"以为判准，乐之于天下中则和，故而放淫章德，此即古乐；过则淫，因而诲淫败德，此则今乐。② 所以汪绂以为，古乐之和而有节，如此，故乐终可以言乐之伦理，可以因古乐而言古人之德业，以之治己则身修，以之治人则平均天下，是古乐之益也。新声导欲增悲而已，何伦理之可语，而况于道古乎？是今乐之惑也。③ 总之，亦如孔氏所说，古乐则德正声和乃为乐，今乐但淫声，音曲而已，不得为乐。④ 甚至，方苞以为，女乐所由兴，亦是自郑卫之《风》作，所歌者本男女淫辟之事，方才使然。而自周以前，虽桀纣之乱，未闻有女乐昭德昭功，无缘使女妇参其间也。自是见于经传"齐人归女乐"，"郑赂晋以女乐二八"，屈原《九歌》"姱女娟兮容与"。娟女獶杂，则必有父子聚麀而不自知者矣。孔子论为邦，首放郑声，不使接于耳目也。⑤

总而言之，魏文侯尚可教，虽听古乐不能不卧，然犹如辅广所言，其心不古，而使之听古人之乐，是犹以大羹玄酒而陈之于餐食者，其不唾去也，幸矣！⑥ 也难怪方苞感叹，自春秋以前经传所载，民之死于兵革者甚少，即困于饥馑者亦小，且希以先王之政教未尽亡，而民鲜悖德也。自战国秦汉以后，兵戈屠戮饥馑连延，民之死者动数十百万，乱之生也动数百年，以民多无德也。而民之无德由于政教之不行，政教之不行由于君心之多欲，故文侯问乐而子夏言五谷之昌，疾疢灾祥之息，皆

----

① 王船山《礼记章句》卷十九《乐忆》，《船山全书》第四册，页 938。

② 陈旸《乐书》卷二十三至二十四，《礼记训义·乐记》，《景印文渊阁四库全书》第二一一册，页 137—141。

③ 汪绂《礼记章句》卷七，《乐记》第十九，《续修四库全书》第一〇〇册，页 521—522。

④ 郑玄注、孔颖达正义、吕友仁整理《礼记正义》（中册）卷第四十八，《乐记》第十九，页 1524。

⑤ 杭世骏《续礼记集说》卷七十，《乐记》第十九，《续修四库全书》第一〇二册，页 261。

⑥ 卫湜《礼记集说》卷九十八，《乐记》第十九，《景印文渊阁四库全书》第一一九册，页 146。

由于民之有德，使文侯能职思其由，则自知溺音之不可好矣。其曰"君好之，则臣为之；上行之，则民从之"，正为此也。① 因而，汪绂尤其强调，夫君子之于乐，修身及家平均天下，非徒听其音也。至于听音，则已浅矣。然君子之听音，且必有以合之，而非徒取其悦耳。今文侯好音，其亦有以合之乎？然使听音而有合于心，则亦可无好滥音之失矣。子夏言此，所以深抑文侯而引之于正也。② 所以，陈旸讲，魏文侯果能放溺而好德，则古乐之道是诚在我德成而上比，虽文王亦我师也，患不闲邪存诚以驯致之尔。由是知子夏之于君，夫岂以其不能而遂贼之邪！③ 然而，放眼今日之华夏，新乐处处充斥，好滥淫志、燕女溺志、趋数烦志、敖辟乔志之音，以及夷狄之声、舞，几近泛滥成灾，倘若周子在世，能不正色疾呼：不复古礼，不变今乐而欲至治者，远矣！④

三

孔氏讲，此一经《别录》是《宾牟贾》篇，总是宾牟贾与夫子关于《武》相问答之事。⑤ 姜兆锡讲，此篇又见《家语·辨乐》篇，文义多同。⑥ 船山以为，"《武》，《大武》之乐，周公所作，以象武王伐纣之功也。忧不得众者，以臣伐君，事出非常，志难卒喻，故丁宁警之也"⑦。此篇排序跟在上篇《魏文侯》之后，因而可以说，本篇正是继之以特举《大武》之乐，来进一步实际地阐明古乐究竟是怎样产生，其功效又是

---

① 杭世骏《续礼记集说》卷七十，《乐记》第十九，《续修四库全书》第一〇二册，页262。

② 汪绂《礼记章句》卷七，《乐记》第十九，《续修四库全书》第一〇〇册，页523。

③ 陈旸《乐书》卷二十四，《礼记训义·乐记》，《景印文渊阁四库全书》第二一一册，页142。

④ 周子《通书·乐》，《周敦颐集》卷二，页30。

⑤ 郑玄注、孔颖达正义、吕友仁整理《礼记正义》（中册）卷第四十九，《乐记》第十九，页1541。

⑥ 杭世骏《续礼记集说》卷七十，《乐记》第十九，《续修四库全书》第一〇二册，页265。

⑦ 王船山《礼记章句》卷十九《乐记》，《船山全书》第四册，页942。

如何的。故而姜兆锡以为，此篇皆专自乐而言上篇子夏之告君者，自音之所合，而言其美善之声也，以及进一步，自舞之所象，而言其美善之容也。[①] 而汪绂以为，此篇引孔子之论《武》乐，正所谓可以语、可以道古者，亦前篇上下先后之意也。[②] 由此看《乐记》以及《史记·乐书》之篇章排序，决非偶然。

本篇开篇，夫子便就着《武》乐向宾牟贾连续发出五个问题，并宾牟贾皆一一作答，即：一、问："夫《武》之备戒之已久，何也？"答："病不得其众也。"二、"咏叹之，淫液之，何也？""恐不逮事也。"三、"发扬蹈厉之已蚤，何也？""及时事也。"四、"《武》坐，致右宪左，何也？""非《武》坐也。"五、"声淫及商，何也？""非《武》音也。"以及"若非《武》音，则何音也？""有司失其传也。若非有司失其传，则武王之志荒矣。"不过，其所答究竟为是抑或为非？后之学者的意见却不尽一致。由于事关全篇主旨，因而不能不首先来梳理清楚。

孔氏以为贾三答是，二答非，即之一、之二、之五答是，之三、之四答非。[③] 张守节以为二答是，三答非，即之一、之二答是，之三、之四、之五答非。[④] 两位分歧仅在之五上，但孔氏说了是之为是的理由，张氏却似乎并未说出非之为非的道理，而仅说贾不知其实解理，空言其非。若是张氏所说成立的话，那么宾牟贾的全部五答，几乎皆是知其一而不知其二，或者说，知其然而不知其所以然，而概莫能外。所以完全可以据此断定，或者五答皆非，或者五答皆是。譬如《钦定礼记义疏》便断定贾所答皆非，像夫子反覆明其迟之又久之，故而非病不得众，非恐不逮事皆见，等等。因而孔谓贾上两答是，亦误也。[⑤] 不过反之，说五答皆是，似乎也得到了夫子的肯定，因为夫子也明确说了"唯。丘之

①　杭世骏《续礼记集说》卷七十，《乐记》第十九，《续修四库全书》第一〇二册，页270。
②　汪绂《礼记章句》卷七，《乐记》第十九，《续修四库全书》第一〇〇册，页525。
③　郑玄注、孔颖达正义、吕友仁整理《礼记正义》（中册）卷第四十九，《乐记》第十九，页1541。
④　司马迁《史记》（第四册）卷二十四，《乐书》第二，页1226—1228。
⑤　《乾隆钦定礼记义疏》卷五十二，《乐记》第十九之三，《景印文渊阁四库全书》第一二五册，页614。

闻诸苌弘，亦若吾子之言是也"（《宾牟贾》）这样的话，而辅广、孙希旦等也正是据此而做出五答皆是的判断的。孙氏还由此反问道：若有二非，孔子应即正之，不应俟贾再问而后告之也。发扬蹈厉，固为欲及时事，而所以欲及时事者，则太公之志也（之二）。《武》乱皆坐，固非致右宪左，而所以皆坐，则所以象周、召之治也（之三）。此皆因贾言而发起未尽之意，非非之也。[①] 对此，辅广说得更为详细明白，他讲，宾牟贾盖当时之知乐者也，故孔子以《武》乐问之，贾五答而夫子"唯"之以一言，初未尝有所辨明。而贾乃起敬免席而请者，盖其温、良、恭、俭、让之德容，有以感动之也。故曰："诚者非自成己而已也，所以成物也。"贾礼恭辞逊，可与之言，故夫子使之居而语之。由是观之，贾知其一而未知其二也，故孔子因而发之三句说尽《武》乐之义与武王伐纣之事。又见当时各尽其道，此盖孔子之所自得者。若其得于苌弘者，与贾之所言合。[②] 这里，贾在夫子的启发下所再度恭请的问题，即："夫《武》之备戒之已久，则既闻命矣，敢问迟之迟而又久，何也？"（《宾牟贾》）不仅体现出了贾"知之为知之，不知为不知"，"疑思问"之谦恭好学的态度，而且，也的确表达出了足以概括理解《武》乐的关键之所在，此正如应镛所言，《武》乐之始终，大概不过乎蚤与久之两节而已，[③] 因而夫子就正是由此而展开下面论述的。对此，孙氏还特别指出，贾所言凡五事，孔子皆是之，所谓"闻命"，即谓闻孔子是贾之言也。迟之迟而又久者，《武舞》六成，每成皆迟久而后终，故重言以见其意也。郑氏以迟之迟专指久立于缀，非也。观下文历言"《武舞》"，而以"《武》之迟久"结之，则迟之迟而又久，乃通言一舞之始终，而非惟专指一事矣。[④]

"夫乐者，象成者也"（《宾牟贾》），可视为解乐尤其理解古乐的总体

---

① 孙希旦《礼记集解》卷三十八，《乐记》第十九之二，下册，页 1022－1023。

② 卫湜《礼记集说》卷九十九，《乐记》第十九，《景印文渊阁四库全书》第一一九册，页 167－168。

③ 同上，页 172。

④ 孙希旦《礼记集解》（下册）卷三十八，《乐记》第十九之二，页 1023。

原则，继而辅广所谓孔子发之三句，说尽《武》乐之义与武王伐纣之事，即："总干而山立，武王之事也；发扬蹈厉，大公之志也；《武》乱皆坐，周、召之治也。"（《宾牟贾》）后二句也正是孔氏以为贾答之非者，所以孙氏也专门提出来予以澄清了。船山将这三句解释为：居中御动，武王之事，君道也；果毅致武，大公之志，将道也；安定以文，周、召之治，相道也。[①]

夫子具体说《武》乐六成之意，用今天话讲，即六个乐章或六幕之意。最早《左传》对照四首《周颂》诗，亦即《时迈》、《武》、《赉》以及《桓》的诗句，以为是其一、二、三以及六成。而汪绂以《武》、《酌》、《赉》、《般》及《桓》五诗及此篇之言协之，断为其一、二、三、四及六成，至于五成之语，却以为独无可考。综合起来看，或者可以说，至少在三、四及六成上比较少有分歧，亦即，"三成而南"，《赉》诗曰："文王既勤止，我应受之。敷时绎思，我徂维求定。时周之命，于绎思！"所以，《赉》篇言大封之事，而本篇下文亦言"未反下车而封黄帝之后"云云，《论语》亦曰"周有大赉"，是《赉》即三成而南时所歌也。[②] 顺便说说，就武王为何"未及下车而封"与待"下车而封"；之所以是说"投殷之后于宋"；以及"释箕子之囚，使之行商容而复其位"，"商容"为谁？等等问题。孔颖达强调是因为以二王之后，以其礼大，故待下车而封之。郑玄以为是使箕子用商礼乐，则"商容"即商礼乐之官。而孔安国以为商容乃殷之贤人。孔颖达则据《武成》篇云"式商容间"，亦断定商容为人名。因郑不见古文，故为礼乐也。[③] 孙希旦则进一步补充是因为三恪之世远，求之宜急，故未下车而封之。而投犹弃也。商本天子，今以诸侯封其后，故不曰"封"而曰"投"也。[④] 周

① 王船山《礼记章句》卷十九《乐记》，《船山全书》第四册，页 944。

② 汪绂《礼记章句》卷七，《乐记》第十九，《续修四库全书》第一〇〇册，页 524。对此，现代学者亦多有讨论，譬如王国维以《昊天有成命》《武》《酌》《桓》《赉》《般》，而高亨以《我将》《武》《赉》《般》《酌》《桓》为一、二、三、四、五、六成。

③ 郑玄注、孔颖达正义、吕友仁整理《礼记正义》（中册）卷第四十九，《乐记》第十九，页 1546、1548—1549。

④ 孙希旦《礼记集解》（下册）卷三十八，《乐记》第十九之二，页 1026。

謂强调，必封先代之后，如此者示其无意于天下，虽曰得之，亦与先代之后共之也。应镛亦认为，帝者之德尊而其世已远，意其沦坠之已久，故封之尤急；王者之德降而其世尤近，未至于圮散而无所归，故封之为次。方慤说得详尽，亦即，封帝王之后，则《书》所谓崇德、象贤，修其礼物是也。于黄帝、尧、舜，则封于未下车之前，夏、商则封于既下车之后者，盖以道成于三，故存二代之后以明应时损益之迹，则修其礼物者，止于二代而已。二代而上崇德、象贤其事为略，故于下车之前封之，以示其不可缓也；修其礼物，其事为详，故于下车之后封之，以示其无敢遽焉。① 陈旸亦说，武王诛残贼反牧野，非心利天下以棘吾欲也，棘于裂地封先代之后，与之共守而已。以及古者在贤则封之，不贤则投之。封之以仁，所以崇先代；投之以义，所以戒后世。而式商容之闾，言其始行商容而复其位，言其终释者。以商容为商之礼乐，失之远矣。② 但陆奎勋仍赞同郑玄，以为，记者本意谓使箕子用商礼乐，非康成误注也。"式商容闾"，虽见《武成》，余亦疑其为伪。③ 《义疏》则特别强调，投，犹置也。天下土地皆商之所有，今周既伐商，则置殷之后于宋地，俾祀其先王。不曰封而曰投者，非本无国而今始有国也。④ "四成而南国是疆"，《般》诗曰："于皇时周，陟其高山，嶞山乔岳，允犹翕河。敷天之下，裒时之对，时周之命。"汪绂以为，此与"南国是疆"之意颇协，故而疑《般》即《大武》之四章也。"六成复缀，以崇天子"，这里，原本郑、孔读"以崇"句绝，"天子"属下"夹振之"为句，而以崇训充。王肃、陈澔、《义疏》、姜兆锡、汪绂、孙希旦等皆以为语意不全，未可通耳，故不从郑、孔。《桓》诗曰："绥万邦，屡丰年，天命非解。桓桓武王，保有厥土。于以四方，克定厥家。于昭于

---

① 卫湜《礼记集说》卷九十九，《乐记》第十九，《景印文渊阁四库全书》第一一九册，页 172、175、181。

② 陈旸《乐书》卷二十六，《礼记训义·乐记》，《景印文渊阁四库全书》第二一一册，页 149、151。

③ 杭世骏《续礼记集说》卷七十，《乐记》第十九，《续修四库全书》第一○二册，页 269。

④ 《乾隆钦定礼记义疏》卷五十二，《乐记》第十九之三，《景印文渊阁四库全书》第一二五册，页 619。

天，皇以间之。"汪绂以为此正功成治定之语，其"复缀以崇天子"，犹可想见矣。①

此下，再来看看看法上不尽一致的，《大武》，"始而北出"，《左传》以为颂唱的是《时迈》，即："时迈其邦，昊天其子之。实右序有周，薄言震之，莫不震叠。怀柔百神，及河乔岳。允王维后。明昭有周，式序在位。载戢干戈，载櫜弓矢。我求懿德，肆于时夏。允王保之。"因而《武》，亦即："于皇武王，无竞维烈。允文文王，克开厥后。嗣武受之，胜殷遏刘，耆定尔功。"以为是《大武》之二成或二章。不过，汪绂却以为，《周颂·武》篇该武功始终言之，是始而北出时所歌也。② 朱子亦曾在《诗集传》中指出："《春秋传》以此为《大武》之首章也。《大武》，周公象武王武功之舞，歌此诗以奏之。"③ 再者，孙氏亦指出：《武舞》六成，而《左传》言《武》有七篇，则其首篇乃未舞之先所歌也，其戒备之久亦可见矣。④ 那么，《时迈》会不会是这支未舞之先的序歌呢？之所以不考虑《昊天有成命》或者《我将》，是因为比较而言，它们在内容上似更不与这里相贴近贴合。我们再来看《酌》，即："于铄王师，遵养时晦。时纯熙矣，是用大介。我龙受之，蹻蹻王之造。载用有嗣，实维尔公允师。"与"再成而灭商"以及"五成而分，周公左，召公右"分别对照，似联系皆不分明。只是朱子的阐释，即："此亦颂武王之诗。言其初有于铄之师而不用，退自循养，与时皆晦。既纯光矣，然后一戎衣而天下大定。后人于是宠而受此蹻蹻然王者之功，其所以嗣之者，亦维武王之事是师尔。"⑤ 大概与"再成"相连更为贴合，而汪绂亦强调，《酌》篇始言"遵养时晦"，继以纯熙大介，则是承久立于缀之后，而继以"发扬蹈厉"，于再成灭商协矣，是《酌》盖《大武》之次章也。⑥ 因而，倘若《大武》之表演必颂歌《周颂》的话，我以

---

① 汪绂《礼记章句》卷七，《乐记》第十九，《续修四库全书》第一〇〇册，页 524。
② 同上。
③ 朱子《诗集传》卷十九，《朱子全书》第一册，页 735。
④ 孙希旦《礼记集解》（下册）卷三十八，《乐记》第十九之二，页 1021。
⑤ 朱子《诗集传》卷十九，《朱子全书》第一册，页 740。
⑥ 汪绂《礼记章句》卷七，《乐记》第十九，《续修四库全书》第一〇〇册，页 524。

为，以《左传》、朱子以及汪绂之见为宜，所谓有志于古乐者，或亦可以心会欤。甚至，陆奎勋会说，观此《大武》六成之舞，恍然在目。再观《周颂·有瞽在庭》一章，《大武》乐音亦可想见。更观《虞书》"命夔典乐""戛击鸣球"两章及《左传》季札观舞《韶箾》一段，则《大韶》之乐音乐舞俱未亡也。可惜读经者自不知乐耳。[①]

所谓"迟之迟而又久"，乃通言《大武》之始终者，首先就体现在武王伐纣之迫不得已，而绝非贪商上。郑玄讲，《武》歌在正其军，不贪商也。孔氏以为，武王应天从人，不得已而伐之，故知有司妄说为贪商，使时人致惑。[②] 王肃亦讲，言武王不获已为天下除残，非贪商也。[③] 这点几乎被历代所有学者所认同。这甚至可以追溯至文王，其"三分天下有其二，以服事殷。周之德，其可谓至德也已矣"（《论语·泰伯》），本足以代商而不，却仍谨守为臣之本分，始终如一地"止于敬"，期待并实际地尽力促成纣王之改邪归正。以至到了武王也仍然如此，汪绂讲，夫武王即位十三年，而后伐商，《诗》曰"遵养时晦"，则《武》之待久而后动可见。所谓病不得众者，非真人心之有未服也，但武王兢兢之心，则唯恐人心天命之未必在我，苟受稍有悛心，则天命人心之去商者，未必不可复挽，而武王亦终守臣节矣。[④] 姜兆锡讲，以此见武王本

---

① 杭世骏《续礼记集说》卷七十，《乐记》第十九，《续修四库全书》第一〇二册，页268。

② 郑玄注、孔颖达正义、吕友仁整理《礼记正义》（中册）卷第四十九，《乐记》第十九，页1540、1542。

③ 司马迁《史记》（第四册）卷二十四，《乐书》第二，页1228。

④ 汪绂《礼记章句》卷七，《乐记》第十九，《续修四库全书》第一〇〇册，页523。甚至，如《孟子·万章下》，所谓"贵戚之卿"，"君有大过则谏，反覆之而不听，则易位"。商纣时最大的贵戚之卿，莫过于孔子所谓"殷有三人焉"的微子、箕子、比干等（《论语·微子》），倘若他们迫不得已而实现对纣的易位，武王革命亦不会发生。就像《孟子·滕文公下》载"葛伯仇饷"事件，最终汤不能不"为其杀是童子而征之，四海之内皆曰：'非富天下也，为匹夫匹妇复雠也。''汤始征，自葛载'，十一征而无敌于天下"。由此来体会武王的心境，武王既不贪商，却一直想要促成纣王的改邪归正，便无需革命了，所以武王一直在等待，在促成与等待事情的好转。然而事情却愈变愈坏，甚至，殷三仁亦失位，被杀，被囚，被放逐，终于武王迫不得已必须诛讨纣王了。

未尝一日敢失人臣之分，有干天位之意，而其应天顺人，盖非得已也。① 而对此展示得最详尽的莫过于《义疏》，即，案《竹书》：纣五十一年乃武王之十年冬十一月，诸侯会师孟津请伐纣，武王谕以纣不可伐而还。纣杀比干，囚箕子，微子出奔，武王曰："纣不可不伐矣!"明年春警诸侯师秋伐殷，师次鲜原，盖会师孟津，诸侯皆请伐纣，而武王不许者，三仁犹在，庶其改之也。至比干死，微子亡，不得不伐矣。然春警师，师未起也。秋师起矣，犹次鲜原未行也。盖以箕子尚囚，纣若免而出之，则犹或改于万一也。纣终不悛，且恃其如林之众以相敌，不得已十一月师渡孟津而纣亡矣。故始之备戒之已久，象春警师也。咏叹之淫液之迟而又久，象师次鲜原也。发扬蹈厉，象师渡孟津至于牧野，《诗》所谓"时维鹰扬也"。武王革殷，其不得已之心皆形见于乐。② 武王大圣，伐暴除残，何有贪商之意，而《大武》又何容有贪商之声呢! 而且，即使武王迫不得已伐纣，而《大武》虽武舞也，亦诚如应镛断言，实止戈之武也，实修文之武也，故《武》之诗曰："胜殷遏刘。"③ 这实乃华夏自始以来的传统，亦如陈旸所说，古之造字者，武欲止，旗欲偃，干欲立，戈欲倒，弓欲弛，矢欲入，剑欲敛。然则虎贲之士说剑，固武王所欲也，彼其用之者，岂所欲哉!④ 对此，船山似乎以为，时旧都已克，而素不归周，与纣同恶者方怀疑惧，武王偃兵以安其心，

① 杭世骏《续礼记集说》卷七十，《乐记》第十九，《续修四库全书》第一〇二册，页267。曾经"王介甫有言：'《乾》之九三，知九五之位可至而至之。'"此是介甫妄解经典，其害大矣。而程子予以正之，指出："使人臣每怀此心，大乱之道也。且不识汤、武之事矣。"其实，此乃"知大人之道为可至，则学而至之，所谓'始条理者智之事'也"。（《河南程氏粹言》卷第一，《二程集》第四册，页1203—1204）

② 《乾隆钦定礼记义疏》卷五十二，《乐记》第十九之三，《景印文渊阁四库全书》第一二五册，页614。有说"伯夷叩马谏武王，义不食周粟"。实则如程子所说："叩马则不可知。非武王诚有之也，只此便是佗隘处。君尊臣卑，天下之常理也。伯夷知乎常理，而不知圣人之变，故隘。不食周粟，只是不食其禄，非饿而不食也。至如《史记》所载谏词，皆非也。武王伐商即位，已十一（一作三）年矣，安得父死不葬之语。"（《河南程氏遗书》卷第十八，《二程集》第一册，页217）

③ 卫湜《礼记集说》卷九十九，《乐记》第十九，《景印文渊阁四库全书》第一一九册，页181。

④ 陈旸《乐书》卷二十七，《礼记训义·乐记》，《景印文渊阁四库全书》第二一一册，页152。

盖一时之权也。① 不过，仅视此为权宜之计，恐怕有待商榷。

　　武王真所欲行之者，"天下之大教也"，孔氏依本篇而总结为郊射一，裨冕二，祀乎明堂三，朝觐四，耕藉五。并说：此五者大益于天下，并使诸侯还其本国而为教，故云"大教"。其中，之所以"祀乎明堂"，是因为明堂是文王庙也。天子于中祀其父也，故教民知孝之道矣。然不于后稷庙而于文王庙者，既是述父之志，故初于中祀也。② 陈旸以为，武王偃武修文之后，习射服冕，祀明堂，讲朝觐，耕藉田，食老更，而礼乐之教交修于天下。③ 也就是将孔氏的一、二合并为一，另还补充了"食老更"一条。或许正是为此，姜兆锡还专门指出，《祭义》所列五教，无节首散军郊射与裨冕搢笏二条，而祀明堂下有食老更、祀先贤二条，与此不同者，盖自《武成》之始而言，故言息射说剑，自化成之后而言，故言养老祀贤，各有当尔也。且本节息射说剑必于学，亦即祀先贤之意，而食三老五更即附见本节下，则其实亦岂有异乎？《家语》本节更增郊祀后稷一条，而称六教，与此又不同。④ 或许关键在于船山所指出的，即，"五者天下之大教也"一句，旧错在"食三老五更"之上，今序正于"所以教诸侯之弟也"之下。因而可以将"食老更"列入，而船山由此而以为"五者"，崇文一也，敦孝二也，劝忠三也，崇敬四也，尚弟五也。⑤ 孙氏还更藉助《韩诗外传》来作论证，亦即

① 王船山《礼记章句》卷十九《乐记》，《船山全书》第四册，页947。

② 郑玄注、孔颖达正义、吕友仁整理《礼记正义》（中册）卷第四十九，《乐记》第十九，页1551。依据陈旸、船山、姜兆锡、孙希旦等的看法，"五者，天下之大教也"一句，旧错在"食三老五更"之上，今序正于"所以教诸侯之弟也"之下。再者，陈澔、汪绂等以为，"名之曰建櫜"句错简，当在"包之以虎皮"之下。此因郑读建为键而误也。以至孔氏以为，案示天下不复用武臣矣，故名键櫜。但《义疏》并不认同错简的说法，而考《家语》、《史记》、《韩诗外传》文，并与此同，安得四书同错简乎？盖名，命也。武王既告武成大封诸侯，而命之自此键兵櫜弓，无复事矣，"然后天下知武王之不复用兵也"。语意极顺，王肃说可通而近巧。姜兆锡亦以为，愚以意味之原文自合，盖总结之体也。可供参考。

③ 陈旸《乐书》卷二十七，《礼记训义·乐记》，《景印文渊阁四库全书》第二一一册，页155。

④ 杭世骏《续礼记集说》卷七十，《乐记》第十九，《续修四库全书》第一〇二册，页270。

⑤ 王船山《礼记章句》卷十九《乐记》，《船山全书》第四册，页947—948。

《传》云："废军而郊射，左射《貍首》，右射《驺虞》，然后天下知武王之不复用兵也。祀乎明堂，而民知孝。朝觐，然后诸侯知所以敬。坐三老于大学，天子执酱而馈，执爵而酳，所以教诸侯之悌也。此四者，天下之大教也。"以此观之，则"散军郊射""褌冕搢笏"，当属于上节，与"不复用兵"同为一事，所以教天下之礼让也，与教孝、教臣、教敬、教悌而为五。《韩诗外传》止言四教者，以不及耕藉也。①

其中，养老之所以为天下大教五之一，这亦是华夏古老而悠久的传统，此正如陈旸所述，天地人之数，以三成，以五备，故天统三辰五星于上，地统三极五行于下，人统三德五事于其中。然则三老五更之数，亦视诸此。王建国必立三卿，乡饮酒必立三宾，养老必立三老，故《礼运》曰"三公在朝，三老在学"，三宾之于乡，三卿之于国，三公之于朝，皆非一人为之，则三老五更之于学，岂皆以一人名之邪！古者十年以长则父事之，五年以长则兄事之，况老更乎？三老有成人之德，近于父者也，先王以父道事之；五更更事之久，近于兄者也，先王以兄道事之。今夫养老之礼，五十养于乡，六十养于国，七十养于学，则食之于大学七十者而已。有虞氏以燕礼，夏后氏以飨礼，商人以食礼，则以食礼食者，商人而已。《文王世子》言天子视学释奠于先老，遂设三老五更群老之席位焉。然则养老有虞氏以深衣，夏后氏以燕衣，周人以玄衣，食礼而服缟者，惟商人为然。② 所谓三老五更，郑玄以为，互言之耳，皆老人更知三德五事者也。孔氏补充道，三德，谓正直、刚、柔；五事，谓貌、言、视、听、思。③ 而方愨以为，老取其成德，更取其能历事。以其成德，故数必以三，三者数之成也。以能历事，故数必以五，五者数之备也。三老不必三人，五更不必五人，亦犹三公四辅之义

---

① 孙希旦《礼记集解》（下册）卷三十八，《乐记》第十九之二，页 1029。

② 陈旸《乐书》卷二十七，《礼记训义·乐记》，《景印文渊阁四库全书》第二一一册，页 154—155。

③ 郑玄注、孔颖达正义、吕友仁整理《礼记正义》（中册）卷第四十九，《乐记》第十九，页 1550、1552。

耳。德成而上，事成而后，此隆杀之别也。① 华夏既有养老的传统，况且又依汪绂，周承商纣播弃黎老之后，而特重养老之礼也。② 其具体体现大致在于万斯大所述，周人养老兼用燕礼、飨礼、食礼，故《文王世子》篇所云"养老是燕礼也"，此记所谓养老是食礼也。其礼无可考见，略准《公食大夫礼》言之，谓之食者，但食饭而不用酒献酬也。然食礼公不亲酳，养老则天子亲酳也；食礼不乐舞，养老则天子亲舞。③ 凡所以敬老也。亦如孙氏所述，以食礼养老于大学也。《公食大夫礼》"宰夫自东房授醯酱，公设之"，今天子养老亦然也。《公食礼》："饮酒，实于觯，加于丰。宰夫右执觯，左执丰，进设于豆东。"又云："宰夫执觯浆饮，与其丰以进，宾挩手兴受。宰夫设其丰于稻西。"是公食礼酒浆不亲执。今养老，天子亲执爵而酳者，敬老更之至，与寻常食礼异也。祭祀之礼，人君祖而割牲，及亲在舞位，冕而总干，今养老亦然，尊敬老更，与祭祀之礼同也。④ 或者，顺便说说，上述"更"，如汪绂所说，当作叟。说见《文王世子》篇。亦是年长者之意，但较老者年轻一些。

总而言之，诚如本篇结语所言："若此，则周道四达，礼乐交通，则夫《武》之迟久，不亦宜乎！"（《宾牟贾》）亦即孔氏所谓，周之礼乐功大，故作此《大武》之乐迟停而久，不亦宜乎！须迟久重慎之也。⑤ 陈旸所谓，乐者德之声，舞者德之容，武王偃武修文之后，习射服冕，祀明堂，讲朝觐，耕藉田，食老更，而礼乐之教交修于天下，是虽因于商人，而周之制作实兼修而用之，则周道四达，礼乐交通，而乐舞之迟犹

　　① 卫湜《礼记集说》卷九十九，《乐记》第十九，《景印文渊阁四库全书》第119册，页180。

　　② 汪绂《礼记章句》卷七，《乐记》第十九，《续修四库全书》第一〇〇册，页524。《孟子·离娄上》载："伯夷辟纣，居北海之滨，闻文王作，兴曰：'盍归乎来！吾闻西伯善养老者。'太公辟纣，居东海之滨，闻文王作，兴曰：'盍归乎来！吾闻西伯善养老者。'二老者，天下之大老也，而归之，是天下之父归之也。天下之父归之，其子焉往？诸侯有行文王之政者，七年之内，必为政于天下矣。"可为明证。

　　③ 杭世骏《续礼记集说》卷七十，《乐记》第十九，《续修四库全书》第一〇二册，页270－271。

　　④ 孙希旦《礼记集解》（下册）卷三十八，《乐记》第十九之二，页1028－1029。

　　⑤ 郑玄注、孔颖达正义、吕友仁整理《礼记正义》（中册）卷第四十九，《乐记》第十九，页1552。

四时而运，阳极而成暑，非一日也。孔子谓 "《武》尽美矣，未尽善也"，尽美矣，故其成必久；未尽善，故非所以为备乐。何独至久立于缀而疑之欤？路之四达谓之逵，道之四达谓之皇，故诛赏废兴资此以成，礼乐刑政资此以备，然则周道四达亦可知。[①] 应镛所谓，凡此皆所以反前日之所为，而一新天下之观听也，其气象甚雍容，其节目甚详密，此岂一日之所能为？宜乎《武舞》象之，而舒徐迟久也，然则戒之久，立之久，固无急于富天下之心，迟之迟而又久，又必缓以待天下之化。[②] 船山所谓，武王自伐商之始至于功成治定，壹以文教为重，始终四达，皆从容逊让以敦教化而不专于致武，故礼乐之文以象其德者，必交贯始末，备昭周道之所自成，则《大武》之舞虽以写牧野之事，而必合武王之德以为容，所以迟立而不遽也。[③] 汪绂所谓，由武王之事以观，则周之文治达于四国，而礼隆乐备矣。是可见武王非务武也，唯是诸侯暱就周室，以不得已而为征诛之举，及夫会朝清明之后，则汲汲于偃武修文，而不复用兵矣。征诛非武王之得已，则其迟之迟而又久也，不亦宜哉！[④] 以及孙氏所谓，乐以象成。武王戡乱之勤已如彼，致治之备又如此，其功非一朝夕之所成，则所以象其成者，安得而不迟久乎？[⑤] 这些，我们在《论语》中亦得到印证，即："周有大赉，善人是富。'虽有周亲，不如仁人。百姓有过，在予一人。'谨权量，审法度，修废官，四方之政行焉。兴灭国，继绝世，举逸民，天下之民归心焉。"（《尧曰》）再有，《中庸》里，孔子讲："无忧者其惟文王乎！以王季为父，以武王为子，父作之，子述之。武王缵大王、王季、文王之绪，壹戎衣而有天下，身不失天下之显名，尊为天子，富有四海之内，宗庙飨之，子孙保之。武王末受命，周公成文武之德，追王大王、王季，上祀

---

① 陈旸《乐书》卷二十七，《礼记训义·乐记》，《景印文渊阁四库全书》第二一一册，页155。

② 卫湜《礼记集说》卷九十九，《乐记》第十九，《景印文渊阁四库全书》第一一九册，页181。

③ 王船山《礼记章句》卷十九《乐记》，《船山全书》第四册，页948。

④ 汪绂《礼记章句》卷七，《乐记》第十九，《续修四库全书》第一〇〇册，页524。

⑤ 孙希旦《礼记集解》（下册）卷三十八，《乐记》第十九之二，页1029。

先公以天子之礼。斯礼也，达乎诸侯大夫，及士庶人。"以及"仲尼祖述尧舜，宪章文武；上律天时，下袭水土。"孔子必是肯定武王的。

结　语

综上所述，朱子所谓"舜绍尧致治，武王伐纣救民"，虽然"其功一也"，但二者"其实有不同者"，就最集中具体地体现在《武》乐舞所始终展现出来的"迟之迟而又久"上。舜受禅于尧，是直接顺承地继往开来，尧舜皆生知之圣，故而尧之一言"允执厥中"，至矣、尽矣！舜之《韶》乐，"尽美矣，又尽善也"。季札"见舞《韶箾》者，曰：'德至矣哉，大矣！如天之无不帱也，如地之无不载也。虽甚盛德，其蔑以加于此矣，观止矣。'"（《左传》襄公二十九年）而武王虽如《易·革·象》所言："天地革而四时成，汤、武革命，顺乎天而应乎人。革之时大矣哉！"然而毕竟受命于天而改朝换代，个中的分寸时机等的拿捏，着实不易。孟子讲："贼仁者谓之贼，贼义者谓之残，残贼之人谓之一夫。闻诛一夫纣矣，未闻弑君也。"（《孟子·梁惠王下》）那么，何以判定纣已是贼仁者、贼义者的残贼之人？谁又能秉受天命而"诛一夫纣矣"[①]？这必经反反复复地权衡考量与扪心自问，最终若判定为都是，则迫不得已地讨伐、革命，以及成功之后重建天下秩序，等等，无不"迟之迟而又久"，因而全面反映这整个过程的《大武》亦始终表现出这"迟之迟而又久"的特质。再说，舜作为圣人乃生知安行、"由仁义行"，"不勉而中，不思而得，从容中道"，乃性之也。武王则为"学而能之"的圣人，是由学知利行、"行仁义"与"择善而固执之"，由身之，反之而最终亦得以为圣人的。（《孟子·离娄下》《中庸》）依程子，所谓"身

---

①　程子在否定有关王介甫所谓武王观兵之说时，对此有过断然的主张，即："如今日天命绝，则今日便是独夫，岂容更留之三年？今日天命未绝，便是君也，为人臣子，岂可以兵胁其君？安有此义？"（《河南程氏遗书》卷第十九，《二程集》第一册，页250）孟子则坚定主张，行仁政王道之天吏、王师可以诛伐商纣。（《孟子·梁惠王下》《公孙丑上/下》）故而言，惟有汤武之志则为革命，无之则为篡弑。

之"，即践履之也；"反之"，"归于正也"，"复至圣人之地"也。而"若到圣人，更无差等"，其心德无间，"及其成功一也"，"圣人无优劣"，"圣人无过"。然"汤武反之，其始未必无过。所谓日月之食，乃君子之过"。那么，所谓《武》未尽善，就是说，武王尚在反之、身之当中，未达圣人一间之时，则"此圣人之心有所未足"，则"其始未必无过"，如"回也其心三月不违仁"，以及"惟有惭德"，等等，因而相较相应而言，"征诛固不及揖让，然未尽善处，不独在此，其声音节奏亦有未尽善者"①。或许，这些也就构成了学而成圣者必定会经历的过程。

似乎，不能不感叹三王不如二帝之盛，这又不仅仅生而为圣与学而为圣之别，或者说，这种区别本身就蕴含在大势的盛衰之运当中。孟子具体而微地概言之为"天下之生久矣，一治一乱"。尤其，孟子还特别强调武王革命是大势盛衰中的又一治也，即："及纣之身，天下又大乱。周公相武王，诛纣伐奄，三年讨其君，驱飞廉于海隅而戮之。灭国者五十，驱虎、豹、犀、象而远之。天下大悦。《书》曰：'丕显哉，文王谟！丕承哉，武王烈！佑启我后人，咸以正无缺。'"（《孟子·滕文公下》）所以，程子必肯定"孟子知武王，故不信漂杵之说"。而"昔武王伐纣，则无非仁人也"②。其实，程子对大势盛衰之运，亦有深深的感慨，他尝说：

> 盛衰之运，卒难理会。且以历代言之，二帝、三王为盛，后世为衰。一代言之，文、武、成、康为盛，幽、厉、平、桓为衰。以一君言之，开元为盛，天宝为衰。以一岁，则春夏为盛，秋冬为衰。以一月，则上旬为盛，下旬为衰。以一日，则寅卯为盛，戌亥为衰。一时亦然。如人生百年，五十以前为盛，五十以后为衰。然

---

① 参见《河南程氏遗书》卷第二上、十八、二十三、二十五，《河南程氏外书》卷第二、六、十一，《二程集》第一册，页41、213、214、306、324，第二册，页364、380-381、417。

② 《河南程氏外书》卷第十一，《粹言》卷第二，《二程集》第二册，页412，第四册，页1230。

有衰而复盛者，有衰而不复反者。若举大运而言，则三王不如五帝之盛，两汉不如三王之盛，又其下不如汉之盛。至其中间，又有多少盛衰。如三代衰而汉盛，汉衰而魏盛，此是衰而复盛之理。譬如月既晦则再生，四时往复来也。若论天地之大运，举其大体而言，则有日衰削之理。如人生百年，虽赤子才生一日，便是减一日也。形体日自长，而数日自减，不相害也。[①]

而程子以后，华夏又经历了南宋、元、明、清、中华民国，以至今日的中华人民共和国，这其中又蕴含了多少盛衰起伏之运。当下再次来到中华民族伟大复兴的关键时刻，我们万不可忘了孟子的谆谆告诫："人之有道也，饱食、暖衣、逸居而无教，则近于禽兽。圣人有忧之"，必"教以人伦，父子有亲，君臣有义，夫妇有别，长幼有序，朋友有信。放勋曰：'劳之来之，匡之直之，辅之翼之，使自得之，又从而振德之。'"（《孟子·滕文公上》）孔子讲："道二：仁与不仁而已矣。"孟子讲："三代之得天下也以仁，其失天下也以不仁。"而且，孟子尤其强调："是以惟仁者宜在高位。不仁而在高位，是播其恶于众也。上无道揆也，下无法守也，朝不信道，工不信度，君子犯义，小人犯刑，国之所存者幸也。故曰：城郭不完，兵甲不多，非国之灾也；田野不辟，货财不聚，非国之害也。上无礼，下无学，贼民兴，丧无日矣。"孟子从"求也为季氏宰，无能改于其德，而赋粟倍他日"，则孔子视"求非我徒也"，而得出，"君不行仁政而富之，皆弃于孔子者也"。（《孟子·离娄上》）

孟子也曾经断言："五百年必有王者兴，其间必有名世者。"（《孟子·公孙丑下》）然而，连孟子都不能不感叹："由孔子而来至于今，百有余岁，去圣人之世，若此其未远也；近圣人之居，若此其甚也。然而无有乎尔，则亦无有乎尔。"（《孟子·尽心下》）孔子之后，再无圣人，惟遗孔孟、程朱之四书五经。研读经典，犹如亲耳聆听圣贤教诲，我们，无

---

① 《河南程氏遗书》卷第十八，《二程集》第一册，页199—200。

论困知勉行者，还是学而利行者，都当以颜子、孟子等为楷模，"学以至圣人之道"（程伊川《颜子所好何学论》），"夫天未欲平治天下也，如欲平治天下，当今之世，舍我其谁也！"（《孟子·公孙丑下》）

智仁之间

——以朱子四德说为中心

张茹梦

朱子四德说，最核心的思想为"仁包四德"，此确立了仁之首要地位。仁之所以贯通无间，又与朱子四德说的天命流行架构紧密相关；而四德之周流不息、循环不已，其大关节又在智、仁之间。朱子言：

> 仁智交际之间，乃万化之机轴。此理循环不穷，吻合无间，故不贞则无以为元也。①

仁、智交际之间，不仅最见得此理之一贯，更为万化之枢纽，此当为理解朱子四德说的关键之一。朱子通过从天德层面的"贞下起元"，来解释人德层面的智仁关系，不仅表明智仁关系间的本体论基础与重大意义，也表现了朱子结合《易》而贯通天道、人道的运思模式。对这种运思模式的深入分析和把握，也是我们理解朱子论四德以及智仁关系的关键。仁、智本身，又即为十分重要的两种德性，对此二德的不同解释以及对二者关系的不同描述，都可能导出面貌迥异的德性学说。

学界对于仁、智二德的单独研究已较为深入，然二者之关系，尤其

---

① 黎靖德编《朱子语类》卷六，页 109，中华书局 1986 年版。

是在朱子四德说架构下仁、智关系及内涵方面，依然有许多值得进一步揭示的意味。

一、仁智在四德说架构中地位的确立

在《诗经》《尚书》等经典中，仁、智还没有作为重要的德性范畴予以确立，然其基本精神内涵实已突显。至孔子，仁、智则已成为重要的德性范畴而被屡屡提及，其中，特别是对仁的强调，基本确立了后世儒者以仁为首要德性的论述基调；相比而言，对智的直接强调则较少，且如先秦时期对"知"字的使用情况也很复杂，这增加了我们对孔子所言智德的理解难度。但《论语》中也不乏"仁"、"智"（知）对举的例子，如言"仁者安仁，知者利仁"（《论语·里仁》）；"知者乐水，仁者乐山"（《论语·雍也》）；"知者不惑，仁者不忧"（《论语·子罕》）；樊迟问"知""仁"等。表明"仁""智（知）"之内涵本有其各自的偏重。简而言之，"仁"多与"孝""安""不忧""爱人"等义相连，"智（知）"多与"利""不惑""知人""用义"等义相连。不过，虽其各自有所侧重，然夫子言"择不处仁，焉得知"（《论语·里仁》），以见"不知仁则为不智"之意，又可见二者之关联。

至于《中庸》，则有言"知仁勇"之三达德；简帛《五行》，则有"仁义礼智圣"之"德之行"。简帛《五行》经前大半部分，主要即言"圣""智""仁"三德，强调三者常相依不离，如言"不圣不智，不智不仁"。其解又言："见而知之，智也；知而安之，仁也；安而行之，义也；行而敬之，礼也。仁，义礼所由生也。"可见"智仁义礼"乃可以一定次序而言。另外，《周礼·地官司徒》亦有言："以乡三物教万民而宾兴之：一曰六德，知、仁、圣、义、忠、和。"至此，已有三德说、五德说、六德说的不同德目体系，不过，仁、智皆在其中，并常有着紧密的联系。

至《孟子》，虽其多言"仁义"，亦言"仁义忠信"，但"仁义礼智"四德乃说得最为分明。孟子以仁义礼智四德而明人之性善，但其只是点出了此四德，并没有直接说明仁义礼智间的次序，只有两条或稍涉及其间关系：

> 夫仁，天之尊爵也，人之安宅也。莫之御而不仁，是不智也。
> （《孟子·公孙丑上》）
>
> 仁之实，事亲是也；义之实，从兄是也；智之实，知斯二者弗去是也。《孟子·离娄上》

前条继承孔子"择不处仁，焉得知"之说而以仁为最尊，后条以"智之实"不出于仁义之实。从成德之序而言，仁是先于智的。这一点，后来尤为朱子所继承与重视。

在以孔思孟为核心的先秦儒家那里，既已确立了仁、智之德的重要地位，虽或处于不同的德目系统，但二者的关系都有所显现。至汉儒，则以"五常"说确立了"仁义礼智信"的五德德目，系统地对五德进行了各方面的阐释。

虽然"五常"的提法至《白虎通》才较为明确，但其说乃承自董仲舒。董子《春秋繁露·五行相生》以五官对应五行、四方，以明五官之职与其间相生相成之道；① 五官又尚五德，五行与五德间形成了某种间接的对应：仁木、智火、信土、义金、水礼。董子虽未直接以"五常"言，但较为明确地提出了"仁义礼智信"五德，并将此与五行相关联，

---

① 董子《春秋繁露·五行相生》曰："东方者木，农之本。司农尚仁……家给人足，仓库充实。司马，本朝也。本朝者火也，故曰木生火。""南方者火也，本朝。司马尚智……天下既宁以安君。官者，司营也。司营者土也，故曰火生土。""中央者土，君官也。司营尚信……威武强御以成。大理者，司徒也。司徒者金也，故曰土生金。""西方者金，大理司徒也。司徒尚义……执法者，司寇也。司寇者，水也。故曰金生水。""北方者水，执法司寇也。司寇尚礼……器械既成，以给司农。司农者，田官也。田官者木，故曰水生木。"（《春秋繁露》，页175，上海书店出版社2012年版）

五德自然分享着五行的系统与次序。① 此后，朱子以五德与五行相对应，一定程度是延续汉儒的这种说法。不过，董子虽以五行与五德相配，却并没有将四时与五德相配，在董子那里，四时乃与人之喜乐怒哀相配，此与朱子有较大差异。虽然五行相生有其次序，四时亦有其次序，但二者的次序所蕴含的意义还不完全相同。五德与不同的次序相配，自然亦会有不同含义。

其后，郑康成注《中庸》"天命之谓性"章曰：

> 木神则仁，金神则义，火神则礼，水神则信，土神则知。②

朱子曾赞此曰：

> 大抵言性，便须见得是元受命于天，其所禀赋自有本根，非若心可以一概言也。却是汉儒解"天命之谓性"，云"木神仁，金神义"等语，却有意思，非苟言者。③

以"神"字而言，木仁、金义、火礼、水信、土知就不只是相配，更突出了其间的内在关联，表明了五行宇宙论与五德之间本体意义上的联系，强调人之德性乃受命于天。此意尤为重要，后来亦为朱子所继承与发挥。然而，诸家在五常与五行的对应或相配上却出现了分歧：郑康成与子在木与仁、金与义的对应上是一致的，而在礼、信、知与火、水、土的对应上不同，而后来朱子的对应法又与二子有不同。这种对应的不同，对五德的次序和五德含义的诠释都是有影响的。

除了以五行论五德，以"元亨利贞"论四德又为另一重要线索。元

---

① 另外，董子《春秋繁露·必仁且知》较为清楚地阐述了仁、智各自的作用，其言："莫近于仁，莫急于智……仁而不智，则爱而不别也；智而不仁，则知而不为也。故仁者所以爱人类也，智者所以除其害也。"以明人之于仁、智乃不可缺，且尤以为切近、急迫；但其在此并没有直接以"五德—五行"系统来论说仁、智的内涵与其间关系。(《春秋繁露》，页155)

② 郝懿行《郑氏礼记笺》，页1540，齐鲁书社2010年版。

③ 《朱子语类》卷五，页90。

亨利贞，出自《易·乾》，《易·乾·文言》将元亨利贞与君子之德相关联，后世论者因此将元亨利贞与四德或五德对应起来。魏晋南北朝时期便有此等对应，如《讲周易疏论家义记》即有以"仁礼义信"与"元亨利贞"相配之意，并将仁礼义信与四时生长联系起来。① 《周易集解》引隋代注家何妥注亦言：

> 仁为木，木主春，故配元为四德之首。礼是交接会通之道，故以配通；五礼有吉凶宾军嘉，故以嘉合于礼也。利者，裁成也，君子体此利以利物，足以合于五常之义。贞，信也。君子贞正，可以委任于事，故《论语》曰"敬事而信"，故干事而配信也。②

此明确以仁配元而为四德之首，礼、义、信分别配亨、利、贞。至唐代孔颖达《周易正义》疏，亦直以元亨利贞分别配仁礼义信："施于五事言之：元则仁也，亨则礼也，利则义也，贞则信也。不论智者，行此四事，并须资于知。"同时，其并以元亨利贞配春夏秋冬："天之德也，而配四时。"③ 由此，五德与四时的关系也明确地建立了起来。孔颖达的联系逻辑是，先以元亨利贞配春夏秋冬，春夏秋冬配五行，五行配仁义礼智信，最终将仁义礼智信与元亨利贞、春夏秋冬关联起来。

虽然人法"天之德"（元亨利贞）所以有仁义礼智信的说法为后世所继承，但元亨利贞与仁义礼智信相配的次序问题依然有分歧。孔颖达曾引《乾凿度》云："水、土二行，兼信与知也。"④ 此表明水、土二行与信、知之配似乎处于模棱两可的地位。如唐代李鼎祚在《周易集解》中即不同意何妥之配，而以"贞"配"智"：

---

① 《讲周易疏论家义记》："仁主东方，德配生育，是谓即目贤者之境也。礼主南方，德配盛长。礼别尊卑，乐和其同，亦是贤者之境也……义为功，并是贤者之业也。贞即信，主北方，万物闭藏。立信之体，信是太功，亦是贤者之修也。"（杨效雷《〈讲周易疏论家义记〉残卷释文》，《国际中国文学研究丛刊》2018 年第六集）
② 李鼎祚《周易集解》，页 10，中华书局 2016 年版。
③ 见孔颖达疏《宋本周易注疏》卷第一"乾"，页 20，中华书局 2018 年版。
④ 同上。

贞为事干，以配于智。智主冬藏，北方水也……不言信者，信
主土，而统属于君……水火金木，非土不载；仁义礼智，非君
不弘。①

至此，仁义礼智信与五行、元亨利贞、四时的相配已基本确立。仁之配
元、木、春，所以为四德之首；智从配火，至配土，最后至配贞、水、
冬，位四德次序之末。配五行、四时所以必有其次序、循环，四德之流
行义亦依此显现。

至二程子，亦有以仁义礼智信与元亨利贞、五行、四时相对应之
意。如曰：

万物之生意最可观，此"元者善之长"也，斯所谓仁也。②

四德之元，犹五常之仁：偏言则一事，专言则包四者。③

程子在解释为何孟子四端无"信"时又说到：

四端不言"信"者，既有诚心为四端，则信在其中矣。④

朱子按之曰：

四端之信，犹五行之土。无定位，无成名，无专气。而水、
火、金、木，无不待是以生者。故土于四行无不在，于四时则寄王
焉，其理亦犹是也。⑤

---

① 李鼎祚《周易集解》，页10。
② 《程氏遗书》，页157，华东师范大学出版社2010年版。
③ 《周易程氏传》，页3，中华书局2011年版。
④ 《程氏遗书》，页394。
⑤ 朱子《四书章句集注》，页240，中华书局2016年版。

朱子四德说与天德、四时、五行相对应的系统亦由此而确立。其中，仁乃与元、木、春相应，智乃与贞、水、冬相应，仁智关系遂共享着元木春与贞水冬之间的关系。

二、朱子四德说的形而上学基础

以上从思想史的角度，对仁、智德性地位的形成，以及朱子四德说中的一些概念和说法的由来进行了溯源，以见朱子对前贤之继承与取舍。其中亦可见出朱子四德说背后可能存在的不同意见。首先，智究竟是对应贞水冬，还是对应土而无定位、无定时，这是有争议的。如果不以智对应贞水冬，"贞下起元"说就不能用于解释智仁关系，智仁之间也难以言为"万化之机轴"。其次，汉儒以五常为"五气之常"并结合五行相生的系统为论，南北朝学者则开始结合元亨利贞与春夏秋冬为论，但在先秦儒家那里，并没有将五行或四时与仁义礼智信相对应。虽然仁义礼智信之间存在一定的关系和次序，但不一定是依着五行或四时的次序而言。最后，亦有来自反儒家的质疑，如，王充《论衡·问孔篇》有曰："智与仁不相干也。有不知之性，何妨为仁之行？五常之道，仁、义、礼、智、信也。五者各别，不相须而成，故有智人、有仁人者，有礼人、有义人者。人有信者未必智、智者未必仁、仁者未必礼、礼者未必义。"[①]

要回应上述问题，首先要理解朱子四德说的形而上学基础。

朱子的四德说，并不是仅仅在形式上对应元亨利贞、春夏秋冬、木金火水土，而是与天德、五行、四时有本体意义的相通，人道乃天道在人身上的呈现，所以谓"仁义礼智，便是元亨利贞"[②]。《易·系辞下》曰："天地之大德曰生。"《易·乾文言》曰："元者，善之长也；亨者，

---

① 王充《论衡校释》，页408，中华书局1990年版。
② 《朱子语类》卷六，页107。

嘉之会也；利者，义之和也；贞者，事之干也。"① 程子继承与发挥此二处的思想，所谓"万物之生意最可观，此'元者善之长'也"，天地之"生意"即是"元"之体现。朱子元气流行说的天德体系即顺此而建立起来。其以元亨利贞为"天德之自然"，四者皆是善，然元乃四者之长，为善端初发见处，亨利贞皆自元而来，所以曰："万物生理皆始于此，众善百行皆统于此。"② 若就气上看，元亨利贞发而为春夏秋冬，即万物之生长遂藏，然此亦只是春之生气流行，截做春夏秋冬四时而已。金木水火亦是如此，如言："木是生气。有生气，然后物可得而生；若无生气，则火金水皆无自而能生矣，故木能包此三者。"③

人为天地所生，自然也禀赋着天地的道理。《仁说》曰：

> 天地以生物为心者也，而人物之生，又各得夫天地之心以为心者也。故语心之德，虽其总摄贯通无所不备，然一言以蔽之，则曰仁而已矣。请试详之。
>
> 盖天地之心，其德有四，曰元亨利贞，而元无不统。其运行焉，则为春夏秋冬之序，而春生之气无所不通。故人之为心，其德亦有四，曰仁义礼智，而仁无不包。其发用焉，则为爱恭宜别之情，而恻隐之心无所不贯。④

《仁说》由天德说向人德，由体达用，将此脉络顺贯而下，人得此天地之心以为心，天地生物之心在人心即仁而已。如"元无不统""春生之气无所不通"那样，在人则为"仁无不包""恻隐之心无所不贯"。

---

① 朱子认为，乾卦卦辞本身并没有表示天德的内涵，是在《系辞》对卦辞的解释中，元亨利贞成为对天德的表达。《语类》曰："若论文王《易》，本是作'大亨利贞'，只作两字说。孔子见这四字好，便挑开说了……伏羲自是伏羲《易》，文王自是文王《易》，孔子因文王底说，又却出入乎其间也。"（《朱子语类》卷一，页2）
② 《朱子语类》卷六十八，页1708。
③ 《朱子语类》卷六，页108。
④ 《晦庵先生朱文公文集》卷六十七，《朱子全书》第二十三册，页3279，上海古籍出版社、安徽教育出版社2002年版。

所以，理只是一个理，只有在天在人、包蕴显现之不同。朱子曰：

> 只是这个理，分做四段，又分做八段，又细碎分将去。四段者，意其为仁义礼智。[1]

此处之"分"，如太极"分阴分阳"之"分"，其分至细碎处，则如《易》之六十四卦，然皆一个太极之理而已。仁义礼智信之为理，本来只是就"一理"之中分下来，所以，"谓之一理亦可，五理亦可。以一包之则一，分之则五"[2]。若称为五理，五理之间必有相贯统一处，否则，就不成其为"理一"。

并且在朱子看来，仁义礼智甚至可以继续分为更细的德目，其细分方式，可以使用阴阳八卦的推演体系。如《语类》载，或问："程子说：'性中只有仁义礼智四者而已。'只分到四便住，何也？"朱子答曰："周先生亦止分到五行住。若要细分，则如《易》样分。"[3] 其分既如阴阳八卦之推演，其流行循环亦如是。如阳极而静、阴极复动，春生后必至于冬、冬之后又必有春生，虽元亨利贞属形而上之理，但其于气上之发见，便是这春夏秋冬之循环不已。朱子以为，此正以见生理之无穷、气化流行之所以不已，元亨利贞即言此流行循环之理，正以见"维天之命，於穆不已"（《诗经·维天之命》）的意思，仁义礼智亦如是。《语类》载或者之问："元亨利贞有次第；仁义礼智因发而感，则无次第。"盖以为在人、在天有不同。朱子答之曰："发时无次第，生时有次第。"[4] 则以为无不同也。

这样，朱子从形而上学层面直接规定了仁义礼智四者之间的关系。其言"仁礼属阳，义智属阴"[5]，"仁礼是敷施出来底，义是肃杀果断

---

[1] 《朱子语类》卷六，页100。
[2] 同上，页100。
[3] 同上，页105。
[4] 同上，页107。
[5] 同上，页106。

底，智便是收藏底"①，都是合着此"一阴一阳"的流行变化逻辑而论。这样做的好处，是点明了人之德性与天德在本体意义上的一贯，为理解德性之间的关系提供了更统一的形而上学内涵，并且与五行、四时的宇宙论也可有相应的结合；但若只是这样从上说下来，也会带来笼统抽象的问题，毕竟如孟子只是就着应事中四端之发见而点出仁义礼智四德，通常理解仁义礼智时，一般也只是从日用伦常的发见应用上去体会。朱子也意识到了这个问题，所以，虽其中年作《仁说》时是自上而下说，而晚年作《玉山讲义》时则自下而上说，由四端说至仁义二端又至于仁包四德，体系义旨不变，但论说方式有异，对于学者做工夫与体贴切入处的指向亦自稍有不同。但在朱子那里，无论是自上而下说，还是自下而上说，都是一脉打通的。本文即希望就朱子双向之打通，以见其所揭示的仁智之义蕴及其间之关系。

三、仁智与元贞之配

以上主要说明了朱子四德说的形而上学基础，但如何将此落实在仁智之含义上，依然须要进一步做双向的理解。也即是说，如果要就天德之元贞来看人德之仁智，就需要清楚元贞与仁智之间是如何能对应起来的。

首先，就"仁"字看，程子言：

> 仁便是一个木气象，恻隐之心便是一个生物春底气象。②

朱子言：

> 要识仁之意思，是一个浑然温和之气，其气则天地阳春之气，

---

① 《朱子语类》卷六，页106。
② 《程氏遗书》，页77。

其理则天地生物之心。①

朱子继承程子"气象"的说法，表明仁与春生有着相类的意思和气象。仁之所以有如此气象，因为仁的发用是温润之爱，爱所以欲其生、欲其长，其中意思是相贯的。

仁之为元，便自然有统摄它德的地位，只提一个"仁"字，便包括了所有德性。不过，程朱在论述二者关系的时候，不仅仅是以元而看仁之统摄地位，亦由仁而反言元的特性。程子"四德之元，犹五常之仁：偏言则一事，专言则包四者"之言，仁有专言、偏言，元也是一样。结合前文论仁之生意，可见朱子在论说仁、元的对应时，是互见而双向打通的。事实上，仁之偏言和专言，是就着孔孟论仁而言。如孔子曰"克己复礼为仁"（《论语·颜渊》）、"仁者其言也讱"（《论语·颜渊》）、孟子曰"仁，人心也"（《孟子·告子上》），此皆程子所谓"专言"；而"孝弟为仁之本"（《论语·学而》）、"恻隐之心，仁也"（《孟子·告子上》），乃程子所谓"偏言"。② 此一方面有经典解释的意义，另一方面也体现了《论》《孟》之言仁便有专言、偏言两个层面的意思，这两个层面又正好与朱子以元亨利贞循环流行的天德体系相应。

朱子训仁为"心之德，爱之理"③，"心之德"即是就专言而论，"爱之理"即是就偏言而论。偏言之仁，即为四德之一，自有其攸属，就像春也只是四时之一；专言之仁，表明其为人心之德的总称，即统体之全德而包四者。仁之偏言、专言虽不同，但二意又不相碍，所以说："说着偏言底，专言底便在里面；说专言底，则偏言底便在里面。"④ 其意皆从《论语》《孟子》中来，虽《论》《孟》未直言"仁包四德"，然不可言其中无此意味，程朱乃为善体会此意味者。若以朱子天德流行的思路解释"仁包四德"的含义，所谓"包"，一从仁为生意发生之先而

---

① 《朱子语类》卷六，页 111。
② 《朱子语类》卷二十，页 463。
③ 朱子《四书章句集注》，页 48、201。
④ 《朱子语类》卷二十，页 463。

言，仁是最先的，先有仁，才会生出义礼智，就好像先有春才会有夏秋冬，义礼智是从仁推出来的；二从一气流行、生意贯通而言，义礼智中所体现的，不过还是仁的那些生意，只是表现的样态不同，如《玉山讲义》之言："仁，固仁之本体也；义，则仁之断制也；礼，则仁之节文也；智，则仁之分别也。"① 可见，朱子"仁包四德"说，乃结合了《论》《孟》之论仁，以及元亨利贞所体现的流行义。

智如何对应贞的问题，就要复杂一些。朱子以智配贞，一方面是尊崇《孟子》仁义礼智的顺序，但其中亦应有朱子对义理的考量。朱子对《易》"贞者事之干"的解释是：

> 贞固在事，是与做个骨子，所以为事之干。欲为事而非此贞固，便植立不起，自然倒了。②

他特别强调贞是正、固二义之不可缺：

> "正"字不能尽"贞"之义，须用连"正固"说，其义方全……正如孟子所谓"知斯二者弗去是也"。"知斯"是"正"意，"弗去"是"固"意。③

朱子引孟子的话来解释贞，其实是以智的意思在反言贞，当然，其亦恰好能合得上"事之干"中"正固"的意思。又曰：

> "贞固足以干事。"……在人则是智，至灵至明，是是非非，确然不可移易，不可欺瞒，所以能立事也。④

---

① 《晦庵先生朱文公文集》卷七十四，《朱子全书》第二十四册，页3589。
② 《朱子语类》卷六十八，页1708。
③ 同上，页1706。
④ 同上，页1709。

此朱子双向打通的又一例证。而对于为何以贞配冬，朱子曰：

> 贞取以配冬者，以其固也。孟子以"知斯二者弗去"为"知之实"。弗去之说，乃贞固之意，彼知亦配冬也。①

虽百叶凋零，然树之干则固而不败，此即冬之固。这里，亦是由孟子之论智而反说向贞、冬的关系。

不过，智居四端之末，主要还是就其配冬上更见得。朱子《答陈器之之问〈玉山讲义〉》曰：

> 仁包四端，而智居四端之末者，盖冬者藏也，所以始万物而终万物者也。智有藏之义焉，有终始之义焉，则恻隐、羞恶、恭敬是三者皆有可为之事，而智则无事可为，但分别其为是为非尔，是以谓之藏也。又恻隐、羞恶、恭敬皆是一面底道理，而是非则有两面。既别其所是，又别其所非，是终始万物之象。②

前已有言，对于智是否配贞、冬，这个问题是有争议的，如何妥、孔颖达，甚至朱子之后的王船山，都是以信配贞、冬的。朱子这里给出的理由，是"智有藏之义焉，有终始之义焉"。所谓智之藏，在于其"无事可为"，这里的"事"，是表示一种显见的发露，伴随着某种直发的情感。但信也只是个"实"，亦"无事可为"，那信也可以说一个"藏"吗？朱子并没有正面讨论这个问题。可以补充的是，"藏"不仅仅是"无事可为"，亦包得大，是藏得许多道理在。如朱子言："如人肚脏有许多事，如何见得！其智愈大，其藏愈深。"③ 事实上，智之"终始之义"，也与其包得大有关，"是非之两面"所以既能是其是，又可非其非，即是包得许多道理在而不偏于一向（此意，下文将予详说）。

---

① 《朱子语类》卷六十八，页 1692。
② 《晦庵先生朱文公文集》卷五十八，《朱子全书》第二十三册，页 2780。
③ 《朱子语类》卷六，页 106。

相比而言，朱子或许会认为，信只是个"实"，虽亦"无事可为"，但只是"实"这个道理，不是藏得许多道理，所以终始之意无法很好体现。然而或者若曰：信乃诚，如《中庸》言圣人之诚，亦是在极高的地位而言，自然也包得许多道理，仁、礼、义至于诚，即至于诚实无伪、道理具含、寂然不动之际，所以终也终于此，起也起于此；且信之义与固之义亦相合，这样，智就被放在了周行于仁礼义信的位置，即知仁、知礼、知义、知信之"知"的层面。[①] 此说乍看起来似乎没什么问题，但细究其间意味，实与朱子所言有不同。首先，此说以为能行仁礼义信则智在其中，智的意义全在于知仁礼义信，"是非之知"没有单独的德性地位；其次，智仁的关系，与智和礼义信的关系，两方面没有多大区别，更不存在智仁之际为万化之机轴的问题。而在朱子的理解，智的意义在于分别是非、确定不移，确定不移亦是关键，这种知，不是在知仁礼义信的层面稍稍说过就可以的，必须将其单独拿出来看以见其意义；并且，智作为一种知是知非的德性，与仁作为"爱之理"的德性，有着十分重要的贯通关系，其更强调仁必起于智的意思。在元亨利贞中，贞是处于为"事之干""贞下起元"的重要地位，所以，朱子以智配贞，就顺理成章突显了智的地位与智仁之间的特殊关系。

四、智仁之间为万化之机轴

那智究竟如何配得上如此地位呢？这与朱子十分强调天理、人欲之辨是相关的。智是个使人能分辨是非的德性，未有知不明而行得当者。所谓"知先行后"，知得愈明则行得愈笃，虽然此多就知行意义上而言，但就此而论智仁关系亦非不可。如《中庸》曰："好学近乎知，力行近

[①] 王船山即有类似的说法："先儒皆以智配贞，而贞者正而固；循物无违，正也，终始不渝，固也，则贞之为信，明矣……君子之智以知德；仁而不愚，礼而不伪，义而不执，信而不谅，智可以周行乎四德而听四德之用。智，知也，四德，行也。匪知之艰，惟行之艰，行焉而后可为德，易之言贞，立义精矣。"（王船山《张子正蒙注》，页252－254，中华书局1975年版）

乎仁。"朱子注曰："好学非知，然足以破愚；力行非仁，然足以忘私。"① "破愚"可入于智，忘私可入于仁。又，《论语·卫灵公》有曰："知及之，仁能守之。"知愈明，所以辨别得是非不移；守愈笃，所以见仁之功用。知愈明即愈智，守愈笃即愈仁。知得愈明，行得愈笃；行得愈笃，又知得愈明。可见智仁二者常互成，惟在知先行后的意义上，智又在仁之前。

朱子注《论语·子罕》"知者不惑，仁者不忧，勇者不惧"章时亦曰：

> 明足以烛理，故不惑；理足以胜私，故不忧；气足以配道义，故不惧。此学之序也。②

所谓"学之序"，表明若就为学工夫而论知仁勇之次序，智乃在仁之先。《语类》言：

> 伊川常说："如今人说力行，是浅近事。惟知为上，知最为要紧。"《中庸》说"知仁勇"，把"知"做辩初头说，可见知是要紧。贺孙问："孟子四端，何为以知为后？"曰："孟子只循环说。智本来是藏仁义礼，惟是知恁地了，方恁地，是仁礼义都藏在智里面。如元亨利贞，贞是智，贞却藏元亨利意思在里面……只是'大明终始'亦见得，无终安得有始？"③

朱子以为，孟子虽将智放至末尾，不是以其为不紧要，仁义礼智之先后乃循环说，末者亦处于重要地位。智藏得仁礼义的道理在，能知其正之所在且固守而不去，所以得此是非明辨而私不能胜，爱恶亦得其正，而能行仁礼义之事，乃所以见其为终始之意。《中庸》、简帛《五行》篇亦

---

① 朱子《四书章句集注》，页 30。
② 同上，页 116。
③ 《朱子语类》卷五十三，页 1290。

先智而后仁，主要也是在智仁与知行的对应关系上而言。若就此意义上则可说，不智则不仁，仁必起于智。

不过，有人看到知的这般作用，便容易模糊智、仁之间的差别，而将二者混说。谢上蔡以知觉言仁，便是如此。朱子强调曰：

> 彼谓心有知觉者，可以见仁之包乎智矣，而非仁之所以得名之实也。

> 仁固有知觉，唤知觉做仁，却不得。①

在朱子看来，智、仁同作为"心之德"，仁可为总德，智则不能；且能仁则可以有智之用（心有知觉），但仁比智更有其特殊的内涵，即"爱"所表现的生意。《语类》曰：

> 又问："知觉亦有生意。"曰："固是。将知觉说来冷了。觉在知上却多，只些小搭在仁边。仁是和底意。"②

朱子亦曾言湖南学者说仁为知觉，就像说麒麟为狮子一样，"仁本是恻隐温厚底物事，却被他们说得抬虚打险，瞠眉弩眼"③。可见，四德各有攸属，智就知是非上说，仁就爱上说，二者不可混淆。

朱子以为："知觉自是智之事。"④ 然知觉亦是心之作用，且就最一般意义的知觉而言，人与动物是相同的。朱子言："为知觉，为运动者，此气也；为仁义，为礼智者，此理也。"⑤ 知觉与智之间，本有着气与理的层次不同，那该如何理解"知觉自是智之事"这样的说法呢？《语

---

① 《朱子语类》卷六，页118。
② 同上，页119。
③ 同上，页120。
④ 《朱子语类》卷二十，页477。
⑤ 《朱子语类》卷四，页59。

类》曰：

> 问："知觉是心之灵固如此，抑气之为邪？"曰："不专是气，是先有知觉之理。理未知觉，气聚成形，理与气合，便能知觉。"

> 所知觉者是理。理不离知觉，知觉不离理。

> 所觉者，心之理也；能觉者，气之灵也。①

之所以"理与气合，便能知觉"，即在于先有了"知觉之理"，而"知觉之理"应当是属智的。并且，此"知觉之理"所发用的知觉有其对象和内容，所知觉者当是"心之理"。朱子在论"心不在焉"时又有言："知觉在，义理便在，只是有深浅。"②此处亦直以知觉为"知觉此理"。所谓"知觉自是智之事"，表明智即是那个使人能知觉得"心之理"的德性，这与智之达于事理、明辨是非的意思是相合的。

不过，朱子在《中庸章句序》中区别"人心""道心"时以为，心知觉于形气之私而为"人心"，心知觉于性命之正而为"道心"，此表明心所知觉者是有两个层次的。知觉于形气之私，比如知道饿了要吃饭、渴了要喝水，以及一切因形气之私而起的认知、思考、判断，从最浅层次而言，这也是一种"理"，但就整个理的层次而言，其只是处于最浅层次，须要被"道心"所统领；而知觉于性命之正，则是就着心之全理而言。

所知觉者有此层次的区分，智亦可以分出层次，故"小智""大智"之不同，即在于所知觉者不同：道心之知为大智之用，大智之是非乃辨别于大者；人心之知为小智之用，小智之是非乃辨别于小者。这样的话，小智亦可能如人心一样常处于危殆之地，大智之是非错了，小智便失去了德性意义。失大智统摄的小智由于与道心无涉，自然与"心之

---

① 《朱子语类》卷五，页85。
② 《朱子语类》卷十六，页349。

德"亦无涉，所以不参与四德之循环，这种智，是不能起仁的，不能起仁之智遂陷于私利计较之中，或迷于虚高飘渺之境，而不足以为智；大智乃知觉于性命之正者，所以为"心之德"，本即"仁之分别"而已，大智足以起仁，而四德周流无间。

朱子与学生讨论《孟子》"尽其心者，知其性也"之义，亦论至智与"知性"的关系。《语类》有曰：

> 问："知是心之神明，似与四端所谓智不同？"曰："此'知'字义又大。然孔子多说仁、智，如'元亨利贞'，元便是仁，贞便是智。四端，仁智最大。无贞，则元无起处；无智，则如何是仁？《易》曰：'大明终始。'有终便有始。智之所以为大者，以其有知也。"[1]

"知性"之"知"虽亦是心之神明，但以其"知性"，所以其义为大。智之所以为大，也是就这知性命之正上看，也即，智的道德意义乃以其能知性命之正。

以道心、人心的结构而区分大智、小智，对于智仁关系的阐述有两个好处：

首先，可以明确能起仁的大智才是德性之智的关键，而大智又必蕴含得仁在。《论语·颜渊》曰："举直错诸枉，能使枉者直。"朱子注曰："举直错枉者，知也；使枉者直，则仁矣。如此，则二者不惟不相悖，而反相为用矣。"[2]"知人"中蕴含着"爱人"的意思，此知乃为大智之用。《中庸》亦有言："思修身，不可以不事亲；思事亲，不可以不知人；思知人，不可以不知天。""事亲"乃仁之事，"知人"乃智之事，欲行仁之事，亦不可不思智之事；推而至极，乃不可不"知天"，"知天"乃智德之大用。朱子曰：

---

[1] 《朱子语类》卷六十，页1423。
[2] 朱子《四书章句集注》，第139页。

> 知天而不以夭寿贰其心，智之尽也；事天而能修身以俟死，仁
> 之至也。智有不尽，固不知所以为仁；然智而不仁，则亦将流荡不
> 法，而不足以为智矣。①

其次，若小智能从于大智之统领，则亦可不失其为智，小智本身的
作用也不会被消解，甚至为不可缺者，就像人亦不能无人心那样。然总
其大智、小智又皆为一智，只是在辨别时而有此区分。如朱子注《孟
子》"天下之言性"章亦言："愚谓事物之理，莫非自然。顺而循之，则
为大智。若用小智而凿以自私，则害于性而反为不智。"②

最后，回到"智、仁之间，为万化之机轴"的问题。智德即表明其
心能确定不移地知觉得性命、天理的德性，此不是悬空着天理来说，而
必就"心之能觉此理"而言；亦不只是个知，而必明其所知者乃天理，
且能知定而不移。此一知，虽不着恻隐、羞恶这般可为之事的痕迹，然
有此，其爱恶、恭敬才能得其正，便使此道理得以流行不已。朱子《答
陈器之之问〈玉山讲义〉》有言：

> 故仁为四端之首，而智则能成始、能成终。犹元气虽四德之
> 长，然元不生于元而生于贞，盖由天地之化，不翕聚则不能发散，
> 理固然也。仁智交际之间，乃万化之机轴，此理循环不穷，吻合无
> 间。程子所谓动静无端、阴阳无始者，此也。③

智仁之序，亦如阴阳之无端始，智根于仁，仁又根于智，互为体用。智
仁之间之所以为"万化之机轴"，即表明此理是流行不断的。若智不起
仁，则德与德之间不关联，其所知之是非居然不能使其仁处行仁、义处
行义，其所识之理便不是那个生生造化之生理了。

---

① 朱子《四书章句集注》，页 356。
② 同上，页 297。
③ 《晦庵先生朱文公文集》卷五十八，《朱子全书》第二十三册，页 2778。

夷夏之辨视域下明遗民对不仕问题的
正当性论说

——以对许鲁斋的评价为中心

王羿龙

引　论

对于身丁阳九之厄、亲历国破家亡之世的明季诸人而言，不论生死或出处，其对自身的正当性说明往往会涉及前人事例。此所谓涉及者，与援引经典的再解释不同：既有通过比拟或效仿，从而为自身的正当性作证；亦不乏通过对前人的褒贬，以体现出自身的一种或数种价值取向。此所谓前人事例者，从商周之际的夷、齐、箕、微，到逊国时期的方、黄、三杨、东湖樵者，间千余年，凡关乎节义者靡不为其所论。尤为人所瞩目的，则在宋元时，宋之于明，同处乎天崩地坼的历史背景下，其人所面对固有相似者。其中，许鲁斋世未食宋禄，但对他的评价却极于两端，就显得尤有意味。

诚如有学者所说："在华夷矛盾最为突出的明末清初，一些志节坚定、拒不仕满的明遗民也对许衡表示推崇。"[①] 如孙夏峰、陆桴亭诸人

---

① 马昕《仕胡汉臣的历史评价分析——以李陵、王猛、许衡为典型样本》，《江苏师范大学学报（哲学社会科学版）》2015 年第一期。

对鲁斋的称扬，着眼于其仕元后传扬儒学所作出的贡献，或视其为"用夏变夷"，或对夷夏问题避而不谈①。而以船山为代表的另一批遗民，则更侧重于其间表达出的民族主义色彩。赵园认为："王夫之的上述看法（按：指船山"鬻诗书礼乐于非类之廷者，其国之妖"之论），非即其时士人的共识。"② 然而，如屈翁山、傅青主（山）、徐昭法（枋）、刘伯宗（城）、彭躬庵（士望）、王船山、张杨园、黄梨洲、吕晚村、黎美周（遂球）、李愧庵（世熊）等，与褒扬之论俱截然不同。③ 张杨园虽较为温和，但对于许鲁斋仕元一事的态度，与其他数子并无区别。④

葛兆光认为，明代遗民通过夷夏大防高举民族主义的旗帜，"一方

---

① 参见孙夏峰《读许鲁斋集》，《夏峰先生集》卷十一，页414，中华书局2004年版；孙夏峰《尚论篇下》，《夏峰先生集》卷八，页294；孙夏峰《张尚书镜心》后评语，《中州人物考》卷五，页56a，《景印文渊阁四库全书》第四五八册，页133上栏，上海古籍出版社2003年版；陆桴亭《思辨录辑要》卷三十，页18a—b，《景印文渊阁四库全书》第七二四册，页288上栏，上海古籍出版社2003年版。

② 赵园《明清之际士大夫研究》，页236，北京大学出版社2014年版。

③ 屈、傅、徐、刘、彭之说，参见赵园《明清之际士大夫研究》，页239—240。船山之说，详下。杨园说，参见张杨园《许鲁斋论一》《许鲁斋论二》，《杨园先生全集》（中册）卷十九，页563—566，中华书局2002年版。梨洲说，参见黄梨洲《留书·史》，吴光主编《黄宗羲全集》第十一册《南雷诗文集（下）》，页11—12，浙江古籍出版社1985年版。此外，有学者引晚清黄嗣艾《南雷学案》的说法，认为梨洲"是'文化主义'者"，"大力表彰了许衡、赵复在元代传播儒学的功绩"。参见何冠彪《论明遗民之出处》，《明末清初学术思想研究》，页85、120，台北学生书局1991年；韩书安《文质论与义利之辨：黄宗羲与王夫之夷夏观之比较》，《价值论与伦理学研究》2018上半年卷，页36。然而，其所引之言于梨洲著述皆不见之，仅见于黄嗣艾一家之言。不论何冠彪如何引据嗣艾为梨洲二十三世孙（案：实为七世孙），但《南雷学案》一书已舛误多发，况三百年文献悬隔，又仅此一段孤例，何所谓之"理应可信"，实倍可疑。晚村说，参见吕晚村《复高汇旃书》，《吕晚村先生文集》卷一，俞国林编《吕留良全集》第一册，页10，中华书局2015年版。美周说，参见黎遂球《许衡论》，《莲须阁集》卷之十一《论》，页23a—29b，清康熙黎延祖刻本，《四库禁书丛刊·集部》第一八三册，页125上栏—128上栏，北京出版社1997年版。愧庵说，参见丁丑（崇祯十年，1637）作《抗谈斋制艺自序》，李世熊《寒支初集》卷之三，页3a—6b，清康熙四十三年檀河精舍刻本，《四库禁毁书丛刊·集部》第八九册，页90上栏—91下栏。案：枋（1622—1694）字昭法，吴县人，崇祯壬午（十五年，1642）举人，故文靖公沆之子。城（1598—1650）字伯宗，贵池人，明季诸生。士望（1610—1683）字达生，原籍南昌，后入宁都籍，明季诸生。世熊（1602—1686）字元仲，宁化人，明季诸生。以上数子，俱以遗民终。遂球（1602—1646）字美周，番禺人，天启丁卯（1627）举人，隆武二年（1646）提督广东兵援赣州，城破死之，赠兵部尚书，谥忠愍。

④ 关于这一点的论述，可参见赵园《明清之际士大夫研究》，页242—243。

面尖锐地质疑清代政治的合法性与合理性，一方面也为拒绝与权力合作的知识阶层留下一个独立的存在空间"①，是不错的。华夷之义作为士人一切行动的前提准则或合法性来源，具有强烈的道德色彩和是非指向。诸公通过夷夏观的民族主义面向否决夷狄入主中国的可能，而后士人出仕的正当性亦因之泯灭。船山言"许衡、虞集以圣人之道为沐猴之冠，而道丧于天下"②，愧斋云"之三子（许衡、吴澄、窦默）者，口道纲常，身仕外国……道如是，无道可矣；权如是，无权可矣"③，刘伯宗云"（吴）澄委身焉，扬扬司成之堂，欲以行孔孟之道，非以厕鬼为殊丽而妻之者耶"④。且不论其功过，但只"出仕夷狄"一条，就可以成为指责甚至痛斥吴、许诸人的理由，其根源显然在于夷狄不应该、亦不可能为中国所同化。换言之，正因违了华夷之义，那么，其所以行道、存道者，正因而失之。一方面，在秉续"正其谊不谋其利，明其道不计其功"⑤ 这一传统的基础上，志节对于事功而言，仍然具有超越性意义。另一方面，如孙夏峰诸人以功绩为核心为许鲁斋、吴幼清等人张目，那么，在其时重实务的思想潮流之下，民族主义者不得不面对的一点在于，出仕夷狄是否具有行权致功的可能。

如从夷夏观的民族主义面向出发则可以见到，当夷狄入主中国而成为主体时，因其自身携带的狄道之固有而不可变，以文化为中心的"用夏变夷"的正当性被否决，出仕行权的可能因之而被禁止。⑥ 此时，不论是行夷狄之道还是行中国之道，夷狄入主中国的正当性既被否认，则出仕之不当亦因之不可能具有现实的功绩，甚而被推至"得罪于尧舜"

---

① 可参见葛兆光《中国思想史》第二卷，页385，复旦大学出版社2001年版。

② 王船山《读通鉴论》（下册）卷二十八，页902，中华书局2013年版。

③ 李世熊《抗谈斋制艺自序》，《寒支初集》卷之三，页3a—6b，《四库禁毁书丛刊·集部》第八九册，页90上栏—91下栏。

④ 刘城《书吴草庐〈题〈李赤传〉〉后》，《峄桐文集》卷之八，清光绪十九年养云山庄刻本，页22上—22下，《四库禁毁书丛刊》集部第一二一册，页486下栏。

⑤ 班固《汉书》（第八册）卷五十六，页2524，中华书局1962年版。

⑥ 参见王船山《读通鉴论》（中册）卷十四，页383—384；顾亭林《日知录》（上册）卷之六，页294，上海古籍出版社2012年版；黄梨洲《留书·史》，吴光主编《黄宗羲全集》第十一册《南雷诗文集（下）》，页12。

的境地。然而，在拒斥仕胡以传道的同时，如何传道这一问题即显现为空白呈现于诸遗民面前。如无法应对这一根本性问题，则不仅无法对清政权的合法性做出有效抗争，遗民自身也将面对类似"无事袖手谈心性，临危一死报君王"① 的指责。事实上，清政府为维护统治已然呈现出"双面人"的形象：一面推崇儒家并表彰殉节者及遗民之气节，另一面，又通过解构夷夏之义以重申"率土之滨，莫非王臣"（《诗·小雅·北山》），压缩明遗民之生存空间，否认其拒绝出仕的合法性。② 这种否认也影响了当今某些学者的判断。③ 这意味着，不论是向内的自我诉说，还是通过某种方式为自身寻求立足空间，明遗民都不得不对传道问题加以说明。

对此，谢国桢教授认为，"明末遗民之坚贞卓绝，甘居草野，不是消极在那里高卧深山，而是有所作为"④，可谓卓识。换言之，如果我们仍将夷夏之义视为其忍死须臾以传道的正当性根由，那么遗民在选择苟存之时，心中必已"安排下一个'一匡天下'底规模"⑤。船山"必不可仕而以保身为尚者，其唯无天子之世乎"⑥ 之言，其意显在夷狄入主中国后的传道。而遗民之所以拒斥吴、许诸人，固是出于对其行为的

① 颜习斋《存学编》卷一，《颜元集》，页51，中华书局1987年版。

② 王成勉参考罗友枝（Rawski）与欧立德（Mark C. Elliott）的说法，认为"满人的君主并不是真以儒家文化为治国的思想，而是摆出儒化的面孔来吸引汉人，让汉人感到他们已经汉化而加以接纳"，可为佐证。参见王成勉《气节与变节：明末清初士人的处境与抉择》，页295，台北黎明文化事业股份有限公司2012年版。关于清政府贬低明遗民价值的论说，可以参见谢国桢教授："那些不受牢笼有骨气的人士，他们（清廷及其爪牙）在外表上崇之以道学之名，而骨子里抛弃了他们（遗民）经世致用、有所作为的作风，而称他们为老死岩穴隐逸之士，贬低了明末遗民的风格。"谢国桢《明末清初的学风》，页19，人民出版社1982年版。

③ 如何冠彪即认为，"明遗民对于政治、社会、经济、文化等各方面的筹划，从来没有机会施行……实际上他们大都生活在各自幻想的世界里，无论提出什么问题或方案，每每与清初的政治、社会、经济、文化各方面实在发展分道而行"。这一说法未必显受清政府的影响，但或可视为对明遗民拒仕诋责的代表性观点。参见何冠彪《论明遗民之出处》，《明末清初学术思想研究》，页95—96。

④ 谢国桢《明末清初的学风》，页34。

⑤ 船山论管仲不死纠难，参见王船山《论语·宪问篇》条八，《读四书大全说》卷六，《船山全书》第六册，页808，岳麓书社2001年版。

⑥ 王船山《读通鉴论》（中册）卷十二，页329。

正当性否认，同时也说明，遗民对何以传道已然具有更深的思考。此时，"素夷狄行乎夷狄"成为"亡天下"之后遗民唯一的生存方式。

一、志节的超越性意义

基于心学传统及其导向的逐渐显明的道德严格主义倾向，晚明士人在评价个体行为之时，往往通过消解事功，从而使志节成为唯一的尺度；同时，面对异族入侵和接踵而来的文化高压政策，事功仍不可避免地成为他们必须正视的问题。如夏峰诸人以鲁斋为保存道统的说法得以被承认，那么在"学而优则仕"（子夏语）的语境下，民族主义者不仅无法建构一套完整的理论体系以对抗逼迫日甚的清政府，反而压缩自身的生存空间，拒斥了不仕的正当性。夏峰于前明即拒不出仕，固无须面对此等责难，但于他人而言，在处理士人仕胡的争议时，尤其在涉及吴、许诸人仕元之是非的时候，在什么意义上事功不应当作为个体的行为指向或不应当被纳入其评价体系，就成了必须要回应的问题。

从道或志节自身来说，其往往被视为个体行为唯一正当的出发点。在作为含括五伦的最高义的夷夏之义的笼罩之下，不仅一切违背此义的行为都不具有正当性，且其功绩必不可能。

这一观念踵武于《大学》"絜矩之道""言悖而出者，亦悖而入"[1]与《孟子》"何必曰利"[2]数节。彭躬庵引孟子"亦为之而已矣"与《中庸》"待其人而后行"二句，以斥责吴澄、姚枢、许衡"身自陷于不义"[3]，船山云"女主也，外戚也，宦寺也，夷狄也，即可与有为，而必远之，凤人道之大戒也。贾捐之、杨兴、崔浩、娄师德、张说、许衡，一失其身，而后世之讥评，无为之原情以贷"[4]，晚村云"朱子之

---

[1] 朱子《四书章句集注》，页 10—11，中华书局 1983 年版。
[2] 同上，页 201—202。
[3] 参见彭士望《与谢约斋书》，《耻躬堂诗文合钞》，《文钞》卷一《书》，页 8b—9a，清咸丰二年刻本，《四库禁毁书丛刊·集部》第五二册，页 14 下栏—15 上栏。
[4] 王船山《读通鉴论》（上册）卷五，页 106。

徒，如仲平、幼清，辱身枉己，而犹哆然以道自任，天下不以为非……思其登堂行礼，瞻其冠裳，察其宾主傔伍，知其未曾开口时此理已失，赢得满堂不是耳，又安问其所讲云何也"①，皆以个人行为作为辨明其道德趋向之肯綮，通过对个人志节的崇尚而对功利论加以否定，使功利之是非一出于志节之是非。所谓"一失其身，虽有扶危定倾之雅志，不得自救陷其溺；未有身自陷而能拯人之溺者也"②，既已论说失身传道之非然，而在更为纯粹的儒者看来，更无法想象畔君杖父者所倡之孝悌、男盗女娼者所倡之仁义可以施行于天下。此时，当违背华夷之义而出仕以后，因其原出不正，而其后所为事功皆被认为不具有正当性。这种非正当性不仅因违背华夷之义而成为必然，亦因此而使得事功自身不具有正当的可能性。换言之，鲁斋诸人因节义、事功两者皆不当而受到非议，而非因节义的不当而消解了事功的正当。在评述《论语集注》时，相对于朱子"宽假"王珪、魏徵，以其为功罪不相掩，王船山认为程子所述王、魏因"害义而功不足赎"是更精允的。③ 这显然出于强烈的夷夏色彩和现实考量。

与之相关，对于出仕夷狄是否是评价个人志节唯一尺度这一点，遗民间似尚有异见。如前论，船山、晚村、躬庵、愧庵、翁山诸人以夷夏之义作为评价个人行为的基点，所谓"后世之讥评，无为之原情以贷""惟伦有五，而衡不辨君臣；惟经有五，而衡不知《春秋》"④，即在杨园自为问答中引"立身一败，诸事瓦裂"一语，亦庶可以窥见当时士夫群体的共同趋向。杨园虽与以上诸公相一致而终以仕元为非，但出于对鲁斋生平志节的考量，其曰"原之也"，曰"敬其人，而未尝不悲其遇"，这种悲剧式的论说似仅将这一行为作为评价个体的一个方面，并

---

① 吕晚村《复高汇旃书》，《吕晚村先生文集》卷一，俞国林编《吕留良全集》（第一册），页10。
② 王船山《读通鉴论》（上册）卷五，页105—106。
③ 程、朱之说，参见朱子《四书章句集注》，页153—154。船山说，参见王船山《论语·宪问篇》条六，《读四书大全说》卷六，《船山全书》第六册，页805—807。
④ 屈大均《复王山史书》，《翁山文钞》卷九，页3a—b，清康熙刻本，《四库禁毁书丛刊·集部》第一二〇册，页236上栏。

未因之而否认自身之"贤"。① 这一观点可推至顾泾阳论鲁斋。② 此处尚有一点值得注意：纵观全文，泾阳、杨园所以以鲁斋之"贤"而"原之"，其路径与孙夏峰一致，重点仍在于对其"仕元"一事的再解释与"不陈伐宋谋"之上。换言之，即使泾阳、杨园较以上诸公更温和，但这种评价仍是建立在严峻的夷夏大防之上的。③

另一方面，夏峰、桴亭既视吴、许诸人之仕元为"羽翼圣教""使儒术不坠"，是以其功甚巨，不能等闲视之。或出于对此类观点的驳议，其他遗民在否认事功具有正当性的基础上，或有意、或无意地通过消解事功的大小，从而为出仕的非正当提供基础。如翁山言：

> 身无民社之寄而辄与城为存亡若张公（按：公讳国勋，应城儒学训导，崇祯十年死闯难）者，以俎豆为戈矛，以诸生为军旅，死护学宫，精回风火，其有功于圣门，以之从祀，岂不贤于马融、许衡之徒乎哉？④

> 夫蛮夷猾夏，匹夫匹妇有能挺戈而起，其功皆可拟于汤、武。⑤

所谓"差之毫厘，谬以千里"，其所以为事功者正，则因其正而功大，不以其实际利害大小为大；所以为事功者不正，则因其不正而害大，不

---

① 参见张杨园《许鲁斋论一》《许鲁斋论二》，《杨园先生全集》（中册）卷之十九，页563—566。

② 参见顾泾阳《小心斋劄记》，黄梨洲著、沈芝盈点校《明儒学案》（修订本）卷五十八《东林学案一》，页1384，中华书局2008年版。

③ 赵园以为："当孙奇逢以刘因的所谓'辞元'为'存中国'，无疑是以遗民目之的"，"在全祖望看来，即孙奇逢也未能全出易代之际夷夏论的语境"。所言谛当。参见赵园《明清之际士大夫研究》，页241。

④ 屈大均《皇明四朝成仁录》卷二，叶恭绰校本，页44a，周骏富编《明代传记丛刊》第六册，页121，台北明文书局1991年版。

⑤ 屈大均《皇明四朝成仁录》卷八，叶恭绰校本，页294b—295a，周骏富编《明代传记丛刊》第六册，页622—623。

以其实际利害大小为小。此即顾亭林"今日之事，兴一利便是添一害"[①] 之意。利害的大小全部被归结为行为是否正当，那么被视为作俑者的鲁斋诸人，其功绩当然也无从谈起了。

此外，由此而引出的另一个问题是名节与人生价值的关系。马昕认为杨园"有足够的勇气承认名节缺陷，同时又有足够的魄力去突破'名节'二字的道德牢笼，追求更崇高的人生价值"[②]。且不论杨园《许鲁斋论》的真实意图是什么，这句话所表露出的潜在语义在于，当名节带有强烈的夷夏色彩时，这一"道德牢笼"本身是值得去突破的，并且在此之外还有"更崇高的人生价值"。如果将名节当作人生价值的某种体现，当然是可以说在此之上仍然有更崇高的东西；但是如果以之作利和义的区分，那么名节所具有的超越性意义就不言而喻了。我们不能否认的是，人生价值的体现是多种多样的；但同时，每一种体现都应当指向人生价值本身，而不是它的某一个部分。

与之相关，个体行为导向的是非与成败利害作为政治失序后族群冲突的具体体现，自然也闪现出德福一致论的影子。在宗教语境下，德福一致论或可具有某种神秘主义的倾向，然而更重要的是，接续《大学》《孟子》之义，它在现实中的显现更应为学者所注意。船山谓"是非之外无祸福焉，义利之外无昏明焉"[③]，晚村谓"圣贤论事，只有个是非。是非当下便明，而成败利害自在其中"[④]，无疑可目之为仕胡功绩说的警语。此一语，既杜绝了以行权之名而致功的可能，在中国邱墟的背景下，亦得以见出个人出处在夷夏间的义利抉择，而与船山论夷狄与小人之气质相取相与相应和；[⑤] 而通过肯认义所导向的事功，也为遗民以不

---

① 顾亭林《与人书八》，《亭林文集》卷之四，《顾亭林诗文集》，页 93，中华书局 1983 年版。

② 马昕《仕胡汉臣的历史评价分析——以李陵、王猛、许衡为典型样本》。

③ 王船山《读通鉴论》（中册）卷十二，页 327。

④ 吕晚村《四书讲义》卷四十一，俞国林编《吕留良全集》第六册，页 703，中华书局 2015 年版。

⑤ 船山在论述夷狄与商贾之气质相取相与时，尤其论说鲁斋为小人之"巧而贼者"。显然，此时的夷夏大义仍然可在义利分野下得到阐释。参见王船山《读通鉴论》（中册）卷十四，页 383−384。

死而传道留下更广阔的论说空间。

二、历史下的仕胡无功论

值得注意的是，杨园虽谓"鲁斋没三百余年以来，……尊其道者恒二三，诋其节者恒八九"[1]，然而，同在其论述之下，"后之论者，欲为之文，则以元之用汉法为鲁斋之仕之功"[2] 的论断亦从侧面为我们提供了窥测其时士人思想取向的某种路径。马昕以《许鲁斋论》为"以功掩罪"[3]，赵园亦以为其论说的困难在于"有功于圣学"与"夷夏一节义"的抵牾[4]，但实际上，杨园全文仍着眼于志节间的比较，而尚未以是否有功作为参考标准。此时，志节虽已是评价士人平生出处的唯一尺度，但不可否认的是，自明中叶以来，功利说确乎已逐渐纳入时人的考量之中。因此，否认出仕夷狄所具有的功绩，甚至申言其罪责，也成为遗民论述的重点之一。

从文化来说，相较于儒学，回教与喇嘛教既已更接近于以草原文明为核心的蒙元，且又先儒学而为执政者所信奉，那么在入中国以后，其地位自然亦难以撼动。[5] 此时，在集体记忆（collective memory）形成以后，以族群标志（ethnic markers）为导向的膈膜与征服王朝自身所固有的性质亦使得集体意识的转变是极为困难的。即使儒者仍自信周孔之道是根基于人性的、最具有普适价值的学说，但在现实的族群边界面前，亦不得不承认这一阻碍。因此，船山等人通过先天的气论而将夷夏大防推因至"狄道""夷狄不可入中国"等方向时，除了显分贵贱的民

---

[1] 张杨园《许鲁斋论二》，《杨园先生全集》（中册）卷之十九，页565。
[2] 张杨园《许鲁斋论一》，《杨园先生全集》（中册）卷之十九，页564。
[3] 参见马昕《仕胡汉臣的历史评价分析——以李陵、王猛、许衡为典型样本》。
[4] 参见赵园《明清之际士大夫研究》，页242。
[5] 关于蒙古信奉宗教的问题，可以参见傅礼初（Joseph Fletcher，1934—1984）的相关论述。参见 Joseph Fletcher, "The Mongols: Ecological and Social Perspectives", in *Harvard Journal of Asiatic Studies*, 46: 1 (1986), 11–50. 转引自萧启庆《论元代蒙古人之汉化》，《蒙元史新研》，页230，台北允晨文化事业股份有限公司1994年版。

族主义以外，从中亦可以见出其现实指向。

对此，萧启庆认为，"有元一代虽未推行真正的汉法与儒治，始终维持蒙古至上主义，并重用色目人，压抑汉人以确保政权。但是蒙古统治者亦深知……欲求牢握权柄，长治久安，蒙古人本身必须掌握汉人的语文与学问，增加统治的能力"[①]，"元朝因受蒙古黩武政策及色目聚敛之臣的影响，儒学在朝廷地位始终摇摆不定。汉人儒者虽一直以儒道进说，但是困难重重，效果始终不彰"[②]。这一论点显然直接否认了为孙夏峰、陆桴亭诸人所倡之功绩。这意味着，在明遗民视域下的"用夏变夷"中，当"变"的主体从征服族群具体到王朝或政权时，或以既得利益、意识差异等因素，王朝或政权往往难以施行被征服者的文化政策。相反，在遭遇强烈抵抗时，征服王朝往往还会采取更为激烈的手段，通过抹除族群标志的方式来建立征服威信、消除其族群意识。即使在作为个体的夷狄可以入于中国这个角度来说，族群边界（ethnic boundary）的存在仍然意味着施政者违背集体意识的行为会遭受极大阻碍。王船山论拓跋宏改革以失败而告终，其用意当然在于显分人道、狄道之间的贵贱，以至斥其为"沐猴而冠"，但亦可以佐证贵贱作为一种鸿沟之不可逾越。[③] 从这个意义上来说，自上向下的变易可能性被否决，士人仕胡显然不可能具有任何功绩。

具体到行为上，在征服民族与被征服民族相互涵化（acculturation）的过程之中，个体亦难以在族群意义的相互浸染上取得卓然有效的功绩。[④] 一方面，对鲁斋的争议集中在他仕元后的事迹

---

① 萧启庆《元代蒙古人的汉学》，《蒙元史新研》，页106。
② 同上，页131。
③ 参见王船山《读通鉴论》（中册）卷十六，页485—486。亦可以参见船山论夷狄用先王法，王船山《读通鉴论》（中册）卷十四，页398。
④ 人类学视域下，通常认为"征服民族与被征服民族间的文化关系，往往是双行的'涵化'（acculturation），而不是单向的'同化'（assimilation）"，"真正的同化仅在征服王朝崩溃，民族鸿沟消失之后始有可能"。参见萧启庆《元代蒙古人的汉学》，《蒙元史新研》，页97；Karl A. Wittfogel and Chia—sheng Feng, History of Chinese Society—Liao (970—1125), Philadelphia：American philosophical Society，1949, pp.1—32. 转引自萧启庆《论元代蒙古人之汉化》，《蒙元史新研》，页219—220。

上。"不陈伐宋谋"固被夏峰视为"存中国"之贤①，同时，黎美周认为伯颜屠常州而不闻衡一语，太学生祭岳武穆而衡以为不必，唐珏之造石函、树冬青而衡置若不闻，②与梨洲"无能改房收母蔑丧之俗，靴笠而立于其朝"，船山"日狎于金帛货贿、盈虚子母之筹量"③之说相类，这种指责不仅是针对鲁斋之无所作为，亦说明在其时异族朝野之下，作为个体极易为势所屈而不能有所为。

这一点与杨园"鲁斋之所陈，元能行其一二否耶"之义相似，晚近历史学的研究也为这一说法做出补充。萧启庆谓"乌古孙良桢、郑咺等皆欲以儒家的纲常礼法改变蒙古人之婚俗。元廷却无意于此，所以二人建言的结果都是'不报'。郑咺建言之时，下距元亡仅十三年，可见终元一代元廷未曾明令禁止蒙古人实行收继婚"④，差可证之。

三、道统下的仕胡有罪论

从民族主义面向来看，"背夏事夷"这一行为本身固已可以作为一种罪责而存在，但在事功的意义上，以否认其所具有现实功绩作为理由来诋责士人仕胡，似仍是未足充分的。即使无关乎"万民之忧乐"，士人是否仕胡仍可被视为自我的自由选择。如以儒者各安其分、"素夷狄行乎夷狄"为口实，则在此种情状下的出仕犹未可以多责。⑤另一方面，其形而上基础所导向的德福一致论同时也意味着违背华夷之义而导

---

① 参见孙夏峰《读许鲁斋集》，《夏峰先生集》卷十一，页414，中华书局2004年。

② 参见黎遂球《许衡论》，《莲须阁集》卷之十一，页26a—26b，《四库禁毁书丛刊·集部》第一八三册，页126下栏。

③ 黄梨洲《留书·史》，吴光主编《黄宗羲全集》第十一册《南雷诗文集（下）》，页11；王船山《读通鉴论》（中册）卷十四，页384。

④ 萧启庆《论元代蒙古人之汉化》，《蒙元史新研》，页247。

⑤ 在布衣许元博与清吏胡江有关"素夷狄行乎夷狄"的争论中，庶可以窥测之。其曰："'素夷狄，行乎夷狄'，不曾说遇夷狄便做了夷狄。所谓'素夷狄'者，必如泰伯之化南蛮、箕子之化朝鲜、苏武之入匈奴十九年不变节，方是'行乎夷狄'"，"孔子居鲁用章甫，箕子居朝鲜用夏变夷"。差可视为其时士人的共识。参见钱海岳《南明史》（第十三册）卷一百二《列传第七十八·忠义二》，页4847，中华书局2006年版；张岱《石匮书后集》卷五十七，页319—320，上海古籍出版社1959年版。

致的罪责亦是一定存在的。因此，如何在否认其功绩的同时，论述仕胡所导向的罪责，就成为遗民拒仕的另一个角度。

船山尝分治统、道统以论仕胡者：

> 天子之位也，是谓治统；圣人之教也，是谓道统。治统之乱，小人窃之，盗贼窃之，夷狄窃之，不可以永世而全身……道统之窃，沐猴而冠，教猱而升木，尸名以徼利，为夷狄盗贼之羽翼，以文致之为圣贤，而恣为妖妄，方且施施然谓守先王之道以化成天下。①

在申明夷狄与于道统必然不具有正当性的同时，同时杜绝了仕以行权的可能。所谓"相率而臣之，奉其令，行其俗，甚者导之以为虐于中国，而借口于'素夷狄'之文，则子思之罪人也已"②"至于窃圣人之教以宠匪类，而祸乱极矣"③，故而，在民族主义色彩浓厚的华夷观的笼罩下，此时仕以行权，无论是行夷狄之道，还是行中国之道，都成为不当。

显然，士人之仕胡，其意即使在于施政传道，却恰因仕胡而反失之成为罪责。一方面，梨洲论之为"（许衡、吴澄）得罪于尧舜"④，翁山论之为"（许衡）于名教大为得罪"⑤，美周论之为"衡乃得罪于尧、舜、孔、孟"⑥，亭林论之为"子思之罪人"，皆以出仕即所以毁人极。因此，在这种意义下，鲁斋之功愈大，则其实为害愈大。这一点不仅是第二章所言的原出之不正，亦具有深远的现实意义：它同时意味着，出仕夷狄不仅不具有传扬儒学、教化民众的事功，反而会导向对中国（现实中国）及人道（文化中国）的毁灭。黎美周视鲁斋为亡宋之渠魁，恐

---

① 王船山《读通鉴论》（中册）卷十三，页 362—363。

② 顾亭林《日知录》（上册）卷之六，页 293—294。

③ 王船山《读通鉴论》（中册）卷十三，页 363。

④ 黄梨洲《留书·史》，沈善洪主编《黄宗羲全集》（第十一册）《南雷诗文集（下）》，页 11—12。

⑤ 屈大均《复王山史书》，《翁山文钞》卷九，页 3a—b，清康熙刻本，《四库禁毁书丛刊·集部》第一二〇册，页 236 上栏。

⑥ 黎遂球《许衡论》，《莲须阁集》卷之十一，页 26a—b，《四库禁毁书丛刊·集部》第一八三册，页 126 下栏。

不无深意。在《许衡论》中，美周提出以下数点，或可为仕胡罪责之历史体现：其一，其门生弟子皆为胡元所用；其二，惟元有衡，故宋士大夫以为王师所至，甘心降之；其三，宋以崇儒重道，而儒以其道反亡之，是使宋不能食崇儒重道之报，以为轻儒者之口实。其"无衡等在元，则宋之亡未必甚于是"一句，不仅是就作为政权的"宋"而言，在明遗民看来，更应申言至于道统，可谓"儒者之耻"已。[①]

另一方面，鲁斋身为天下学者的表率，其仕元一事不免被视为某种准则或模范，而为当世及后世之人所效法。美周"衡顾首倡为仕元，以致犬羊腥秽，及我衣冠"已倡其说，而从杨园"贤者又从而推尊之，以为进退出处，合于孔子"[②]，梨洲"今传衡、澄者，一以为朱子，一以为陆子。后世之出而事虏者曰：'为人得如许衡、吴澄足矣'"[③] 的论断中，亦可以窥测这一行为的实际影响远甚于后人之想象。此时，鲁斋仕元不仅作为一个事例而高悬于鼎革之际士夫的头顶，以为仕满而开其先河，亦使贪生怖死者得援之以为口实，从而为自我选择做出貌似合理的遮辩。[④]

更进一步，如将元明之际士人拒仕朱明视为去夷夏之义后的恶果，则翁山以不辨君臣、不知《春秋》而斥鲁斋为不知出处，庶为允当。[⑤]

---

① 关于《许衡论》的相关内容，参见黎遂球《许衡论》，《莲须阁集》卷之十一，页 26a-b，《四库禁毁书丛刊·集部》第一八三册，页 126 下栏。

② 张杨园《许鲁斋论一》，《杨园先生全集》（中册）卷之十九，页 564。

③ 黄梨洲《留书·史》，沈善洪主编《黄宗羲全集》（第十一册）《南雷诗文集（下）》，页 11—12。

④ 贰臣范文程聘胡统虞，熊文举祝受聘弘文馆修史者，皆拟之为许衡。参见邓显鹤辑《沅湘耆旧集》卷四十四，道光二十三年邓氏南村草堂刻本，页 8 上，《续修四库全书》第一六九一册，页 183 下栏，上海古籍出版社 2002 年版；熊文举《重修三学记》，《雪堂先生文集》卷二十二《薇园近集》，清初刻本，页 18 上—20 上，《北京图书馆古籍珍本丛刊》（第一一二册，集部·清别集类），页 521 下栏—522 上栏，书目文献出版社 1998 年版。贰臣彭而述以崔浩、许衡等人为"留《剥》果、《蒙》泉之生机者"，亦是为自身变节作开脱之意。参见彭而述《读史亭文集》卷十七康熙四十七年彭始搏刻本，页 15 下—16 下，《四库全书存目丛书》集部第二○一册，页 216 下栏—217 上栏，齐鲁书社 1997 年版。

⑤ 萧启庆认为，"元末进士殉国或守节是一超越族群藩篱的现象"，"汉人、南人之抵拒明朝主要亦是由于忠节思想，……夷夏之辨与汉唐衣冠都不在考量之中"，与元末诸雄起义俱带有族群革命之性质一点共勘，可以见出其中的缝隙与转变。参见萧启庆《元明之际士人的多元政治抉择——以各族进士为中心》，《台大历史学报》2003 年第三十二期。

其时士人拒绝与朱明政权合作虽不能被视为对吴、许诸人的直接效法，但在剥离夷夏之义以后，其人自拟为文、谢，君臣大义反呈现出士人不辨其族类的面貌；不知所效之君为何君、所立之节为何节，在利益分化政策下，士人与庶民的自我认同（self-identify）逐渐离析，从而导向华夏这一概念几乎为蒙古所窃取的危险，确是不可讳言的。①

此时，回视第一章所引赵园"王夫之的上述看法非即其时士人的共识……元遗之为'遗'，仍未遭遇普遍的质疑"的观点，大概可以分见其偏差。遗民通过论述鲁斋仕元问题以体现自我的出处倾向，亦已将其推因至狄道之不可变易，即使是对元遗民及殉元之汉人、南人的表彰，亦未必不是出于对时事的映射或对明季殉节者及自身行为的正当性肯认。但这并不妨碍同时否认出仕夷狄的正当性。王船山"余阙之死，不知命也。王逢之不仕，不知义也。弗择其族而与之为伉俪，死不如其偷生，隐不如其尸禄矣"② 与晚村"怙终无过杨维桢、戴良、王逢多不仕。悲歌亦学宋遗民，蜘蛆甘带鼠嗜屎。刘基从龙亦不恶，幸脱斿裘近簪珥。胡为《犁眉》《覆瓿》诗，亡国之痛不绝齿。此曹岂云不读书，直是未明大义尔"③ 的斥责，固然是基于他们较他人更为严峻的夷夏观，但即就其他遗民而言，亦未必不有此义。

---

① 傅青主谓"非其孝而孝之，孝丧，世世亦丧孝，犹非其忠而忠之，忠丧，世世亦丧其忠"，且以薛文清（瑄）之称许鲁斋为"极可笑"，因不察"其君何君"；张宗子谓"蔡邕之哭董卓，杨雄之死王莽，徒资万世笑骂耳，何义之与有"；王船山谓"智在一曲而不可谓智，忠在一曲而不可谓忠。……戴非其主而怙之，相依为逆而失名义之大，非忠也""失身于异类，已无身矣。无身而君谁之君、父谁之父，遑及忠孝哉"，显然意有所指。参见傅山《礼解》，转引自谢国桢《明末清初的学风》，页33；傅山《杂记》一，《霜红龛集》卷三十五，转引自赵园《明清之际士大夫研究》，页436。张岱《凡例》，《古今义烈传》（国立故宫博物院藏），转引自王成勉《气节与变节：明末清初士人的处境与抉择》，页154；王船山《读通鉴论》（上册）卷九，页264—265；（中册）卷十八，页534。

② 王船山《周南·八 论〈汉广〉》《诗广传》卷一，《船山全书》第三册，页306，岳麓书社2011年版。

③ 吕晚村《题〈如此江山图〉》，《吕留良诗笺释》，《何求老人残稿》卷二，俞国林编《吕留良全集》第三册，页322，中华书局2015年版。

四、道存乎人

在遗民对传道的自我诉说下，以"道存乎人"或"以人存道"为核心的论述往往成为主流。以"以义为利"为前提，通过肯认行为的正当性，其行为则应然具有某种显现于实然的效验。此时，行为因其为正当，则本身即可作为体现其思想之指向，从而提供了另一种传续道统的方式。这也是从侧面对以不得已作为出仕行权的借口做出斥责。

这种论述往往会追溯至上章所论的道统与治统。将其与亭林论"亡国、亡天下"共勘[1]：天下、道统作为高于或含括国与治统的最高概念，仁义充塞、率兽食人的天下之亡既合于国之亡，道统之绝既合于治统之绝，那么源于人道之大戒、夷夏之大防，作为族群的夷狄既无与于中国之理，则所谓仁义充塞或道统之绝，也仅仅只可能是现实意义上的、而非道理意义上亡或绝。道以其"亘天垂地而不可亡"而自为统系，固所以推之于天地未生以前，而非人力所得以干涉。所谓"败类之儒，鬻道统于夷狄盗贼而使窃者，岂其能窃先王之至教"[2]，道统之不可为"败类之儒"及"夷狄盗贼"所窃，成为遗民"以人存道"的保障。如云：

> 是故儒者之统，孤行而无待者也；天下自无统，而儒者有统。道存乎人，而人不可以多得，有心者所重悲也。虽然，斯道亘天垂地而不可亡者也，勿忧也。[3]

---

[1] 顾亭林对亡天下"率兽食人"的论述显然具有鲜明的华夷现实意义，而不仅是对历史的复刻。如他曾以祭丧婚嫁等为例，论述其时"不至于率兽食人而人相食者几希""乾坤或几乎息之秋"，可为之证。参见顾亭林《华阴王氏宗祠记》，《亭林文集》卷之五，《顾亭林诗文集》，页109。

[2] 王船山《读通鉴论》（中册）卷十三，第363—364页。

[3] 王船山《读通鉴论》（中册）卷十五，页442—443。

儒者犹保其道以孤行而无所待，以人存道，而道不可亡。①

逸民一布衣，曷能存宋？盖以其所持者道，道存则天下与存。②

对此，赵园提出"存明—存天下"和"存心—存天下"两种逻辑③，其实质似皆应推至"存人（身）—存天下"。人（身）作为道的载体，其重要性不容忽视。心斋保身说虽被梨洲视为"开一临难苟免之隙"④，但不可否认的是，其与论"孔子不仕而未尝隐"一点，共同为遗民传道构筑了生存空间。在这一论域下，遗民之生与殉节者之死具有同样重要的意义。此即船山"（龚）胜以死自靖，（陈）咸以生存汉，恻怛之生心一也"⑤之义。

何冠彪认为，"在不少清初明遗民的心目中，那些于改朝换代之际杀身成仁的明朝殉国者，与明亡后生活于新朝之下而坚贞不屈的遗民，他们的节操是一致和相通的，两者之间并无高下之分"，陈永明因续其说，将遗民之写史视为"对本身道德抉择的一种自我认同（self-identify）"⑥，庶为允当。在儒者看来，正当行为本身既已作为传道的一种方式而存在，固不以其具体行为的差别而有区分，而追溯至其道统或形而上学意义时，亦必然呈现为跨越时空的面貌。如翁山"一人抗敌，则尧、舜、禹、汤、文、武、周公、孔子得此一人；一乡一国抗敌，则尧、舜、禹、汤、文、武、周公、孔子得此一乡一国。事不必成，功不

---

① 王船山《读通鉴论》（中册）卷十五，页441。
② 屈大均《书逸民传后》，《翁山佚文集》，转引自赵园《明清之际士大夫研究》，页227。
③ 参见赵园《明清之际士大夫研究》，页226—227。
④ 参见黄梨洲著、沈芝盈点校《明儒学案》卷二十三《泰州学案一》，页710—711。
⑤ 王船山《读通鉴论》（上册）卷五，页128。
⑥ 何冠彪《论明遗民之出处》，《明末清初学术思想研究》，转引自陈永明《清代前期的政治认同与历史书写》，页116，上海古籍出版社2011年版。

必就，而已可传不朽"① 之意。首阳采薇、南山种豆，千年以下效之者不绝，所谓"忠孝至性，何待拟仿"② 者，亦不待笔之文字而后传。此时，虽不能否认行为因正当而垂节于千古的示范作用，其作为一种样式或模范，仍然为明遗民所重视；然而在明季贰臣迭出、反斥南明为逆为伪的历史背景下，遗民更为在意的是，这种正当性本身亦足以传道。而孙夏峰所论存文山即所以存宋，船山所论"一日行之习之，而天地之心，昭垂于一日；一人闻之信之，而人禽之辨，立达于一人"，吴霞舟（钟峦）所论存人即所以存明，所谓"国以一人存"，乃推至圣人作《春秋》以存周，以"以人存道"为核心，通过对道在何处的论说亦足以驳斥"空言无补"的质疑。③

值得注意的是，此处所谓的"存人"，即建立于人禽之别，与道统说、亡天下说相似，而具有强烈的夷夏倾向。船山极言人极、人道，梨洲拟华夷之别为人禽之别，顾亭林序朱明德之《广宋遗民录》曰"存人类于天下"，恐不无所指。④ 换言之，只有在"率兽食人，人将相食"与"其人益以不似"⑤ 这种双重现实意义下，才能窥得在士夫变节与文化中国的沦胥中"以人存道"所含有的更深的沉痛与期盼。

---

① 屈大均《皇明四朝成仁录》卷八，页 295，周骏富编《明代传记丛刊》第六六册，页 623。

② 明御史凌龙翰（骢）对多铎语，见钱海岳《南明史》（第五册）卷三十四《列传第十》，页 1690。

③ 参见孙夏峰《岁寒集》，黄梨洲著、沈芝盈点校《明儒学案》（下册）卷五十七《诸儒学案下五》，页 1371；王船山《读通鉴论》（上册）卷九，页 247；吴钟峦《岁寒松柏集序》，钱海岳《南明史》卷八十一《列传第五十七》，页 3850-3851。

④ 顾亭林《广宋遗民录序》，《亭林文集》卷之二，《顾亭林诗文集》，页 34。

⑤ "庄生有言，越之流人，去国期年，见似人者而喜。余尝游览山东之东西、河之南北二十余年，其人益以不似。及问之大江以南，昔时所称魁梧丈夫者，亦且改形换骨，学为不似之人。"顾亭林《广宋遗民录序》，《亭林文集》卷之二，《顾亭林诗文集》，页 34。按：在其时道德严格主义倾向日渐显明与夷夏观日渐严峻的景况下，大量士人变节从虏给予时人以极大的冲击，此处"存人"之说，显有所指。南京武举黄金玺扼吭殉节时谓"一死而愧人臣之贰心者"，其义近之。吴霞舟作《岁寒松柏集》的缘由之一亦在于"士大夫多失节"。参见钱海岳《南明史》（第十三册）卷一〇一《忠义一》，页 4765；（第十册）卷八十一《列传第五十七》，页 3850。

五、传道的现实可能性

正义与垂范，是遗民对自我行为肯认的重要维度。基于这一点，当然已足以在传道意义下为不仕展开论述，其行为亦足以度越千古而为世所法。然而，如从"孟轲死，圣人之学不传""学不传，千载无真儒"①这一"道不孤悬"角度而言，某种现实意义上的传道似乎仍是必要的。简单来说，文明或文化绝非一个空悬的理念，其概念中一定包含共同或相似的族群符号或记忆。在儒家文明的体系下，当这些符号被赋予了先王所传的神圣性时，就显得尤为重要。一方面，被赋予民族区别意识的发式与服饰为清统治者强行改抹，文明之边界几为一空，另一方面，蒙元殷鉴在前，如何保存文化的火种，是遗民不得不面对的现实问题。

对此，相较于出仕之失节而无功，著书立说作为最重要的现实传道方式而为遗民所肯认。所谓"其（苏绰、李谔、关朗、王通）书虽不传，其行谊虽不著，然其养道以自珍，无所求于物，物或求之而不屈，则与姚枢、许衡标榜自鬻于蒙古之廷者，相去远矣"②者，所谓"修身力学，以俟天命。……不然，躬耕负薪，亦足以没齿而无愧"③者，其重虽在"养道以自珍""没齿而无愧"，但是在这一正当性的基础上，言以书传道、修身力学之重亦未尝不可。

此时，著书立说这一行为，既作为"与清朝统治者作不懈的斗争"④的武器，而为明遗民所重，同时，不汲汲于一时一事，在学术、艺术、文学等方面对清朝及后世也产生了深远影响。⑤遗民的民族主义思想后虽为清统治者掩埋，但其中经世致用的政治设想，仍待晚清以

---

① 程伊川《明道先生墓表》，《河南程氏文集》卷第十一，《二程集》（第三册），页640，中华书局1981年版。
② 王船山《读通鉴论》（中册）卷十五，页442。
③ 张杨园《答吴文生》，《张杨园全集》（上册）卷九，页264。
④ 谢国桢《明末清初的学风》，页13。
⑤ 同上，页34—36。

后而为中国民族主义革命及国家建设提供参考。[①]

回视文首所引何冠彪的责难，则可以为之驳议：明遗民的一切构想与筹划，都绝非为见用于当世而替清统治者作政治或文化点缀。梨洲已谓"乱运未终，亦何能为大壮之交""夷之初旦，明而未融"[②]，则其时为何时亦不喻而可知。明遗民既拒绝承认清政府的合法性与合理性，拒绝承认其入于中国的可能，自亦不会参与其政治建设；如民计民生得以为口实，而借之以行政于当道，则布衣之身份不过成为一遮掩名节之饰辞，其实质仍然是认同这一事实的合法性。需要注意的是，儒者的一切政治构想都应被视为对先王之道的复刻或践行，皆应被规范于儒家思想体系之下。如果我们仍然肯认遗民之传道具有强烈的民族主义色彩，那么在这种论说中下，与其说他们的筹划"没有机会施行""与清初……发展分道而行"，毋宁说是其原出点即已不在于此，甚至正与其相悖。

由此可见，亭林所说的"未敢为今人道也"[③]"不欲令在位之人知之"[④]，即梨洲"岂因夷之初旦，明而未融，遂秘其言"之意。一方面，遗民的政治构想应然地源出于先王之法道，虽不免有因时而作、因事而发的现实指向，但其所以作此者仍然期望垂法于万世。道不得为我所私，这一点在古今儒者而言都是一贯的。另一方面，其思想既不应见用于当时，其著述既不欲见行于当世，则不秘其言的意义显然在于"待后王"。翁山言"教授莫辞多弟子，异时王佐有人求"[⑤]，船山言"独握天枢以争《剥》《复》"[⑥]，亭林言"有王者起，将以见诸行事，以跻斯世

---

① 关于遗民学术及清代学术转变，可参见王树民《史部要籍题解》，页 242，中华书局 2003 年版。

② 黄梨洲《明夷待访录·题辞》，吴光主编《黄宗羲全集》第一册，页 1，浙江古籍出版社 1985 年版。

③ 顾亭林《与人书二十五》，《亭林文集》卷之四，《顾亭林诗文集》，页 98。

④ 顾亭林《与人书八》，《亭林文集》卷之四，《顾亭林诗文集》，页 93。

⑤ 屈大均《寄魏处士》，《屈翁山诗集》卷五，页 30b，《四库禁毁书丛刊·集部》第一二○册，页 268 下栏。

⑥ 王船山《读通鉴论》（上册）卷九，页 246—247。

于治古之隆"①，梨洲著《明夷待访录》以传后世，其意皆同之。② 这一
观念既可溯源至"夷狄不可入于中国"的基础，亦从而推至于必有后王
兴的信心。钱宾四谓诸公"意在拨乱涤污，古法用夏，启多闻于来兹，
待一治于后王"③，可谓得古人之心者。因此，在夷夏视域之下，相对
于鲁斋、幼清意于存道而反失之，这才是明季遗民所认为的真正的
功绩。

---

① 顾亭林《与人书二十五》，《亭林文集》卷之四，《顾亭林诗文集》，页 98。

② 对于梨洲《明夷待访录》的所待访对象，学界仍有争论。或谓待清，或谓待明，或谓
待后起之代清而兴者。参见孙宝山《〈明夷待访录〉的写作意图辨证》，《中国哲学史》2007 年第
二期；吴增礼《〈明夷待访录〉待访对象新论——兼与孙宝山先生商榷》，《中国文化研究》2015
年第二期；徐定宝主编《黄宗羲年谱》，页 116、202、251，华东师范大学出版社 1995 年版。窃
谓《题辞》明言"向后二十年交入大壮，始得一治……然乱运未终，亦何能为大壮之交""夷之
初旦，明而未融"，《原臣》篇曰"秦政、蒙古之兴，乃所以为乱也"，《破邪论·题辞》言"秦
晓山十二运之言，无乃欺人"，则其以清为乱者明矣。参见黄梨洲《明夷待访录》，吴光主编
《黄宗羲全集》第一册，页 1、5；黄梨洲《破邪论》，吴光主编《黄宗羲全集》第一册，页 192。
或以"箕子之见访"为说。案：《明夷》卦《六五》爻曰"箕子之明夷，利贞"，《象》曰"箕子
之贞，明不可息也"，明说贞固之意。又，殉节者如黄元公（端伯）、遗民如陆桴亭，其坚贞自
固，亦以《明夷》之箕子为自证。参见屈大均《皇明四朝成仁录》卷六，叶恭绰校本，页
212b—214a，周骏富编《明代传记丛刊》第六六册，页 457—461；陆桴亭《寄如皋吴白耳书》，
《论学酬答》卷三，页 17b，同治十三年顾湘刻小石山房丛书本，《续修四库全书》第九四六册，
页 100 下栏，上海古籍出版社 2002 年版。亦可参见赵园《明清之际士大夫研究——作为一种现
象的遗民》，页 22。故以其见访为异国者，乃至以华夷之辨为狭隘者，固陋之甚也。备受诋责的
"我之出而仕也，为天下，非为君也；为万民，非为一姓也"一句，不应忽视其后"吾以天下万
民起见，非其道，即君以形声强我，未之敢从也"句；合《破邪论》"方饰巾待尽，因念天人之
际，先儒有所未尽者"云云共观，则知其传道之意在著书，而非出仕。并以梨洲之著书而不仕，
已通过行动为其思想做了明确指向，更不待后人妄加阐发。吴光教授亦谓《待访录》与《留书》
本是一书，其义在"留存未刻"。参见黄梨洲《明夷待访录》，吴光主编《黄宗羲全集》第一册，
页 4；黄宗羲《破邪论》，吴光主编《黄宗羲全集》第一册，页 192；吴光《黄宗羲遗著考》，吴
光主编《黄宗羲全集》第一册，附录，页 426。

③ 钱穆《读胡仲子集》，《读明初开国诸臣诗文集》，《中国学术思想史论丛（六）》，页
167，三联书店 2009 年版。按：元系顾亭林语，见《与杨雪臣书》，《亭林文集》卷之六，《顾
亭林诗文集》，页 139。

理学班专区

朱子论天地之心

李秋莎

绪论　天地有心

儒学传统中，人们对于心——并非怦怦跳动的心脏，而是无形无象、主此一身的心的讨论，醒发于对其司职的觉知。孟子明言："耳目之官不思而蔽于物，物交物，则引之而已矣；心之官则思，思则得之，不思则不得也。"(《告子上》)正因心的司职与耳目口鼻不同，用之则不蔽于物而思得其理，我们才能既视而见物，也"视思明""非礼勿视"；既听而闻声，也"听思聪""非礼勿听"，貌言动作皆然(《论语·季氏/颜渊》)。

那么，心为什么能有这样的特殊司职呢？朱子说："心者，气之精爽。"[①] 其体虚灵，虚即无形无象[②]。心比之形而上者，既有司职、有作用，则要说"微有迹"[③]，但又并非仅属形而下。[④] "性虽虚，都是实理；

---

① 《朱子语类》卷五，《朱子全书》第十四册，页219，上海古籍出版社、安徽教育出版社2010年版。

② 《朱子语类》卷五："虚灵自是心之本体，非我所能虚也。耳目之视听，所以视听者即其心也，岂有形象？然有耳目以视听之，则犹有形象也。若心之虚灵，何尝有物。"(同上，页221)

③ 《朱子语类》卷五："心比性，则微有迹；比气，则自然又灵。"(同上，页221)

④ 在朱子这里，无论是统性情还是对性情的心，都不可以简单地认为只属理不属气，或只属气不属理。前者会容留认器为道甚至认欲为理的危险，后者则会将性理看作空体，仅成为心去认知遵循的对象。心有司职、有能有用，便不可离气而言；但其司职及能、用，却不可仅归于气，后文详之。

心虽是一物，却虚，故能包含万理。"① 由无形无象而说的性虚、心虚，绝不可作空无理解：性是实理，虚而至实；心以虚物为实理具体，便是实心。如此，心才虚灵知觉，从而"未发理具，已发理应""该备通贯，主宰运用"。②

> 灵底是心，实底是性。灵便是那知觉底。如向父母则有那孝出来，向君则有那忠出来，这便是性。如知道事亲要孝，事君要忠，这便是心。义刚。子寰同③

> 心者，人之神明，所以具众理而应万事者也。性则心之所具之理，而天又理之所从以出者也。④

> 心虽主乎一身，而其体之虚灵，足以管乎天下之理；理虽散在万物，而其用之微妙，实不外乎一人之心。⑤

说虚灵、说知觉，心性皆不能相离。性不仅是心之所以虚灵知觉，也是虚灵知觉的体要枢干。心具众理、应万事，所具即性理，亦即天理大源。而"万物皆备于我"（《孟子·尽心上》），"大则君臣父子，小则事物细微，其当然之理，无一不具于性分之内"⑥，运用微妙皆出此心。其知来藏往⑦，感应无穷，故至灵而为"人之神明"。

---

① 《朱子语类》卷五，方子录云："性本是无，却是实理；心似乎有影象，然其体却虚。"（《朱子全书》第十四册，页 223）可参看。

② 《朱子语类》卷五："性主'具'字、'有'字许多道理。昭昭然者属性；未发理具、已发理应，则属心；动发则情。所以'存其心'，则'养其性'。心该备通贯，主宰运用。"（同上，页 231）

③ 《朱子语类》卷十六，《朱子全书》第十四册，页 511。

④ 《孟子·尽心上》"尽其心者，知其性也。知其性，则知天矣"集注，朱子《四书章句集注》，页 356，中华书局 2012 年版。

⑤ 朱子《大学或问》，《朱子全书》第六册，页 528。

⑥ 《孟子·尽心上》"万物皆备于我矣"集注，朱子《四书章句集注》，页 357。

⑦ 《朱子语类》卷五："心官至灵，藏往知来。"（《朱子全书》第十四册，页 219）

"具众理、应万事"，具、应更落实说，则"性便是那理，心便是盛贮该载、敷施发用底"①，盛贮、该载、敷施、发用四个动词，又可以归为两组。盛贮、该载对着具众理，敷施、发用对着应万事。"心者，性之郛郭"②，盛贮、该载虽然都是在说心具众理，但所偏主还是略有不同。盛贮偏于涵容，该载偏于承负，如此则非徒具无用之体；敷施是铺开来充塞六合、广大无外，发用是动而愈出、亘古亘今，如此则非妄生无根之用。

循此，说盛贮该载敷施发用，与我们寻常说虚灵知觉甚至具众理应万事，实需略作区别：

虚灵知觉一定是就着人心③说。此时虚指向人心正通之中又取清粹的特殊气禀，"灵"指向人心以虚物为实理具体而有的特质，知觉思议遂为人心此物的特殊官能。本文中，我们暂且将虚灵知觉之心称为狭义心，将即此统性情赅体用的心称为广义心。

"盛贮该载敷施发用"则并非只就着人心说。天地间盛贮该载敷施发用道理的，实不止于人的心，敷施发用更不止于应万事。"天何言哉！四时行焉，百物生焉，天何言哉！"（《论语·阳货》）朱子集注曰："四时行，百物生，莫非天理发见流行之实，不待言而可见。"④四时行、百物生，何处不是天理发见流行？此时说心体虚灵，乃指气之精爽寂感万端，不必仅属人心。⑤而盛贮该载敷施发用，也等若在指出全部配称为

---

① 《朱子语类》卷十六，《朱子全书》第十四册，页511。另参《朱子语类》卷五，"性是理，心是包含该载，敷施发用底。"（页223）

② 《朱子语类》卷四："邵尧夫说：'性者，道之形体；心者，性之郛郭。'此说甚好。盖道无形体，只性便是道之形体。然若无个心，却将性在甚处。须是有个心，便收拾得这性，发用出来。"（《朱子全书》第十四册，页192）"收拾""发用"即前面所说的"盛贮该载敷施发用"。在心为性，性者道之形体，是因为心者性之郛郭。

③ 若未与道心对举，特别标注，本文所说人心，皆指"人的心"，而非与道心对举的人心。

④ 朱子《四书章句集注》，页181。

⑤ 虚指气之无形无象，清而又清，儒学传统中本就未限于人而论。灵，如朱子说："天地之心不可道是不灵，但不如人恁地思虑。"（《朱子语类》卷一，《朱子全书》第十四册，页116－117）"天地间非特人为至灵，自家心便是鸟兽草木之心也，但人受天地之中而生耳。"（《朱子语类》卷四，《朱子全书》第十四册，页186）可知灵虽常用于说人心，但灵之所以灵，不在知觉思议，而在主宰运用，就此而言，天地之心不可以说不灵，灵不限于人心。

心之物的根本职事。人心的虚灵知觉，是虚灵在人，是心之根本职事由人心以自己的方式去从事。我们对于心的认知虽然肇端于人心自觉，但人心之所以为心则出于天。本文中，我们暂且把以盛贮该载敷施发用为根本职事，不限于人的心称为全义心。

如此，就人物各一其性来说，人禀气之正通而物禀偏塞，人心是天地间独一份"识道理、有知识"，能知觉思议的心。我们不能在广义心、狭义心的意义下，说人之外的万物有心、天地有心——倘若人之外的某物竟然真的"识道理、有知识"，能明善复初，我们毋宁称之为人。除此之外，要说万物有虚灵知觉的心，多是出于善意的拔擢[1]乃至移情、想象；要说天地有虚灵知觉的心，如真有人在那里分判善恶、注决生死，更是自斫上达之机。朱子曰："盖合而言之，万物统体一太极也；分而言之，一物各具一太极也。"[2] 万化生生不息，絪缊纠葛而不乱，凡有盛贮该载敷施发用，我们须说天地有心。

先生曰："就人一身言之：易，犹心也；道，犹性也；神，犹情也。"翌日再问云："既就人身言之，却以就人身者就天地言之，可乎？"曰："天命流行，所以主宰管摄是理者，即其心也；而有是理者，即其性也，如所以为春夏，所以为秋冬之理是也；至发育万物者，即其情也。"人杰[3]

天下之物，至微至细者，亦皆有心，只是有无知觉处尔。且如一草一木，向阳处便生，向阴处便憔悴，他有个好恶在里。至大而天地，生出许多万物，运转流通，不停一息，四时昼夜，恰似有个

---

① 善意的拔擢是指：动物知寒暖饱饥，能趋利避害，乃至有近于人的喜怒哀乐之情，并不说明它们的知觉能力与人相类。知觉思议作为人心专职，其枢干是知性全性。我们见到动物作出类于"知善行善"的行为，如虎狼之仁、蜂蚁之义、豺獭之祭、乌鸦之孝等所称扬的，其实是它们因禀气一路之明，道理发见专而不扰，而并非他们有能自觉知善行善的心灵。此时称它们有人心，是一种善意的拔擢。

② 朱子《太极图说解》，《朱子全书》第十三册，页74。

③ 《朱子语类》卷九五，《朱子全书》第十七册，页3188。

物事积踏恁地去。天地自有个无心之心。复卦一阳生于卜，这便是生物之心。又如所谓"惟皇上帝降衷于下民""天道福善祸淫"，这便自分明有个人在里主宰相似。心是他本领，情是他个意思。道夫①

"天下之物，至微至细者，亦皆有心，只是有无知觉处尔"，如前已论，知觉是人心之能，却并非全义心的根本职事，"有无知觉处"，只是物无人之心，并不妨碍物有着全义心。若无心，怎能好阳恶阴，于是或繁盛或凋悴呢？天地之间，尤其须说有心。易、道、神即天之心、性、情，主宰管摄即是天心，实理即是天性，万物作育即是天情。这明明是个"有本领""有意思"的天地，若其无心，为何四时错行万物生生无一息之停，为何重阴之下一阳来复，为何天生斯人好是懿德，为何天道福善祸淫？除是颠倒梦觉，齐一生死，混同善恶，如何能说天地无心！

综上，人必有心，这是生而为人所受于天的大体。说人无心，甚至去泯没人心的特殊职能，黜知觉，消思议，只会滑向无人。但在天地万物那里，既可以说无心，也可以说有心。"天地自有个无心之心"，说无心，是无知觉思议，故无狭义、广义的人心；说有心，是有主宰统摄，故有全义的天心。无心并非无了这心，正如无极并非无了这极，所无的只是人心因人而有之殊，并非心所以为心之体。

故此，说天地有心无心，有心是实义，是第一义。惟天地有心，惟以有心表彰出天地有主宰、有本领，才有必要更进一步去说，天心主宰并非由知觉思议完成。

> 苍苍之谓天。运转周流不已，便是那个。而今说天有个人在那里批判罪恶，固不可，说道全无主之者，又不可。这里要人见得。"僩②

---

① 《朱子语类》卷四，《朱子全书》第十四册，页188。
② 《朱子语类》卷一，同上，页118。

说天地有心说到以人心代天心，自是不可；说天地无心说到无主宰管摄，天心人心一起都无，则是更为糟糕的事情。"这里要人见得"，由人心去天地间见出弥纶六合的无心之心，当如何去见，见得后又当如何，这是需要我们进一步讨论的。

一、天地以生物为心

天心主宰管摄，并不以知觉思议为之，那么，天心究竟如何司其职事呢？

朱子与其门人杨道夫的一段讨论，颇为详尽：

> 道夫言："向者先生教思量天地有心无心，近思之，切谓天地无心，仁便是天地之心。若使其有心，必有思虑、有营为，天地曷尝有思虑来！然其所以四时行，百物生者，盖以其合当如此便如此，不待思惟，此所以为天地之道。"曰："如此，则易所谓'复其见天地之心'、'正大而天地之情可见'，又如何？如公所说，只说得他无心处尔。若果无心，则须牛生出马，桃树上发李花，他又却自定。程子曰：'以主宰谓之帝，以性情谓之乾。'他这名义自定，心便是他个主宰处，所以谓'天地以生物为心'。中间钦夫以为某不合如此说，某谓天地别无勾当，只是以生物为心。一元之气运转流通，略无停间，只是生出许多万物而已。"道夫[①]

杨道夫因天地无思虑营为，认定天地无心（绪论已辨，无思虑营为，只能说无人之心，不能说无全义心），一定要说天地有心的话，"仁便是天地之心"——四时行、百物生只是天地之道合当如此便如此，既"不待思惟"，仍是无心，只能说有性（理），有道。

朱子的回应首先是：断然说"天地无心"，经典中的天地之心、天

---

① 《朱子语类》卷一，《朱子全书》第十四册，页 117。

地之情就都空落了。经典圣贤久有此言，意味着必有天心可以实言，并非强在性、道处说心。

紧接着，"只说得他无心处"，"处"字可见，就天地无思虑营为说天地无心，只说着了天地没有知觉思议的人心这一面意思，不证天地无全义心。"若果无心，则须牛生出马，桃树上发李花，它却又自定"，这是从另一面来说天地并非无心——真要无心，造化生成便不自定了。

有人可能会将自定理解得近于拘定，认为其确定性由牛与桃树的形气而来。但我们仔细观察朱子语脉，便会发现，牛生牛不生马，桃树发桃花不发李花，曰"生"曰"发"，自定都在流行发用中。形气总归流转不定，变迁无从枚举，即便暂时凝定，也是偶然。始终自定的，只有道理本身一通一复；也只有在流行通复的过程中，道理的自定才昭彰显明。牛不能生马，桃树不能开李花，正因道理定于自身而非随形气游移添减。对于遍在充周的道理来说，形气只是使其发用循此一路，不循彼一路而已。惟道理自定而不凝滞于物，哪怕桃树被嫁接为李树，甚至被砍掉做成椅子，它也才能毫无间隙地发李花，有椅子之用。

故此，朱子接着说："他这名义自定，心便是他个主宰处，所以谓'天地以生物为心'。"主宰管摄道理，使其在流行不息、发用万殊中昭彰呈露、自明自定的是心；定心的所有敷施发用一于"生物"（物不止于有形之物），也全在于生物的，是其所盛贮该载，遍在而为桢干的理。一气浩浩、万物散殊，理的流行发用，惟生足以一一且全数赅括——凡道理彰见即生。如此，生生者自定、自定者生生，说主宰统摄、大生自定，必定连着心、理方能说全：

> 问："天地之心，天地之理。理是道理，心是主宰底意否？"曰："心固是主宰底意，然所谓主宰者，即是理也，不是心外别有个理，理外别有个心。"夔孙。义刚同①

----

① 《朱子语类》卷一，《朱子全书》第十四册，页117。

"理是道理，心是主宰底意"，便似把理与心说成两边，主宰只属心，心去主宰的道理却在心外。"心固是主宰底意"，说"意"，则有趋向、有萌露；趋向萌露出来而自定的，则是理。但主宰也不能因此只说得理一边重。如果我们把心只看作理沛然彰显自身，呼啸而过的"介质"，便又把心说空了。故此，当门人问"天命之谓性"中，"命"字有没有"心"的意思的时候，朱子肯定了这个说法："然。流行运用是心。"[①]继善成性即天命流行，实理通复。"命犹令也"[②]，即主宰，即流行，即生生。

朱子《仁说》劈头即说："天地以生物为心者也，而人物之生，又各得夫天地之心以为心者也。"[③]"天地以生物为心"，是明确由"生物"为惟一职事来说天地之心。《仁说》未定稿前，张南轩曾质疑"天地以生物为心"一句，认为应该说"天地生物之心"。[④]"天地生物之心"可能有生物之外的其余职事，但若"天地以生物为心"，除生物外，无思虑营为的天地之心没有任何其余职事；有任何其余职事的，也必定不是天地之心。南轩认为未安的理由，正是朱子认为必须这样说的理由："天地之间，品物万形，各有所事。惟天确然于上，地隤然于下，一无所为，只以生物为事。"[⑤]"确然""隤然"，只是一个"天地设位，而易行乎其中"（《易·系辞上》），"生物"也并非如牛生牛，桃树发桃花这个意义上的生——这恰是前面所说的"物"的职事。天地之心的职事，并非天地间万物职事的聚合——就此而言，天地之心恰是"一无所为"的；一定要说它有什么职事的话，那就无始终、无间隙、无限量、无界

---

① 《朱子语类》卷七一："又问：'既言心性，则'天命之谓性'，'命'字有'心'底意思否？'曰：'然。流行运用是心。'"（《朱子全书》第十六册，页2392）

② 《中庸》"天命之谓性"章句，朱子《四书章句集注》，页17。

③ 朱子《仁说》，《晦庵先生朱文公文集》卷六七，《朱子全书》第二十三册，页3279。

④ 南轩原书已亡佚，据《晦庵先生朱文公文集》卷三二朱子与张南轩四三书（《朱子全书》第二十一册，页1408-1411）所引，南轩主要说到："'天地以生物为心'，此语恐未安"，"大抵天地之心粹然至善，而人得之，故谓之仁"，"元之为义，不专主于生"。他认为生物不能赅括天地之心的所有职事，用"粹然至善"指出天地之心主宰之实，才是更合适而稳妥的做法。

⑤ 出处同上。

别，惟有"生物"这一件事。"一元之气运转流通，略无停间，只是生出许多万物而已。"万物于是各得此生物之心以为心，舒展其生于整个天地。[①] 由此，"心须兼广大流行底意看，又须兼生意看。且如程先生言：'仁者，天地生物之心。'只天地便广大，生物便流行，生生不穷"[②]，惟"天地"以"生物"为"心"，天地广大无外，生物流行不息，主宰管摄在其中，盛贮该载敷施发用在其中。

二、复见天地心

天地以生物为心，广大流行，生生不穷，如此，人去见天地之心，本应在在处处，无不可见，但经典、前贤之说，如"复其见天地之心"（《易·复》象辞），为什么会说得像是只有在特定的时间方所，才能见天地之心呢？

面对复见天地心，朱子首先要提醒的就是："要说得'见'字亲切。"[③] 谁去见？有心之人去见。是人去复那里，见了天地之心："盖此时天地之间，无物可见天地之心，只有一阳初牛，净净洁洁，见得天地之心在此。若见三阳发生万物之后，则天地之心散在万物，则不能见得如此端的。"[④] 复见天地心，是因为天地之心散在万物之中则错杂难见，只有一阳初生时净洁易见。此时去见，方能见得正正当当，确然如此，不易看差。

朱子与门人沈僴的一段问答，详细阐发了这个意思：

> 问："'复其见天地之心。'生理初未尝息，但到坤时藏伏在此，至复乃见其动之端否？"曰："不是如此。这个只是就阴阳动静、阖

---

① 《朱子语类》卷一〇五："天地之心，只是个生。凡物皆是生，方有此物。如草木之萌芽，枝叶条干皆是生方有之。人物所以生生不穷者，以其生也。才不生，便干枯死了。"（《朱子全书》第十七册，页3454）

② 《朱子语类》卷五，《朱子全书》第十四册，页219。

③ 《朱子语类》卷七一，《朱子全书》第十六册，页2399。

④ 同上。

辟、消长处而言。如一堆火，自其初发以至渐渐发过，消尽为灰。其消之未尽处，固天地之心也；然那消尽底，亦天地之心也。但那个不如那新生底鲜好，故指那接头再生者言之，则可以见天地之心亲切。如云'利贞者，性情也'，一元之气亨通发散，品物流形，天地之心尽发见在品物上，但丛杂难看；及到利贞时，万物悉已收敛，那时只有个天地之心，丹青著见，故云'利贞者性情也'，正与'复其见天地之心'相似。康节云：'一阳初动处，万物未生时。'盖万物生时，此心非不见也，但天地之心悉已布散丛杂，无非此理呈露，倒多了难见。若会看者，能于此观之，则所见无非天地之心矣。惟是复时万物皆未生，只有一个天地之心昭然著见在这里，所以易看也。"偶①

沈偶的疑问颇具代表性：生理既是不息的，那复见天地心，是因为十月生理藏伏，到了冬至，人们才能见到生理的动端，从而见到天地之心吗？这个疑问从生理与动端说下来，并未区分"动端就是天地之心"与"动端乃见天地之心"二者，是隐含将心全说在发用上的危险的。② 所以朱子先否认了沈偶的说法。再举燃烧至尽的火堆为例来说明：气化的阖辟消长，都是天地之心所为。哪怕是烧尽了，了无生意，既有生理、有发用，如何无天地之心？如此，天地之心本是处处"有事"、处处可见的，但若去万物归藏、火堆余烬中找天地之心，"那个不如那新生底

---

① 《朱子语类》卷七一，《朱子全书》第十六册，页2390—2391。

② 参看《朱子语类》卷六二："淳举伊川以动之端为天地之心。曰：'动亦不是天地之心，只是见天地之心。如十月岂得无天地之心？天地之心流行只自若……十月万物收敛，寂无踪迹，到一阳动处，生物之心始可见。'"（《朱子全书》第十六册，页2043—2044）简言之，天地之心流行不已，兼赅动静，并无"无天地之心"的时节。即使是十月万物归藏，静中的天地之心，仍是流行自若的，只是对人而言无踪迹可见。一阳动处见天地心，也只是对人而言易见而已，并非只有动端处可见，更不是动端就是天地之心。又《语类》卷七一："一阳来复，其始甚微，固若静矣，然其实动之机，其势日长，而万物莫不资始焉。此天命流行之初，造化发育之始，天地生生不已之心于是而可见也。若其静而未发，则此心体虽无所不在，然却有未发见处。此程子所以以动之端为天地之心，亦举用以该其体尔。"（同上，页2392—2393）"动之端，静中动，方见生物心。"（同上，页2391）在举用该体的意义上，以动之端为天地之心是成立的。

鲜好，故指那接头再生者言之，则可以见天地之心亲切"。"鲜好"即鲜明美好，万物归藏而一阳来复，如同层冰积雪之中，突然探出一点嫩芽，天地间闭藏的生意仿佛要从这一点中滂沛汹涌而出，烁人心目。见得天地间主宰的意在生不在死，在阳不在阴。如此鲜好者，只在接头再生处能充分感知。亲切既是在此处看得天地之心分明，也是对于天地之心的生物不息体认得贴合。

如上可知，人要见得天地之心端的、亲切，应去一阳来复处（接头再生处）看的原因，一是此处净洁易见，不致错认。二是造化阖辟本无端始，我们也找小着一个"最早的"、未曾接头的生物之始来见天地之心，但接头再生处却总是能寻得，甚至不需去寻，就总能撞入会看者心目之间：大而冬春之际、昼夜之交，小而一叶舒展、一时起兴，凡生意萌露处，即天心彰见处。

所以，当陈北溪把"复见天地心"引回人身上，问朱子是不是只有善端萌动处类同于一阳来复的时候，朱子回答说就善而言是如此，但又举出了昏迷中悔悟、睡梦中惊醒、久穷而将达来说复的气象。[①] 我们会发现，就天地心而言，生确实不必限于人心生善，凡道理含藏而猝然发露，皆见此鲜活之生。仅以为人心生善可应一阳来复而忽略其余，便可能将生意说狭，最终拘限于人。

回到"见"字，我们发现，"复见天地心"对于有虚灵知觉之心的人来说，终究只是难易问题，无"不可见"——天地之心丛杂分散于品类万化时，会看的人仍旧处处看得出；天地之心不在接头再生处鲜活呈露时，会看的人仍旧处处看得亲切。但常人气禀不齐，却并非生来会看，需从容易看得分明亲切的地方去渐渐习得。这些容易看得分明亲切的地方，如一阳来复，正是那些会看者指点出来给人的。

---

① 《朱子语类》卷六二："曰：'一阳之复，在人言之，只是善端萌处否？'曰：'以善言之，是善端方萌处；以恶言之，昏迷中有悔悟向善意，便是复；如睡到忽然醒觉处，亦是复底气象。又如人之沉滞，道不得行，到极处，忽少亨达，虽未大行，已有可行之兆，亦是复。这道理千变万化，随所在无不浑沦。'"（《朱子全书》第十六册，页2044）

朱子说："万物生长，是天地无心时；枯槁欲生，是天地有心时。"① 万物生长各循其性，天地并不会"有意识地"去生此不生彼、如此生不如彼生，似乎真的只是万物自化。但等到枯槁欲生之时，我们就会发现，屈伸往来聚散生死看似平列，生生却从未空阙停息，即便在含藏昧晦之中，也从来包蓄一绽绽出、充塞无间之"势"，但有罅隙，只是盈满，岁岁年年月月日日如此②，事事物物在在处处如此。所以，"有心"与"易见"、"无心"与"散在难见"，也是语意互足的：流行中生物各为一殊，散而难见，鳞潜羽翔而天心不翔不潜，故谓天地无心；万殊初生未盛大处，却易见只是一个生，鸡雏春草皆此生意，故谓天地有心。

如此，接头再生处能见得天地之心亲切，并不主要是因为周遭冷寂的衬托，而是因为可以摆落万殊错杂，独见生生关捩。朱子说：

> 天地之心，别无可做，"大德曰生"，只是生物而已。谓如一树，春荣夏敷，至秋乃实，至冬乃成。虽曰成实，若未经冬，便种不成。直是受得气足，便是将欲相离之时，却将千实来种，便成千树，如"硕果不食"是也。方其自小而大，各有生意。到冬时，疑若树无生意矣，不知却自收敛在下，每实各具生理，便见生生不穷之意。愔③

蕴蓄生性的树种，自抽枝长叶开花结实，渐遂其生；至受气完足，果实结成复为树种，生意又已蕴蓄。不看桃树李树枝叶花果各擅胜场，只从果核萌芽处看，便知流行通复关捩。由此更看"天命之谓性，率性之谓道，修道之谓教"（《中庸》），天地生人生物，人物各遂其生，人心更生万事，固然处处源流滂沛、生意昭彰，而一"命"一"率"一"修"，天地人物之心遂即萌露。见之，则修道以尽性至命须在人。

---

① 《朱子语类》卷一，《朱子全书》第十四册，页118。
② 《朱子语类》卷七一：又问："'天心无改移'谓何？"曰："年年岁岁是如此，月月日日是如此。"（《朱子全书》第十六册，页2391）
③ 《朱子语类》卷六九，《朱子全书》第十六册，页2313。

十月纯阴，为坤卦，而阳未尝无也。以阴阳之气言之，则有消有息。以阴阳之理言之，则无消息之间。学者体认此理，则识天地之心。故在我之心不可有间断也。过①

阴阳之气有消有息，是气化之常；阴阳之理无消息之间，是实理之遍在；阳尽于上复生于下全无间断停息，是天心之主宰。学者于一阳来复见天地之心，便知不可自限其心于人心之殊，而须自有息有间而无息无间，求其上达于天心。"见天心"必落实于此。

三、天地无心而成化

前已述及，识天地之心，则在我之心亦不当有间断，不止于见天心。

问："天地之心亦灵否？还只是漠然无为？"曰："天地之心不可道是不灵，但不如人恁地思虑。伊川曰：'天地无心而成化，圣人有心而无为。'"淳②

问："程子谓：'天地无心而成化，圣人有心而无为。'"曰："这是说天地无心处。且如'四时行，百物生'，天地何所容心？至于圣人，则顺理而已，复何为哉！所以明道云：'天地之常，以其心普万物而无心；圣人之常，以其情顺万事而无情。'说得最好。"问："普万物，莫是以心周遍而无私否？"曰："天地以此心普及万物，人得之遂为人之心，物得之遂为物之心，草木禽兽接着遂为草木禽兽之心，只是一个天地之心尔。今须要知得他有心处，又要见得他无心处，只恁定说不得。"道夫③

① 《朱子语类》卷七一，《朱子全书》第十六册，页2392。
② 《朱子语类》卷一，《朱子全书》第十四册，页116—117。
③ 《朱子语类》卷一，同上，页117—118。

陈北溪之问，隐含将灵与有为相系，不灵与无为相系的危险。有心灵方有作为，以自觉而言，确实说得着，但若于自觉之义外说得太执，徇此以往，却可能将灵与作为皆限于人，视天地万物只是隤然陈列，随人取予，有凌僭而无感通。所以，朱子要强调，成化既绝非“无为”而必是天心所事，生生也绝非“漠然”而必是天心所主。人心固然是灵，能思虑营为，但若成化不是事为、天心可道它不灵，那自末丧其本、流失其源而言，天下事为都将沦为妄作，天下心灵都将沦为玩弄灵明。惟有知晓“天地无心而成化”为人有心有事之本源，人才可能善用其虚灵知觉之心，通蔽开塞，即人而天。如此，因天地成化，我们知天地无思虑而有主宰；因圣人无为，我们知圣人有知觉而无私意。因天地无心，我们知天地成化只是生生不息，流行充满；因圣人有心，我们知圣人无为绝非默默容容，随流扬波。

“圣人有心而无为”，我们向下接一句，大概可以说“常人有心而有为”。自有人心、能作为而言，圣人常人并无不同。但若与“天地无心而成化”相映，我们便知圣人有心与天地无心、圣人无为与天地成化虽若相反，却也正相互彰明。天地无人心而有主宰统摄，成造化而无思虑营为；圣人有人心而无人心拘蔽，无妄为而尽人之本职，此即圣人同天。常人有人心亦有其拘蔽，行人事而不免于妄作，天地圣人所有，常人有之；圣人所无，常人却未能无之。因此，常人去见天心、学圣人，只是要通蔽开塞，去其私有，顺理而为，绝其妄作，则自有心有为而有心无为，却不可无其心，自弃其为人。天地“鼓万物而不与圣人同忧”（《易·系辞上》），人则不能。

> “鼓万物而不与圣人同忧”，此言造化之理。如圣人则只是人，安得而无忧！谟[①]

> 天地造化是自然。圣人虽生知安行，然毕竟是有心去做，所以

① 《朱子语类》卷七四，《朱子全书》第十六册，页2528。

说"不与圣人同忧"。渊①

　　问"鼓万物而不与圣人同忧"。曰："明道两句最好：'天地无心而成化，圣人有心而无为。'无心便是不忧，成化便是鼓万物。天地'鼓万物'，亦何尝有心来！"去伪②

天地之心无思虑营为，只是生。万物如自磨盘中播撒，如何舒展其生，天地却"管不得"③，无所容心。圣人则"只是人"，心只是人心，既能知觉思议，却即此得以身在气化之中，去喜生意之畅达而助成之，忧生意之沉晦而拯济之。天"知大始""作成物"（《易·系辞上》），却不能一一而知、事事而为；人形气有限，却因人心虚灵知觉，能知天下之理、处天下之事。这是天地间独一份人心至灵，如何能去辜负呢！

　　我们再次回到常人如何从有心有为，进于有心无为而上达。朱子论天地、圣人、学者之忠恕，可资参考：

　　如程子所言，"维天之命，於穆不已"，"乾道变化，各正性命"，此大地无心之忠恕；夫子之道一贯，乃圣人无为之忠恕。尽己、推己，乃学者着力之忠恕。固是一个道理，在三者自有三样。且如天地何尝以不欺不妄为忠。其化生万物，何尝以此为恕。圣人亦何尝以在己之无欺无妄为忠，若泛应曲当，亦何尝以此为恕。但是自然如此。故程子曰："天地无心而成化，圣人有心而无为。"此语极是亲切。僩④

　　圣人只是个忠，只是个恕，更无余法。学者则须推之，圣人则

---

① 《朱子语类》卷七四，《朱子全书》第十六册，页 2528—2529。
② 同上，页 2529。
③ 《朱子语类》卷四："气虽是理之所生，然既生出，则理管他不得。如这理寓于气了，日用间运用都由这个气，只是气强理弱。"（《朱子全书》第十四册，页 200）
④ 《朱子语类》卷二七，《朱子全书》第十五册，页 996—997。

不消如此，只是个至诚不息，万物各得其所而已。这一个道理，从头贯将去。如一源之水，流出为千条万派，不可谓下流者不是此一源之水。人只是一个心。如事父孝，也是这一心；事君忠，事长弟，也只是这一心；老者安，少者怀，朋友信，皆是此一心。精粗本末，以一贯之，更无余法。但圣人则皆自然流行出来，学者则须是"施诸己而不愿，而后勿施于人"，便用推将去；圣人则动以天，贤人则动以人耳。①

"着力"即属"有为"。以天地之心遍为人物之心而言，天地有心则人物有心，圣人有心则人人有心，② 但说"天地无心"，则明指知觉思议属人心而不属天心。以性理流行发用而言，天地有事则人物有事，圣人有为则人人有为，但天地成化终究不说一个"为"字，则明指自觉之为是人事而非天事。天无所谓"作为"，以生物一事为所有"作为"筑底，然后，圣人才说无妄为，学者才说趋向于无妄为的有为，众人才说不定趋向甚至背驰的有为。圣人位天地、育万物（《中庸》），如此大事却说无为，则知天下事虽是有心之人去做，事为枢干却只是天理。圣人泛应曲当如"乾道变化，各正性命"（《易·乾·文言》），只是人得天地之心以为心的全体妙用；学者则需尽己、推己，即事即物善用其心，到得体全用周，也当即是圣心，是在人之天心。

圣人言语，只是发明这个道理。这个道理，吾身也在里面，万物亦在里面，天地亦在里面。通同只是一个物事，无障蔽，无遮碍。吾之心，即天地之心，圣人即川之流，便见得也是此理，无往而非极致。但天命至正，人心便邪；天命至公，人心便私；天命至大，人心便小，所以与天地不相似。而今讲学，便要去得与天地不

---

① 《朱子语类》卷二七，《朱子全书》第十五册，页986。
② 《朱子语类》卷二七："万物之心，便如天地之心；天下之心，便如圣人之心。天地之生万物，一个物里面便有一个天地之心；圣人于天下，一个人里面便有一个圣人之心。"（《朱子全书》第十五册，页990）

相似处，要与天地相似。夔孙①

圣人之所以一定要说天地有心，要指点人去见天心、上达天心，就在于"吾之心即天地之心"是心体本然而未必实造。人若不善识善用其心，此心便偏邪私小不尽其量，天地间便阙此妙用；人能善识善用其心，自主、自觉地身入生生大化中，见而体之、助而成之，方不负天生此虚灵知觉而充其用。

余论　人者天地之心

> 康节云："一动一静者，天地之妙也；一动一静之间者，天地人之妙也。"盖天只是动，地只是静。到得人，便兼动静，是妙于天地处。故曰："人者，天地之心。"论人之形，虽只是器；言其运用处，却是道理。僩②

凡有对待而为一物，则能此而不能彼。天不为地，地不为天；天不能载，地不能覆。惟人虽与万物同是二气五行所成，有其拘限，不能"挟太山以超北海"（《孟子·梁惠王上》），却因禀气正通清粹，有虚灵知觉之心，可以成己成物、参赞化育。此所谓"妙于天地"③——天地之心无所拘限，故能大生万物，却也因此生出便"管他不得"；人之心虽若有限，能知觉思议而不能其余，却可因之自觉其心体而全其大用，为天地之心"主张"。因此，朱子谈论"人能弘道，非道弘人"（《论语·卫灵公》），说："'人者，天地之心。'没这人时，天地便没人管。"④ 没人管自不是

---

① 《朱子语类》卷三六，《朱子全书》第十五册，页1357。
② 《朱子语类》卷一百，《朱子全书》第十七册，页3348—3349。
③ "妙于天地"自不是说天地不妙，而是说在自觉地去主宰管摄这个意义上，人心能天心之所不能。如一棵树苗被石头压住，生意郁塞，天心并不能识见郁塞、挪拥石头，只是源源生之不已；人却可以识见被郁塞的生意，为其主张，此即人之妙于天地，或天心至妙之处须由人心主张。
④ 《朱子语类》卷四五，《朱子全书》第十五册，页1604。

无主宰管摄，失其所以不息不乱，而是说没人去主张、去助成。

> 问："横渠言：'帝天之命，主于民心。'"曰："皆此理也。民心之所向，即天心之所存也。"人杰[1]

> 问"人者，天地之心"。曰："谓如'天道福善祸淫'，乃人所欲也。善者人皆欲福之，淫者人皆欲祸之。"又曰："教化皆是人做，此所谓'人者，天地之心也'。"焘[2]

民心所向，即"民之秉彝，好是懿德"（《诗经·大雅·烝民》）。民心向而好之，则天心存而主之——天心无思虑营为，本无所谓存，人得天心以为心，去主张发用出来，天心便存。"天地生物，自是温暖和煦，这个便是仁。所以人物得之，无不有慈爱恻怛之心。……人物皆得此理，只缘他上面一个母子如此，所以生物无不肖他。"[3]"生物无不肖他"，皆有慈爱恻怛之心，却惟有人真能去自觉、去主张。由此，气化阴阳相寻，人知天心崇阳而崇之；万物聚散生死，人知天心大生而生之；人事善恶混杂，人知大生即善而善之。先知先觉者更修道设教、立极锡类，使凡有心者既得以从有限形气中自我振拔，也使这一幸而有心的天地气化，在精粗杂糅、治乱相寻中，始终存此日新又新的振拔之机，生生而不死，善善而无斁，向盈而不虚、序而不乱，向大而无外、久而无疆。说到此处，我们才能充分知晓，朱子论心，为何必以天地生物之心为本源。

庚子七月作，壬寅六月改

---

① 《朱子语类》卷九九，《朱子全书》第十七册，页 3332。
② 《朱子语类》卷八七，《朱子全书》第十七册，页 2961。
③ 《朱子语类》卷五三，《朱子全书》第十五册，页 1756。

附 交流讨论

吴 婕 请问：一、说天地之心，是否必定以人心作为起点？二、南轩说"粹然至善"，是忽略了生的善吗？

李秋莎 一、人去见天心、上达天心，须以自觉人心、尽人心为起点为本柄。以体用来说，天地之心才是人心本源。二、从朱子书信所引南轩观点，如"元之为义，不专主于生"来看，南轩只是认为粹然至善不能仅由生物之事充尽体现。不专主未必是忽略，只是对于粹然至善就是生理看得不充分。

林小芳 说"仁便是天地之心"似无问题，否则，天之生物岂非懵然？又，主宰与自定的关系是什么？"心是主宰底意"何解？

李秋莎 如《仁说》先说"天地以生物为心""人物各得天地之心以为心"，再说"心之德仁"，自是可以说的。但若直接说"天地无心，仁便是天地之心"，一旦错认仁，便有将流行发用说死的危险。而天心主宰，是将理流行发用出来。流行发用又只是实理一通一复，自明自定。心去主宰，有趋向有萌露，即是显露出了主宰的"意思"。

康 茜 朱子对于杨道夫所说"仁便是天地之心"，并没有直接批评。"自定"有条理的意味，定于善之所在，与仁相应，实质即仁。"天地以生物为心"，说出了生物的必然性：生不是忙乱的，而是有主宰的。人必有死，天则常生生而不死。人的"有死"，是对生道的成全。

李琪慧 文章第二部分"复见天地之心"，是"一阳初动处，万物未生时"。"鲜好""生意"等已是动出，"万物未生时"似还没有到物生出之处。

李秋莎 如朱子说"动之端""静中动"见天地心，心贯动静，静中动固然是天地之心，但人却要到静中之动萌露端绪，才能去识见。

邓晓可 在讲第二部分的时候，秋莎说"复见天地之心"，"见"是关键，但是"见"的根据，也就是人之所以见而能知这就是天地之心，似乎论述得较少。而前文论述天地无心时，又偏向强调无心说的是与人心（或人心能思虑营为这部分）之不同。如果天地"有心"的"心"与

"无心"的"心"意思不同，"无心"是天地无人心之心，那么人心又何以能见天心呢？

李秋莎 基于人心独能知觉思议，惟有人心能"见"天心，见确实是关键。人本就得天地之心以为心，只是得来在人的形气中，故其主宰管摄之能以知觉思议的专有方式来履行。这样的话，人心天心虽一有一无知觉思议之能，但生意源流通贯，所主宰管摄的性理也即是道理，故识人心之体禀得于天，即能在天理流行发用处见天心。说天地无心与天地有心，地位不同，无心其实是基于有心义的无心之心，所无所有之心不同，不相妨碍。

孟少杰 请问："人者，天地之心"，如何理解人能补造化之不及呢？人似乎只是补人事之不及？

李秋莎 天心生物，生出来便管他不得，从而生意总有郁塞之处。人见天心，却能为天地间生意主张，开物成务。如阴阳舛错人可以调和，疲癃残疾人可以善养，这些虽是人事，但也都是在补造化之不及。

曾海军老师 孟少杰的问题，秋莎的回应似乎无法解答疑惑。如唐文明老师认为：人"为天地立心"是不能成立的，天地有心，人何必要为天地立心呢？秋莎文章最后一部分说"人者，天地之心"，为什么不说"人为天地立心"？晓可问人心如何能见天心，这里可以追问：如何从人心上说出个"天地以生物为心"？天地之心之上，有没有更高的层次？

李秋莎 秋莎以为，说"人者，天地之心"、说人"为天地立心"均可。人为天地立心，也不意味着以人心为天心，只是惟有人能够且应当辅相裁成、参赞化育，将无思虑营为的天心明白主张出来的意思。余论结在"人者，天地之心"，是担心将天地生物之心大源直贯说得过强，弱了人须挺立心体去知觉运用、"人能弘道"的意思。但说天心，终究要落实到人心上。人心虚灵知觉，既能知觉对心之物，也能自觉自知。当然不容已者在心处感物而动，不经思议，不待计较，人见得了这个不容已，便知晓经由人心发露其自身者乃出于天而不系于人，进而在天地间处处见其流行端绪，知其出于惟一大源，从上说下，即可说出"天地以生物为心"。天地之心更言其体，只是"无极而太极"，但也并非更高的层次，只是盛贮该载在中。

论天地之心

——程朱理学视域下的生道与人伦

吴　婕

引　言

在现代宋明理学研究中，程伊川与朱子的学问渊源仍为学界所公认，而明道与伊川，以至于明道与朱子学之间，主要被论说为在思想旨趣、学问气象上存在差别。明道思想与言说的"圆融"性，确实存在被诠释发挥的空间，因此，多有被定位为诸如五峰、蕺山之类路数的渊源。但需要看到的是，无论是伊川、朱子，其实对明道学问皆有体认、深得其旨，于其中说得浑沦甚至"险语"部分，又未尝不加以解释与补善。而若从二程、朱子学问的一体性、承传性角度来看，尤其从"天地之心"一题上切入其对于"生生"的理解，并关联"仁"说、"心"说乃至全幅的理气、心性论等，既可以意识到内在理路的接续性，以及在论说结构与内容上具有的高度呼应。因此，本篇多有从二程说起，而以朱子对其学的阐明与推进作为主体内容来展开论述。同时，对于学界已有的讨论，如唐文明教授《朱子论天地以生物为心》一文中的部分意见，也尝试加以呼应与商榷。[①]

众所周知，程朱论"天地之心"，继之《易》的理论背景，如论"天地之大德曰生"及"一阳复于下，乃天地之心"等语。因此，在对"天地之心"的指点中，"生"字是最为关键的名义，程子曰："天只是以生为道，继此生理者，即是善也。"[②] 而朱子对于"以生物为心"论述的开展，又可见"生"字义具有丰富的内涵。以下先从何谓"天地之心"说起，并尝试在心、性、情关系中看其地位；以及在生道思想的关照下，理学家如何建立人道与历史观。

一、以生物为心

程子说天地之心语，盖"以生为道"。朱子论天地之心，则主要集中在"灵"字、"以生物为心"、"仁"字三个方面来进一步阐释其内涵，然此三者具有内在关联与一致性："灵"字或可谓论其性格，"以生物为心"充实生道思想的具体涵义，而以"仁"字作为"天地之心"的根本内核。

> 问："天地之心亦灵否？还只是漠然无为？"曰："天地之心不可道是不灵，但不如人恁地思虑。伊川曰：'天地无心而成化，圣人有心而无为。'"淳[③]

《语类》卷一中，弟子陈北溪所记关于"天地之心"语凡两条，第一条即此。"不可道是不灵"，说明天地之心亦以灵明妙用言，在天为天地之

① 庚子闰四月十四日，唐文明教授担任四川大学云切磋班主讲，唐教授以《朱子论天地以生物为心》为题，主要结合《太极图说解》来阐发《仁说》中的"天地以生物为心"思想。在研讨中，本人对此话题颇觉兴趣，是为本文触因之一。是年暑假间，钦明书院理学班开办，主题定为"生道"，而以"天地之心"作为问题切入点，亦不失为一重要视角，故作此篇以提交。

② 程子《遗书》卷二上，《二程集》（上册），页29，中华书局2004年版。

③ 黎靖德编《朱子语类》卷一，页4，中华书局1986年版。

心、在人禀得则为人心灵觉。此处乃以人心为参照，指点天地之心。然朱子答语中先排除"天地之心"之"灵"与人之知觉思虑不同，其"灵"非是有造作、营为；其无所作为却又非"漠然无为"，此灵明究竟着落于何处说？下引伊川语"天地无心而成化"——"成化"即天地之心无所作为却自然造就天地，以其无思虑、造作，曰"无心"；以其"成化"之效验，又可见天地之心、天地"有心"。

> 问："程子谓：'天地无心而成化，圣人有心而无为。'"曰："这是说天地无心处。且如'四时行，百物生'，天地何所容心？至於圣人，则顺理而已，复何为哉！所以明道云：'天地之常，以其心普万物而无心；圣人之常，以其情顺万事而无情。'说得最好。"问："普万物，莫是以心周遍而无私否？"曰："天地以此心普及万物，人得之遂为人之心，物得之遂为物之心，草木禽兽接着遂为草木禽兽之心，只是一个天地之心尔。今须要知得他有心处，又要见得他无心处，只恁定说不得。"道夫[①]

明道《定性书》语曰："天地之常，以其心普万物而无心"，"普万物"与"成化"意思近，皆言天地化生赋予之德："普万物"乃"天地以此心普及万物"之义，说"周遍"，重在"有心"；"成化"则以其"各正性命"，故亦"人得之遂为人之心，物得之遂为物之心"。此条《语类》上半段，记录意思又更详尽，将天地之心、天地生物内涵铺展开：

> 道夫言："向者先生教思量天地有心无心。近思之，窃谓天地无心，仁便是天地之心。若使其有心，必有思虑、有营为，天地曷尝有思虑来！然其所以'四时行，百物生'者，盖以其合当如此便如此，不待思维，此所以为天地之道。"曰："如此，则《易》所谓'复其见天地之心'，'正大而天地之情可见'，又如何？如公所说，

---

① 《朱子语类》卷一，页4—5。

只说得他无心处尔。若果无心，则须牛生出马，桃树上发李花，他又却自定。程子曰：'以主宰谓之帝，以性情谓之乾。'他这名义自定，心便是他个主宰处，所以谓天地以生物为心。中间钦夫以为某不合如此说。某谓天地别无勾当，只是以生物为心。一元之气，运转流通，略无停间，只是生出许多万物而已。"①

此是道夫与朱子第一节问答。道夫主天地"无心"，即以其无思虑、营为；"四时行，百物生"只是"合当如此便如此，不待思维"，即自然、不假造作之义。朱子则提醒说，"无心"处恰须见天地"有心"之义，提示"他又却自定"以全其说。盖"天地无心而成化"，亦须说"有心"，方见物物各有定理，牛、马、人之生不为紊乱无别。《易》说"复见""可见"两语，亦由此论。然此须有个"主宰处"。朱子继而破开说："心便是他个主宰处，所以谓天地以生物为心""某谓天地别无勾当，只是以生物为心。一元之气运转流通、略无停间，只是生出许多万物而已"，将天地之心内涵全数托出。心以其"主宰"义故灵，其灵便体现在"以生物为心"。

那么，如何是生物？《中庸》言"天命之谓性"，天地生物即用此"命"字义，亦是"主宰"的涵义。我们可以说，天地通过命令赋予人物各得其性，而有生人生物之结果，以此来见天地之心之灵。此非仅天地之形式"规定性"，而具有活泼生机，《语类》所谓"一元之气运转流通、略无停间"，如春生、夏长、秋敛、冬藏，一元之气流迪生长；冬而复春，元气则循环往复。"只是生出许多万物而已"，此生生不息之意，即"天地之心"显现而出之人物、实然世界。天地之心似机轴，推动四时、百物，其所以然者则是"天地之心"的义理根据——仁。上文道夫说"仁便是天地之心"，此语固亦可，然与朱子稍别。仁字本义是在人心上说，此处要指向天地之心，所以，朱子在《仁说》中做了一种提起、转圜，把仁字由说人处转到天地处，从而充分显示"仁"字涵义

---

① 《朱子语类》卷一，页4。

的源头与意味。毕竟人心从天心来，人心之德无非天心之德。

唐文明教授在《朱子论天地以生物为心》文中则分析到："天地本身无心，而既然仁是人的本性，那么，说'仁便是天地之心'的意思也就等于说人是天地之心。……正如杨道夫所说，这种观点的关键在于认为天地没有思虑与营为，用现在的话来说，这是一种比较接近自然主义的解释，但朱子显然并不同意，他恰恰援引《易传》'复见天地之心'、'正大而天地之情可见'等文献提出反驳，认为不应当否认天地生物的主宰之义，所以不应当只说天地无心，更应当说天地有心。"① 那么，杨道夫语或无病，只是缺少启发与点拨"仁"字内涵。朱子所不认同的既非"天地没有思虑营为"这一义，而是如何在无心处见其有心，然天地有心却也非真有个主宰之物。如何将仁与天地之心的关系充分建立，成为撑拄天地之心的关键。

朱子在《答陈安卿》（一）中言：

> 夫仁者，天地生物之心，而人生所得以为心者。其体则通天地而贯万物，其理则包四端而统万善。盖专一心之全德而为性情之主，即所谓乾坤之元者也。故于此语其名义，则以其冲融涵育、温粹浑厚，常生生而不死，因谓之仁。②

天地生物之心的内核、根本，可以"仁"字论之。"人生所得以为心者"，所谓仁心，即本之天地生物之心。"其体"乃体段义，状其形体，即天地之心具"通天地而贯万物"之规模，以天地万物作为其心运转呈现的承载。"其理"则论述天地之心运转之根据，此理乃"包四端而统万善"——"包"即程子论"专言"者，"统"则以之为主、为长，此仁字之地位。故下言"盖专一心之全德而为性情之主"，以全副禀得天

---

① 唐文明《朱子论天地以生物为心》，《清华大学学报（哲学社会科学版）》2019 年第一期。

② 《晦庵先生朱文公文集》卷五十七，《朱子全书》第二十三册，页 2707，上海古籍出版社、安徽教育出版社 2002 年版。

心而为仁心，所谓"心之全德"也，统性情而为主宰。以"元亨利贞"言之，则"元者，善之长"也。上言语"天地之心"之义可以说灵明，此则"常生生而不死"，体现生物之不已，充尽灵妙之内容。故谓之仁，仁者，心之道。

朱子在《仁说》中亦论：

> 天地以生物为心者也，而人物之生，又各得夫天地之心以为心者也。故语心之德，虽其总摄贯通无所不备，然一言以蔽之，则曰仁而已矣。请试详之。
>
> 盖天地之心，其德有四，曰元亨利贞，而元无不统。其运行焉，则为春夏秋冬之序，而春生之气无所不通。故人之为心，其德亦有四，曰仁义礼智，而仁无不包。其发用焉，则为爱恭宜别之情，而恻隐之心无所不贯。故论天地之心者，则曰乾元、坤元，则四德之体用不待悉数而足。论人心之妙者，则曰"仁，人心也"，则四德之体用亦无不待遍举而该。盖仁之为道，乃天地生物之心，即物而在。情之未发而此体已具，情之既发而其用不穷。[1]

朱子《仁说》之义可分为六句[2]，此处截到体用论前以发其说。首句中，朱子便将天心与人心分说，却非截断说，盖人心乃禀得天地之心而有，因此，是彻上彻下说。在天论四德则"元、亨、利、贞"，在人则"仁、义、礼、智"，四者有统帅，所谓"一言以蔽之"，盖以元字、仁字为长为先，所谓"生时有次第"[3]。又以体用观念分论天地之心，形

---

[1] 《晦庵先生朱文公文集》卷六十七，《朱子全书》第二十三册，页3279—3280。

[2] 第一句，"仁者，天地生物之心，而人之所得以为心"；第二句，"未发之前，四德具焉，而惟仁，则包乎四者，是以涵育浑全、无所不统。所谓生之性、爱之理，仁之体也"；第三句，"已发之际，四端著焉，而惟恻隐，则贯乎四端，是以周流贯彻、无所不通。所谓性之情、爱之发，仁之用也"；第四句，"专言则未发是体、已发是用"；第五句，"偏言则仁是体、恻隐是用"；第六句，"公者所以体仁，犹言'克己复礼为仁'也。盖公则仁，仁则爱，孝弟其用也，而恕其施也。知觉乃智之事。"详见丁纪《图示理学》，https://mp. weixin. qq. com/s/RwTc-K3fSZBv8AcHRnHG1w，钦明书院微信公众号2020年8月4日刊。

[3] 《朱子语类》卷六，页107。

上本体则谓乾坤、仁德，形下发用则元气流行"无所不通"、四端萌蘖稍无停歇。因此说"仁之为道"，此仁之大用，即在"天地生物之心"，"即物而在"则无物不然、无物不有。

上述中，已显然可见不论是在天道层面还是在人心地头上，朱子皆以体用观贯穿其理论，也即，存在"天地之心"与"天地之情"、四德为体与四端为用等关系。程子则言：

> 上天之载，无声无臭之可闻。其体则谓之易，其理则谓之道，其命在人则谓之性，其用无穷则谓之神，一而已矣。[1]

在程子分"体"—"理"—（"命"）—"用"言天道化生，四者"一而已矣"。"体"非本体，乃体状、形体，言载道之元气运转、阴阳变化；"理"谓之道，即仁者，心之道的意义；其"用"则谓神妙不测，可照应天地之情。在程朱的诸段论说中，虽各自指向有不同，论述天地之心的结构却可互相呼应。以下详论"天地之心"的结构关系与具体地位。

二、帝是理为主

（一）其体、其理、其用

《语类》中录有朱子与门人讨论程子"易—道—神"一段，可见朱子对"心—性—情"三位结构的肯定，并以此解释程子的工作：

> "其体则谓之易，其理则谓之道，其用则谓之神。"人杰谓："阴阳阖辟，屈伸往来，则谓之易；皆是自然，皆有定理，则谓之道；造化功用不可测度，则谓之神。"……先生曰："就人一身言之：易，犹心也；道，犹性也；神，犹情也。"翌日再问云："既就

---

① 程子《论道篇》，《粹言》卷一，《二程集》（下册），页1170。

人身言之，却以就人身者就天地言之，可乎？"曰："天命流行，所以主宰管摄是理者，即其心也；而有是理者，即其性也，如所以为春夏，所以为秋冬之理是也；至发育万物者，即其情也。"人杰。㽦录别出。①

以"心－性－情"对照程子"易－道－神"之说，实以同一架构见之天道论与心性论。如上节引程子原文所论，则可谓：其体则谓之心，其理则谓之性，其用则谓之情。以天地之心论之，又可说：其体则谓之天地之心，其理则谓之仁，其用则谓之天地之情。"体"是载体，谓"阴阳阖辟、屈伸往来"；"理"则"皆是自然、皆有定理"之义；故"用"必"造化功用"义也。因此，天地之心作为"天命流行"之主宰管摄者，乃说"命"字、流行付与之作用；其运转而呈现之春秋，则是天地之情；形上根据仍在"所以为春夏、所以为秋冬之理"。故《程氏粹言·论道篇》亦云：

> 阳气所发，犹之情也。心犹种焉。其生之德，是为仁也。②

谷种发生喻情、谷种愈心、生之德喻仁，即形象描述心、性、情之关系。谷种只是个壳子，须有仁为其生之德性；而由谷种发生作用之成物，即情也。朱子以为程子此论专为辟"仁者心之用，心者仁之体"之说。③

《语类》下一条继此而论，记录之意则稍有调整。

> 又问："昨日以天地之心、情、性在人上言之，今却以人之心、性、情就天上言之，如何？"曰："春夏秋冬便是天地之心；天命流行有所主宰，其所以为春夏秋冬，便是性；造化发用便是情。"又

---

① 《朱子语类》卷九十五，页 2423。
② 程子《论道篇》，《粹言》卷一，页 1174。
③ 《晦庵先生朱文公文集》卷四十，《朱子全书》第二十二册，页 1829。

> 问："恐心大性小？"曰："此不可以小大论。若以能为春夏秋冬者
> 为性，亦未是。只是所以为此者，是合下有此道理。谓如以镜子为
> 心，其光之照见物处便是情，其所以能光者是性。因甚把木板子
> 来，却照不见？为他元没这光底道理。"蕃①

弟子继问在天地论心、性、情是如何，及是否有"心大性小"之嫌疑？
朱子答曰"春夏秋冬便是天地之心；天命流行有所主宰，其所以為春夏
秋冬，便是性；造化发用便是情。"春夏秋冬只是四季流转、无有停息，
以此见天地之心流行不已；"有所主宰"，即主宰之所以然，便是性；造
化发用，如春生、夏长，是情。此非以心之主宰为大，性反为小也。故
下又云"以能为……者为性亦未是"，能为在心，"所以为此者"在理，
故说"合下有此道理"，理是根原处；"其光之照见物处便是情"。如此，
以心性情之关系指点天道论亦为恰当。

唐教授也指出："讲心不讲理容易流于佛，讲气不讲理容易流于老；
鉴于此，朱子继承二程的思想既讲理气不杂，又讲理气不离，以此厘定
'理'在儒门宇宙论中的重要地位，而天地之心作为一个超越的观念正
是被用来统合理气之间的这种复杂关系的。"② 讲心须讲理，方不堕入
佛氏只求灵明知觉之体，认作用是性；讲气须有理之具，故心者为气之
精爽，而非冥然无觉之物。"这也就解释了，为什么心的功能既要从理
一边讲又要从气一边讲。以'易、道、神'的结构来说，不仅有工夫论
层面的心统性情，更有宇宙论层面的心统性情，而宇宙论层面的心统性
情显然为工夫论层面的心统性情奠定了基础，而心统理气正是对这两个
层面的心统性情的一个恰当解释。"③ 又言："朱子当然重视理，这一点
在当时特别针对佛老而言，因此，他的很多讲法都是围绕如何凸显理的
重要性而展开，但也正是在这个方向上，他的思想必然导向承认一个超

---

① 《朱子语类》卷九十五，页 2423。
② 唐文明《朱子论天地以生物为心》。
③ 同上。

越的天地之心的观念作为宇宙的终极根源。"[1] 天地之心作为主宰、"超越的"观念，用以统理气、统性情，也必明确其地头，而不能根本越乎理之上，故就"终极根源"而论，天地之心终究有其界限。

（二）主宰底意与主宰者

《语类》录曰：

> 问："天地之心，天地之理。理是道理，心是主宰底意否？"曰："心固是主宰底意，然所谓主宰者，即是理也，不是心外别有个理，理外别有个心。"又问："此'心'字与'帝'字相似否？"曰："'人'字似'天'字，'心'字似'帝'字。"夔孙。义刚同。[2]

此段弟子问"天地之心，天地之理"，一是"道理"、一是"主宰底意"否？朱子分辨说"心固是主宰底意"，即天地之心只说到"主宰底意"地步；"然所谓主宰者，即是理也"，理方为所谓主宰者，然却非主宰之上更有主宰。以其主宰而言，谓之天地之心；从其一体共贯而言，即此理、此道在其中，自作主宰；而就其本身体段而论，乃说一种"意思"。故"主宰底意"是发挥主宰作用、能主宰者，"意"字非是实说意念发出，似以某种品格、属性名状心字涵义；而理不外于心，作为其根本，是所以能主宰的依据与"本源"。如此，"帝"字虽指心，然须以心之理为其根原之主。故北溪录曰：

> 帝是理为主。淳[3]

谓"理为主"，是说性理作为本体根源具载于心，此"心"字之所以可以论"帝"、论主宰的内核，非是即以理作为统摄、作为者。如此，"心

---

[1] 唐文明《朱子论天地以生物为心》。
[2] 《朱子语类》卷一，页4。
[3] 同上，页5。

统性情"意义显出：性具于心，而以心发用其情。

朱子《元亨利贞说》曰：

> 元亨利贞，性也；生长收藏，情也；以元生，以亨长，以利收，以贞藏者，心也。仁义礼智，性也；恻隐、羞恶、辞让、是非，情也；以仁爱，以义恶，以礼让，以智让，以智知者，心也。性者，心之理也；情者，心之用也；心者，性情之主也。程子曰："其体则谓之易，其理则谓之道，其用则谓之神。"正谓此也。又曰："言天之自然者谓之天道，言天之付与万物者谓之天命。"又曰："天地以生物为心。"亦谓此也。①

"元亨利贞"是德性；由春夏秋冬所表现之"生长收藏"是情；句式表达结构"以……生""以……长"，盖谓以性德而具生、长之能者是心。在人心亦然。所谓"性者，心之理；情者，心之用也；心者，性情之主也"，《语类》则云："心是他本领，情是他个意思。"② 心统性情关系中，既可着重描述性与心之关系，心与情之别亦不可无说。此说"本领"即统摄、要领处，"意思"是发用见之于实情。故"天地之心"可谓"本领"，"天地之情"则是心之"意思"。

唐教授通过分析和推论，于文末说到："在朱子的宇宙论中天地之心是个更为根本的观念，那么，我们对于朱子宇宙论的整个架构的理解就应当得到相应的调整。相对于朱子学界长期以来只重视理、气二元的状况，本文的理解自然更加凸显了天地之心的超越意义与统合功能。"③当然，我们在突显天地之心的意味时，并非将天地之心"优先"于天地之理，而是在理气、心性中把定其位置、发明其主宰本义，以三位同体结构理解天地与人心。盖就朱子学而言，始终是以"理"作为一元根柢的。

---

① 《晦庵先生朱文公文集》卷六十七，《朱子全书》第二十三册，页3254。
② 《朱子语类》卷四，页60。
③ 唐文明《朱子论天地以生物为心》。

那么，天地之情又如何见？此却在人：

> 又问："如何见天地之情？"曰："人正大，便也见得天地之情正大。天地只是正大，未尝有些子邪处，未尝有些子小处。"①

> 程子亦曰："天地生物之气象，可见而不可言，善观十此者，必知道也。"②

天地之情与人心相感通。曰"天地只是正大"，盖其自然运转、不假人为，合当如此便如此，却无思虑、造作。然有人物之不齐、气运之衰，故人心正大是去挺立其心与仁，而天地正大之情可见矣。天地气象亦最可观，故观气象而知天地之仁。所谓"可见而不可言"，默契者在心，如雨润四时百物，潜然无迹。

三、无心有心

无心、有心说既出程子，由朱子更加发明。前论"天地以生物为心"，对于天地无心与有心之义已有所揭示。以下则详论如何见无心、有心及其与程朱理气论、心性论诸说之间的内在照应与沟通。

《语类》曰：

> 万物生长，是天地无心时；枯槁欲生，是天地有心时。方③

何以谓"万物生长"见"天地无心时"？此实本之程子"天地无心而成化""天地之常，以其心普万物而无心"等语。试见天地运转至夏，万物葱荣繁茂、生机俱显，天地之心却藏蓄，只是作为主宰运转之机轴在

---

① 《朱子语类》卷四，页 60。
② 程子《天地篇》，《粹言》卷二，页 1228。
③ 《朱子语类》卷一，页 5。

推动其由春至夏、由夏变秋，故犹如无心之作；然"枯槁欲生"，恰是枯死复生、草木萌蘖，由无至有，见此天地之心最显然。因此，天地之心非惟于"一阳来复"乃见生生不穷之意，然却是动之端最可见，故程子主"动见天地之心"。动处非是天地之心，盖一阳来复时天地之心由隐而显，因说其"有心"。又谓：

> 天下之物，至微至细者，亦皆有心，只是有无知觉处尔。且如一草一木，向阳处便生，向阴处便憔悴，他有个好恶在里。至大而天地，生出许多万物，运转流通，不停一息，四时昼夜，恰似有个物事积踏恁地去。天地自有个无心之心。复卦一阳生於下，这便是生物之心。道夫①

以有心论之，人物皆禀得、俱有，只是全与不全、"有无知觉处"尔。一草一木也有心，只是无知觉，"向阳处便生，向阴处便憔悴"是使之如此便如此，无自知、自明者，然亦说是"好恶"趋向之表现。"天地自有个无心之心"，天地未尝拣别，然有个"无心之心"。故无心、有心不可只说一偏，须于无心处见其有心，于有心处更知其无心；无心、有心又非合作一说，意味各有不同，此亦明之。

我们注意到，唐教授在其文中曾将无心与有心对应"普遍与特殊""无限与有限"，并对应于"理一分殊"观念。② 然而，如果从程朱理气论、心性论的内在理路看无心、有心说的照应，可知意味更为活泼流转，而前面几组关系的对应，也并非可以截然分断、限定其涵义。

朱子解《太极图说》，与此或可相互发明。《太极图说》"无极而太极"，朱子解曰：

> 非太极之外复有无极也。③

---

① 《朱子语类》卷四，页60。
② 唐文明《朱子论天地以生物为心》。
③ 《周敦颐集》，页4，中华书局2009年版。

解无极、太极二义，即可照应无心、有心之关系：非有心之外，复有无心也；无心之外，亦无谓别有有心之说。天地之心只是一心。

《太极图说》"太极动而生阳，动极而静，静而生阴"，朱子解曰：

> 太极之有动静，是天命之流行也，所谓"一阴一阳之谓道"。诚者，圣人之本，物之终始，而命之道也。其动也，诚之通也，继之者善，万物之所资以始也；其静也，诚之复也，成之者性，万物各正其性命也。[①]

天命之流行，所谓天地之心运转流通也，是"一阴一阳之谓道"。"诚者"，理也，仁也。"其动也，诚之通也，继之者善，万物之所以资以始也"，即天地有心时，一阳来复而万物资以为始，故程子云"天只是以生为道，继此生理者，即是善也"，又曰"动见天地之心"。"其静也，诚之复也，成之者性，万物各正其性命也"，却是天地无心时，天地成化、各得其所，人物皆禀得天心以为其心，是谓"各正性命"也。故无心、有心说又非只作一个。此朱子发明无心、有心之义与其太极阴阳思想极具同调性。

在《与吕与叔论"中"书》中，与叔则问未发之义与"无心"说关系，程子以"寂然不动""感而遂通"之体用论答之：

> 大临曰："然则夫子以赤子之心为已发者，而未发之时谓之无心可乎？"子曰："心一也，有指体而言者，寂然不动是也；有指用而言者，感而遂通天下之故是也。在人所见何如耳。论愈析微，则愈易差失。言之未莹，则亦择之未精耳。"[②]

"寂然不动""感而遂通"论说无心、有心义似亦可。如朱子在《答陈安

---

① 《周敦颐集》，页4。
② 程子《论道篇》，《粹言》卷一，页1183。

卿》中也讨论到未发、已发，说及"心"之意思与动静之义，此复可推见与心性关系的会通：

> 淳向者道院中常问："未发之前是静，静中有动意否？"先生答谓不是静中有动意，是有动之理。淳彼时不及细审，后来思之，心本是个活物，未发之前虽是静，亦常惺在这里。惺便道理在，便是大本处，故谓之有动之理。然既是常惺，不恁地瞑然不省，则谓之有动意，亦岂不可耶？而先生却嫌"意"字，何也？恐"意"字便是已发否？抑此字无害，而淳听之误也？凡看精微处恐易差，更望示教。
>
> 未动而能动者，理也；未动而欲动者，意也。[①]

人心是个活泼泼底物事。未发之前属静，所谓"寂然不动"者，指心体而言。以其虚静，或可照应"无心"说，然非是虚无，有个大本在这里，因谓之"有动之理"，朱子故答曰"未动而能动者，理也"。"未动而欲动"，是有个动底意，如初春来时，生物蠢蠢欲动，于此最可见天地有心时，"有心"是发用见意思处。若既动而出，则"感而遂通"，天地之心流行畅达，此却又是天地无心时。以未发已发、"寂然不动"与"感而遂通"等意分别说此无心、有心循环相因，可谓颇具意味。

北溪说"常惺在这里""不恁地瞑然不省"，也是有事、无事时须有所照管，然却非着意用力，所谓"勿忘勿助长"也，故做工夫又是如此一般。此皆两相分别、照应，有说不尽处；亦可看得无心、有心说内涵丰富，不可为一种所拘。

四、人伦与历史

前部大段论述天地之心，意在体现生道内涵及其意义；作为理学家

[①] 《晦庵先生朱文公文集》卷五十七，《朱子全书》第二十三册，页2715。

天地、人生观的根源，此生道思想亦贯穿在人伦与历史的维度中，见形上学之关怀必着实不落于虚空。明道后半句言"圣人之常，以其情顺万事而无情"，伊川"圣人有心而无为"，便是在天人关系中，突显圣人作为人伦之至与天地参辅的地位。而理学家探讨气运与历史的观念，亦由此天地之心运转，所谓盛衰循环、一治一乱。那么，圣人在面对历史衰颓期，并非与之俱下，而是在天地间挺立其心以为主宰，从而发挥一种底定纲常的作用。本节即由生道思想"仁"论及人道至极"圣"与相应的历史观。

（一）圣人，人伦之至

孟子言："圣人，人伦之至也"，朱子《注》"圣人尽所以为人之道"[1]，是为人极。圣人的意义，实际上也在与"仁"之思想关系中展开，《程氏粹言》录：

> 或问："仁与圣何以异?"子曰："仁，可以通上下而言。圣，名其极也。有人于此，一言一行仁矣，亦可谓之仁，而不可谓之圣。至于尽人道者，必谓之圣，而亦可谓之仁。"[2]

仁者"通上下而言"，是说仁道至大，本然之体无所不摄；其形体承载又无所不贯、通天地，所谓"易"也。圣人，行仁之至者，故曰圣以"名其极"。须说若有一言、 行不悖于仁者，可谓之仁，却未至于圣；若"尽人道者"，仁、圣皆至，浑然与仁一体，无有间隙，"必谓之圣"、"亦可谓之仁"。圣人行仁，亦即是尽人伦之道，其地位在后一种意义上说出。故程子曰："仲尼浑然，乃天地也。"[3] 圣者与仁，通贯天地。

---

① 朱子《四书章句集注》，页 282，中华书局 2016 年版。
② 程子《论道篇》，《粹言》卷一，页 1173。
③ 程子《圣贤篇》，《粹言》卷二，页 1234。

又曰：天地之心以复而见；圣人未尝复，故未尝见其心。①

有复乃有过，改过则无贰，故颜子"不远复"②。"圣人未尝复"，圣人无过，因说圣人无心；盖禀天受命未尝间断，《诗》所谓"维天之命，於穆不已"，不以"复"而见，乃无时不有、无时不见。"未尝见其心"，只是如一元之气流行，无有迹，所谓神妙不测也。故论圣人气象，曰"仲尼元气也"③、曰"仲尼无迹"④。以其无迹，故可谓之"无心"。"圣人之常，以其情顺万事而无情"，顺理而已，情亦若无情。

《语类·易·纲领下》所录，则突出圣人"有心"之功：

> 长孺问："'乾健坤顺'，如何得有过不及?"曰："乾坤者，一气运于无心，不能无过不及之差。圣人有心以为之主，故无过不及之失。所以圣人能赞天地之化育，天地之功有待于圣人。"贺孙⑤

天地亦尝有憾处，故有霜雪之杀、洪水之泛，所谓"一气运于无心"；然"圣人有心以为之主"，故可以参赞天地，辅化育之功。圣人非是以己意主于天地，乃是顺天道、实情而辅相裁成者。故"天地之功有待于圣人"，是说天地造化无心、无虑，不过自然；圣人有心，便可使善者趋于至善、不善者亦归于善，是可谓当然。

> 或问："天地何以不与圣人同忧也?"子曰："天地不宰而成化，圣人有心而无为。"⑥

---

① 程子《天地篇》，《粹言》卷二，页 1225。
② 程子曰："颜子之怒，在物不在己，故不迁。有不善未尝不知，知之未尝复行，不贰过也。"（转引自朱子《四书章句集注》，页 84）又，《复·象》曰："不远之复，以修身也。"程子曰："不远而复者，君子所以修其身之道也。学问之道无他也，唯其知不善则速改以从善而已。"[程子《易传》卷二，《二程集》（下册），页 820]
③ 程子《圣贤篇》，《粹言》卷二，页 1233。
④ 同上，页 1232。
⑤ 《朱子语类》卷六十七，页 1648。
⑥ 程子《天地篇》，《粹言》卷二，页 1228。

天地无心故无忧，"不宰"即是说无心。"有心而无为"亦是"情顺万事而无情"之意，以无为而有为。因此，就圣人地步而言，既可分说无心、有心，意味不同；所不异者则在圣人行仁、裁辅天地的位分上。

圣人气象在"无心""有心"意思上看得更分明，此在圣人却非自相矛盾。对着天地成化说有心，圣人则无为而无心；对着天地无心，又说圣人有心。那么，"天地无心而成化"，可谓天地无心而有心；圣人有心而无为，无为便说无心，如此，于圣人处亦言有心而无心。故天地无心而有心，圣人有心而无心。

（二）气运盛衰

程子曰：

> 有天地之盛衰，有一时之盛衰；有一月之盛衰，有一辰之盛衰。一国有几家，一家有几人，其荣枯休戚未有同者，阴阳消长，气之不齐，理之常也。[①]

不论天地日月、一家一国，皆在此"阴阳消长"之理中，实由天地之心运转、阴阳屈伸变化见之人世历史盛衰。《朱子语类》卷一北溪录与天地之心相关者，亦论及气运盛衰之验，见朱子由生道思想建立之人道、历史观，与程子一脉相承：

> 问："'上帝降衷于民。''天将降大任于人。''天祐民，作之君。''天生物，因其才而笃。''作善，降百祥；作不善，降百殃。''天将降非常之祸于此世，必预出非常之人以拟之。'凡此等类，是苍苍在上者真有主宰如是邪？抑天无心，只是推原其理如此？"曰："此三段只一意。这个也只是理如此。气运从来一盛了又一衰，一衰了又一盛，只管恁地循环去，无有衰而不盛者。所以降非常之祸

于世，定是生出非常之人。邵尧夫《经世吟》云：'义轩尧舜，汤武桓文，皇王帝霸，父子君臣。四者之道，理限于秦，降及两汉，又历三分。东西俶扰，南北纷纭，五胡、十姓，天纪几梦。非唐不济，非宋不存，千世万世，中原有人！'盖一治必又一乱，一乱必又一治。夷狄只是夷狄，须是还他中原。"淳①

朱子解说"降衷""降大任"等，认为"苍苍在上者"无心，"这个也只是理如此"，即由"天地无心而成化"之意说下。"上帝降衷于民"是天予之人以天地之心，故人心秉彝；"天将降大任于人"与"天祐民，作之君"，是说天命降于大任之人，如尧舜汤武，此又必"因其才而笃"，一命再命，故能代代不息。然于人而言，有作善、有作不善，此与天地相感通，故天必"降百祥""降百殃"；须出"非常之人"，以救非常之祸乱也，固亦以圣王明君之功为说。不论是对于个体而言，还是在更具广大视野中的一朝一代之主与其朝代兴亡，皆本之此"降衷"观念，故"天祐民，作之君"，以禀受天地之心、天命降予作为承载人伦之道与历史变迁的合法性。

朱子因此并说及气运，论述天地之心运转生成下的历史世界如何呈现，是所谓盛衰相因、治乱相继，如春生了便秋杀，夏长必有冬敛之义，故曰"只管恁地循环去，无有衰而不盛者"。在程子，除了接受汉儒五德观念，亦详论盛衰之理：

气有淳漓，自然之理。有盛则必有衰，有终则必有始，有昼则必有夜。譬之一片地，始开荒田，则其收谷倍；及其久也，一岁薄于一岁，气亦盛衰故也。至如东西汉，人才文章已来皆别，所尚异也。尚所以异，亦由心所为。心所以然者，只为生得来如此。至如春夏秋冬，所生之物各异，其栽培浇灌之宜，亦须各以其时，不可一也，须随时。只如均是春生之物，春初生得又别，春中又别，春

---

① 《朱子语类》卷一，页5。

尽时所生又别。礼之随时处宜，只是正得当时事。所谓时者，必明
道以贻后人。①

"气有淳漓"，是说气运厚薄不齐；然气之所以厚薄盛衰，是自然之理必
如此。故历代人物、文章之异，虽"由心所为"，其"所以然者只为生
得来如此"，亦即天地化生之自然而然、不假人为。因此，人之所可为
者，在顺此"物之不齐"，所谓"各以其时，不可一也，须随时"，又曰
"礼之随时处宜，只是正得当时事"。由此知气运盛衰变化之中，人之察
几观时与随时处宜的重要性，而人的断制处宜在于明辨道理，故曰"所
谓时者，必明道以贻后人"。

> 曰："今人不若古人寿，是盛衰之理欤？"曰："盛衰之运，卒
> 难理会。且以历代言之，二帝、三王为盛，后世为衰；一代言之，
> 文、武、成、康为盛，幽、厉、平、桓为衰；以一君言之，开元为
> 盛，天宝为衰。以一岁，则春夏为盛，秋冬为衰；以一月，则上旬
> 为盛，下旬为衰；以一日，则寅卯为盛，戌亥为衰。一时亦然。如
> 人生百年，五十以前为盛，五十以后为衰，然有衰而复盛者，有衰
> 而不复反者。若举大运而言，则三王不如五帝之盛，两汉不如三王
> 之盛，又其下不如汉之盛，至其中间，又有多少盛衰。如三代衰而
> 汉盛，汉衰而魏盛，此是衰而复盛之理。譬如月既晦则再生，四时
> 往复来也。若论天地之大运，举其大体而言，则有日衰削之理。如
> 人生百年，虽赤子才生，一日便是减一日也。形体日自长，而数日
> 自减，不相害也。"②

如上引邵康节《经世吟》，亦见"一治必又一乱，一乱必又一治"之势。
理学家常以历代、历朝或天文时空来论此时移世异中的盛衰之变，如：

---

① 程子《遗书》卷十五，《二程集》（上册），页156。
② 程子《遗书》卷十八，《二程集》（上册），页199—200。

比较二帝三王与后世，论说前圣在世之盛与后代衰变，此可谓历史文明的鼎盛期在三代以前；而文、武、成、康与幽、厉、平、桓的对比，则见一朝代之间具体的更替与君王盛衰之异，是在大循环之下的小循环。在理学家的观念中，只是"一阴一阳之谓道"所化生之世界，即使就现实政治而言，其盛衰亦本之此个道理而不异。作为人生、历史的参照，天地自然运转即是如此之消长。此皆以生道思想贯穿在对于历史大运的理解中，盖天地观与人文历史观，皆不出此"天地之心"流行运转之迹。

那么，在理学意义上，历史循环既是就着人类历史延展而言，却不出于天地之外；天地是无限的，循环亦无限而非封闭，故其大无外。于此又可对破两种历史观念：一成不变说始终在零点处；而历史进化论则表现为以古往今来为因果。于理学、儒家处见一种"历史循环观"，既关注时变，又强调在历史中随时斡转之机，因此，并非仅是时间的前后推移、上下升降，而具有人去争进其升、日新又新的呈现。故"循环"二字虽不足以说尽理学的历史世界，对于今天的历史哲学以及我们如何以此来理解自身文明的历史，已然具有重大意义。

在气运盛衰之前，首先谈到圣人与圣心，气运昌盛时固不待言，而在历史衰败时，天心、圣心却也未尝见其有衰。圣人有见几明决之力，便体现在对天道的体贴、对现实理势的把握，从而做出一番事业。那么，对于世道洪流中的时运消削，并非顺势而已，必以"有心"之功而有作为，从而挺立人道之纲维。于常人而言，在面对晦昧不明时如何立定自身，在对天心、圣心的置身体认中，而不至于随波逐流、泥沙俱下，这大概也是此论题所具有的现实意义。

庚子七月初六理学班研讨，七月廿一改稿

附　交流讨论

李秋莎　一、生道承继易传的理论背景，那么，不据易传而据四书，可言生道吗？朱子言仁是否有此意义？二、"一元之气运转流通略无停，只是生出许多万物"，秋莎亦以为同体。分两段不是分道体与生物，是分生物与物化。即天心以生物为事，物得天心以为心又各有其事。那么，"生生而不死"者，与生生死死之循环，不说分段，更合适如何理解？三、"理为主，是说性理作为本体根源具载于心，此心字之所以可以论帝、论主宰的内核，非是即以理作为统摄、作为者。如此，心统性情意义显出，性统心与心统情的统字内涵、层次毕竟不同"。如此，理之为主只是具载吗？"性统心"如何理解？，理为主宰与心为主宰有何不同？四、"人正大，便也见得天地之情正大。天地只是止大"，说天地只是正大，似乎要带着人去见。那么，天地的心性情都需要人去见吗？如何理解去见的人的位置？五、天地之心无心有心可以照应无极太极，人心似乎不可以，人只是有心？无心之心可说，无极之极却似乎不可说，是否无心仍不等于无极？就此，以为在天理气二分，在人心性情三分虽不成立，是否也可以看出天地之心与天地之理的关系与人心与性的关系仍略有区别，如天地之心天地之理可以囫囵说，而人心这里不可以？七、以无心有心对应未发已发，则如前说，生长是无心时，欲生是有心时，似发为万事在已发后，欲生是未发将发时，顺序倒转了？八、"圣人不见其心"似非"无心"，如何理解气化有差？如何理解"与天地参辅"仍旧是无为？"礼之随时处宜，只是正得当时事。所谓时者，必明道以贻后人"，此处是否人伦落于历史？历史盛衰与气化消长是意味相同的吗？

卢　辰　圣人"有心"，如伏羲造人伦之至。如何理解其意义，可否从文明本身肇端发始来理解？在经验世界中，一种循环的历史观，圣人之心是如何呈现的？

某　友　谈天地之心时，很少有说到"命"的，今天主讲的文中提到一点"命"。命犹令也。气到这便生这物，到那生那物，便是分付命令一般。那天地之心主宰意是不是通过"命令"来实现万物的大化？

罗慧琳　心统性、性统心如何分别？天地之心以"复"而见，然圣人未尝复，所谓"不远复"，与无过无不及不同。这里是说圣人与颜子的差别。

　　丁纪老师　我想，首先是从外间学者的印象里，很可能会对吴婕发出一个质疑：在吴婕论文的副标题里说"程朱理学的视域下"，这个说法，可能在一些通常学者的眼光里会在程朱之间看出一种满满的区别来。所以，怎么能够不对这个问题做一个声明，哪怕是一个非常简短的态度性的表示，就直接用"程朱理学"，接下来就给自己出入于程朱之间提供那么大一个方便呢？可能会引起这方面的质疑。所以，我觉得就是从这样一个角度来说，也还是有必要在绪论部分稍稍地把为什么会、是在哪一个意义上对"程朱理学"做这么一个用法，来进行声明。接下来，是整个取材和表达方面，都可以坚持自己的立场。昨天的报告主要是从朱子的方面，"朱子论天地之心"的提法就不存在这个问题。

　　第二个，吴婕一上来介绍自己整体思路的时候，我突然意识到，在我第一天听琪慧的报告，我想为什么会有第三部分？我以为可以有，但如果我要接纳第三部分的话，我需要费点理解。后来，第二天听康茜讲论，大概也有一个"制作"的部分，跟琪慧相照应，我以为是她们俩的取材相近、思路偶合。刚才一开始，吴婕也说自己有第四部分，她对琪慧文章的阅读，着眼不在"制作"，而在"随时"两个字上，她这篇在第四部分就讲到了气运和历史的问题。我突然意识到，大家是在很本分地照应我们这次理学班主题的设置，主题设置为"生道与人伦"，于是，每位主讲同学都非常本分地、尽职尽责地把这两个主题词都照应到。所以，大家各自最后一部分都是在照应"人伦"的主题词。我一方面觉得很感动，觉得大家对理学班的话题起了呼应的态度，但另一方面，我也觉得可能各从一方面，从那么大的一个问题里面、方方面面，各及一点、不及其余地谈清楚，所有人便是"尔所不知，人其舍诸"，然后大家互相形成配合的关系，可能比每个人都去做全篇的照应会好一些。这是第二个印象，说向吴婕的第四部分。但是，关于吴婕第四部分，我还是觉得有很多话题谈得很有意味。卢辰倒着来回应，首先要把这部分放在前面突出出来，这也是最牵动他关怀的。

　　刚才是听讲下来的总体印象。我大概只有两个点，想跟吴婕以及今天的同学来讨论的，是在论"天地之心"的时候，我们注意到吴婕的分判、爬梳的工作，有两个小的点，我会特别在意：一个是她会把"灵"字突出出来，朱子会说，以天地之心而言，"天地之心"仍然像人心一样，是个灵的。天地之心是心灵，人心也是心灵，但（天地之心）不是思虑营为。因此，肯定天地之心的灵，但反对人之思虑营为的意思。第二个，是（吴婕）花很大的篇幅去讲天地之心的"主宰"意思，以主宰而言谓之"帝"。一方面肯定是"主宰"的意思，但另一方面，吴婕也指出，朱子非常分明地说，主宰不是理之外又有一个心、又有一个主宰者，就是这个理、这个道、这个意，它自己在作主宰。从其主宰这方面来说，把它称之为帝、称之为天地之心；从它同条共贯的角度来说，把它叫作道、叫作理；从它本身来说，把它叫作意，这是它的体。所以，我觉得对主宰的意思，朱子有两面，灵字的意思也作两面。一方面，不能通过反对它思虑营为，说它不灵；一方面，不能把天地之心接入思虑营为的意思。一方面肯定主宰的意思，一方面反对别有主宰之物。

刚才在对话框中，某友的提问正是在对应这一点，他问"天地之心是否通过命字来实现生化万物的作用"，他对这个"命"字特别关注，他注意到其他人在讲天地之心时，往往少说这一点，而吴婕说到了，觉凌就由此来进一步提问。把天地之心的"命"字含义点出来后，是否可以往下作那种理解？我个人首先会认为，觉凌的判断大体上可以成立，但是，当我们在理解"命""天地之心"的意思时，按刚刚我说的吴婕文章中的这两点，就有一个"主宰""灵"的意思。灵能不能为主宰所包含呢？如此可说，天地之心，意思之大处是见在主宰上，但却不为主宰这一意所穷尽，天地之心的含义更广。灵不是思虑营为，但它终究说灵，就是一种知见灵明的意思，它是一种知觉。放在人心上来讲，它是一个知识性。主宰呢？放在人心上来说，它相当于说一个意志，就是我们今天说的"志"的意思，心有所之、心有定向的意思。因此，如果要说到天地之心通过命令，从造成的结果上，也可以看到天地之心的灵。比如说，天地通过命令造成的物，总是生机勃勃、欣欣向荣地，一草一木见了阳光、沾了雨露都是欣欣向荣，这是灵字的一个表现。所以，我觉得也不能把"主宰"就把它当作天地之心的"对等"的意思，以为即全部说完。何况，"主宰"本身当然是一个"命令"的意思，"天命之谓性"，命于人、命于物，然后一切东西都"气以成形，理亦赋焉"。但是另一方面，命令的表现，就是在天地之间，无人无物之时，通过一命，就有心、有人、有物。当有人有物之后，就像前面说的"枯槁欲生，天地有心"，有心作命令；"万物生长，天地无心"，无心时"命令"意思不突显，命令的意思隐藏在人和物各自为主，各自去主张一个命，这个时候可能导致悖命、反命、乱命，这时候，惟有德者、惟圣人大贤才能够听天地之正命，随时听命、听于无声。但是如果在无人无物、枯槁欲生时，程子说"天地有心时"，由此看"命令"的意思，就是一种显然昭彰、耳提面命式的"命令"，做一种直告。天地开始出手，某种枯槁欲死，而天地不欲其死，来作某种出手、加以干预，几乎是做了这样一种显然昭彰的命令的发布。就着这个"命令"的含义、"主宰"的含义，我们都要进一步地进行理解。比如说"主宰"，我们讨论天地之心是一个主宰者，有主宰，则受其主宰者统一为一大体，无主宰者分崩离析，是否是这样？就像是三军里有统帅，统帅为主宰者，则三军上下一心；如果三军失其统帅，那么变成乱兵，为匪为寇。所以，这是主宰的意思，主宰则一。由此"一"，我们可以说，凡是"一"里所有的东西都为主宰所有，而里面每一个东西都以主宰者为其依归，在这个意义上，当我们把主宰的意思分辨出来之后，就可以说，有个主体的地位就此成立起来，主人公的形象与地位也由此成立起来。如果没有此主宰者，那一切皆是分崩离析，或者可以说，像游魂一样的，漂泊而无所依归、无根本归宿之地。这都是对主宰涵义的理解。这就是在探讨"天地之心"时，在分辨"灵"字和"主宰"的含义，吴婕都不同程度地涉及的，我觉得可以更分明地突出。

第二点，在讲到第四部分，我看到吴婕讲"圣人，人伦之至"，我有点儿意外，当然也是觉得正面、有启发、很乐意见到，从天地之心讲到这个地方来是很好的。如果普通地来讲，天心即人心，人心即天心。朱子在《仁说》中讲"人得天地之心以为心"，以为人之心、物之心，但如此说相当于划了个抽象的等式。如果我们把圣人放进来，一下子让等式不再是抽象的，而是立体而生动的。我们知道，圣同天，因此，从这个意义上来说，天心即人心倒不如说天心即圣心。但是，"鼓舞万物而不与天地同忧"，这是圣人；圣人有忧心，故圣人心又是人心，圣人与我同类，所以，圣心即人心，通过这一接，变得非常生动。所以，我大概觉得对圣人这部分话题，在整个论说线条里，把圣人带入是可以的。

那么，我们刚刚在讨论有心、无心的时候，会说到对圣心的表达。在吴婕的文章论述里，也会说到圣人有心，与天地无心对着说，"天地无心而成化，圣人有心而无为"。对于这句话的理解，我们也有好一段时间，不断有同学来引述对这句话的理解。同时，也会说到颜子"不远复"，而圣人无复，所以圣人无心。说圣人有心亦可，无心亦可，这样两相对着来说，非是一种自相矛盾，那么它是什么意思？我觉得，对着天地无心来说圣人有心；对着天地成化而有心，说圣人无为而无心。那么，天地无心而成化，成化即有心，这是在说天地无心而有心；圣人有心而无为，无为就是无心，因此，也是在说圣人有心而无心。天地无心而有心，圣人有心而无心。圣人"未尝复"，是在观过知仁的意义上来说，有复则有过，改过则为复；圣人无过，所以圣人无复。所以，观过知仁这一招，观与知字，对圣人是失效的。如果我们一定要说有心、无心的问题，在圣人、圣心的意味上，对着天心来说又如何，对着人心来说又如何？我们也可以说，圣人有天心而无人心，圣人无天心而有人心。对常人而言，常人有人心（道心、人心意味上的）而无天心。人心本来有道心，人心本来为天心，但是常人不能知此、尽此，只能说是无天心。这部分也可以这么来说，只是放在这部分中，与下面"气运消长盛衰"一起来讲（当如何）。

刚刚卢辰提"历史循环论""历史循环观"怎么来理解它的含义，吴婕是对着一成不变的历史观和一种进化论、历史进步的观念来说出"历史循环论"。我会觉得，用"历史循环论"，程朱会使用，不会戒备、芥蒂"循环"这个词。但如果在我们今天，"历史循环论"的说法在现代历史哲学中如何加进去，对这个词的表达也就需要特别说明。比如说，在理学的、儒家"历史循环"的意义上，一方面就是说整个人类历史延展，从来不会出于天地之外、天道之范围，这当然是循环，此循环非封闭的循环，而是开放的。因为天地无限，或者说天理、天道的无限性，使得循环总不出此范围，其大无外。第二方面，如果说一成不变论是在零点上，进化论是从古到今到未来的时间纵轴上，它是从前到后的一种变化，这就构成变或者不变的两种。但是，儒家的历史循环论，它不以古往今来的时间为因果，在这个意义上它当然不是历史进化论，另一方面也会强调，在这历史之中，随时有一种斡转的机会、一种升降上下的机会，它可以彻上彻下。所以，它不是前后的，它不是通过历史往后的推移，与日俱进的，是随时、当下的"苟日新，日日新，又日新"的往上争进其升的历史观。自其上下升降、日新又新的历史意义而言，这样一种意义在历史中不会被泯没，就不完全可以用"循环"两个字来涵括，尤其我们今天把"循环"用滥的情况下来使用这两个字。这是和卢辰问题相照应的。

在我听吴婕讲论时，我想的是，当我们讲了那样一种天心，在讲历史和气运盛衰之前先讲了圣人，如何以这样一种见识，以如此之天心、圣心面对历史的衰微、衰退、衰变？能说天心也有其衰时吗？圣心有其衰时吗？也就是说，主宰的意思在衰时如何见？是随着气运之衰、历史循环的下降趋势，圣也衰、天也衰吗？这和我们讨论天心、圣心的现实关切是有关系的。我们总是会觉得，处在一世道中总有种种的困惑、张惶，但如果我们对天心、圣心多一份体认、信赖，对于我们在这样一种时代洪流中立定脚跟，哪怕不能力挽狂澜，至少不会随着泥沙而俱下，能够对我们有这样一种支撑的、底定的作用就可以发挥出来，我们是对这样一种议题是抱有此种期望的。那么，如果说天心、圣心这样一种高明的涵义，到此仍然不可避免地随着世道衰颓，进入一种衰败、消削期，或者说，到了"枯槁欲生"时，天地之心会显出吗？世道衰微时，天地之心只是顺势而已，不能有所为吗？如此，或有人本来对此话题抱着一种期望，然后没听着这方面的内容，会否发生一种失望？所以，这样一个话题，也想请吴婕来谈一谈，未必是包含在论文的这样一种论说之中，会如何来说？我们能不能说，恰恰是在世道昌盛之时，是天地无心时；而世道衰颓之时，就应该是天地有心时、圣人有心时。这个方面不知如何？吴婕对文献的引证爬梳、论说的把握越来越成熟，但像对天心这样的话题，它是一个活的问题，还是需要有一些当身的体会、当身见证的意味。或者说，作为一个在具体时代里面的人，能够感受这个时代的人，他们的困惑、心灵的需求，而对此有所照应的意识。如果可以这样，文章会更生动起来，或许学究气也会稍稍扫除一些。我就说这么一些，谢谢大家。

论天亲合一

——以王船山《西铭注》为中心

罗慧琳

张子作《西铭》，明人伦之所从来，推学者之所从事，通贯上下，程朱以"理一分殊"标示其旨归。船山之学归宗于张子，其学说比之于程朱，更重分殊一面，将这一特色落在对《西铭》的解读上，就体现为对"父母即乾坤"的强调。值得注意的是，船山将"天亲合一"标为《西铭》纲要，所谓"合一"，是要由分殊中见天亲之理无别，父母之理即天地之理，事亲之理即事天之理。那么，要如何来看待这两种对《西铭》主旨的不同厘定？是根源处的差异，还是细节上的不同？就成了一个需要探寻的问题。

近来，船山《西铭注》得到不少学者关注，但关注的面向却各有不同。有的学者借助船山对人伦的强调，用来支撑自身对哲学基石的探寻。[①] 又有学者认为，船山借《西铭注》完成了对程朱"理一分殊"诠释范式笼罩的突破，从此别开生面。[②] 还有学者认为，船山"天亲合一"之说乃是"对宋明理学所造成的二分世界的反思和修正，真正实现

---

① 比如在之前关于"生生"这一热点话题的讨论中，吴飞教授就借船山《西铭注》反驳丁耘教授，他说："生生之德最核心的含义，就是父母生子这件事，是一切中国哲学思考的起点，也是一切人伦关系的始点。"参见吴飞《论"生生"兼与丁耘教授商榷》，《中国文化研究》2018 年第一期。

② 参见刘梁剑《天亲合一与身体的成长——船山〈西铭〉题解考道思想引义》，《船山学刊》2020 年第二期。

了天道与人道的贯通"。① 种种说法虽然不一，但总体可以看到一种趋势，不论船山《西铭注》注重的是什么，都代表着与朱子注相对峙的一方。

但是，在将二者的区别说得过开之后，也就不得不要面对一些问题。比如，综合船山在各处的说法，其实船山每每以"理一分殊"之旨标示《西铭》，如说"张子《西铭》'理一分殊'之旨，盖本诸此"②，又说"张子《西铭》一篇，显得理一分殊"③；而在《西铭注》的前后序之中，也只说程朱于分殊之一面"引而不发"。那么，从字面上看，船山作《西铭注》的初衷就不是要"摆脱程朱诠释范式"，而是重在发明前人未尽之意。而实际上，我们既不能忽视"天亲合一"与"理一分殊"这两个主旨间的差别，也不能忽视船山在《西铭注》中所呈现出来的和朱子《注》的细节差异。因此，有必要结合船山在其他文本中的一些说法，对船山《注》进行更为细致的梳理与互证，并结合程朱对于《西铭》的理解，来重新为船山的工作进行评判和定位。

一、从"天人合一"到"天亲合一"

首先，船山给予《西铭》以"天亲合一"的概括，其中一个原因，是相较于船山对《太极图说》的定位而来。其曰：

> 然濂溪周子首为《太极图说》，以究天人合一之原，所以明夫人之生也，皆天命流行之实，而以其神化之粹精为性，乃以为日用事物当然之理，无非阴阳变化自然之秩叙而不可违。然所疑者，自太极分为两仪，运为五行，而乾道成男，坤道成女，皆乾、坤之大

---

① 参见陈力祥、祝梦琳《船山于杨时、程朱体用视域下〈西铭〉主旨争讼之辨正》，《中国哲学史》2021 年第一期。

② 王船山《说卦传》，《周易内传》卷六，《船山全书》第一册，页 631，岳麓书社 1996 年版。

③ 王船山《论语·公冶长篇》条八，《读四书大全说》卷五，《船山全书》第六册，页 661。

德，资生资始；则人皆天地之生，而父母特其所禅之几，则人可以不父其父而父天，不母其母而母地，与《六经》《语》《孟》之言相为瞰盩，而与释氏真如缘起之说虽异而同。则濂溪之旨，必有为推本天亲合一者，而后可以合乎人心、顺乎天理而无敝；故张子此篇不容不作，而程子一本之说，诚得其立言之奥而释学者之疑。[1]

船山认为周子《太极图说》直贯天人，天人之间究竟根源处为一，从太极到人极，人事当然之则即天地运行之道，无有二本，人之所当为皆由天地为之立法，并非出于人之自私自定。但也正是因为《图说》将人之所从来直接说到根本究竟处，也就忽视了作为"中间环节"的父母，从而可能造成流弊。具体而言，从太极到二五，再到乾男坤女，人物之所成皆本于天地乾坤之德，这样一来，人将以天地为父母，反而将自己与父母的联系当作气化偶然，也就有可能导致"不父其父""不母其母"的危险。此一危险，不但有悖于常识，也与经典中所载事亲之实事相背，如大舜五十而慕、曾子启手启足，都是圣贤孝亲典型。更有甚者，如果将"我"的生成仅仅归功于天地，也就有可能视父母为幻化，不免落入异端。

那么在船山看来，《西铭》的出场就是在补《图说》之所未备，而其所未备者恰恰是孔、孟平实的孝悌之教，失此一面便不能自绝于异端之说。但从另一面看，船山也并非不认可周子之功，若非周子以《图说》明"天人合一"之理，那么学者又可能仅仅从"迹"上领会孔、孟孝悌之教，而人之所以行孝悌及孝悌当然之则又都不能得到彰明。但问题也正出在船山对于《图说》的解读上。船山认为从太极、二五说到乾男坤女时，作为人的男女便生出，人由二气五行所凝聚化生，因而未见父母地位。那这样一来船山要如何安顿接下来"二气交感，化生万物，万物生生，而变化无穷焉"的文义呢？

将《图说》与《西铭》两篇重要理学文本对勘，一方面显示船山的

---

[1] 王船山《张子正蒙注·乾称篇》，《船山全书》第十二册，页 351—352。

学术渊源于两宋理学传统，尤见其对周、张之继承，却同时也是对朱子已有工作的继承。就后一点而言，朱子也曾引《图说》中乾男坤女一句关联两篇，其曰："天地之间，理一而已。然'乾道成男，坤道成女，二气交感，化生万物'，则其大小之分，亲疏之等，至于十百千万而不能齐也。不有圣贤者出，孰能合其异而会其同哉！《西铭》之作，意盖如此。"① 但是，朱子与船山不同之处在于，在朱子的解释下，《图说》可以涵盖《西铭》，《西铭》也可以包揽《图说》。按朱子对《图说》的理解，《太极图》五圈中，"乾道成男，坤道成女"属于气化一圈，是人物之始，此时惟以气论，尚不具人物之形；"二气交感，化生万物"属形化一圈，是人物之成，而父母生子即属此一圈。天地运化，太极二五必落实于父母生子，一个真实的、有着形色血肉之人才能被生出来。以《图说》解《西铭》，若从"理一分殊"而言，乾男坤女属"理一"，"化生万物"属"分殊"；若对应"天亲合一"，乾男坤女属天，万物生生属亲。若将《西铭》放到《图说》中理解，又不仅仅是乾坤与父母有此"合一"，因为形形相嬗不可截断丁肇端于太极的整个生化过程，每一人物的出生必定都带着全部的太极、二五。因此，不惟"父母即乾坤"可以说，"父母即太极""父母即二五"都可以说。那么在朱子的解释中，《图说》就并非如船山所说没有"天亲合一"之意。同时，朱子引乾男坤女往下说天地生成、分殊亦甚，而张子的功绩，恰恰是在这十百千万各不相肖之物中，直揭其中之理一，这样一来，张子的合异会同之功就恰好与船山所赞周子"究天人合一之原"同功了。所以在朱子看来，两篇旨趣不仅在"天亲合一"上可以相合，在发明"天人合一"上也可以相合。

虽然船山和朱子对《太极图说》的理解不一致，但船山的说法仍有可成立的余地。这是因为，即便不可以说《西铭》补《图说》未尽之理，但两篇实则各有侧重，这一侧重可以从"天亲"与"天人"之间的

---

① 朱子《西铭解》，《朱子全书》第十三册，页 145，上海古籍出版社、安徽教育出版社 2002 年版。

差别处加以阐明。首先，当然是在于专门言"亲"与广泛言"人"的显然差别。其次，也表现在所言之"天"的不同。就后一点来说，这一分别自篇首起论便不同，《图说》起自太极，《西铭》起自乾坤。船山曰：

> 顺而下之，太极而两仪，两仪而有乾道、坤道，乾坤道立而父母以生我。则太极固为大本，而以远则疏；父母固亦乾道、坤道之所成者，而以近则亲。①

值得注意的是，太极名义在船山的体系中与太虚、太和相关②，多指阴阳浑合未分的本体，兼理气而言，这一用法与朱子以太极为理不同。一方面，虽然太和为天地本然之体，中含乾坤健顺之性，然而当其浑沦未分之时，资始资生之德不显。自太极分为两仪，运为五行，气化流行由此展开后，就不复为浑合一气的本体，故船山认为太极对人而言是"远则疏"的。另一方面，以乾坤为父母，而不以二、五为父母，是因为二、五皆为造化发育之具而不成形质，及至"乾道成男，坤道成女"，父母继乾坤之德有以生成，故船山以为"近则亲"。

接续这一亲疏有别的思路，船山特别将父母追溯至"乾道、坤道之所成者"，而非太极之大本，又有更为深刻的用意。其《序》曰：

> 故曰"一阴一阳之谓道"，乾、坤之谓也；又曰"继之者善，成之者性"，谁继天而善吾生？谁成我而使有性？则父母之谓矣。

---

① 王船山《孟子·滕文公上篇之十三》，《读四书大全说》卷八，《船山全书》第六册，页975。

② 船山曰："其实阴阳之浑合者而已，而不可名之为阴阳，则但赞其极至而无以加，曰太极……'无极而太极。'阴阳之本体，絪缊相得，合同而化，充塞于两间，此所谓太极也，张子谓之'太和'。"（《系辞上传》，《周易内传》卷五，《船山全书》第一册，页561）"盖太虚之中，无极而太极，充满两间，皆一实之府。"（《张子正蒙注·大心篇》，《船山全书》第十二册，页153）"若其在天而未成乎形者，但有其象，絪缊浑合，太极之本体，中涵阴阳自然必有之实，则于太极之中，不昧阴阳之象，而阴阳未判，固即太极之象。"（《张子正蒙注·参两篇》，《船山全书》第十二册，页45—46）

继之成之，即一阴一阳之道。[1]

船山将《系辞》中相连署的三句话拆解为乾坤、父母两事，"一阴一阳"属天地之事，"继之""成之"属父母之事，善吾生者赋予我形色，成我者使我有性，合形色天性而言，以见父母受性赋形乃直承天地而来。此处"继"之一字在船山《西铭注》中多次出现，有特别的意味。按船山所说，"'继'者，天人相接续之际，命之流行于人者也"[2]，"继"有接续之意，以此说明父母的使命乃是承天而来，因而也是天命所有，不可辜负的。那么船山所说"天亲合一"之"天"相比于"天人合一"之"天"，在天命流行的次序上已更向后说了一层。太极为一，一则阴阳浑合无分，而虚湛之本体自若；乾坤有二，二则品汇之节具焉，而资始资生，天地以之生人物而不息。所以，以天地生物之序而论，太极以其为大本而在先，而父母最末；自我之身而上溯，则父母以其为最亲而在先，太极反疏。在太极和父母之间，乾坤之道却因为具备健顺之德而可以为父道母道，从而作为一个中间转圜能够上通太极之原、下贯父母之德。

二、分殊之理：父母即乾坤

虽然船山认为《西铭》言"天亲合一""补天人相继之理"而"惜乎程、朱二子引而不发"。但程朱以"理一分殊"绽拈《西铭》旨意，而上节也已经推明"天亲合一"中天为理一，亲为分殊，仍然可以合于"理一分殊"之旨。既如此，船山何以对程朱之论有所遗憾？按朱子的理解，《西铭》一篇前半言"理一而分殊"，由上说下，后半言"分立而推理一"，由下推上，实则大小有定、体用该备。船山《序》亦肯认此两面，其曰：

---

[1]　王船山《张子正蒙注·乾称篇》，《船山全书》第十二册，页352。
[2]　王船山《系辞上传》，《周易内传》卷五，《船山全书》第一册，页526。

从其大者而言之，则乾坤为父母，人物之胥生，生于天地之德也固然矣；从其切者而言之，则别无所谓乾，父即生我之乾，别无所谓坤，母即成我之坤。惟生我者其德统天以流形，故称之曰父，惟成我者其德顺天而厚载，故称之曰母。故《书》曰"唯天地万物父母"，统万物而言之也；《诗》曰"欲报之德，昊天罔极"，德者健顺之德，则就人之生而切言之也。①

从大者言，乾坤为万物之父母，理之一也；从切者言，父母为我之乾坤，分之殊也，也是从两面兼言，与程朱无别。以其理而言，"乾称父，坤称母"，乾之道名之曰父，坤之道名之曰母，谁具乾坤生成之德，谁便可称父母。天地，吾生成之根源，广父母之名而称；父母，含资始资生之理，以继天地大生广生之化，专天地之名而称，因而"天即在父母之中，而父母即吾天"②。天地、父母，其迹不同，其理皆乾坤，则天地可以为父母，父母也可以为天地。

其所不同者，程朱以为张子发明之功尤在于统万殊于一理，而船山以为"此章切言君子修身立命存心养性之功"③，又以为"程、朱二子发明其体之至大，而未极其用之至切"④，也就是说，船山认为张子此篇重在分殊处。二者之别，从对《西铭》首句"乾称父，坤称母"的领会上便见。朱子认为"是以父母比乾坤。主意不是说孝，只是以人所易晓者，明其所难晓者耳"⑤，重在说明"乾坤即父母"之意；船山解释此句与朱子方向相反，从"父母即乾坤"一面起论，其曰：

谓之父母者，亦名也；其心之必不忍忘，必不敢背者，所以生名之实也。惟乾之健，故不敢背，惟坤之顺，故不忍忘。而推致其

① 王船山《系辞上传》，《周易内传》卷五，《船山全书》第一册，页352。
② 王船山《孟子·滕文公上》，《四书训义》卷二十九，《船山全书》第八册，页348。
③ 王船山《张子正蒙注·乾称篇》，《船山全书》第十二册，页357。
④ 同上。
⑤ 《朱子语类》卷九八，《朱子全书》第十七册，页3314。

极，察乎天地，切求之近以念吾之所生成，则太和絪缊，中含健顺
之化，诚然而不可昧。故父母之名立，而称天地为父母，迹异而理
本同也。朱子曰："天地者其形体，迹之与父母异者也；乾坤者其
性情，理之同者也。"[1]

船山这里从名之所立说起，将"乾称父，坤称母"一句分为两层。父母
之名生于人子不忍忘、不敢背之心，而乾之健、坤之顺乃其所以不敢
背、不忍忘之故。那么"乾称父，坤称母"就是指其实而称其名，皆在
父母一层言，此所谓"切求之近"而"父母之名立"也。而父母之名非
自"客观"道理而来，是立于人子恻怛不容已之心所发见处，这是"乾
称父，坤称母"的本来语义。在此之上可以推说，天地浑沦未分时就已
经包含乾健坤顺之理，其迹虽有别，其理则一。那么"乾称父，坤称
母"的第二层语义，就是指迹异者而以理之同者相称，以父母之名称天
地，皆在天地一层言，此所谓"推致其极"。

不惟首句如此，船山整篇《西铭注》皆从父母一家入手，上推天
地。比如注"予兹藐焉，乃混然中处"一句为"合父母之生成于一身，
即合天地之性情于一心也"，注"天地塞帅"一句为"吾之形色天性，
与父母无二，即与天地无二也"，注"民胞物与"一句为"由吾同胞之
必友爱，交与之必信睦，则于民必仁、于物必爱"等等，全篇莫不
如此。[2]

父母之名生于我心，父母之德受于天地，而生化之实功却须由父母
自身承担。船山《序》中引《诗》"昊天罔极"一句，其用意在于说明
虽然父母同天，天地无心而成化，而父母之所为最是牵动子女之心。[3]
以其事而言，"人之与天，理气一也；而继之以善，成之以性者，父母

---

① 王船山《张子正蒙注·乾称篇》，《船山全书》第十二册，页353。

② 同上，页353—354。

③ 船山对"昊天罔极"的理解和使用可以与其对《说卦传》的注相参："天地之化醇、
人物蕃育以迄消萎，屈伸于絪缊之内，于天地初无所损；若父母则劬劳以裕吾之生者，皆损
己以益其子，故曰'昊天罔极'，尤为人子者所不可不深念也。"（《说卦传》，《周易内传》卷
六，《船山全书》第一册，页631）

之生我，使我有形色以具天性者也"①。父母不惟赋予我健顺之理，亦使我有身以载此健顺之理，"而吾之形色天性，与父母无二，即与天地无二也"②。又释"知化则善述其事"中"化"之意为"化者，天地生物之事；父母之必教育其子，亦此事也"③，天地之化无一时止息，父母于我并非仅于初生时赋予我之形性，更有日后栽培之恩，以此继天地化育之事。又注"勇于从而顺令者，伯奇也"一句，曰："乾坤之德，易简而已，而险阻该焉。故父母无不爱之子而不无苦难之令。"④又注"富贵福泽，将厚吾之生也；贫贱忧戚，庸玉汝于成也"一句为："乾坤之德至矣，或厚其生，或玉于成，皆所以成吾之德；父母之爱与劳，体此者也。"⑤盖人子所得之福、所历之祸，无不出于父母之爱与劳，本于父母厚生、玉成之心。文末结之曰："有一日之生，则受父母之生于一日，即受天地之化于一日。"⑥自我言之，诞生之日即吾生命之始，但从生化始末而论，我的诞生始于形气聚而有我之前，终于形气散于太虚之后，"刻刻皆生气，刻刻皆生理；虽绵连不绝，不可为端，而细求其生，则无刻不有肇造之朕"⑦，并不仅仅以形气方生之日为生。在一个人的生命历程之中，父母功劳之大，又特别见于日复一日的养育过程，有生便有育，有保傅之爱即有苦难之劳，滋养其形，培育其德，以期于我之终成。天地之化无一息之停，父母之劳亦无一时止息。禀乾坤之德而为父母，尚属于天命所赋，而父母抚育之辛劳却需要真实承担，将此乾坤之德兑现出来，以配父母之名。

总之，船山注特别突出了父母作为分殊化的乾坤之德，在生化过程中所执行的具体事务。这不仅是对"父母即乾坤"之义的落实，其中也

---

① 王船山《张子正蒙注·乾称篇》，《船山全书》第十二册，页352。
② 同上，页354。
③ 同上，页355。
④ 同上，页356—357。
⑤ 同上，页357。
⑥ 同上。
⑦ 王船山《论语·先进篇》条二，《读四书大全说》卷六，《船山全书》第六册，页753。

隐含着对父母自身的"要求"，这一点是朱子注少有阐发的。

三、孝悌之道：即心以体，即身以事

父母之名立于人子"不忍忘""不敢背"之心，父母之事"尤为人子者所不可不深念"，而父母之理也是由心得以认识。"父母即乾坤"这一面之所以更为重要，关键在于一个"心"，而这个心也是人得以认识世界以及推扩出去的主体。所以，"父母即乾坤"一方面义涉着父母之义何以成立，一方面也涉及人子体道、行孝之事。到此，我们就可以将话题从乾坤父母上转到人子这一面。

从认识这一面来说，船山在《四书训义》中有一段恰好可与其《西铭注》相发明。其曰：

> 乃理者，生于人之心者也。但反之心，而以天为大本，则自寥廓而不相及；而当父母不可忍之痛，自怵然含哀而不容已。此岂非吾所从来之不可昧者乎？盖乾者父道，而父即吾乾；坤者母道，而母即吾坤。吾所亲承以有生者父母也，此不待思虑而自不昧者也。若推而之于寥廓不相及之天，则言之亦有其理，而心不能生。[1]

天有健顺之理，我既得天地之理，则我亦有此理，理虽为一，船山却在此提出以何者为本的问题。"乃理者，生于人之心者也"，"生"者，发用之意，理不自行，由心而发。故当父母哀痛之时，其心感于此而发出不容已之情，乃是自然而出，不待思虑、计较而然。船山屡言"不容已""不可昧"，是要突出人子当亲之时，爱亲之情的流露最为自然，最无所遮挡。然后自用而溯源其体，乃知父母具乾坤之理，亦知我具爱敬之理，再即此而推，方知天地为理之所从出者。所谓"寥廓而不相及"，一是因为天地之德广大、几微，以我藐然之身，其初难以把握；一是因

---

[1] 王船山《孟子·滕文公上》，《四书训义》卷二十九，《船山全书》第八册，页346。

为化运无迹，常不显露。而天地之心多要在人物上见，而人物之中，于我最切者是父母。以上数意，上节已略加涉及，但若更进一步，其实这一问题涉及船山对格物与闻见之知的提防与批评，"特近者易感而远者难格"①，感之以心，方是有所动于中，是以心能生理；若格之以心，本于知见、基于思虑，由此而获得的知识不仅有陷于一偏的可能，也可能是外在疏离的，是故"言之亦有其理，而心不能生"。所以对船山而言，只是知道、推测出"乾坤即父母"是不够的，惟有在真切的感受中领会"父母即乾坤"之义才是真知。

从推扩这一面来说，以身行孝属成德最切之事。《西铭》中"不愧屋漏为无忝，存心养性为匪懈"一句言人子修身践形，船山注曰："止恶于几微，存诚于不息，圣功之至，亦止以敬亲之身而即以昭事上帝矣。"②止其恶，存其诚，皆修身之事，而船山将其归于"敬亲之身"中。一来，修身不可离事亲而言，二来，父母本身亦有助于我修身。

就第二点来说，船山于《西铭注》末曰：

> 学者诚服膺焉，非徒扩其量之弘，而日乾夕惕之心，常有父母以临之，惟恐或蔽于私，以悖德而贼仁，则成身之功，不待警而自笃矣。③

《易·乾》曰："君子终日乾乾，夕惕若厉。"君子效乾之刚健不已，日夕而不懈，本要于此"对越在天"，于幽独之中亦如有"十目所视，十手所指"，但不到颜、曾地位，则不免有懈。天虽不言，而人却"常有父母以临之"，如此一来，教不绝于耳，行不绝于目。人子常思无愧于至亲，故"不待警而自笃矣"。

对于第一点，船山不愿将修身脱离孝悌而别为一事，也是有所针对而发：

① 王船山《孟子·滕文公上》，《四书训义》卷二十九，《船山全书》第八册，页 347。
② 王船山《张子正蒙注·乾称篇》，《船山全书》第十二册，页 356。
③ 同上，页 357。

顾其言之大者，虽推及广远，而要皆因心以推体用一原之理，非谓孝子之德必恢张廓大，立身扬名，而承志色养之为末也。此章则尤切及于孝子用心之实，以见敬身之道不舍孝弟而别为一端，则记者之示人约矣。后世不察于《孝经》"显亲"之说，乃以身名为重，敬养为轻，恣其汩没名利之私心，而借显亲以为口实，乃至戕发肤，躬秽行，苟求富贵利达，而自谓不获于忠、且尽其孝，禽行猖，人心灭，其祸烈矣。[1]

船山担心若将修身成德与事亲之事分开，容易导致学者专务成德之名，而失养亲之实，故"敬身之道不舍孝弟而别为一端"。这一意味船山在不同文本中多有提及，如《中庸》赞舜之大孝，"德为圣人，尊为天子，富有四海之内。宗庙飨之，子孙保之"，乃极孝之大者而言，船山以为不得以圣人而为天子为其孝。[2] 又如《孝经》以立身成名、扬于后世为孝，船山则以其苟务规恢而无实，说得太宽，而疑其非孔子之旧文。又如孟子之"不失其身而能事其亲"一句，船山以为"不失"之为言也轻，"而不敢张大其词，以及于德业"。[3] 总之，正因人不可以越过自己的亲生父母而躐等以事天，人也不能脱离孝悌而专求修身之事。因此，船山对"孝"有更为严格的界定，必欲将其限定在"敬亲之身"中。同时，修身之道不能离开孝悌之事，所以"圣功之至，亦止以敬亲之身而即以昭事上帝"。

---

[1] 王船山《祭义》，《礼记章句》卷二十四，《船山全书》第四册，页1135—1136。

[2] 船山曰："'舜其大孝也与！'只此一句是实赞其德，下面俱是说道用之广。舜之所以为舜者，一'孝'尽之矣，所以'造端乎夫妇'而'察乎天地'也。东阳许氏说'下五句为孝之目'，极是乖谬。舜之孝，固有'五十而慕'及'烝烝乂，不格奸'之实，为极其大，岂可将此等抹煞，但以圣人而为天子为其孝乎?（《中庸》第十七章，《读四书大全说》卷二，《船山全书》第六册，页508）

[3] 出处同上，页509。

四、践形之途：肖乾坤然后肖父母

虽然"父母即乾坤"，修身、事天要在事亲当中达成，然而现实情形却总不那么理想化。就亲这一面来说，在《西铭》所举几个典型中，舜父顽母嚣，申生、伯奇之父皆听信谗言，天命无妄，而父母之命有时而出于私意；就我这一面而言，我对父母的爱敬虽然出于恻怛不容已之情，但血气之动，若非出于道理，其爱其敬或不能中节。船山既主张"天亲合一"，就不得不面对父母有私的实然情形，因此需要将天亲"有别"之意纳入、调和进"合一"之旨下。

船山注"违曰悖德，害仁曰贼，济恶者不才；其践形，惟肖者也"一句曰：

> 故必践形斯为肖子，肖乾坤而后肖父母，为父母之肖子，则可肖天地矣。故舜所践者瞽瞍之形，而与天合德。[1]

又注"体其受而归全者，参乎"一句曰：

> 全形以归父母，全性以归天地，而形色天性初不相离，全性乃可以全形。[2]

两句分别言践形、归全之事，不仅关涉乾坤父母，也带出形性话题。"践形"包肖乾坤与父母两面，"归全"包全形与全性两面。盖人得天地之塞以为形，得天地之帅以为性，归全亦须两面兼顾。践形之人非但能够保全其形体，也能与天合德，这是《西铭》中本有之意。但这里船山特别将性归于天地，形归于父母，也就将"全性乃可以全形"一句关联

---

① 王船山《张子正蒙注·乾称篇》，《船山全书》第十二册，页355。
② 同上，页356。

上"肖乾坤而后肖父母"之意，从而为解决肖父母还是肖乾坤的问题提供了一个思路。

从"全性乃可以全形"一面来看，形色天性皆得之于天，却有将帅、卒徒之别。全性方可以全形，可见二者之间轻重缓急之序。船山在《孟子》"形色天性"章所说可以与此处相发明，其曰："形色则即是天性，而要以天性充形色，必不可于形色求作用。于形色求作用，则但得形色。合下一层粗浮底气魄，乃造化之迹，而非吾形色之实。故必如颜子之复礼以行乎视听言动者，而后为践形之实学。"① 形色载天性，天性驭形色，二者初不相离，及至成德亦浑合无间。所以学者践形，是要践其当然之则，充其本然之量，船山所谓"形色之实"是也。常人有私，性不得养，形不得充，形色、天性便断裂为二。如果只是"于形色求作用"，则泪没于耳闻目视、知觉运动之间，与异端无别；若果"以天性充形色"，则视思明、听思聪，视听言动皆中于礼。故船山结之曰："有理乃以达其气，则唯尽性而后能践形。"②

从"肖乾坤而后肖父母"一面来看，"父母继健顺之理以生成，吾所求肖者此也。亲志以从而无违为顺，然有可从、不可从之异，而理则唯其善而从之者为顺"③。父母之志或有不善，但父母所具之理纯善，顺埋便能无往而不善。所以，"肖乾坤"是要肖其所以为父母者，"而后肖父母"，可从者便从之，不可从者便婉转曲谕以晓之，这其中便有养父母之志的意味。

合以上两句而观，"全形以归父母，全性以归天地"一句可以统摄乾坤父母及形色天性。一方面，"理在气之中，而气为父母之所自分"④，"父母之生我，使我有形色以具天性者也"⑤，按船山这两处的说法，都是先言形，后言性，父母比之于天地，父母之功更在予我以形，

---

① 王船山《孟子·尽心上篇》条二〇，《读四书大全说》卷十，《船山全书》第六册，页 1131－1132。

② 同上，页 1134。

③ 王船山《张子正蒙注·乾称篇》，《船山全书》第十二册，页 355。

④ 同上，第 352 页。

⑤ 同上。

天地之功更在予我以性，这个意思倒也可以成立，因为性属天地间公共之物，而气随着天地生物越来越趋向于分殊化或"私有化"。"故舜所践者瞽瞍之形"，践形总是践一具体之形，舜之形得自于瞽瞍，因而"肖乾坤而后肖父母"具备了"全性乃可以全形"的意味。但另一方面，"全形以归父母，全性以归天地"需要以"形色天性初不相离"来底定。船山在对墨子二本的批评中，就认为"要其所谓二本者：一、性本天地也，真而大者也；一、形本父母也，妄而小者也"①，将形性的来源分别归属于父母天地，属天地者真而大，属父母者妄而小，所以才产生了弃亲薄葬的异端之学。但是对于儒者来说，"唯其为天之乾、地之坤所成，则固不得以吾形之所自生者非天。然天之乾一父之乾，地之坤一母之坤，则固不得以吾性之所自成者非父母。故《西铭》之言，先儒于其顺序而不逆，相合而一贯者，有以知夫横渠之深有得于一本之旨"②。因此，必须回到《西铭》原文所说，形色天性皆本之于天，亦皆本之于父母，才能够使得"形色即天性""父母即乾坤"的一本之教成立。在对这一面的领会之下，将形色天性与乾坤父母如前一面作一定程度的关联和对应，对船山来说也有重要意义。其曰：

> 盖惟不知形色之即天性，而父母之即乾坤也。形色即天性，天性真而形色亦不妄。父母即乾坤，乾坤大而父母亦不小。……由近以达远，先亲而后疏，即形而见性，因心而得理。此吾儒之所谓一本而万殊也。③

父母亲而天地远，这一个意味同时也可以落在"即形而见性"上连类而明。虽然"肖乾坤而后肖父母"，也须于事亲之地肖乾坤之理，故"为父母之肖子，则可肖天地矣"；"全性乃可以全形"，也须不离形色以见

---

① 王船山《孟子·滕文公上篇》条十三，《读四书大全说》卷八，《船山全书》第六册，页 975。

② 同上，页 974。

③ 同上，页 975。

其当然之则。形色、父母为切、为末，大性、乾坤为远、为本，以本定末，末中有本，由近达远，远在近中，而孝子于本末远近皆有所担待，无有遗漏。至于事亲之极，如"舜尽诚而终于大顺"，可以使"父母即乾坤"之义全然彰明，而"唯圣人能尽其性，斯以能践其形"[1]。因此，船山虽然以《西铭》"切"言父母之为乾坤，但若要使得整个解释得以融贯，"大"之一面就必须同时说出，而这一面本来也隐隐蕴含在船山的思路之中，只不过未加以详细阐发。但是，也正因为稍疏忽了对于"大"这一面的关注，使得船山的整体思路有了一些偏失。

五、对"天亲合一"的总体反思

自太极、乾坤至父母，是在生成的层面由上说下，但要完成整个"天亲合一"环节，必待由下通上，全归于太虚，才得以完备。所以在船山看来，不仅"乾称父，坤称母"一句极重要，《西铭》末句"存，吾顺事；没，吾宁也"，又能够与首句形成呼应，从而达成对"天亲合一"整体结构的完备论说。或者也可以认为，船山的"天亲合一"之义最终归于"生死贞一"，而他对死这一问题的理解又较为特殊。如果我们要对船山的"天亲合一"之说进行整体上的评定，从这里最好入手。

船山对《西铭》末句的解释为：

> 顺事以没，事亲之事毕，而无扰阴阳之和以善所归，则适得吾常而化自正矣。[2]

船山这一解释，要与《正蒙》的《太和》篇对看。在《太和》篇中，张子用"聚亦吾体，散亦吾体"[3] 来对破佛老虚无之说。船山承张子之意而来，更有所发明："散而仍得吾体，故有生之善恶治乱，至形亡之后，清浊犹依其类"[①]，"故尧舜之神，桀纣之气，存于絪缊之中，至今而不易"[②]，天人一气，人之神气与天地交通往来，天下治乱也系于我之一身。惟其"生以尽人道而无歉"，方可以"死以返太虚而无累"，人道之尽在于事亲，无累于太虚乃所以事天。其中"适得吾常"也出自《太和》，张子曰："气之为物，散入无形，适得吾体；聚为有象，不失吾常。"[③] 聚散虽然都是"吾体"，二者相较，本然者为体，有所生灭者为客，有主客之别。所以"适得吾常"就是从修身的层面论成德之事，"克自修治，即可复健顺之性"，"全而生之，全而归之，斯圣人之至德矣"[④]。相较而言，朱子释"没，吾宁也"一句仅以"安而无所愧于"天、亲为言，落在孝无愧之心上。相比于朱子，船山对存顺没宁有更大发挥，将"宁"字与"归全"之义关联，也就不仅宁吾之一心，全我之一身，更以我清通之气返归天地，以全阴阳之和，以正万物之化。因此，船山所说的由事亲以达事天，就不仅仅有事天的"意义"，更有事天的切实功效。

船山极为重视这一面向的意义，以至于认为《西铭》之于《正蒙》的意义，尤其落在全生全归、存顺没宁上。[⑤] 此间用意，一来是要说明为善乃性分之固有，如曰："不知所以生，不知所以死，则为善为恶，皆非性分之所固有，职分之所当为。"[⑥] 一来是要辨异端，如曰："惟其理本一原，故人心即天，而尽心知性，则存顺没宁；死而全归于太虚之本体，不以客感杂滞遗造化以疵颣。圣学所以天人合一，而非异端之所

---

① 王船山《张子正蒙注·太和篇》，《船山全书》第十二册，页20。

② 同上，页23。

③ 张子《正蒙·太和篇》，《张载集》，页7。

④ 王船山《张子正蒙注·太和篇》，《船山全书》第十二册，页20。

⑤ 如认为《太和》一篇之旨，在于"贞生死以尽人道，乃张子之绝学，发前圣之蕴，以辟佛、老而正人心者也"。如《诚明》注中所谓"气正神清而全归于天"、《至当》所谓"归健顺之理气于天地"、《三十》所谓"范围天地之化，则死而归化于天，无不安者"、"顺自然之化，归太和氤氲之妙，故心以安"、《有司》所谓"安死全归而道合于太虚"，等等。

⑥ 王船山《张子正蒙注·序论》，《船山全书》第十二册，页11。

可溷也。"① 但是，以返归太虚为事天虽然成了船山《西铭注》中最为独特的部分，却也成为最可以被质疑的一部分。首先，当船山说出"尧、舜之神，桀、纣之气，存于絪缊之中，至今而不易"时，就已经不能无惑于浮屠明鬼之说了。其次，也使得在"事天"一面没有真实可行之事，"事天"仅仅成为修身事亲之功的效验而已。

由此，我们来看船山的整个"合一"之学，这其中虽然包括不同层面的"合一"：天人合一、天亲合一、形色合一，以及生死合一，但总体而言，船山在《西铭注》中所展现的"合一"之学总是有所偏重的：天人合一，惟人可以昭此生理；生死贞一，惟当于生时不枉；天亲合一，惟于亲之一身以见乾坤；形性合一，惟不舍形而求其当然之则。理一而分殊，却更要在分殊中见理一，皆要落实于真实且具体的世界中，以及包含着对人道的极大强调。

那么在其"合一"之学下的"天亲"关系，甚至父子关系、人我关系也就不得不出问题。对于亲这一面的偏重，从积极的角度来看，一来可以将事亲中的事天意义彰显出来，使事亲的意义并不止于伦序之小者；二来特别能对破佛老舍身灭伦之教，也可以救晚明王学空疏之弊，对于初入中国的耶教也有对破之功②。但是，《礼记》中有"事亲如事天，事天如事亲"，朱子《西铭》解亦每每以事天、事亲两面并举。在船山，亲近而天远造成了亲重而天轻，这两面的失衡，首先且直接导致的当然是对天的疏离。如其曰"未有不知父母而知乾坤者也"，此则诚然，但也有可能使得"知父母而不知乾坤者有矣"成一种常态。③ 不善读者，只知有父母，不知有天地；只知有一家，不知有民物。其次，将两轮变为一轮，也就使得船山所欲突出的那一轮或终不可以独行。比如，即便不说向天的层面，就在人伦世界中，不论是船山所重视的父子

---

① 王船山《张子正蒙注·太和篇》，《船山全书》第十二册，页33。

② 船山直接批评耶教的文字较少，但在《周易外传》中有一处较为集中的批评："然而有昧始者忘天，则亦有二本者主天矣。忘天者禽，主天者狄……如近世洋夷利玛窦之称'天主'，敢于亵鬼倍亲而不恤也，虽以技巧文之，归于狄而已矣。"(《系辞上传》第八章，《周易外传》卷五，《船山全书》第一册，页1014—1015)

③ 王船山《说卦传》，《周易内传》卷六，《船山全书》第一册，页631。

一伦，还是《西铭》中由亲亲而推扩的意味，都没有得到有效维护和展开。换言之，船山为防范"兼爱"之弊，对于"私胜"一面却未加注意。没有扩大一面的保证，事亲本身可能失去根本所在，使其意义或仅限于一家之小，以至于流于"私胜"的可能。这也使得，由事亲以达事天或许成为船山单方面的愿景，始欲一之而终成两橛。这一部分的缺失，在工夫气象上也表现出来，《西铭》不同于《东铭》戒慎谨严，"'于时保之'，子之翼也；'乐且不忧'，纯乎孝者也"一句，朱子以畏天、乐天两面并重，畏天以自保，乐天则有功，缺一不可。船山以敬为功夫，乐为效验，终是收束谨严气象多。又如，为避免学者徒扩其量之弘，戒之以日乾夕惕，等等。但是《西铭》中"与天地万物为一体"的宏阔之旨本就有工夫论意义，为之周防不若加以顺导。

朱子和船山在由亲至于天的路径上的差异，可以一言以蔽之：朱子是由事亲以推事天，船山却是由事亲以达事天。"推"是既有事于此，又有事于彼，事亲为先，事天为后；"达"则惟言其效而已，其间有虚实而无彼此，也就造成事天之事的缺席。所以，惟有将"从其大者而言"与"从其切者而言"两面定位清楚，大者才不会吞并切者，切者也不会忽视大者，以何者为先、以何者为本的争论在不同的层面才都可以成立。

结　论

总之，船山的《西铭注》表现出船山学问的个人特色，或发前贤之所未明言，亦间有创辟之说。而对船山《西铭注》的总体评价应当将其放在理学脉络中，尤其应当与程、朱对《西铭》的理解对参。程朱发明《西铭》中"理一"与"分殊"两面不遗，但是特别表彰"理一"这一面。船山却从人伦孝道入手，尤其发明"分殊"这一面，正可以破龟山疑《西铭》"言体而不及用"之说。从这一点上可以认为，船山对《西铭》的论说仍在"程朱诠释范式"之中。如果一定要把船山的《西铭注》说成与程朱属于截然不同的路径，一方面或许对程朱"理一分殊"之义中所包涵的多层含义没有清楚的分辨，船山"天亲合一"即其中一义；另一方面，从船山用心上看，所谓"惜乎程、朱二子引而不发"，是有所涉及而未将此义透辟，那么船山的心意就并不是在反对程、朱，而是发程、朱所未尽。况且，当时情势也要求一种对于分殊的、切己的、实行的学问的重新强调，而此篇之作，也正是船山"尽废古今虚妙之说而反其实"的一证。但船山的问题在于，因时救弊之论终不如程朱说得周到、平正，亦未将张子之功表彰到位。对于"从其切者而言"的强调，反而使得其与"从其大者而言"一面失衡，从而导致了另一问题。其实，以一边救另一边每每容易造成偏颇，将正大的道理本身说明清楚就可以对治问题，比如"天下一家，中国一人"即可对破舍身灭伦，天命之实即可对破空疏之弊，乾父坤母即可对破"天父"，此或无弊矣。

附 交流讨论

评议 丁纪老师 首先要向慧琳表示祝贺啊，去年慧琳刚刚完成了她的学位论文，文风被评为"诡谲"。今年一年的时间她呈现了这篇报告内容，基本上可以说是文从字顺、入理入实地来讨论这个问题。小的问题当然还是会有一些，我举一个例子，像第五部分讲到"存，吾顺事；没，吾宁也"的时候，慧琳说到朱子只是说"安而无所愧于心"，其实这中间就掉了很重要的字。朱子是说，从事亲的角度来说，是"安而无所愧于亲"；从事天的角度来说，是"安而无所愧于天"。这个"天"与"亲"都是说得非常落实的，所以不仅仅是无愧于心而已。但总的来说，我会认为慧琳这一篇的讨论都是可以成立的，给我们进行接下来的讨论提供了一个非常扎实的空间。而且我认为有两点非常可取，第一点是，始终把船山保持在与周、张、程、朱进行互动和对话的关系中，始终把船山放在理学家这样一个范围里面进行关照，我觉得这是非常可取的。第二点是，在整个讨论中，先是说天人关系、天亲关系，后来转到了为子者，也就是孝道的问题，用了第三、第四两节来讲子道，用这么大的一个篇幅来讲子道是非常可取的。

　　慧琳说她这篇文章的作意是要完成少明老师的功课，所以她是要比较平地来说向船山的《西铭》学。我们这边的师友我现在粗略来想，明华写过一篇关于《西铭》的文字，是从"理一分殊"的角度来写的，吴瑶的几篇学位论文也是围绕《西铭》来说的。其实如果今天有机会，我是很想听到从吴瑶的角度，包括异凡来谈谈。明华和异凡，比较偏向程朱的角度来说，吴瑶就更是从关学的方面来说。从船山本人的用心，他当然会认为对程朱的理解稍稍抱一些审视，当然会认为要去"希张横渠之正学"，而他的《西铭》学也是发挥张子思想的本旨。但是不是做到了呢？我们能不能认可这一点，是我们可以来说的。慧琳这一篇文字就加入我们有过的、原先的谈话氛围，继续向外扩展。当然这中间的焦点，就有在张子身上，还是在程朱身上，还是在船山身上的不同。但始终保持着与周张程朱的互动对话关系，我觉得这非常可取。

　　第二点呢，慧琳本来是要照应少明老师的功课，所以跟这一次的理学班，关于人伦的主题，它有关系，但没有特别突出出来，但确实能照应。但如果要突出出来，这其中的问题就来了。如果要把父子之伦的主题突出出来，那就可能有很多的调整。比如说我们的焦点不是在《西铭》，不是在程朱，而是在船山，我们就明明会感受到一点，对船山来说，"天"已经较为不亲了。所以我们根据这些年，比如昨天和之前听到的唐教授的报告，如果我们把"天地之心"或者"天人之际"这方面的诉求向船山提出要求来，那么船山是比较少地能满足我们这方面的诉求或者期望的。所以，天是比较地不亲了，但是船山为什么会感受到天会不亲了呢？是因为他所要应对的种种情境中，父子之伦有破产的危险了，这是他需要急切去救治的东西。那么，对于父子之伦轻量化、乃至于破灭的危险被船山深切地感受到了，所以他去找原因。比如阳明学的盛行，比如佛老或者耶释的盛行，比如政治纲维的崩决，都有可能造成。但是船山本身还是有义理方面深湛的维度，所以他把这个问题找向了一个一般人更不容易找到的方向，也就是从《太极图说》，从程朱对《西铭》的解说里，未必就不埋藏着这样一种危险。因此当他发为一篇《西铭注》的时候，他为了把父子之伦的重大性给重新提起来，这样就把天地说得不亲了。所以，我们明明可以感受到，船山为了把事亲的重大性给它立起来，因此就把事天的重大性推到一个比较远的地步了。如果我们把朱子对《西铭》的理解概括为"以事亲而事天"，朱子这两方面都不轻，但可以分先后，事亲为先，事天为后，可以分本末。我们可以把船山的思路概括为"事亲即事天"，这就有虚实了，事亲为实，事天为虚了。只要我事了亲了，事天不事也罢，乃至于可以说可以将事天的事情全部交给事亲完成了。这就出现了轻重，乃至于使得事情发生了废缺。但如果我们要把父子之伦更加突出出来的话，"以事亲而事大"为背景与"以事亲即事天"为背景，这两种不同的背景之下所映显出来的父子之伦，仅仅是程度上的不同还是根本性质上会发生一种分歧？我们不妨从这个角度来看。也许到船山的时候，这个父子之伦确实发生了很多重大的变化。就像昨天唐教授说，对船山来说也有一个重建人伦关系的必要。那他重建之后的父子之伦，是回到了张子？回到了程朱？还是迥然不同于程朱？这个问题我们可以好好来思考。

如果作为一个理学家来要求和审视船山，当然船山还是有一些让我们疑虑的地方。慧琳已经在专注地从事研究船山的工作，然后就会说："我又不了解船山。"好像把很多责任给推掉。然后吴婕说："我只是就着慧琳说的来发一些问，我也不了解船山。"我们对于一个我们所投入精力要向他学习经验的这么一个人，比如我从来不了解霍耐特，但是当唐教授昨天说了两个小时的霍耐特所说，那我就要借着唐老师所说的霍耐特，必须对他负起责任来。所以我觉得，我们不能够用我们不是船山专家来摆脱我们对船山负有辩护，或者更深诘难的义务。

所以如果作为一个理学家来要求船山的话，就凭今天所说的这些，我们就可以说船山对于太极的理解当然存在严重的问题。比如慧琳引了一段说太极是个本，当然父母也是由太极而来，我们也是由太极而来，但是从我们这里去和太极比关系，以及从父母这里去和太极比关系，太极是远而疏，父母是近而亲，就会有这样一种看法。在这样一种看法当中，居然一个叫作大本的东西可以是远而疏的，凡远而疏的就不可能构成理。那么他在这样一种比较之下，就表明他对于太极的理解是不真切的。那么我们可以回到慧琳引的第一节里面，先上来说到船山对《太极图说》的理解，当然认为周子有可取的地方，下面所疑惑的东西却是《太极图说》可以发挥向佛老的这一方面。我觉得这个疑是不成立的。由此再说到，船山对于"理"的理解，其实就是一种精爽之气了，乃至于像昨天海军老师说我们现在容易把"理"做一种规律化的理解。慧琳的引文里已经看到了，第一节的第一段引文里，船山说："乃以为日用事物当然之理，无非阴阳变化自然之秩叙。"秩叙这个词其实就跟规律这个词极为接近了。所以太极是个规律，天理是个规律，船山这里会有这样一些问题。由于太极是个气，是个规律，是个可疏而远的东西，所以当他在讲，理是由心所生的时候，比如像程子说"心，生道也"，这是什么意思？和船山说"理者，心之所生者也"，这是什么意思？如果理是由心所生，就不是理为本了，而是心为本了。这些地方应该怎么来理解？船山通篇《西铭》该怎么解释？尤其是在讲为人子者"存，吾顺事"的阶段的时候，都是重于事亲，轻于事天。但是到后来讲到"没，吾宁也"的时候，也就是刚刚慧琳和秋莎在讲到"形溃反原"这里来说，慧琳说到"尧、舜之神，桀、纣之气，存于絪缊之中，至今而不易"这里挺可怕的时候。当说到死的时候，就不再说到事亲的事情，"没，吾宁也"就只有事天的意义，没有事亲的意义，这就又出现了一个翻转和缺漏。

总体来说，船山为了救轻父子之伦之弊，以至于轻了天，也就可能到轻了君这样一个地步。昨天我也问唐教授，如果从天人之伦到父子之伦，这么一路推的话，那君臣之伦就会被推得很远很轻了。唐教授的回答是，它本来就轻，因为它只是朋友之伦中的一种意味。那么君臣之伦只是朋友一伦中比较独特的意味，这个危险就会比较大。当今天的人去为君臣之伦发起一个辩护，然后给它建立一个重大的地位，但是从儒家本身来考虑这个问题，我觉得由于突显父子之伦，也就轻了君之为父，天之为父。一旦轻了这两方面，也就使得父子之伦失了根柢，所以这个危险还是挺大的。从另外一个角度来说，由于轻了"天地之心"，使得神圣性之维被亲切性之维吞没掉了。

实体教学专区

生死一道[①]

——《论语》中的生命观

邓晓可

人类社会自古以来便不乏将生命与死亡问题仅作为自然过程来理解的思想。其中一种思想认为，人要不为生死所执、所困，便要超越自己作为一个人的立场，站在自然世界的立场来理解与面对。人不是特别的存在，只是自然的一部分；生与死也不是特别的过程，只是自然过程的一部分。若能作如此肯认，似乎人就能顺其自然地不再执于生死，或为生死问题所困了。我们暂不论这种理解是否就是对生命与死亡的"超越"，而可以问：这样理解生与死，对人来说足够了吗？足以安放现实的人的生与死吗，足以解释或呈现生与死所带来的或单纯或复杂、深沉与浓烈的感情吗，足以解决人面对生死问题的各种困惑吗？或许人类之所以重视生命与死亡，不仅仅在于这是一个自然的过程，还在于这是人的生死，是我们自己的或与我们有重大关系的人们、人类或其他生命的生死。或许人之所以会执着于甚至困惑于生命与死亡的问题，正是因为这里乃是人之为人之所在。那么，这种"超越"就很有可能并不能实然地达成，而是对自己作为人的抛弃或者逃避。

另一种对生命与死亡的理解认为，固然价值和意义或许才是生死的本质，但是价值和意义并不在于人自身，而是由某种外于、高于人生命

---

① 本文为成都中医药大学校级核心通识课程"哲学与人生"项目建设成果。

的存在赋予的。人要想去成就或彰显生死的价值与意义，就不能向着生命的本身、生命的内部去探寻，而要向着那个外于、高于人的存在去探寻。如此，也可以问：如果我们只是以外求的方式探寻生死的意义，如果只是把生死的价值建立在外于自身的存在上，那么在自己这里真的能够树立起坚实而牢靠的支撑，使我们能实际地面对生命中各种复杂的困境，以及不被死亡的虚无所影响乃至席卷吗？

而儒家并不如此，儒家总是从人自身出发，从人伦关系中、从人的整个生命过程乃至死亡中，去探寻生与死的本质、彰显生与死的价值，既不将它仅视为自然过程，亦不将它的意义仅建立在外于人的存在上。无论是从古到今都有的通常一贯的问题，还是现代社会才产生的具体特殊的问题，儒家总能实际地帮助人们解决生命中的各种困惑，教会人们真正并更好地面对死亡。重视生死，却又不困于生死，这即是一种"超越"。这种"超越"，要向生死中见得生死之道，而生死之道便是人道，人道亦即天地之道，此即所谓"生死一道"。

一、生死之道一

（一）先生而后死

当代不少人认为儒家避谈死亡，实则不然。

> 季路问事鬼神。子曰："未能事人，焉能事鬼？"敢问死。曰："未知生，焉知死？"（《论语·先进》）

此章常被人误认为当季路在问夫子关于死亡的问题时，夫子避开了这个问题，转而去谈论生命。这种误解将生命与死亡截然划分为二，而并没有理解到夫子如此回应之用心。夫子如言：如欲知死之事，必当先知生之事；如欲知如何事鬼，必当先知如何事人；知生而后能知死，能事人而后能事鬼。其中的道理即：生死之道一。程子曰："昼夜者，死生之道也。知生之道，则知死之道；尽事人之道，则尽事鬼之道。死生人鬼，一而二，二而一者也。"[1] 生命与死亡，就事而言固为二，然其所以生、所以死者，乃是道，就道而言则为一。

生与死，就事而言或有隔截，如生时不能知死之事、死时又不能知生之事，但此种隔截却非绝然。天道以阴阳化生万物，如昼夜为时之阴阳，生死则为生命之阴阳。阴阳虽为二气，二气自非截断，又所以一阴一阳者为道。事或有不可知，道却不能不察。儒家与道家或皆可认同生死皆是生命的过程，但在此过程中究竟贯穿着什么、是什么使生命之为生命、意义与价值对生命来说意味着什么，儒道却绝然不同。

儒家所谓道，乃天地万物之根底；天地万物生生不息，道为其所以能生生不息者。所谓生死之道一，不是要消除生死的差别，而是要见正是因为道的生生不息，所以对生命的理解应当总是向生的，而非向死或归于空虚沉寂的。由生之事而知生之道，又知生死之道一，所以夫子首先以生回应死的问题，不仅是因为重视生命，还指明当由知生之事而明生之道，以此知生之道与死之道不二，从而方能知死，这意味着死之道亦即生之道。

故又要学事鬼神，若死亡意味着生命终归于虚无沉寂，便不须学事鬼神了。事人，非仅知事人之事，当由事人之事明事人之心，而知事人之心与事鬼神之心不二，以此方能事鬼神。事鬼神之道与事人之道互为阴阳，这是人道之一贯；知人道与天道不二，方能知所以与如何事鬼神；而人又不能跨过人道去茫茫然知天道，知人道即天道，方知鬼神、知生死。

所以先知生后知死、先事人后事鬼神者，则是因为现实的个体生命之顺序必是先生而后死，而我们总是需要通过最切近于自己的个体生命来理解和体悟生死。朱子曰："非诚敬足以事人，则必不能事神；非原始而知所以生，则必不能反终而知所以死。盖幽明始终，初无二理，但

---

① 朱子《四书章句集注》，页125，中华书局2005年版。

学之有序，不可躐等。"① 人只能溯流而上理解生命的开始，但不仅是去理解时间或经验上的开端，而是生命的本源与本质，即知所以生之道，此之谓"原始"。知所以生之道，则能知生死同出一源，然后顺流而下理解生命的终结，即通过所以生之道去理解时间或经验上生命的终结，即知所以死之道，此之谓"反终"。故学之有序，当以生知死、以人知鬼神，若遂谈鬼神与死亡，岂非臆测又茫茫无着落？

又如何能知此生之道呢？当尽得其中灿然之条理。朱子曰："然须知道人生有多少道理，自秉五常之性以来，所以'父子有亲，君臣有义'者，须要一一尽得这生底道理，则死底道理皆可知矣。张子所谓'存吾顺事，没吾宁也'，是也。"② 要知得方方面面生之理，方能知得生之道，从而知得方方面面死之理。如事人事鬼之心皆需诚敬，然诚敬发出之事又不一样，于事人种种之中皆要有此诚敬之心，至于事鬼神，这诚敬之心方能发出种种事来。故所谓知生死，不是获得一种知识，而是最终要能使生死各得其所，即知生以安生、知死以安死，且能安顺于生之事方能安宁于己之死，张子所谓"存吾顺事，没吾宁也"。

（二）以知生而知死

儒家爱生重死，却又不执生、不避死。

> 子曰："朝闻道，夕死可矣。"（《论语·里仁》）

朝夕之间，速也。能死而无憾，必有所以能使人安死者。何以能使人安死？朝闻道也。朝之时，人之生，能于生之时闻道，则能速死而无憾。那么，"闻道"究竟带给了人的生命什么，能够使人如此从容坦然地面对死亡呢？此章虽重在言人当"闻道"，但我们也可从中见到生命与死亡的内在意义。

---

① 朱子《四书章句集注》，页 125。
② 黎靖德编《朱子语类》卷三九，页 1012，中华书局 2007 年版。

首先，道非别于日用常行另有一个道，又非只是日用常行，乃是人事所以然之故、所当然之则。此理在人事之中，使人事皆有个应当，从而得以成就其中正不偏。朱子曰："吾之所谓道者，君臣、父子、夫妇、昆弟、朋友当然之实理也。"① 闻道，当知此道即是人生当然之实理，人之所以生、人作为人的意义与价值便全在于此。故既不能将此道抽空，认为仅仅是概念的预设或客观的自然，否则生命的意义便无法充实与挺立，亦无法真正地面对死亡；也不能避而不闻，否则人不知其所以为人，而不知其所以生，便不知其所以死，又何以能死而无憾焉？而人伦五常，乃人事之大端，既尤可见此理真实无妄，而非空洞虚无；又可知方方面面生之理，无不在人伦之中，而尽方方面面生之理，无不由人伦之大端始。

其次，闻道以得道。程子曰："皆实理也，人知而信者为难。死生亦大矣！非诚有所得，岂以夕死为可乎？"② 所闻之道既是实理，非实知之、实得之不能见其实、体其实。故朝之闻道，是要将自己作为人的生命完全地挺立和实现出来，生命的尊严、人的价值在此时亦得到成全。那么即便自然生命止息，原本充实于生命中的人道并不因此而止息，夕之死不会断绝人道之生。如此，方为得道，而能生则安、死则顺，可以无憾。故仅闻之是不够的，由闻之而得之，在所有的人伦关系中、所有的事物中挺立与实现其中的道理，我们的生命、人之为人的生命便随着道理，在每一分人伦关系中、每一件事物中得以存续、彰明。由此见到且实现生死本来之一理、一道。通过安放生而安放死，生的意义能够充实与挺立，死的意义方得以实现与成就。

最后，"夕死可矣"非"夕死必矣"；并非死亡方能成就道理，而是以生就道，死之理亦在其中。这是在生的意义上谈死。人不过行道理以待天命，如此则足以充尽生之理，而知死亡不为终结。虽不须急于求多求全，而其要在所知所得之道理能撑起自己为个人；亦不须求死或求所

---

① 朱子《四书或问》，《朱子全书》第六册，页684，上海古籍出版社、安徽教育出版社2002年版。

② 朱子《四书章句集注》，页71。

谓清净寂灭以成其死，但要在面对死亡时不愧、无悔为个人，又不至于茫然不知所措，死之理便在其中了。故《论语》此章既重于生之成就，又教人面对死亡时最好之态度如何可能、从何而来。朱子曰："若是知得真实，必能信之笃，守之固。幸而未死，则可以充其所知，为圣，为贤。万一即死，则亦不至于昏昧过了一生，如禽兽然，是以为人必以闻道为贵也。"① 以道贯生死，生得以为一种真实的、有意义与价值的生，死亦得以为生而不为虚无和消亡，这便是生生不息之道。

当然，虽非必死，若有不得不死之时，亦能不执生而避死。所谓不得不死之时，非情势然，乃事理然，即当死之时。当死之时，道理在死中，死亡是对道理的成就与存续，死亦生也。故有：

> 子曰："志士仁人，无求生以害仁，有杀身以成仁。"（《论语·卫灵公》）

志士仁人，得仁而行仁，或有勉而行之、顺而行之之别，然及其至则一。"仁者，爱之理，心之德"②，天地生物之大德，人之所得而生、人之所以为人者，仁即人之生道，人之生命之所以为人之生命、生命的根本意义之所在。人的身体的、生理的生命之所以重要，便在于生命乃是仁道的承载，具有成就仁道的使命，而不当为其阻碍甚至毁灭。虽生之道在生命之中，但亦须有所辨别，生命不即是生之道，求生亦不即是求生之道；能辨明此道，而后能践行此道，则能无求生以害仁之举。若求生以害仁，生理生命或可延续，但人之为人之理、人之生道、生命的意义却由此断绝，如此何以能谓之生、何以能谓之人之生？故害仁方为真害生。

于常，仁道之延续当承载在生命之延续上，故非必以杀身方能成仁；但若遇极端情况，人不得不以死亡来成就道理，则亦当不避死。杀

---

① 《朱子语类》卷二六，页660。
② 朱子《四书章句集注》，页48。

身而成仁，即唯有以死方能使得生道不断绝。这看上去是矛盾的，却正在此处全然体现了人之为人的道理，体现了人的生命不仅作为自然事物，也作为有意义有价值之物而存在。朱子曰："仁者心之德，而万理具焉。一有不合于理，则心不能，而害其德矣。顺此理而不违，则身虽可杀，而此心全，此理正，浩然充塞天地之间，夫孰得而亡之哉？"①以生命的止息，换得生命之道的不止息，与生命的不苟且，成就生命的尊严，生之道亦即仁道，正是在这种不苟且与尊严中得以不断绝与彰显。

若"朝闻道，夕死可矣"是以生成就死，此章便是以死成就生，生死之道一，所谓死而生也。而其中生与不生、死与不死之理，皆在于仁、在于人之为人最大的原则。有顺命而死者，能安于死，在于其生成仁；又有如此章就义而死者，能安于死，亦在于成仁，故杀身成仁，在此意义上亦是顺命。志士仁人杀身成仁者，非有意为之，如见孺子入井而有怵惕恻隐之心，都不带计较，只是当行便行、当死而死，故言亦是顺命，此方是真成仁。程子曰："实理得之于心自别。实理者，实见得是，实见得非也。古人有捐躯殒命者，若不实见得，恶能如此？须是实见得生不重于义，生不安于死也。故有杀身以成仁者，只是成就一个是而已。"② 故非只有杀身才可成仁，只是生也当成仁、死也当成仁。必是生时都顺于仁道，临到事时能行此当行、安于仁道，方能杀身成仁，临死不惧、虽死无憾。人于生之时、日用常行之中，不断其生道、害其仁道，如此方是"人的生活"——以人的"生"，成就人之为人的"活"，而非苟活也。

（三）以事人而事鬼神

既然人应以生知死，那么人生之时便应尽力全其生之道；而人之生并非孤立，要能全其生之道，必从事人而明其理；要明事人之理，可从

---

① 朱子《四书或问》，《朱子全书》第六册，页851。
② 朱子《四书章句集注》，页163。

重视自己的身体与尊重自己的生命开始。

> 曾子有疾，召门弟子曰："启予足！启予手！《诗》云：'战战
> 兢兢，如临深渊，如履薄冰。'而今而后，吾知免夫！小子！"（《论
> 语・泰伯》）

身体不是体道、践道的阻碍，人也并非只有抛弃其形体才能够得此道
理，而当如曾子般希望始终能全其形体。生命具于身体，非有身体不能
践行道理，故全其形体以致使道理充尽其形体，既是践道，又是以道养
其身。对自身身体的重视与保全，是要让自己能更好地承担人之为人的
生命、践履其中的道理，所以既不当过度执着而只是自爱，又不当轻贱
之。重视而不轻贱之，既是因为天生一个人，此身便承载了全部的人之
为人的道理乃至天地的道理而来，身体之义不可谓不重；还因为我们每
一个人从自己的身体去理会生命的道理和意义是最为切近的，并且我们
也只能用自己的身体去践履其道理、成就其意义。尊重而不只是自爱，
意味着不当以一种私有的、孤立的方式看待自己的身体与生命。

曾子以孝著称，曾子之"启予足！启予手！"亦不只是认为这是我
的身体而要保全爱护之。《孝经・开宗明义》言："身体发肤，受之父
母，不敢毁伤，孝之始也；立身行道，扬名于后世，以显父母，孝之终
也。"天道之生生不息体现在生命具体的延续上，我们的身体并不独属
于我们，而是来源于父母；我们正是要从自己身体与父母的关联，不断
去感受自身生命与父母的一体，从而逐渐明白与他人、社会乃至天地万
物的贯通。所以，对自己生命的尊重不只是自爱，而是是对父母与血脉
生命的尊重，是对生命本身的敬畏和对生之道的敬畏；这是孝，也是在
孝中使道理真正地充实于自己的一身，从而落实在现实的生命、生活
之中。

当曾子始终戒慎恐惧以保其身时，可见身之全亦可作为人面对死亡
时的一种支撑。"而今而后"，谓死后之事；"免夫"，谓免于毁伤，保全
之事。若以形体之全而临死，则死不为毁伤。生命虽消亡，道理却未消

亡。生之时，身之全必由自己保之；死之后，虽自不能保，然能由道理之延续保之。此以终生之事，以成生之道。故人虽死，却又生生不息，此乃以身载道。

保身之事，当体道践行；则身虽为一人所有，终非私己，其道大公。故人对自己身体与生命的爱惜，必当推而深之、远之及于人、物。如何"事人"，如何从事人中理解生死之道之后再详论，但如"厩焚。子退朝，曰：'伤人乎？'不问马"（《论语·乡党》）[1]，孟子认为"亲亲，仁民，爱物"（《孟子·尽心上》）等，意味着爱亲方能爱人、爱人方能爱物。"事人"通过实然的关联与差别，让人能够切实地理解和践履生之道，从此推扩出对生命的体悟和尊重，从而成就生命的意义。

"事人"之义由生及死便还当知"事鬼神"。

> 樊迟问知。子曰："务民之义，敬鬼神而远之，可谓知矣。"问仁。曰："仁者先难而后获，可谓仁矣。"（《论语·雍也》）

"鬼神"乃"正当底鬼神"，鬼者，言其祖考，死之事；神者，神明，天地之道生生不息之所存、所用；"敬而远之"乃"不可亵渎，不可媚"。[2] 鬼神，是天地之道、生死之道的施用，虽于生处见生死之道比之或幽暗难见，但于人处见天地之道比之又广阔久远。人事不独是人之事而已，要理解生死之道，亦不能离了鬼神之理、天地之道。敬以事鬼

---

[1] 当孔子问及人的生命的时候，我们完全可以认定对其他生命的重视亦在其中了。"不问马"者，非孔子之言，而是他人所记。非马不当爱，只是此时情势未及于此，故既不先问马，亦不入马同列，可见对人的生命的理解。朱子曰："非不爱马，然恐伤人之意多，故未暇问。盖贵人贱畜，理当如此。"（朱子《四书章句集注》，页121）以人道言，生命价值之别，只是人情之自然。然当有别，若以物贵人贱，或无贵贱之别，皆是惑。这并非所谓"人类中心主义"，而是以人之身份体现、成就道理，所以必当及于爱物。但爱物，不是强行抹消人与他物的差别，而是将物的生命价值在人这里得到安放与彰显。否则，爱一切物，很有可能是无法真正地爱任何一物；对任何生命给予同等的重视，很有可能是不重视任何生命。故而，"不问马"，不是人的自以为是，而应当是人作为天地最灵的自觉担当。此章虽未直言道理，但可从中见出夫子对生命本身的理解与尊重。

[2] 《朱子语类》卷三二，页818。

神者，人与鬼神之道一；鬼神之理不外于人事，人事亦不外于鬼神之理。这是对生命之道的敬，故尤要提防亵渎之心，若不敬之，则无法真正地尊重生命本身。如"子之所慎：齐，战，疾"（《论语·述而》），齐，斋也，所以通于神明，其所慎，慎生也；战与疾，人事关乎死生之大者，其所慎，慎乎死而慎于生也。

然又要远之，虽人与鬼神不为隔截，但人之事与鬼神之事当有分别，不可混淆，更不可将人当做之事诿卸于鬼神。若不知人当做之事，鬼神之事则不能敬而远之，是不智。故圣人多以正道、常道教人，自平易处使人明白道理。如"子不语怪力乱神"（《论语·述而》），鬼神之理只是难说，故不常言，而有先事人以知如何事鬼神。于死生之说，犹不可耽于邪僻之言，"务民之义"方为"知"。仁者，人之德、生之理。此章知而敬之、敬而远之，是务民之义；务民之义，生之事，生之当做之事不诿于鬼神，此亦先难而后获，仁在其中。可见人非与鬼神绝然为二，此章示中间一条正路，而仁道与鬼神之道亦为一，此章示以知行贯生死；知非仅是知识，敬在其中，又以此行生死之道，故事人事鬼，事虽两段，道却一也。

二、理解生死一道之途径

（一）孝悌为本始

仁，是人之所以生、人之所以为人之大德。要得此德、明生之理，孝悌为其本始。

> 有子曰："其为人也孝弟，而好犯上者，鲜矣；不好犯上，而好作乱者，未之有也。君子务本，本立而道生。孝弟也者，其为仁之本与！"（《论语·学而》）

之所以能不犯上作乱者，是有"顺德"。程子曰："孝弟，顺德也，故不好犯上，岂复有逆理乱常之事。德有本，本立则其道充大。孝弟行于家，而后仁爱及于物，所谓亲亲而仁民也。故为仁以孝弟为本，论性，则以仁为孝弟之本。"[1]"顺德"并非强制，而是出于对他人人格和生命真正的理解与尊重。那么，如何能够学会这种理解与尊重呢？我们要想知道生命的道理，不只是去获得一种抽象的知识，还应确实、切近地去理会，孝悌是理解生死之道首先的门径。"为仁之本"，非孝悌是仁的根本，而是孝悌乃行仁的根本。仁是性，是之所以有孝悌、当孝悌之道理本体，仁的发出首先便是孝悌；故孝悌是仁之本始，人要想得仁德、行仁道，孝悌便是首先且一贯要学的。在理上，当深探孝悌之根本，见其所以然之故、所当然之则见仁之为爱之理、心之德，人之所以为人之理、生死之道亦在于此。在事上，当推而广之，及于爱人爱物。我们只有学会理解与尊重至亲的人格和生命，才能以此学会如何理解与尊重他人；而在理解与尊重他人的过程中，同时也在不断地学会理解与尊重至亲。如"子曰：'弟子入则孝，出则弟，谨而信，泛爱众，而亲仁。行有余力，则以学文'"（《论语·学而》）。

那么，如何由孝悌观生死之道呢？

子曰："父在，观其志；父没，观其行；三年无改于父之道，可谓孝矣。"（《论语·学而》）

《论语》很少单独谈论生命与死亡，这并非夫子避谈，而是因为生死问题并非孤立、抽象的。此章就至亲见生死，孝所以能教人直面之。父在时，生也，其或承父命而行，或其行归美于父，皆是承父之生生。言"志"与"道"，则可见子女之于父母，不但是生理生命的延续，也是道理的延续、文化精神生命的延续。人只有延续父母之生，才有自己的生理生命，而我们对道理的遵循、我们自己的文化精神生命才不会茫然无所依凭和着落。而延续同时也应当是自身的挺立，这种挺立是自己之为

---

[1]　朱子《四书章句集注》，页48。

人、为自己的挺立，是发展、是创造。故要"观其志"，"志"便呈现其独立与自主，父母之生才真正成为自己的生，而不会让父母之生在自己这里亡了。这是生之生，生而又生。

父没之时，其行三年无改于父之道；父之道，是道，或不只是父之事物。① 三年，古之丧期，此时如父之生，然无父之命，故必对父之道有根本之理解，方能行父之道。三年之无改，重于延续之意，是将父之道贯于自己之生命的过程。在这个过程中，一方面承受和面对父亲生命的消逝，但其道却不因生命的消逝而消逝，所以能如此者，便在我；这既是出于子女的不忍之心，也是对父母和自己生命的一种整理。不忍之心不可禁绝，亲亲不忍之情，最可见天地生物之心。不忍之心贯穿生死，死方不是归于虚无和沉寂，才是向生的、有希望的。整理的依凭便是道、父之道。所以另一方面也是转化的过程，父之道、父亲的文化精神生命由父之生，转化为我之生、我之道，转化为自己的文化精神生命的依凭；则虽然我是我、父是父，然其生一贯、其道为一。这是死之生，死而又生。

三年之后，改与不改，既是在我，亦是在我所挺立和依凭的我之道。只有当我之生、我之道能新而又新、生生不息，父之生与父之道才能得到真正的延续；而只有当此生与道得到了真正的延续，我之生与我之道才不是茫然无所着落、依凭，才能又有新新与生生。此生之所以为生、死亦所以为生，生死之道由此可见。故言孝悌为理解生死一道之本始。②

---

① 朱子曰："道，犹事也。言道者，尊父之词。"（《朱子语类》卷二二，页510）事，则行与不行、改与不改必以道。然或伤亲，亦非父子之道，故必有度量权衡，而以孝为重，故又必以事见道也。如《论语·子张》曰："曾子曰：'吾闻诸夫子：孟庄子之孝也，其他可能也；其不改父之臣与父之政，是难能也。'"

② 此章固重于孝，但未必没有对父母的提醒，父在时子不专行，则子之言行父当担之。所以人之为父母，必使己之事合乎道，自己的文化精神生命方有生生延续的可能与应当。此意虽轻，但父之道，若为道，则重也。

（二）礼以贯始终

孝悌是人生死最切近的途径，要行于生死之间，则礼也。

> 孟懿子问孝。子曰："无违。"樊迟御，子告之曰："孟孙问孝
> 于我，我对曰'无违'。"樊迟曰："何谓也?"子曰："生，事之以
> 礼；死葬之以礼，祭之以礼。"（《论语·为政》）

此章以礼贯生死，可见人当如何恰如其分地理解和对待生死。一则，人
当以其为人来面对生死。即既不以某种高于人的角度，如所谓以天观
之，亦不以某种低于人的身份，如将人与动物等同，来面对生死，而以
为生死于人只是自然的过程，无甚大意义。若如此，人生命的尊严无法
挺立，便无法真正地尊重他人以及其他生命。或说儒家也认为由生到死
是生命自然的过程，但"自然"本身即蕴含意义与价值，所以人的生命
不只同于花草树木、鸟兽虫鱼之"自然"，还在于能将彰显与成就生命
中的意义与价值，承载与存续文化精神生命。

一则，人当在人伦中，以不同之位分面对生死。朱子曰："无违，
谓不背于理。"[1] "不背于理"，不只是不背于一个统一的道德原则，而
是在父子相处的每件事中，都在自己为子的位分上遵循事物之理；而其
不背于理，通过人事的节文表达出来，故父子答之以礼。合于礼，便是
恰如其分地对待生，亦恰如其分地对待死。礼不是自然生命的表达，而
是文化精神生命的表达，或者说这也正是人之为人的"自然"生命。那
么以礼事其始终，人之生命便流淌在父子之间未尝止息；继而通过葬
礼、祭礼，人之为人的生命则能温而又新，生命之道不断绝，虽死亦
生。故这是"尊亲之至"[2]，即作为人、以人的方式对待至亲的生命，
由此方能推而及远及于他人、他物，从而达到对生命的成就与最大的尊

---

① 朱子《四书章句集注》，页55。
② 朱子曰："礼，即理之节文也。人之事亲，自始自终，一于礼而不苟，其尊亲也至
矣。"（朱子《四书章句集注》，页55）

重。礼以贯生死，便可见生生不息之意。

那么在失去传统礼制的现代，我们如何理解礼，又如何以礼行于生死呢？

> 林放问礼之本。子曰："大哉问！礼与其奢也，宁俭；丧，与其易也，宁戚。"（《论语·八佾》）

> 宰我问："三年之丧，期已久矣。君子三年不为礼，礼必坏；三年不为乐，乐必崩。旧谷既没，新谷既升，钻燧改火，期可已矣。"子曰："食夫稻，衣夫锦，于女安乎？"曰："安。""女安，则为之！夫君子之居丧，食旨不甘，闻乐不乐，居处不安，故不为也。今女安，则为之！"宰我出。子曰："予之不仁也！子生三年，然后免于父母之怀。夫三年之丧，天下之通丧也，予也有三年之爱于其父母乎！"（《论语·阳货》）

俭、戚为礼之本，非为礼之根本，而既可谓礼之始，又可谓礼之质；人之所以不能仅以自然视生死，乃是人情之本然、不忍之心。礼之始便是人情之发，而又节于人情，不使过与不及事物当然之理；此意又贯穿于礼之中，如礼之骨子，故又谓礼之质。礼的根本是仁。如："子曰：'人而不仁，如礼何？'"（《论语·八佾》）儒家对仁的理解必自切近处入，夫子问宰我是否"安"，便是要他返其本心。人既当相信自己之为人的根本，本如源头活水，如君子之居丧便直是"食旨不甘，闻乐不乐，居处不安，故不为"；又当不断反省识别之，以免本心被看错或发而不当，如源流阻塞，如宰我之"安"。故仁不只是爱、不只是情；而当由爱之情不断向内探索，发明人之本心，以见其所以能爱与所以当爱。如此内求，如正本清源，方能使爱之情既能源源不断地发出，又能发得正且无过与不及。奢与易便是过，宰我之安便是不及，故不但要心安，其"心安"还要建立在"理得"上。这便是礼之本。若在当代礼文的意义已失，对礼之本的探求与树立则可成为以礼行于生死的根据。

"子生三年，然后免于父母之怀"，此所以"夫三年之丧，天下之通丧"，是在礼中体现生命与生命的关系，在生命与生命的关系中理解生死之道。故孔子责备宰我："予也有三年之爱于其父母乎！"生死之道即是仁道，仁灌注在生命之中，成就了人之生死；知返本以求仁道，则对生死之事的面对与对生死之道的理解，便在其中了。礼之本意味着我们应当从对理解自己的人性与人伦之道、来理解生死真正的意义；不是寻求一外在依托来支撑自己面对死亡，而就是在自己的生命中去寻求、在生命与生命的关系中去寻求。①

此两章还可见，孔子始终不离情言仁、言礼、言生死。我们不需抛弃与割断情感，不仅是因为我们正当由情感返本内求，更在于人面对死亡会恐惧、会悲伤、会痛苦，都是天生自然，是本心的自然流露而不容已者。如"子食于有丧者之侧，未尝饱也。子于是日哭，则不歌"（《论语·述而》）。故儒家不提倡抑制、消灭情感，也并不认为面对死亡是没有感情是对死亡的超越，而是疏导它、安放它，使它发得中正。面对至亲之丧，不忍之心不待思而全然发现，又有丧礼三年以节之、通之，使其情无过与不及。如"子游曰：'丧致乎哀而止'"（《论语·子张》）。这才是不违背人性的面对生死的态度。有情而不忘已逝之人，且生死皆以礼事之，则已逝之人的生命不因其死而断绝，此乃生生之道也。

三、实现生死一道之归宿——"事死如事生"

人们对于死亡的恐惧大概来自两个方面，未知或虚无。当虑及自己或所亲爱之人生命的终结，会发现我们不得不面对伴随而来的生活和生活之中与他们的关系在可感知层面的终结，以及这种终结所带来的缺

---

① 如果我们只是将自己的生命托付于外在于自己生命的存在，那么我们未必能真正的面对生死，未必能真正的安放好自己生活中的种种以及死亡。故子曰："非其鬼而祭之，谄也。见义不为，无勇也。"（《论语·为政》）鬼者，祖考；当祭之鬼非在自己生命之外，非其鬼则与自己的生命没有太大关系。祭之，乃上溯我之生，以礼见生之不息也。不将自己之生推脱于不当祭之鬼，勇于担当自己之生，方是人之道、生之道。

失、空洞与无力感。那么我们现在所正在经历的生命是否能够支撑自己面对这种恐惧，我们现在所正在经历的生活是否能够充实这种空洞，还是当人思及这个问题时，让我们的生命与生活被这种恐惧和空洞无力感所反噬，这是无论处在和平安逸还是颠沛流离的生活中的人们都需要面对的问题。

从道理上，儒家非不爱其死，但生当得其所，死亦当得其所；从人伦关系以及人和人之间的深厚感情上，儒家会认为畏死、爱死有其合情理的根据。如："子畏于匡，颜渊后。子曰：'吾以女为死矣。'曰：'子在，回何敢死？'"（《论语·先进》）那么当至亲至爱之人去世之后，所伴随而来的哀痛之情，只是自然而不容已。《论语·先进》记载了"颜渊死"四章：

> 颜渊死，颜路请子之车以为之椁。子曰："才不才，亦各言其子也。鲤也死，有棺而无椁。吾不徒行以为之椁，以吾从大夫之后，不可徒行也。"

> 颜渊死。子曰："噫！天丧予！天丧予！"

> 颜渊死，子哭之恸。从者曰："子恸矣。"曰："有恸乎？非夫人之为恸而谁为！"

> 颜渊死，门人欲厚葬之，子曰："不可。"门人厚葬之。子曰："回也视予犹父也，予不得视犹子也。非我也，夫二三子也。"

恸者，哀伤过也。夫子视颜子如子，颜子视孔子如父，颜子先死，孔子如老父送子；而颜子又孔子高徒，孔子视颜子为能传道之人，故言"天丧予"，孔子哀痛之情可想而知。旁人虽担忧孔子哀过而伤身，但孔子哀痛之情自然之发而不可扼，此乃情之正也。人面对生死的感情，有其自然而不容已者，不强抑制之，但又需礼以面对之、疏导之。颜子过世，孔子虽哀痛至极，但却坚持认为不该厚葬之，是礼，是志。正是因为孔子与颜子相互视为父子，便更应相待如父子；以礼相待，便是父之道、子之道一，而生死之理亦在其中。正是因为孔子与颜子师徒之情亲厚如此，故孔子不能无视颜子生前志向，只听任感情用事；以志贯生死，便是生死之道一。

"颜渊死"四章，可见儒家会如何面对死亡：以情之正、以礼，以道之传、以志之传，皆"事死如事生"（《中庸》）。"事死如事生"犹"未能事人，焉能事鬼"，如事生，非真事生，生死之别不可抹消，只是不以死断绝生之道。故礼有不同、情有所恸，皆以其宜事死；而继其志与道，便又见其生之道不断绝，而成就其死之道。

"事死如事生"如何？

> 祭如在，祭神如神在。子曰："吾不与祭，如不祭。"（《论语·八佾》）

我们既需面对、安放自己的死亡，也需面对、安放他人的死亡，"事死如事生"便是由生者安放死者，由生成就死之意义，在生者身上达成生死之一贯，从而继之而不已。事死，如前所言"事鬼"，逝去之亲人、远去之先祖皆当事奉之，但生死之事毕竟不同，故事之之方亦有别；如事生，既是有别，又可见其一贯，前所言"三年不改于父之道""生事之以礼，死葬之以礼、祭之以礼"是也。祭，祭先祖，事死也；如在，如其在、如其生也；祭如在可见"事死如事生"意义为何。[①]

如在，非但有其事，而是有如其在之心。程子曰："祭先主于孝，祭神主于敬。"朱子曰："此门人记孔子祭祀之诚意。"[②] 祭先祖之诚意

[①] 程子曰："祭，祭先祖也。祭神，祭外神也。"（朱子《四书章句集注》，页64）所谓"祭外神"，朱子曰："祭外神，谓山林溪谷之神能兴云雨者，此孔子在官之时也。"（《朱子语类》卷二五，页620）外神与先祖不同，本文暂不论。虽祭之仪式不同，但祭之诚心、如在之意则一。且祭外神，亦可见人与天地为一体。

[②] 朱子《四书章句集注》，页64。

即尽其一贯之孝心，故所谓"如事生"者，即是以如在之心祭之。言"如"则生死有别，但又继以一贯，由己之心与情，及于日常事务及礼仪祭祀，从而达于其"在"。"在"非生、非实在，而是某种"同在"，所谓至诚感格。朱子曰："这里尽其诚敬，祖宗之气便在这里，只是一个根苗来。如树已枯杇，边傍新根，即接续这正气来。"[1]"如在"并不是假设其在，也并非求其在、必其在。[2]"如在"与"尽其诚敬"为一，只有"如在"方能尽其诚敬，而尽其诚敬便是真正以自己的生命去体现自己与亲人、祖先的一体、一贯，所以"如在"。至亲之人去世了，但至亲与自己的关系确并未因此而消亡、改变，而诚敬之心便是不断地理解与体会这种生命的一体性；愈是孝，愈是在自己的生命与生活中感受到至亲对自己的意义、至亲于自己生活的参与；愈是诚敬，祖先之生命愈是在自己身上保存与延续。故而祭不止是体现了血脉的意义，或者说是通过血脉将人之为人的生命传承在每个生者，使人们能从自己身上感知到己与亲、人与人、生命与生命以至于万物之一体。所以夫子会认为"吾不与祭，如不祭"。可见，"事死如事生"，不只阐述了如何事死，也昭示了对生者的成就。

　　曾子曰："慎终追远，民德归厚矣。"（《论语·学而》）

此章既可见如何面对死亡，又可见其对人的意义。朱子曰：

　　慎终者，丧尽其礼；追远者，祭尽其诚。民德归厚，谓下民化之，其德亦归于厚。盖终者，人之所易忽也，而能谨之；远者，人之所易忘也，而能追之；厚之道也。故以此自为，则己之德厚，下民化之，则其德亦归于厚也。[3]

---

　　[1]　《朱子语类》卷二五，页619。
　　[2]　朱子曰："神之有无，皆在于此心之诚与不诚，不必求之恍惚之间也。"（《朱子语类》卷二五，页620）
　　[3]　朱子《四书章句集注》，页50。

慎终追远者，"死，葬之以礼，祭之以礼"，"丧，与其易也，宁戚"。慎终追远能有厚德之效，但非因有此效而有意为之，只是有当然不容已之情与理在其中。故慎终追远是生之道本身的体现与要求，及于人则孝。死而不废生之理，不以生命之结束废除生命的意义与价值。而死之道即生之道，在这个意义上，死因生而有意义。子女之孝、后人之慎终追远，便是对生之道的接续与再次的成就，此亦是生生不息之理。

死亡并非一抽象之事，死总是某人之死，或自己或他人。所以，我们总是要通过对某人死亡的安放，来安放死亡本身；慎终追远，便是对自己至亲之人及祖先死广的安放。而我们总要通过对生的安放来安放死；如前所谓朝闻道夕死可矣、杀身成仁、全其身等。这种安放总是要通向道理，即之所以能安放生命与死亡，是有对道理的理解与成就，方能由道理反过来达成一种真正的安放；如前所谓知生而知死、事人而事鬼等。如此我们才能够通过面对逝去的至亲之人与祖先，来完成对自己生命的成就与安放，即"民德归厚矣"。钱穆先生言：

> 儒家不提倡宗教信仰，亦不主张死后有灵魂存在，然极重葬祭之礼，因此乃生死之间一种纯真情之表现，即孔子所谓之仁心与仁道。孔门常以教孝导达人类之仁心。葬祭之礼，乃孝道之最后表现……明知其人已死，而不忍心以死人待之，此即孟子所谓不忍之心。于死者尚所不忍，其于生人可知。故儒者就理智言，虽不肯定人死有鬼，而从人类心情深处立教，则慎终追远，确有其不可已。曾子此章，亦孔门重仁道之一端也。[1]

最后，此章亦是就社会层面教人如何面对死亡的虚无。即不但是活着的人，以慎终追远的方式，来学会面对死亡以及思考生的意义。就另一个角度来说，只要在一个社会中，人们还是会慎终追远的，那么对于已终已远之人，死亡便不再是终结与虚无，生命之道总是在我们的后代那里

---

[1] 钱穆《论语新解》，页13—14，生活·读书·新知三联书店2002年版。

生生不息地延续下去。当死亡脱去虚无的威胁，人们当下的生命的意义与价值便随之浮现了出来。而要达成现实的可能，必要在社会层面进行道德之教化与礼制之成全，从而达成诚能"慎终追远"而"民德归厚"之结果，但这又是另一个话题了。

《关雎》中的声音

林小芳

声音在教化活动当中占有重要的地位，对此，最具代表性的表述，当属《礼记·乐记》中的"声音之道，与政通矣"，政治的好坏，完全可以通过考察其声音而得知：

> 治世之音安以乐，其政和；乱世之音怨以怒，其政乖；亡国之音哀以思，其民困。（《礼记·乐记》）

这是从已形之声推知其政治的状态，是政治塑成声音的一面。而此关系之所以能够成立，关键在于一个"感"字：

> 人心之动，物使之然也。感于物而动，故形于声……是故先王慎所以感之者。（同上）

人心感于物而动，感之正则动之正，其声和；感之邪则动之邪，其声乖。所以，对于所感源头的重视，是教化不可忽视的一个起始点，重视声音对政治的影响就是题中之义。

《关雎》作为诗教之始，其中的声音值得关注。如，《韩诗外传》引"钟鼓乐之"赞叹古时天子出入之钟鼓磬车、礼文度数，而言："此言音

声有和、物类相感、同声相应之义也。"① 我们知道，《韩诗外传》引
《诗》不拘其诗之本义，但也不离诗之本义，我们正可以通过其引诗之
例，更丰富对诗之本义的认识。引《关雎》"钟鼓乐之"赞叹天子的礼
文声律之中勾连着"音声相和、物类相感、同声相应"以至于成就礼
乐，也启发了我们对《关雎》中声音的想象，而这一点，后来的学者少
有关注。

在现有的研究当中，陈明珠从《关雎》之物象出发以阐发其背后的
政教建构，阐明琴瑟、钟鼓作为物象表达的意义。刘凯从《关雎》中的
禽声到钟鼓，以阐发自然之声始，到礼乐之声终，以见儒家诗教的礼乐
精神。柯小刚教授也提到《关雎》从自然之声到礼乐之声的转进，并强
调此正是"《关雎之改》"之义。② 声音从自然到礼乐，这算是诸位现代
学者的共识。

本文则通过"感"之一字的牵引，关注《关雎》中的正感正应给我
们树立的一种声教之典范。

一、以声相感

读《诗》伊始，《关雎》中的"关关"之声就划破遥远的时空，抵
达读诗人的心灵。关于"关关"的解释，《毛诗》言："和声也。"③ 是

---

① "古者天子左五钟、右五钟。将出则撞黄钟，而右五钟皆应之，马鸣中律，驾者有
文，御者有数。立则磬折，拱则抱鼓，行步中规，折旋中矩，然后太师奏升车之乐，告出也；
入则撞蕤宾，而左五钟皆应之，以治容貌，容貌得则颜色齐，颜色齐则肌肤安，蕤宾有声，
鹊震马鸣，及保介之虫无不延颈以听，在内者皆玉色，在外者皆金声，然后少师奏升堂之乐，
即席告入也。此言音声有和、物类相感、同声相应之义也。《诗》曰：'钟鼓乐之'此之谓
也。"（《韩诗外传》卷一，许维遹校释，页 16，中华书局 1980 年版）在这段对天子出行的叙
述当中，我们可以看到其中有文、有数，这是礼的体现；有钟、有鼓、有磬，这是乐的体现；
天子以礼而行、以乐而动，行中规、动中矩，然后得金声玉色，庶尹允谐。
② 陈明珠《〈关雎〉之大——〈诗经·国风·周南·关雎〉物象寻微》，《同济大学学报
（社会科学版）》2017 年第四期。刘凯《从"禽声"到"钟鼓"——〈关雎〉与儒家诗教的礼
乐精神》，《陕西师范大学学报（哲学社会科学版）》2010 年第五期。柯小刚《〈诗经·关雎〉
大义发微》，《江海学刊》2014 年第二期。
③ 毛亨传、郑玄笺、陆德明音义《毛诗传笺》，页 3，中华书局 2018 年版。

说雎鸠叫声是相应相合的，不是一只鸟"天地一沙鸥"般的孤鸣，也不是一群鸟"嘤鸣满枝"的喧闹，而是一雌一雄两只雎鸠的应答和鸣之声，这是同类相感之义。对于关雎究竟是一种什么样的鸟，诸家解释虽未必尽合，但皆以此种鸟为情意深挚、然而有别①。所以，作为《诗经》首篇《关雎》首要起兴之物，雎鸠的出现并不是随意的，而是因为它身上的这种德性。这种德性使我们联想到，雎鸠的相合之声没有急躁争抢、骄厉猛烈，也并不温吞迟缓、娇媚伏低，而是不同之中又充满力量且平和动人的，以至于读之足以兴起人之志意。

那么，为什么首先是声音呢？一般而言，这被归结为诗人作诗的起兴之法。除此之外，很重要的一点是，声音是打开空间的钥匙。就像"明月别枝惊鹊，清风半夜鸣蝉"，有声世界较之于无声世界，空间感是更强的。随着雎鸠的声响，那个"在河之洲"的意蕴空间就显现出来了。如刘凯所说："兴的意义在于营造出某种整体性的诗性氛围，开启出一个诗性的空间。因此，雎鸠在全诗中的出现虽然仅此一次，几乎只是在全诗开头闪现了一下就再也不见踪迹，但全诗却又似乎始终笼罩在雎鸠的飞舞和鸣叫之中。"② 雎鸠的鸣叫声，打开全诗的诗性空间而作为背景声始终存在，这是一种文学性的表达；作为意蕴空间，这种存在义不仅仅是提示了诗的情境，更作为一个背景，提示着整个世界的在场，也意味着人与物与世界的一体性。

"洲"，各家大都解为"水中可居之地"。这个地方，并不是日常生活当中我们可以随意通达之地，却又不是完全不能通达，只是想娶通达是莽撞不得的，须费一番工夫，它对我们散发出神圣性、吸引性，我们对它则有着敬畏与渴望。所以，"在河之洲"空出来的距离，也彰显出

---

① 《毛诗传笺》以为："雎鸠，王雎也。鸟挚而有别。"（毛亨传、郑玄笺、陆德明音义《毛诗传笺》，页3）朱子则以为："生有定偶而不相乱，偶常并游而不相狎……《列女传》以为人未尝见其乘居而匹处者，盖其性然也。"（朱子《诗集传》，页2，中华书局2017年版）陈明珠认为："（这种鸟）并不是一种婉媚可爱的小鸟，而是一种比较'严肃威猛'的鸟类……这种鸟在交配期'雌雄情意至'，但平日里却素有'棣棣威仪'的性情。"（陈明珠《〈关雎〉之大——〈诗经·国风·周南·关雎〉物象寻微》）

② 刘凯《从"禽声"到"钟鼓"——〈关雎〉与儒家诗教的礼乐精神》。

人与天、人与德性的关系，正所谓天地设喻而圣人成之。如同淑女和君子之间，很显然，这并不是一般的两个人，而一定是有德性的人。所以，同类相感除了基本的物类上的划别，还包涵了品格、德性上的划别。

"窈窕淑女，君子好逑"，《毛诗》曰："言后妃有关雎之德，是幽贤专贞之善女，宜为君子之好匹。"① 朱子取匡衡之说，曰："'窈窕淑女，君子好逑'，言能致其贞淑，不贰其操。情欲之感，无介乎容仪；宴私之意，不形乎动静。夫然后可以配至尊而为宗庙主。此纲纪之首，王教之端也。"② 又曰："妃匹之际，生民之始，万福之原。婚姻之礼正，然后品物遂而天命全。孔子论《诗》以《关雎》为始，言太上者，民之父母，后夫人之行不侔乎天地，则无以奉神灵之统而理万物之宜。自上世以来，三代兴废，未有不由此者也。"③

翟相君在《诗经新解》中，对"君子"一词进行了梳理与概括："'君子'在《诗经》中出现一百八十二次，涉及六十一篇诗。其中，国风二十篇，出现五十二次'君子'……《诗经》中的'君子'，多数可以断定为周王、诸侯、大夫、贤者。"④ "君子"指在上位者，应无疑问。

人与天、人与德性的关系和《诗》的联系，在《论语》中有很多表达。如"兴于《诗》，立于《礼》，成于《乐》"（《泰伯》），诗在培养德性的过程中起着重要的作用；如"不学《诗》，无以言"（《季氏》），诗是古人言语典雅之表现；如"人而不为《周南》《召南》，其犹正墙面而立也与"（《阳货》），面向墙壁而立之比喻，点出不学《诗》之逼仄、枯索，不得广大开阔之意，而精神不能发扬；又如"小子何莫学夫《诗》？《诗》可以兴，可以观，可以群，可以怨"（同上），则点出《诗》充满古人的生活，而为周身之延展。同时，《诗》《礼》《乐》三者连言，也

---

① 毛亨传、郑玄笺、陆德明音义《毛诗传笺》，页3。
② 朱子《诗集传》，页2。
③ 同上，页3。
④ 翟相君《诗经新解》，页5，中州古籍出版社1993年版。

意味着三者关系之密切，它们的共同指向，都是和君子人格的塑造联系在一起的。分开而言，《诗》发扬人之精神，《礼》规范人之气血，"成于《乐》"则是全体的一种提升；合而言之，则三者可以相互助成，只有发扬而无规范则流荡不返，只有规范而无发扬则固蔽枯索，只有发扬、规范而不能提升则不能得其中和。而这三者，我们都可以在《关雎》之中看到，是《关雎》之所以为大者。

《关雎》为《周南》之首，"君子"指周家之人当无疑问；而此乃称述周家王化之端始，这在经典当中也是常见的。如《中庸》谓："无忧者，其惟文王乎！以王季为父，以武王为子，父作之，子述之。武王缵大王、王季、文王之绪，壹戎衣而有天下，身不失天下之显名，尊为天子，富有四海之内，宗庙飨之，子孙保之。武王末受命，周公成文、武之德，追王大王、王季，上祀先公以天子之礼，斯礼也，达乎诸侯、大夫及士庶人。"以及《大学》《史记》等，累累称述周家。有德性之君子与淑女之相感，由雎鸠应和的挚而有别兴发连接，基于德性之感，才有可能达成正感。

《关雎》首章，由雎鸠的鸣叫，为我们打开了一个有人有物、有声有情、有德有礼的世界，这个世界当中，万物相感、物类相通。以雎鸠有应和之声而言，此雎鸠之感于彼此而动者；以人之闻雎鸠声而兴起而言，此人之感于物而动者：所动有不同，而动之者无不同。以动之者无不同而言，人禽无别而皆能相感；以所动有不同而言，禽与禽能相应，人与人能相通。这相应相通，无论在人在禽，皆有一番过程。此过程，在禽或寄乎天然，在人则有荇菜之参差不定、左右无方，人之辗转不定、寤寐时思。

对于这部分的解释，汉、宋之间差异巨大，郑笺解为后妃求贤女以与共己职而未得之悠思，朱子解为君子求淑女未得之悠思。如此不同的原因，有可能是政治思想的不同以致《诗》之用乃至《诗》之解发生不同。上博楚简《孔子诗论》有"《关雎》以色喻于礼""情，爱也。《关雎》之改，则其思益矣"之言，乃知此是自然之情，无此悠思，则不能见其情之深挚。

不过，于朱子之解，可稍加探寻的问题，是荇菜的象征义问题。荇菜是一种水生植物，《诗经》中的水生植物如苹、藻等，皆作宗庙祭祀之用。《毛传》亦言："后妃有关雎之德，乃能共荇菜、备庶物以事宗庙也。"[1]《礼记·昏义》中有曰："是以古者妇人先嫁三月。祖祢未毁，教于公宫；祖祢既毁，教于宗室。教以妇德、妇言、妇容、妇功。教成祭之，牲用鱼，芼之以苹藻，所以成妇顺也。"荇菜的意向指向宗庙祭祀应无问题，君子思淑女之以色喻礼之义，于此亦可见。

人不是禽兽，纯粹得天然之成就。以人心之欲动于此自然之迹，或坠于邪思妄念之中、出种种舛错谬行而不自知。人则于求而尚未得、声气之通不畅时不能不哀，但哀有不同，哀而以礼喻之而不伤，可见其正，正则通，通则应，同声相应而各得其宜。《礼记·乐记》有曰："知声而不知音者，禽兽是也。"人不如禽兽那般得天然纯粹之成就，须借于音之辅助以成就其正，此又恰为禽兽不能而人所能之者。

二、以音相应

万物能相感，物类能相通相应，皆因其同出于一源。《易·系辞下》曰：

> 天地氤氲，万物化醇。男女构精，万物化生。

唐文明教授疏解了各家对这句话的解释，他认为，思考"万物化醇"与"万物化生"之区别的一个关键，在于不能将"男女"理解为比较宽泛的雌雄牝牡或更为宽泛的阴阳二气，因为只有这样才有可能将"天地氤氲"与"男女构精"区别开，从而也才有可能将"万物化醇"与"万物化生"区别开。"天地氤氲"与"男女构精"确可统一以阴阳来解释，但这样的解释只能说明"天地氤氲"与"男女构精"的某种相同性，而

---

[1] 毛亨传、郑玄笺、陆德明音义《毛诗传笺》，页3。

不能说明两者的差异究竟何在，从而也不能说明"万物化醇"与"万物化生"的差异究竟何在。唐教授指出，"天地氤氲，万物化醇"是对人道既立之前万物被天地创造的那个阶段的刻画，指向一个宇宙万物初造时的完美状态；"男女构精，万物化生"是指人道既立之后在人的作用下宇宙万物发生变化的那个阶段，将之与人道既立之前的阶段区别开来。由此，"万物化醇"与"万物化生"的差异，可以通过与气化、形化的对应关系显现出来。[①]

这一对应关系，和唐教授所述人道既立之前、人道既立之后这种区分还是不太一样的，因为这一对应合天地人物而言，其实并未特别突出作为人的男女的意思。但是，把人道的意思引进来，我认为也是可以解释得通的，因为这句话在最初说出的时候，人道的意思就已经在了。不过，人道既立之前和人道既立之后的对应本来即在天道当中，所以，不是不能将"男女"理解为比较宽泛的雌雄牝牡或更为宽泛的阴阳二气，而是要各自见得出来为阴阳、为乾坤、为雌雄、为牝牡、为男女，万物各当其位。以阴阳而万物相感，以乾坤而物类相通，以雌雄、牝牡而同声相应，而以男女则能琴瑟友之、以为音声相和。

琴瑟的物象在《诗经》中经常出现。有一个人时的弹奏，如《唐风·山有枢》"山有漆，隰有栗。子有酒食，何不日鼓瑟？且以喜乐，且以永日"；有见到朋友时的弹奏，如《秦风·车邻》"阪有漆，隰有栗。既见君子，并坐鼓瑟"；有会聚宴饮时的弹奏，如《小雅·鼓钟》"鼓钟钦钦，鼓瑟鼓琴，笙磬同音。以雅以南，以籥不僭"，《小雅·鹿鸣》"我有嘉宾，鼓瑟吹笙；吹笙鼓簧，承筐是将……我有嘉宾，鼓瑟鼓琴；鼓瑟鼓琴，和乐且湛"；有祭礼时的弹奏，如《小雅·甫田》"琴瑟击鼓，以御田祖。以祈甘雨，以介我稷黍，以穀我士女"。从琴瑟出现的这些地方可以看到，瑟有单独弹奏的时候，或是在范围比较小的场合下弹奏；而场面只要稍微大一些的地方，往往琴、瑟、鼓、钟、笙、

① 唐文明《气化、形化与德化——周敦颐太极图再论》，《清华大学学报（哲学社会科学版）》2021年第四期。

簧、磬等多种乐器合奏。另外，如《郑风·女曰鸡鸣》"琴瑟在御，莫不静好"，《小雅·常棣》"妻子好合，如鼓琴瑟"，这自是因琴瑟之音而延伸作比了。

这些都是明白指出的地方，若《诗经》各篇本为乐歌，那每首诗的背后都有乐曲了，《诗经》中的生活世界，是浸润于乐声当中的，以至于《鄘风·定之方中》说："定之方中，作于楚宫；揆之以日，作于楚室。树之榛栗，椅桐梓漆，爰伐琴瑟。"宫室初定，即备琴瑟之材，真可谓国与乐同在。无怪乎《礼记·曲礼下》有云："士无故不撤琴瑟。"而董子亦言："圣王已没，钟鼓管弦之声未衰。"（《汉书·董仲舒传》）在这个礼乐世界当中，一切各有其序列与位次，如同乐器之"八音克谐，无相夺伦"（《尚书·尧典》），人物亦各有其位，物得其理、人得其伦即合于礼乐。

琴瑟之喻，为阴阳之比。莫不有阴阳，而阴阳各不同。《史记·外戚世家》云：

> 《易》基乾坤，《诗》始《关雎》，《书》美釐降，《春秋》讥不亲迎。夫妇之际，人道之大伦也。

在人伦的世界里，夫妇作为人伦之始的意义，在《关雎》为始中得到底定。《史记·孔子世家》以《关雎》为风之始，《鹿鸣》为小雅之始，《文王》为大雅之始，《清庙》为颂之始。风、大雅、小雅、颂，其诗体是不同的，《大序》中本有非常清晰具体的意旨，而这四种诗体之中以风为首，是为四始；而风之首为《关雎》，各体之诗有其始，而《关雎》又为四始之始，以此，《关雎》为《诗经》之始、为《国风》之始。风者，上以劝下，下以讽上，风以动之，教以化之，《关雎》既为风始，则为教化之始。谓其"风天下而正夫妇"，则《关雎》为人伦之始，据此以知夫妇之义在教化中的地位。如程子言：

> 必有《关雎》《麟趾》之意，然后可以行《周官》之法度。①

此所以可言，盖因对阴阳的承载莫有能重于此者。前引匡衡之说，把夫妇之事、婚姻之礼与天地万物相联系，强调人宜顺天之则、正婚姻之礼，亦与此义相通。在上者之婚姻，更是要准之天地，才能顺奉天命、统理万物使各得其宜。如果男女对天命有真正的领受，正可以如《中庸》所言："君子之道，造端乎夫妇；及其至也，察乎天地。"

男女之感相比于禽兽之感，感之源头虽没有不同，但因人心之能，对于感的反应则可以通过音乐加以成就，这是对感应之道的一种揭示和深化。这种深化，涉及对男女之道的反思，又不限于此，这一点，古人有更深的感悟。《韩诗外传》有曰：

> 《关雎》至矣乎！夫《关雎》之人，仰则天，俯则地，幽幽冥冥，德之所藏，纷纷沸沸，道之所行，如神龙变化，斐斐文章。大哉《关雎》之道也，万物之所系，群生之所悬命也，河洛出图书，麟凤翔乎郊。不由《关雎》之道，则《关雎》之事将奚由至矣哉？夫六经之策，皆归论汲汲，盖取之乎《关雎》。②

《关雎》的认识，深入天地、道德、万物、群生，由此之感应的背后，有着更深的原理。唯有对此原理有洞见，正感正应才可能达成。感应的重点虽始于男女，却不限于男女。在人的世界当中，男女之义呈现乾坤之道，天地定则万物正，男女正则人伦定。《序卦》云：

> 有天地然后有万物，有万物然后有男女，有男女然后有夫妇，有夫妇然后有父子，有父子然后有君臣，有君臣然后有上下，有上下然后礼义有所错。

---

① 黎靖德编《朱子语类》卷九六，页 2473，中华书局 1986 年版。
② 《韩诗外传》卷五，页 164。

夫妇之义为人伦之首，此实关系重大。禽兽亦能相感，但其始终只有雌雄之意；男女能结为夫妇、成就婚姻，由此有家庭、国家、社会、天下，实开启人之生活的重要基点，而一切人类的事情以此为基点一一相联结，有了父子之亲、君臣之义、上下之分，这是人的世界；更由此反观世间万物，草木、鸟兽、虫鱼等也得到认识与安放，天地得以昭显出其自然之礼乐。如《韩诗外传》又言：

> 《关雎》之事大矣哉！冯冯翊翊，自东自西，自南自北，无思不服。子其勉强之，思服之。天地之间，生民之属，王道之原，不外此矣。子夏喟然叹曰："大哉《关雎》！乃天地之基地。"《诗》曰："钟鼓乐之。"①

以《关雎》为天地之"基地"，是由于"天地之间，生民之属，王道之原，不外此也"，"基地"，基础、基点、基本之意思皆有。从基础来说，天地之间若不由阴阳之道，则不能生生化化、繁育群生，这是《关雎》利物遂生之道；从基点来说，生民之属若不由乎男女之道以定人伦，则不能辨人道，不能了解天之所以赋予人者，遂天道一并不能识之；从基本来说，人之能成就天道，实亦可能背乎天道，王道之原若不由乎天道正理，则不得其成。此《关雎》之大，而所以"无思不服"。

三、礼乐相资

《关雎》尾章，"流之""采之""芼之"，"求之""友之""乐之"，释义上看差别不大，仔细看，有自然递进的意味在里面。又，"琴瑟"与"钟鼓"，是小乐与大乐，也是友爱之意与和平之极的不同承载，还是"采之""芼之"的意象示意。《论语·八佾》所言"《关雎》乐而不淫，哀而不伤"，此中正平和之意自是贯穿全诗，然细分起来，如果二、

---

① 《韩诗外传》卷五，页165。

三章重点体现"哀而不伤"的话，四、五章则重点体现出"乐而不淫"，一种节制的意味贯穿于求而未得与求而得之之中。另外，此章最后结之以钟鼓大乐，夫妇之事从始至终得一种照应，全在一片礼乐之中。

《荀子·乐论》谓："君子以钟鼓导志，以琴瑟乐心。"钟鼓、琴瑟有不同之用，而皆助成礼乐。陈明珠言："如果说第四章的'琴瑟友之'更倾向于个体志意情感的自修和沟通，到了第五章以通常用于天地、鬼神、先祖之祀典的'钟鼓乐之'，是在时间和空间层面的极大充扩。前此作为有限时间和空间中之个体的君子和淑女，进入这盛大的礼乐世界，融入广大无限的时间、空间，与天地万物以及鬼神、先祖共在。"① 琴瑟助于个体之间的沟通，钟鼓礼乐则沟通天地、鬼神、先祖，人由此突破有限、融入无限当中。

从全诗的展开来看，我们先是听着声音进入了天地的世界，开始的时候是声与声之相应，是"鸟鸣山更幽"；这天地世界的感应反应于人之身，突显于男女夫妇，是音与音之相合；接着，钟鼓响了起来，宾列就位、君臣伦秩、礼乐相资，条理纷呈、万般祥和的世界在我们眼前明晰起来。从来都是这一片世界，虽关注重点会因其所动而焦点转换，但不会被割裂，人所看到的是整全当中的突出、突出背后的整全，万物始终相连相共，而之所以能有这样的效果，和礼乐的制作有莫大的关系。

《礼记·乐记》言：

> 若夫礼乐之施于金石、越于声音、用于宗庙社稷、事乎山川鬼神，则此所与民同也。

礼乐之制，原是本乎人情的，因人的声音、动作、性情皆由中而出，同时又受诱于外物，内外之间如不能有自正自立之兴意与礼文节律之规范，则亦使人流于邪气、乱于行为，而致天地人物之错位，所以，对于一切人之所发动处，皆规范之以礼乐。而对于声音，又有特别的关注。

---

① 陈明珠《〈关雎〉之大——〈诗经·国风·周南·关雎〉物象寻微》。

情发于声，声与政通，声音入人深、化人速，不好的声音使人放辟邪耻，好的声音则使人平和安宁。先王有感于此，对各种乐器发声的特点皆加以有效运用，以象天地、日月与星辰，使之导志乐心；以礼配乐之数目节奏，礼乐相资，使人声气之接，俯仰进退、往来屈伸皆合于度数，不使破坏"人受天地之中以生"而与天地相通者，又使其合于四时、顺于理义，以谐宁家邦、移风易俗。所谓"所与民同"，是说礼乐之制成，"用于宗庙社稷、事乎山川鬼神"与民同之，而让其沟通上下之间、家门之内、人我之间以及物我、天神、人鬼之间，形成万物皆向彼此流淌无碍的相感、相通、相成的关系。

人常常只能意识到礼收束、约束的一面，而忘记其发畅条顺的一面。《关雎》最终给我们展现的和谐世界，也让我们想起《尚书·益稷》当中的景象：

> 夔曰："戛击鸣球、搏拊、琴瑟以咏。祖考来格，虞宾在位，群后德让。下管鼗鼓，合止柷敔，笙镛以间。鸟兽跄跄，《箫韶》九成，凤凰来仪。"夔又曰："於！予击石拊石，百兽率舞，庶尹允谐。"

在圣王治下，有这样和谐的景象，人与天地世界的感通在这里得到实现。

《庄子·齐物论》区分人籁、地籁与天籁，以为人吹器乐所发之声为人籁，风吹众窍出声为地籁，而不借助于任何外力、只凭借自身者为天籁。我们权且借用庄子此说，则《关雎》中的声音，纯乎为自然者之"关关"为地籁，以著人情者之"琴瑟"为人籁，以顺乎天地人物者之"钟鼓"为天籁。地籁厚重质朴，承载万物；人籁有情有理，活泼灵动；天籁清通高远，和乐安宁。但这其中，天、地、人却并不相分，人而连接天地，地籁与天籁既相成相对，人籁与地籁、天籁又相连相贯。

礼乐是用来感通、沟通的，是用来唤醒人的更深刻存在的。刘凯言："礼乐将一开始以自然感发为基础的诗意空间转化为以礼乐为精神指向的人文世界，由此，自然性的感发才会延伸为个人性的琴瑟相和，并最终转化为伦理性的钟鼓之音。正是在这样的人文世界之中，才会有君子人格的生成，诗也才真正体现出所谓'诗教'的内涵。"① 在《关雎》的展开当中，从头至尾有一种从自然到礼乐的变化，这是此处已说到的。而如果站在结尾看开头，则先前之自然的，也在礼乐当中，不离乎礼乐的羁系。这里，有着对作为自然之人与作为人文之人的深刻洞察，对人的提升，必须基于自然之理，此正所谓恒常之道。在人文世界中成就君子人格，这当然是"诗教"的一个方面；同时，人文世界也是由圣土、君子肇端发始，创立维持。所以《礼记·乐记》又说：

> 故圣人作乐以应天，制礼以配地。礼乐明备，天地官矣。

能够制礼作乐，是因为圣王有圣德，可以得天下之理、感天下之心、通天下之志。

古人有"感生"之说，以为先圣乃天人交感而生。此虽是神话传说，但也表明古人与天之距离较后人为近；也有"天生"之说，亦足见天在古人心中的重要地位，同时见出先圣德业之盛而难以名状，非以天名之不可。这也显示出天和先圣之间的相成性，天生圣，圣赞天。但天不是人，人不是天，何以能够相成？这正是通过成德得以实现的，天有天德，人得天德而与天为一，此非圣不能；而有天德之人，可以效天生生之德以协理群生，实现至善之天志。

前文论及《关雎》作为《周南》之首，乃称述周家之德者。本文通篇虽然是从"感"字下手，通过它的牵引去感受和体会万物相感、物类相通而又条理灿然的世界，但是，在"感"字背后，我们也一直在强调，只有基于德性，其感其应才可能是正大不失的；而德性有其更深刻的根源，出于天道天德，这是构筑礼乐世界的根基，非圣不能。因为《关雎》的感应之正，所以我们通过追寻它的声音之谜，来了解之所以

---

① 刘凯《从"禽声"到"钟鼓"——〈关雎〉与儒家诗教的礼乐精神》。

能如此其背后的原因，这样，我们也就能够理解《中庸》"声色之于化民，末也"，以及"'德辅如毛'，毛犹有伦；'上天之载，无声无臭'"的说法。声色于民，有正乐雅乐与郑卫之音的差别，而只有基于德性，声音才可以得其正面意义，所以，德性的作用不可忽视。

《关雎》从禽声到琴瑟之声再到钟鼓之声，声与声之间起承转合、层层升进，最后，教化得成，声音却仍洋洋盈耳。声音之道与政通，读《诗经》，从《关雎》到《文王有声》，也就可以明了《关雎》声教意义之所在。

从二南与郑卫之音的对比看古今
对待男女之情的不同

张新瑞

从古至今，男女之情都是人们关注的热点，究其原因，一在于爱情自身的美好，二在于有了美好的爱情可使家庭生活幸福圆满。但古人与今人对男女之情的理解，却有着不同的倾向。现代人对男女之情的看重似乎较古人更甚，但现代的爱情观却无法保证婚恋中的男女以正确的态度处理这份感情，也无法保障家庭生活的幸福美满。有时候，爱情不仅未能使人变得更美好，反倒极具破坏性，对自己的生活乃至家人反过来造成伤害的情况也时有发生。面对这些问题，我们有必要从古人身上汲取养料，看看他们是如何理解与对待男女之情的。

《诗经》中有许多关于男女之情的诗篇，对此，现代学者也从各种不同的角度提出了不少看法，但是可以说，现代人在阅读《诗经》时，总体倾向于将二南与其他各风中所体现的男女之情等同视之；而当我们将现代人的爱情观念暂且搁置，去深入体会古代对于《诗经》的普遍理解，就会惊奇地发现，古人对二南中所体现的男女之情的看法与对其他各风并不相同，甚至，如对郑卫之风中所表现情感的态度还会截然相反。由此我们会发现，面对《诗经》，今人和古人似乎很难达成共识。但我们必须问的是，古人看待二南与郑卫之风中男女之情的态度为什么会有这样的反差？古人和今人对待这个问题的看法又何以会出现如此巨大的差异？当我们尝试去理解这种差异，可否从中找到解决现代爱情观所带来的人内心不安问题的出路与办法呢？我们有必要尝试搭建一种沟通古今理解《诗经》所展现的男女之情的桥梁，借以反思现代爱情观念中的缺失，进而寻找解决之道。

一、善者可以兴，恶者可以戒

在《诗经》的诸多现代注译中，多对譬如二南中的《关雎》《桃夭》，郑风中的《子衿》《野有蔓草》等"爱情诗篇"中所展现出的真挚的男女之情持褒扬态度，所赞扬的也是恋爱中的男女所表现出的不被束缚、热烈、大胆地对爱情的追求。而在《诗经》的注疏传统中有一种区分，即以二南为正风，以其他国风为变风，一正一变，关系到对男女之情的性质、态度便不同。

本文主要从朱子《诗集传》的角度来领会古人对待男女之情的态度。与《诗经》的其他经典注解例如《毛诗郑笺》等有不同，朱子解《诗》的立场与角度，更适合我们去寻求对男女之情问题的答案。如，《毛诗郑笺》认为：

> 风，风也，教也。风以动之，教以化之。①

倾向于从自上化下的角度来解《诗经》，更注重教化之意。朱子则不然，其曰：

> 凡《诗》之言，善者可以感发人之善心，恶者可以惩创人之逸志，其用归于使人得其情性之正而已。②

在回答"《诗》所以教者"这一问题时，朱子更认为：

---

① 毛亨传、郑玄笺、陆德明音义《毛诗郑笺》，页1，中华书局2018年版。
② 朱子《四书章句集注》，页53，中华书局2012年版。

诗者，人心之感物，而形于言之余也。心之所感有邪正，故言之所形有是非。惟圣人在上，则其所感者无不正，而其言皆足以为教。其或感之之杂，而所发不能无可择者，则上之人必思所以自反，而因有以劝惩之，是亦所以为教也。①

在朱子看来，《诗经》内容有善有恶，善者可以使人兴起好的感动，恶者也并不会使人效仿其行，反而会引以为戒。可以看出，朱子更倾向于以个人角度去体会《诗》之所兴。所以，从朱子的角度入手，可以更好地针对现代人内心不安的问题，帮助他们追寻不安的根源，还可以指导他们更好地调整自己的性情，使性情归之于正。

在十五国风中，若说二南所呈现出的"挚而有别"的男女之情，正体现了"善者可以感发人之善心"，那么，郑卫之风表现出的却是一种"挚而无别"的男女之情，恰恰体现了"恶者可以惩创人之逸志"的一面，正因如此，做出一种正风、变风的区分，是极有必要的。

朱子斥郑卫之音为"淫诗"，所谓"淫者，乐之过而失其正者也"②。淫诗的作者自身，先陷入一种"乐之过"的狂热感情当中而无以自拔，以至是非不分、善恶难辨；倘若读者再效仿追随，则不仅不可得其性情之正，反而会使性情偏离正道，甚至亦走向极端，最终自甘堕落。而《诗经》之所以存此"淫诗"之类，意在使人引以为戒，亦即起一种"恶者可以惩创人之逸志"的教化作用。

朱子还对郑卫之诗有一种总体性的评判：

郑、卫之乐，皆为淫声。然以《诗》考之，卫诗三十有九，而淫奔之诗才四之一。郑诗二十有一，而淫奔之诗已不翅七之五。卫犹为男悦女之词，而郑皆为女惑男之语。卫人犹多刺讥惩创之意，而郑人几于荡然无复羞愧悔悟之萌。是则郑声之淫，有甚于卫矣。

---

① 朱子《诗集传》，页1，中华书局2017年版。
② 朱子《四书章句集注》，页66。

故夫子论为邦，独以郑声为戒，而不及卫，盖举重而言，固自有次第也。"《诗》可以观"，岂不信哉！①

郑卫之诗之淫，不论是从数量，还是从内容上，都为各风之甚，而郑更甚于卫。故而可说，二南与郑卫之音所显示的男女之情，乃是两个极端，将此两方面进行对比，形成的观感会更具张力。

二、挚而有别与挚而无别

若要正面理解《诗经》中为朱子所认可的男女之情，要从正风二南入手，而《关雎》又为整部《诗经》、为二南、为周南之冠，孔子对其已有"乐而不淫，哀而不伤"（《论语·八佾》）的论定之语，朱子也认为"学者姑即其词而玩其理，以养心焉，则亦可以得学《诗》之本矣"②，故而可以《关雎》为突破口，来探究其中的男女之情如何为善而足以兴发人的。

读《关雎》，都会被这首诗所展现的情景所感动，感慨于诗中男子对女子的深情到了"寤寐思服""辗转反侧"的地步。由此，我们进一步思考：为何这位男子能对这位女子深情到如此地步？这位女子有何打动这位男子之处？在朱子的注释中，这位女子呈现一种"幽闲贞静之德"③，"此人此德，世不常有"④，强调的是一个"德"字。所谓"幽闲贞静"，同样也包含女子之美之意，但"美"字在这里却不单独出现，而必与"德"字作一种共同彰显。那么，对"德"的要求，又是如何落实于《关雎》一诗男女之情中去的呢？

《关雎》首章，以相与和鸣于河洲之上的雎鸠，来兴起窈窕淑女与君子之善匹。雎鸠所体现的情，在于：

---

① 朱子《诗集传》，页 88。
② 同上，页 3。
③ 同上，页 2。
④ 同上，页 3。

"生有定偶而不相乱，偶常并游而不相狎。"故《毛传》以为"挚而有别"。

朱子引《毛传》而后，解释"挚"字曰："言其情意深至也。"[1] "挚"代表男女双方有着十分深厚而真挚恳切的情谊。在《关雎》一诗中，这种"情深意至"可体现于君子对淑女求而不得时的"寤寐思服""辗转反侧"，与求而得之时的"琴瑟友之""钟鼓乐之"。在未能成匹之时，君子对淑女的求娶之意已经到了卧不安席、夜不能寐的状态；在求娶之后，则以琴瑟与钟鼓亲爱而娱乐之，表现出彼此之间情谊深厚、相与和乐。需要注意的是，在未婚与已婚时，彼此虽都有着深厚的情感，但这种情感的表现却并不相同：未婚时，对对方是一种才德上的仰慕之情，从而希望与之匹，但双方并未有任何非礼之举；婚后，经过双方长时间守礼而亲密的相处，共同承担家庭职责，从而生发了深厚的情感。

现代人对"挚"字的理解同样也会强调诚恳与真挚，却可能限于某种"单相思"。例如，程俊英《诗经译注》认为，《关雎》是一位贵族青年热恋采荇女子的诗，"全诗集中描写他'求之不得'的痛苦，只能在想象中与那位女子亲近、结婚"[2]。这位贵族男子的深情虽令人感动，但女子方面却无任何呼应，仅有一方的深切情谊及求而不得的痛苦，这份情感，只能说是不完美、有所缺失的。

古人在解"挚"时，还看重一个"别"的意思。如果说，情之"挚"对应于雎鸠的"生有定偶""偶常并游"，那么，"别"对应的则是"不相乱""不相狎"，朱子谓此曰：

言其相与和乐而恭敬，亦若雎鸠之情，挚而有别也。[3]

这意味着，男女双方虽彼此情谊深厚，相处时仍须以礼相待，和乐而不

---

① 朱子《诗集传》，页2。
② 程俊英《诗经译注》，页3，上海古籍出版社2004年版。
③ 朱子《诗集传》，页2。

失恭敬。相思相恋不能得见而"寤寐思服""辗转反侧"，却"哀而不伤"；有情人终成眷属而"琴瑟友之""钟鼓乐之"，却仍"乐而不淫"。无论哀思，还是欢乐，情感的抒发都不过度，皆发而中节。情真意切却不违男女之别之礼，这就叫"挚而有别"，是男女之情所呈现出的最好样态，是德性落实于男女之情的展现。"挚而有别"必定取决于男女双方之德行，能做到"挚而有别"，也就成为诗中所称颂的"君子""淑女"。不过，这里的"君子""淑女"却可能不是泛称，而是有所特指，这对我们理解整篇诗旨有重要的意义。

从现代人眼光看，郑卫之风中"男悦女""女惑男"之诗较之于《关雎》所代表的二南，甚至更会为他们所认可。如果以一种现代爱情观加以看待，郑风中真挚的男女之情也很能打动人，现代人会为男女双方"冲破礼教束缚"聚在一起而感动。现代人崇尚自由，爱情至上，人人希望自己能拥有一段或几段刻骨铭心般的爱情，不是有"生命诚可贵，爱情价更高"吗？不但男子思慕女子如此，女子思慕男子亦是。那么，古人，如朱子，何以会以"女惑男"来形容郑风中的许多诗篇并加以贬抑呢？

可以用《野有蔓草》为男悦女之诗之例："野有蔓草，零露漙兮"，描写了男女在野田草露之间相遇的情景。男子先描写女子之美，"有美一人，清扬婉兮""有美一人，宛如清扬"，继而说与女子"邂逅相遇，适我愿兮""邂逅相遇，与子偕臧"，虽然言辞颇为优美动人，却不外是一种男子为女子容颜所动从而一见钟情的事实。在野田草露之地，男子所适之愿未免非分之想而恐有非礼之嫌，通篇所显示的只是男女无别、滥情滥性，这便是挚而无别的男女之情，与二南之"挚而有别"完全不可同日而语。

再以《褰裳》为女惑男之诗之例："淫女语其所私者曰：子惠然而思我，则将褰裳而涉溱以从子。子不我思，则岂无他人之可从，而必于子哉！"[①] 在此，男女相处所应遵循之礼已荡然无存，惟余男女之间的

---

① 朱子《诗集传》，页83。

苟且滥情滥性。淫女还反复挑逗警告，"子不我思，岂无他人""岂无他士"，亦即，男子并非其唯一，若不悦于己，必会另寻他人。女子称呼男子为"狂童"，亦极其轻浮。男女之情挚而无别，一事一时苟且，则事事时时苟且，不可收拾，完全不可与二南的情感方式相提并论。

综上可知，郑风中，不论是男悦女之诗，抑或女惑男之诗，诗中之人所看重的根本不是对方的德性，其情之发，仅限于容貌之类；至于女惑男之诗，较之于男悦女之诗更是薄谅与不专，故朱子以"惑"而不以"悦"说之。男悦女，若女子能如《汉广》中之"端庄静一"、以礼自守、凛然不可亵慢，则男子必不期然而升起敬重之心，虽挚爱而亦能有别；可一旦女惑男之如《搴裳》，淫女既自甘堕落而无救，男子亦只可沦为一"狂童"而已。所以，男女之情的挚而无别，使得双方情感在一开始便失去了德性的稳固根基，看起来疯狂而热烈，却必难以专一与持久，这种男女互悦之情较之二南所体现的"挚而有别"之情，实在是有天壤之别。

三、德以成情与情以败德

前谓《关雎》中的"君子""淑女"并非泛指，朱子明确以"淑女"为大姒、"君子"为文王。朱子之所以做出这个判定，一是由文王、大姒德行之至善与影响之广，二是因为《关雎》在二南中所处的首要地位。

"窈窕淑女，君子好逑"，朱子解以"窈窕，幽闲之意；淑，善也"。大姒之"善"，表现为"幽闲贞静之德"，可谓圣女。"幽闲"，意味着大姒恭敬之时所表现出的状态，其德对应于关雎处，则是挚而有别。大姒在面临文王的追求时，虽亦有情于对方，但"情欲之感无介乎容仪"，不因情而将自己置于慌乱之地；在与文王结两姓之好后，又能"宴私之意不形乎动静"[1]，其乐又能以琴瑟与钟鼓表达而不越矩，礼仪合度。

---

[1] 朱子《诗集传》，页2。

在两人之间，文王虽是主动追求的一方，但大姒亦有愿与之匹而为天下率的意愿。二人未婚前，彼此所有之情并非私情，其情至公至正；婚后，其情更是安放在人伦之中，不掩其他，担负起了各自的职责。不仅大姒"此人此德，世不常有"，文王之德亦是如此。诚如《诗·大明》所谓：

> 天监在下，有命既集。文王初载，天作之合。在洽之阳，在渭之涘。文王嘉止，大邦有子。大邦有子，伣天之妹。文定厥祥，亲迎于渭。造舟为梁，不显其光。有命自天，命此文王，于周于京，缵女维莘，长子维行。

大姒与文王喜结两姓之好，则文王"惠于宗公，神罔时怨，神罔时恫。刑于寡妻，至于兄弟，以御于家邦"。而"大姒嗣徽音，则百斯男"（《思齐》），真可谓"此人此德，世不常有，幸而得之，则有以配君子而成内治"[①] 也。

所以，朱子所理解的《关雎》，是树立起文王与大姒所体现的男女以至夫妇"挚而有别"的至善之情的典范，以为众人的楷模而风化天下。朱子说：

> 天下之治，正家为先。天下之家正，则天下治矣。二南，正家之道也。陈后妃、夫人、大夫妻之德，推之士庶人之家，一也。故使邦国至于乡党皆用之，自朝廷至于委巷莫不讴吟风诵，所以风化天下。[②]

文王、大姒齐家而家齐，为生民之始，担教化万民之责，故而在他人身上亦有可能被其化而体现出"挚而有别"的特点。

---

① 朱子《诗集传》，页 3。
② 同上，页 22。

从最一般意义上或许可以讲，《关雎》将男女有别之德贯穿于男女之情当中，充分地展现了以德性为基底的男女情爱之善：未婚嫁时，男女青年皆自修其德，双方思慕对方而不得，亦"哀而不伤"；婚嫁既成，其乐又不耽于狎昵，即"乐而不淫"。这样的男女之情，便可谓之"挚而有别"。

这一点，在《召南》诗文中便可见出。譬如，《鹊巢》乃"南国诸侯被文王之化，能正心修身以齐其家；其女子亦被后妃之化，而有专静纯一之德。故嫁于诸侯，而其家人美之……"①，此诗之意，犹《周南》之有《关雎》也。诗中不仅显示了"百两"迎送之景，且"御、将、成"之礼与"居、方、盈"之情相呼应，更彰显出情礼一体之美好。《采苹》乃"南国被文王之化，大夫妻能奉祭祀，而其家人叙其事以美之"②，婚后，大夫之妻操持家务，采苹、采藻而以之祭祀，祭祀时又"少而能敬"③，可见其质之美以及在家庭中的作用与价值，在她的主持下，家庭井然有序而又不失和乐之感。《汉广》乃"文王之化，自近而远，先及于江汉之间，而有以变其淫乱之俗。故其出游之女，人望见之，而知其端庄静一，非复前日之可求矣"④，女子从不以礼自守到可以使人望之便知其有凛然不可侵犯之意，由此可见，女子自有操守，不但不会使人看不起，反而更能兴起他人的尊重之意，从而为其德性所折服，对其情感更显庄重而不轻浮。

所以，正是因为女子自身所表现出的德行，能够以礼自守，他人才会对其产生敬重亲爱之意；而单纯的容貌之美固然可以悦人之目，但若缺失了内在心灵之美与德行之美，那么，无论美丑，都必会遭人嫌弃与憎恶。这就是为什么"美"在朱子这里必与"德"共同彰显，方为真美，所谓"真善美"，惟善才真才美。

综上可知，朱子将二南中的男女之情与修身、齐家、治国、平天下

---

① 朱子《诗集传》，页 13。
② 同上，页 15。
③ 同上，页 15。
④ 同上，页 9。

联系起来，男女双方应以修身为本，在双方德行基础上方能成就正当的、"挚而有别"的男女之情，以至成就长久和谐、幸福美满的婚姻与家庭生活。而且，在不同的人身上，虽由德性所成就的"挚而有别"的男女之情是共同的，由此所关乎的责任与影响，却还是存在大小的不同：在天子，关乎天下的纲纪与教化；在诸侯，关乎一国的教化；大夫，关乎一家之地的教化；等等。由天子而下，如《中庸》所谓：

> 君子之道，辟如行远必自迩，辟如登高必自卑。《诗》曰："妻子好合，如鼓瑟琴；兄弟既翕，和乐且耽；宜尔室家；乐尔妻帑。"子曰："父母其顺矣乎！"

至于教化大成，庶民百姓皆乐其情之"挚而有别"，婚嫁及时，"男有分，女有归"（《礼记·礼运》），"乐其乐而利其利"（《大学》），风俗纯美，安居乐业，一派祥和。归根结底，男女之情应以德性为基底，只有德性，才能成全最为完满美好、和谐幸福的爱情婚姻与家庭生活。

反过来，如果一味对男女之情形成某种执着，却罔顾自己所应担负的责任以及可能给他人带来的影响，那都在《诗经》的讥刺之列。《卫风》（兼《邶》《鄘》二风）中所讽卫国小君宣姜淫逸之行之诗，即由教化之本的角度阐述古人对淫情的态度以及对其所造成负面影响的认识。

《新台》是"卫宣公为其子伋娶于齐，而闻其美，欲自娶之，乃作《新台》于河上而要之。国人恶之，而作此诗以刺之"[1] 之诗，《君子偕老》以"宣姜之不善乃如此，虽有是服，亦将如之何哉"[2]。宣姜所打动宣公的，是天下闻名的美貌，为了美色，宣公竟然色令智昏，强行娶了本应是自己儿媳的宣姜，造成人伦错位的结局。不仅如此，在卫宣公死后，宣姜竟与宣公的庶子顽淫乱，故而国人以《墙有茨》《鹑之奔奔》讥刺之。《墙有茨》刺顽与宣姜，"言其闺中之事皆丑恶而不可言"[3]；

---

① 朱子《诗集传》，页40。
② 同上，页45。
③ 同上，页44。

《鹑之奔奔》则"卫人刺宣姜与顽非匹耦而相从"[1]。宣公身为诸侯，却德之不修、礼法不顾，弃一国之君之责，不惜败坏人伦，强娶宣姜；而宣姜后来向宣公进献谗言，导致宣公杀子的人伦悲剧，宣公死后，再与其庶子淫乱等等，亦尽悉败坏一国小君之责。二者都借"情"的名义将自己从所应担当的职分中脱离了出来，而当他们不尽自己的职分时，他人也便不得安稳，一切便会陷入动荡。其后果，朱子在《鹑之奔奔》诗后引范氏、胡氏两说而言之：

> 范氏曰："宣姜之恶，不可胜道也。国人疾而刺之，或远言焉，或切言焉。远言之者，《君子偕老》是也。切言之者，《鹑之奔奔》是也。卫诗至此，而人道尽，天理灭矣。中国无以异于夷狄，人类无以异于禽兽，而国随以亡矣。"胡氏曰："杨时有言：《诗》载此篇，以见卫为狄所灭之因也，故在《定之方中》之前。因以是说考于历代，凡淫乱者，未有不至于杀身败国而亡其家者。然后知古诗垂戒之大。而近世有献议，乞于经筵不以《国风》进讲者，殊失圣经之旨矣。"[2]

故而，抛却了德性的男女挚而无别之情，实为祸害的根源；尤其为君及小君者如此，更会动摇一国根本，种下亡国的根源，因为上行下效，淫乱之风很快就会风靡民间，民风只会每况愈下，国将无以支持。

卫风中，《匏有苦叶》与《蝃蝀》刺淫奔之人，《氓》中女子不守男女有别之礼、淫奔快活，但因结局悲惨而尚能自悔，富有警戒之意；及至《桑中》，则如朱子所谓：

> 卫俗淫乱，世族在位，相窃妻妾。故此人自言将采唐于沬，而与其所思之人，相期会迎送如此也。[3]

---

① 朱子《诗集传》，页47。
② 同上。
③ 同上，页46。

在上者既已如此恶劣，庶民百姓亦必群起效仿，然后淫行肆虐、风俗颓败，最终不可避免地导致"杀身败国而亡其家"的悲惨结局。

结　语

现代人理解《诗经》，往往更注重男女情感方面，却完全轻忽男女以至夫妇之别的礼仪规矩，视之为过时陈旧的东西，弃之如敝屣，于是，男女间的相处，爱情被夸张地置于至上地位，礼义、人伦、责任等都不再被强调，乃至被认为无价值，但其实，即使在享受这种"至上的爱情"时，人的内心也会蒙受不安的折磨。反观朱子，始终强调以德性修身为基底的男女之情，坚持男女以至夫妇之别，将男女之情安放于人伦之中，所以，婚姻家庭也得以幸福而和睦，民众得而安居乐业，社会得而安定有序，而爱情本身的热烈和谐其实也不会有任何的折扣或逊色。

为何现代人在看待男女之情的问题时会忽略德性因素呢？最关键的原因是，传统经学的废弃，导致人们缺乏人生指导，不知如何修身养性、追求德性，于是，在男女之情上惟有听任本能之驱遣，如此不自以为危险、不自以为羞耻，反而一味大肆自我标榜、自我宣扬。其实，如郑卫之音一样，现代人若不知以为戒，亦必误入歧途而莫返。

所以，面对现代爱情观念所存在的种种弊端，若想有所改善，就需要每个人从自己身上下工夫，重新学习古人对于自身品德的严格要求。世无圣人，但圣人的经典常在，我们应当努力学习经典，自明己德，修身养性，尽得性情之正，真实美好的情感在所可期。比如，在研习《诗经》时，通过二南与郑卫之音的对比，以二南兴起我固有之善，以郑卫之音之所示为可惩可戒，然后重新归向二南、归向《关雎》所呈现的那样一种情感和人生方式，逐渐体会那样一种男女之情之美好，由此更其自觉自愿地去达成我们自身情感与生活"挚而有别"的状态。

专题讨论·师友之伦

执行主编按：儒家五伦观，今人有言之者，一则曰五伦不及于陌生人，而欲添一"我与陌生人之伦"以成"六伦"者；一则曰自今民主共和，世无君臣，而欲减去君臣一伦使成"四伦"者。此盖不知五伦乃为人与人关系之大且常，常者，经也，陌生人之为陌生人，我与陌生人之关系，经乎？不经乎？又复不知五伦所以为五伦不仅在关系，乃在其义、在其所当然，君臣虽可无，君臣之义可无之乎？义则一而已，使君臣之义可得而无，父子、夫妇、兄弟、朋友将齐归于无，废一则废五，废五则凡百皆废，人之伦类将无所孑遗，而可乎？然则五伦之为五，可得而添减乎？五伦既在乎所当然，即在乎亲义别序信五者，或又不知而有议乎此，种种诡怪变谲之论，要之，似乎为父子而可以不亲、为兄弟而可以无序，尤其为夫妇而可以无别、为朋友而可以不信，若此，人与人亦可以相率入于禽兽之域矣。然则五伦又岂止为大且常？必大而全、天其常也已。

"人伦不及师"之问盖不同于此，首先，此乃一"传统话题"，历来儒者尝有论及此者；其次，人之所以有如此之问，既已知师友关系之重大，如所谓"民生于三，事之如一"之教早在、天地君亲师之俗早成，然此重大关系倘不入乎五伦，似难以显明其义，因发为此问，亦欲更有以究明五伦之实义，固非如前列种种，多出于现代离心之畔也。

先是，海涛同学注意及朱子对此问题之一回应，曰"师与朋友为同类，而势分等于君、父"，得所契会，因以"师生关系不在五伦中吗？"为题成篇，尚有余意未尽，据其篇末之语，亦自期将有后续之作。窃以为，海涛此论意义重大，心意亦殷，此其意有不可孤者，因约请恺歌、卓然二同学各为一篇呼应襄成之作，兼以商量补充。及二篇之成，恺歌乃特从"事师无犯无隐"一语上作展开，卓然亦专于孔颜师弟关系一面说"恩义兼尽"之义，三篇合而观之，大概亦可收一定配合之效。

然三篇各自发义似皆有所未透。如曰"师与朋友为同类，而势分等于君、父"，此盖谓师者实具君、父之势分，非朋友一伦所可以涵盖，然则谓之"同类"，非平平言也。如以隐犯之有无而论，犯谓冒犯亦可，惟其心皆无冒犯之意，于事则有必不得冒犯、有不惜于冒犯者；隐谓几谏亦可，惟以恩与义而论，恩重则隐，义重则犯，其有在乎恩重之次、义重之次者，教可从则从，如不可从，隐也非必，犯也非必，此所以为"处恩义之间"者也。至若专以孔颜关系论，不但卓然，海涛、恺歌实皆尝言以及此。师友一伦而有孔颜，则既可曰："不以颜子之所以事孔子事师，不敬其师者也；不以孔子之所以教颜子教弟子，贼其弟子者也。"又可曰："事师若颜子者，可也。"然此其义又须有说。当海涛初以孔颜关系入论，我即尝做一提示，大意为，论师友之伦而主之以孔颜关系为说，须同时顾及两面：一方面，师友关系诚有其理想与极致而必在于孔颜，此决不可讳而深之，然又不可以言乎此，遂使一般、普通之师友关系置身无地，几若不为孔颜则不足以称师友者；另一方面，孔颜之为理想、极致，正有以见师友关系之本然与当然，固不可使一般之师友以此为不可几及，遂藉为口实，闇此理想，自甘于居身此外，一味只向因仍苟且、世故软熟中做，竟以为师友之道果得此而足以尽者。

三友皆将师友关系与父子、君臣以及朋友之伦相与比较，据此，亦似多有更加展开之余地。如五伦各皆有以厚我之生，然师友关系之立，似专为文明传承而有之，不但传道，尤在传文，不但"师者，道之所在"，亦"师者，文之所在"，薪尽火传，缉熙光明，此则若师友关系即不入乎五伦中，其义自有不可轻者。又如孟子之语有曰："以德服人者，中心悦而诚服也，如七十子之服孔子也。《诗》云：'自西自东，自南自北，无思不服。'此之谓也。"孟子以言仁政而及此，然则七十子之与孔子，师友乎？君臣乎？国乎？学乎？所以论乎师友之间，亦适可谓有一套"政治哲学"者寓焉。

又如，古人言此，之所以取五伦以相比照，自亦有古人之便；今人往往"学贯中西"，本乐于取乎"比较哲学""比较文化"，此今之一便，何故不取？如曰五伦，则中西所共，概莫能外，惟于其义，则有知有不知而已；如曰师友关系，既以孔子之与颜子或七十子为真正师友之最高代表，则他如佛陀、如耶稣与其各自之信仰团体，要非真正师友关系，乃教主与信徒之关系，如苏格拉底与其弟子之关系如有较可言处，又更似乎为辩友、为"对话伙伴"，然则以师友关系而成一伦，为伦常之伦，为天伦之伦，以实现其彻底之理想性，惟在中国，亦有以见中国文明一特性之所在也。

《小宛》之诗曰："螟蛉有子，蜾蠃负之；教诲尔子，式谷似之。"矜式士类，善其为师者也。又曰："题彼脊令，载飞载鸣；我日斯迈，而月斯征。夙兴夜寐，无忝尔所生。"由匪懈至于无忝，善其为弟子者也。善师善弟，虽斯迈斯征，亦何惘然叹息为哉！

师生关系不在五伦中吗？

——从朱子对"人伦不及师"的回应入手

曹海涛

一、问题引入

五伦是人伦之大者，而师生授受又意味着儒家之道的传续，因而，师生关系是至为重要的人际关系之一种。但是，儒家的五伦思想中似乎并不包含师生关系，这是为什么呢？

潘光旦曾从历史的角度提供一种外缘性的说明："独立的师生关系的演出，似乎比五伦所指的各种关系都要晚些。"在他看来，五伦思想在独立的师生关系发生之前就已完成，故而师生关系不在五伦之中。另外，他还指出，五伦所列的关系可以清楚划分彼此的性质，但师生关系的性质却会和其他人伦相关涉，也很难在五伦之中再加上这新的一伦："严肃时则俨若君臣、父子，和易时又宛若朋友、弟兄……在师生的新关系的背景里，往往早就存在着父子、兄弟、朋友一类先入为主的旧关系——于是，自成一伦的可能性就更属渺茫了。"①

如果暂时搁置历史发展的维度，来检讨五伦与师生关系之关系，师生关系与五伦中的几伦确有相近处，但若具体辨别，还有很多问题：就

---

① 潘光旦《说"五伦"的由来》，《潘光旦文集》第 10 卷，页 197，北京大学出版社 2000 年版。

朋友与师而言，确有"亦师亦友"之语，但师尊生卑，朋友之间则无此尊卑关系，那么，师生关系如何会"宛若朋友"因而可以"亦师亦友"呢？就君、父与师的关系而言，过去也有"君师"之说，但师终究无君之位，又有"一日为师，终身为父"的讲法，但师与生也确实没有父子般的亲缘关系，那么，师生关系又如何会"俨若君臣、父子"，甚而至于可以"君师"并称、可以"终身为父"呢？

在潘光旦的理解中，五伦与师生之名，都是对现实关系类别的概括。但如果仅在描述性层面上论说，历史发展过程中固然会呈现出师生与五伦之间关系的纷繁复杂性，使我们很难从中辨别清楚师生与五伦的确切关系，这是此种角度的局限。

儒家五伦思想具有一种更加重要的维度，就是其规范性。如《孟子》对五伦的经典表述：

> 圣人有忧之，使契为司徒，教以人伦：父子有亲，君臣有义，夫妇有别，长幼有序，朋友有信。（《孟子·滕文公上》）

其中，圣人所教的人伦，不仅是对五种现实关系的一般描述，而是对这五种关系有着规范性的标准，即亲、义、别、序、信，五种人际关系须分别合乎这五种标准，才具有规范的伦理意义，方可称作"五伦"，这五种规范性标准故而可称之为五伦的规范性内核，而五伦之间的相互区别，也由这五种规范性标准所决定。

在五伦思想的传统中，对五伦中究竟包不包含师生关系，以及师生之与君臣、父子、朋友之间的相互关系等等问题，早已有许多讨论。朱子即曾有过如下直接的规范性说明：

> 问："人伦不及师，何也？"曰："**师之义，即朋友，而分则与君父等。**朋友多而师少，以其多者言之。"又问："服中不及师，何也？"曰："正是难处。若论其服，则当与君父等，故《礼》谓'若丧父而无服'，又曰：'平居则经。'"

李问人伦不及师。曰："**师与朋友同类，而势分等于君父，唯其所在而致死焉。**"曾云："**如在君旁，则为君死；在父旁，则为父死。**"曰："**也是如此。如在君，虽父有罪，不能为父死。**"①

"师之义"，即是说师是什么或属于什么。按朱子所言，朋友一伦为一大类，师生关系也包括其中，而之所以名此伦以"朋友"却不以"师生"者，惟以人数众寡而已。据此，师生关系就应当具有朋友一伦的基本特征。另一方面，师在"势分"上与君、父相同，所谓势分者，兼势位、情分而言，纵然在类别上不能归属于君臣、父子之伦，也不妨碍师与君、父有其相同之势分。

这段论说，如果从描述层面来看是很费解的，须从规范层面来理解。不过，朱子此处仅是做出了概要式的回答，并未给出具体的证明。近来的研究中，有学者在援引此两条后，便直接承认师友同伦，同样没有展开说明。② 其他一些关于儒家朋友之伦与师生关系的研究，也多直接"师友"并称，却未从规范性层面对师生何以属朋友之伦、有何区别以及与其他几伦有何关系的问题展开论说。③

在学界尚缺少对这些问题的直接回应的情况下，本文拟从朱子上述表述中汲取资源，以直接关涉五伦与师生关系的经典文献为依据，对相关各伦的规范性内核展开分析，以回应如下问题，同时加深对五伦思想以及师生关系意义的理解与认识：

第一、师生关系和一般意义上的朋友关系究竟有何种区别？既然有

---

① 《朱子语类》卷十三，《朱子全书》第十四册，页401，上海古籍出版社、安徽教育出版社2010年版。

② 如莫天成《论君臣之伦的内在维度与超越维度》，唐文明主编《超越维度与淑世情怀》，页108，上海人民出版社2021年版；陈国代《朱子与师道传承》，《朱子学研究》2020年第二期。

③ 如林存光、杜德荣《孔孟儒家论师友之道的精神旨趣与深刻意蕴——重思孔子"无友不如己者"教诲的实质含义》，《天府新论》2017年第五期。当然，部分研究是因其研究对象本就将"师友"并称，如孙国柱《在君臣与师友之间——明清之际澹归今释的价值抉择》，《世界宗教研究》2021年第四期。

此区别，师生关系何以仍然可以归属于朋友一伦？

第二、如何理解师与君、父的所谓"势分相等"？既然师在势分上与君、父等，为何师生关系又不能归于君臣、父子之伦？

二、师友同伦

（一）从"朋友有信"到责善辅仁

朋友之伦的规范性内核是"信"，即，"朋友有信"。要理解这里的"信"，可从《孟子》另一章来看：

> 居下位而不获于上，民不可得而治也。获于上有道：不信于友，弗获于上矣；信于友有道：事亲弗悦，弗信于友矣；悦亲有道：反身不诚，不悦于亲矣；诚身有道：不明乎善，不诚其身矣。
>
> （《孟子·离娄上》）

此章提供了一个从明善、诚身到悦于亲、信于友、获于上的序列，其中，我之所以能够信于友，并非因为言出必践、说话算数，而是因为我能够取悦于亲；之所以能取悦于亲，又是因为我能明善、诚身，"诚"即实也，明乎善而将善充实于己，发用出来事亲便能孝、事兄便能悌，朋友正是在我取悦于亲的过程中见得我所具之善，故而可以信我。

"朋友有信"虽然单言一个"信"，但已蕴含了德性作为根据：有德性，自然会互信；无德性，便说不上信。那么，何以不言"朋友有德"呢？因为德性并非朋友关系所特有，有德性之人，在任何人伦关系中都可彰显其德性。问题的关键，在于朋友之伦有其特殊性：朋友既不似父子、兄弟、夫妻，为生命延续所必然；也不像君之于臣，为共同体政教秩序构建所必须（本文第三部分对父子、君之伦将进行进一步的论说）。朋友之于彼此，似非家庭、共同体生活所必要，竟能彼此相善、相信，尤见出彼此德性的可贵；如其他诸伦，虽不必言"信"，也可彰显其德性。

但德性本以反身自修为要，取友相交之对于此，究竟有何必要呢？略说有二：其一、是人必与同类相交相处；其二、是朋友之间会进一步促进德性。

就其一而言，陈北溪曾说：

> 天之生人，人必与人为群，决不能脱去与鸟兽为伍，于是乎党类侪辈成焉，是朋友亦天所命自然如此也。思乎此，则与人交之所以当信，亦岂自外来乎？[1]

天生人为一类，在区别于鸟兽的意义上，人只能与人为群；而在人的内部，又有种种人各为一类，只与其类相交，这也是天命如此，所谓"同声相应，同气相求"（《易·乾》）是也。那么，自修德性的人，自也会与同类之人相交。

但这种对朋友的界定似不完备，故朱门弟子有疑："朋友之义，自天子至于庶人，皆须友以成。而安卿只说'以类聚'，莫未该朋友之义否？"朱子谓：

> 此亦只说本来自是如此。自天子至于庶人，未有不须友以成，乃是后来事，说朋友功效如此。人自与人同类相求，牛羊亦各以类相从。[2]

朱子承认，在原初意义上，朋友之成，确是同类相求。但在后起义上，朋友则能起到人与人互相成就的功效，从位高为天子到位卑为庶人，概莫能外。

就朋友的后起义而言，自然要说到朋友之间彼此促进德性："独学

---

[1] 陈北溪《君臣夫妇兄弟朋友根原》，《北溪大全集》卷五，文渊阁四库全书本。
[2] 《朱子语类》卷十三，《朱子全书》第十四册，页401。

而无友，则孤陋而寡闻。"（《礼记·学记》）既有志于学，便不至于全然无德；但若无朋友见善相劝、见过相规，便往往不免于偏狭，而陷入孤陋固执的境地。这正见出成德路上朋友互相促进、成就的必要性。曾子曰：

> 君子以文会友，以友辅仁。（《论语·颜渊》）

朱子注曰："取善以辅仁。"[1] 是取朋友之善，助我之仁德成就。

又，孟子有曰：

> 责善，朋友之道也。（《孟子·离娄下》）

"责"，有督促、劝成的意味；"责善"，即彼此劝勉、督促为善。其间，或从反面指出差错、懈怠处，或从正面不吝告知近日所得嘉言善行，而被指正劝勉者也当心悦诚服。试从反面来看，若无德而不信，那么，劝其为善则或以为欺骗，劝其去恶则或以为污蔑，则何以进道成德？"友也者，友其德也。"（《孟子·万章下》）朋友之为朋友，不因亲疏、贵贱、尊卑，也不因兴趣、性格，只因善、因德性而聚，彼此相劝相规，共同求道进善，虽有人我之不同，但所修之德同、所进之道同，彼此是共同成就德性的关系。

需要说明的是，以德性相聚的朋友，并不只是众多类型朋友关系中的一类，而是朋友关系的本真状态。尽管日常所说朋友关系所指较泛，但不以德性为基础的朋友关系，本身是不牢靠的。试想，任一类人皆可相聚成友，如若其类皆欺诈奸邪，虽聚必散。故而，朋友关系之成，其规范性内核，便是蕴含德性根据的"信"。

（二）师生关系的实质即斯道之传续

最为人熟知的专论师生关系的文章，莫过于韩文公《师说》。其开

---

[1]　朱子《四书章句集注》，页 140，中华书局 1983 年版。

头，将为何有师生、何以为师生关系，论说得颇为详尽：

> 古之学者必有师。师者，所以传道授业解惑也。人非生而知之
> 者，孰能无惑？惑而不从师，其为惑也，终不解矣。生乎吾前，其
> 闻道也固先乎吾，吾从而师之；生乎吾后，其闻道也亦先乎吾，吾
> 从而师之。吾师道也，夫庸知其年之先后生于吾乎？是故无贵无
> 贱、无长无少，道之所存，师之所存也。

按此说，因为人不是生而知之者，便会有种种疑惑，所以需要向师请
教；而师者，便是传道授业解惑的人，决定师之为师的，只在于"道之
所存"，与长幼、贵贱没有必然关系。

从学生的角度来说，是为了解决自身困惑而向闻道在先的师者求
解；从师者的角度来说，传道授业本身，则体现着先知先觉者的自任与
担当。孟子有曰：

> 天之生此民也，使先知觉后知，使先觉觉后觉也。予，天民之
> 先觉者也，予将以斯道觉斯民也。非予觉之，而谁也？（《孟子·万
> 章上》）

其中，"斯道"即先知先觉者所知所觉的内容，伊尹"乐尧舜之道"
（《孟子·万章上》），则"斯道"即指"尧舜之道"。又，"孟子道性善，
言必称尧舜"（《孟子·滕文公上》），"尧舜之道，孝悌而已矣"（《孟子·告
子下》），因此，尧舜之道即性善之道，性之德不外乎仁义礼智，发用出
来自然孝悌，故师所授、生所受的道，即仁义之道，须学生反身自求、
修德进善，行孝悌之事。

这样的传道之教，可与孔门教法相印证。《论语》载：

> 子以四教：文，行，忠，信。（《论语·述而》）

"文"如讲学明理，如事亲当如何、事兄当如何之类；由明理，要落实于行事，让学生践行此理；而发心自须忠，行事自须信。

从教人之法上讲，自然是由讲学、践履内化为德性；但此德性本内在于我，而非师者强加进来。但人之德性常因气禀而被遮蔽，通过师的传授，学生意识到自己本具此德，且知如何存养推扩，自然乐。师者弘道，令众学生意识到个个本具此德，由而成德进道，即可由师生共同营造出一种人伦德性秩序，令天下后世被其泽，亦自然乐：此所以"得天下英才而教育之，三乐也"（《孟子·尽心上》）。学生拜师以求道为乐，师者授徒以传道为乐，在斯道相传的意义上，师生成就为一体的关系。

《论语》载：

> 颜渊死。子曰："噫！天丧予！天丧予！"（《论语·先进》）

颜子死时，孔子说天将丧己，何以如此悲切？朱子注曰："悼道无传，若天丧己也。"[1] 颜子本来能继承斯道，其不幸早夭，不只意味着一个人的亡去，更在于斯道传承的断绝。孔子因颜子早夭而悲叹天将丧己，两人的生命彷佛是一体的，一荣俱荣，一损俱损，这当然不是在身体层面来说，而是从斯道传续与否的层面来说。故而，师生关系的实质，即是斯道之传续。

（三）师友因进德求道而同伦

根据上面的分析可见，朋友是一种德性相匹、彼此责善的关系，师生关系则具有闻道有先后、师向生传道的特点。但这种概括容易产生一种误解，即以为朋友关系是相互的，而师生关系是单向的，二者故而不同。但师生关系绝非单向关系，这一点，可从师生皆具自觉性以及教学相长两方面来加以说明：

首先，师者传道，必有所自任担当；但就学生而言，其求学求道，

---

[1]　朱子《四书章句集注》，页125。

亦必具一种自觉自愿与内在之主动性。所谓"不可与言而与之言，失言"（《论语·卫灵公》），倘若学生不欲知道而师者单方面强使其知之，便可能有"失言"之辱，乃至令道不尊。故而师者不可在学生未主动求道前先行施教，而须自持以尊道；待学生自觉从师向道、有所叩问后，再有所教，此即"礼闻来学，不闻往教"（《礼记·曲礼上》）之义。就学时，学生须猛下功夫、勤勉为学，不可有丝毫懈怠，真有所思，真有所得，于师者之所教，莫不反复推想其究竟，否则，师者亦不得继之以教，此即"不愤不启，不悱不发，举一隅不以三隅反，则不复也"（《论语·述而》）之义。所以，学生若无接续斯道之自觉与主动，师者的传道事业是无以开展的。

其次，关于教学相长。《礼记·学记》有曰：

> 故学然后知不足，教然后知困。知不足，然后能自反也；知困，然后能自强也。故曰：教学相长也。《兑命》曰："学学半。"其此之谓乎！

学生从老师处见道，才知道自己与道的距离，由不足而反求诸己，便能有进；老师如无以应对学生的问题，便知自己的学问也仍有可进处。由此，学生之从学，师者之传道，实可以互有助益。

进一步从规范性内核来看师生、朋友两种关系：朋友关系的规范性内核是蕴含德性根据的"信"，须责善辅仁、成就彼此的德性；师生关系的实质即斯道之传续，而斯道之内容即在于德性，其目标也在于成就德性，故而可说，师生关系同样以蕴含德性根据的"信"为其规范性内核。两方面的差别，只在于朋友之间彼此品类资质相当、成德造诣相近，而师生之间则从学有早晚、成德造就有高低，所以传道授业的意味更重。同样，师生之间亦不可不责善辅仁，如"起予者商也！始可与言《诗》已矣"（《论语·八佾》），"当仁不让于师"（《论语·卫灵公》），"子见南子，子路不说"（《论语·雍也》）等章，皆可为证。总起来说，师友是求道一途之同行者，道之所存，即师友之所向，只是在求道一途上，师生有前后之别，朋友则为并行，此为师友之不同处；但师生关系与朋友之伦在规范性内核上的同一性决定了，师生关系得以归于朋友之伦。

不过，师友同伦，并不意味着师生关系与朋友关系可相混同，乃至使师生关系消解在朋友关系之中。前已述及，在求道途中，师生有前后而朋友则并行，正由于师生之间存在着闻道先后的不同，师者在求道路上处于在先的位置，可以为在后者指明方向，当在后者有可能走向歧途时，也会当即进行纠偏补正；而朋友之间在责善时虽也会起到纠偏劝善之功，但因为朋友是并行者，没有前后不同，故而在方向性指明与纠正补正方面，朋友往往不具备相应能力，是以师者在这方面所可以发挥的作用，难以为朋友替代。

三、师与君、父之异同

朱子既谓师之"势分等于君、父"，师、君、父在势位、情分上的相等，可从"民生于三，事之如一"的角度来理解。《国语·晋语》有曰：

> "民生于三，事之如一。"父生之，师教之，君食之。非父不生，非食不长，非教不知生之族也，故壹事之。

"民生于三"之"生"比"父生之"之"生"含义要宽，包含"生之""教之""食之"三义。可将后一"生"落实为"生育"，而将前一"生"诠释为成就为人：仅生之而不食之，则此生命不足以成长为人；仅生之食之而不教之，则此生命不足以与禽兽别。父、君、师，三者从不同层次建立与成就人的生命，起到了同样重要的、不可或缺的作用，故曰"势分相等"，而须"事之如一"。

但虽"势分相等"，师生关系终以道之授受为要。"父子有亲""君臣有义"，父子、君臣之伦分别以"亲""义"为规范性内核，以下仍分别从这种规范性内核的角度，对师生关系之与父子、君臣之伦作一种关系性说明。

（一）父子有亲

要理解"父子有亲"的"亲"，可参看《孟子》此章：

> 君子之于物也，爱之而弗仁；于民也，仁之而弗亲。亲亲而仁民，仁民而爱物。（《孟子·尽心上》）

这里划分出了三个层次：亲亲、仁民、爱物。面对不同人与物，对待的方式、情感份量都不同。其中，"爱"是最轻的，仅是对待事物的"取之有时，用之有节"[①]；"仁"重之，是推己及人、对待同类的关照；"亲"则最为深厚，不待往外推，因父母、子女是一体相承的关系。父母给予子女生命，子女之体即父母之"遗体"，这是身体层面的一体；父母生出子女，天命之性全具于此生命，此性在根源处是天所赋予，子女所受的天命之性即父母所具之性，这是在所禀之性层面的一体。正因有着如此一体相承的关系，所以父慈子孝、相亲互亲是自然如此，也必能够如此。《朱子语类》有曰：

> 问："事之当为者，皆义也，如何专以从兄言之？"曰："从兄乃事之当为而最先者。"又问："事亲岂非事之当为？而不归之义，何也？"曰："己与亲乃是一体，岂可论当为不当为。"[②]

这里，"当为不当为"的判断，指向的是关涉他人、外在于自己的事情，因为同自己隔了一层，所以需要考虑"当为不当为"。而如果直接关涉自己，如饥时自然会食、渴时自然会饮一般，便不会考虑"当为不当为"。对待一体关系的父母，就像呵护自己的身体四肢一样，不会问应

---

① 朱子《四书章句集注》，页363。
② 《朱子语类》卷五十六，《朱子全书》第十五册，页1822。

当与否，才说应当与否，即将父子关系说得疏离了。

正因有着这样的一体关系，所以父子之间不责善。《孟子》曰：

> 公孙丑曰："君子之不教子，何也？"孟子曰："势不行也。教者必以正；以正不行，继之以怒；继之以怒，则反夷矣。'夫子教我以正，夫子未出于正也。'则是父子相夷也。父子相夷，则恶矣。古者易子而教之。父子之间不责善。责善则离，离则不祥莫大焉。"（《孟子·离娄上》）

> 责善，朋友之道也；父子责善，贼恩之大者。（《孟子·离娄下》）

责善，意味着彼此以德性高低衡量对方。但当以种种标准衡量亲人时，便是把亲人当作自己之外的他人来看，将当"亲"之亲降格为当"仁"之民，大悖一体相承的亲亲之义，故父子不责善。

（二）君臣有义

君臣之间以"义"为规范性内核，"义"解作"宜"，意为合宜、按理当行之事。对君臣的要求，是"君君，臣臣"（《论语·颜渊》）、"君使臣以礼，臣事君以忠"（《论语·八佾》），即君臣彼此或忠或礼，保证各正其名、各尽其责。君臣之责，是要上承天命、下安万民，君臣之伦的特殊性，就在于其规范性不止于君臣之间如何相处，其或忠或礼最终指向的是承担政教秩序的构建与维系。陈北溪说：

> 夫天之生人，群然杂处，愚智不能皆齐，不能以相安，必有才智杰然于中，为众所赖以立者，是君臣盖天所命自然如此也。然"天尊地卑，乾坤定矣"，则"君君，臣臣"之所以当义，亦岂自外来乎？[1]

---

[1] 陈北溪《君臣夫妇兄弟朋友根原》。

君秉承天命,应在臣的辅佐下共同营造良好的政教秩序以安顿百姓。对百姓而言,物质条件是必须要满足的,"圣人治天下,使有菽粟如水火"(《孟子·尽心上》),但若只满足百姓的物质生活却不施教化,则人便会近于禽兽,如孟子所说"人之有道也,饱食、暖衣、逸居而无教,则近于禽兽"(《孟子·滕文公上》),故而还须"谨庠序之教,申之以孝悌之义"(《孟子·梁惠王上》),使百姓明人伦、行孝悌,方算是尽君臣之义。

(三)师与父、君不同伦

师生、父子、君臣各自之规范性内核既有如此不同,则师与父、君不可归为同一伦亦明矣。下面再由三种关系在教导、劝谏过程中的不同表现来做进一步说明。

父子之间虽然不责善,但既是一体相承的关系,彼此亲之爱之,自然会望其善、忧其不善。如:

> 子曰:"事父母,几谏。见志不从,又敬不违,劳而不怨。"(《论语·里仁》)

> 臣闻:爱子,教之以义方,弗纳于邪。(《左传》隐公三年)

子女爱父母,当父母有过时,如不劝谏,便可能陷父母于不义之地,故子女当以和气愉色婉容微谏父母;父母爱子女,便会以正道教诲,担心子女陷入邪道。但无论是父母教导子女,还是子女几谏父母,都不可要求亲人必须达到期望。如,朱子说:

> 父母爱其子,正也;爱之无穷,而必欲其如何,则邪矣。此天理人欲之间,正当审决。①

---

① 《朱子语类》卷十三,《朱子全书》第十四册,页398-399。

251

纵令子女尚未尽合正道，父母也不宜怒而伤彼此之亲，而应待合适时机复教之；反过来，子女纵令劝谏不得，也仍须"起敬起孝"（《礼记·内则》），再思如何劝父母，而不可冒犯之。这是由于父子之间教导、劝谏的根源在"亲"，若因教导、劝谏而伤亲，便是因小失大，有违父子相处之道。反观以进德求道为要的师生关系，教导、发问、劝谏本属题中之义，无伤亲之虞，若学生担心发问不得回应而隐瞒疑惑，师者担心教导不入而不讲所传之道，便大失传道之义。

君臣之"义"包含着对民的德性教化，前已述及。这一点，涉及政教同源的问题。《尚书》有曰：

> 天降下民，作之君，作之师。（《尚书·周书·秦誓》）

朱子有曰：

> 盖自天降生民，则既莫不与之以仁义礼智之性矣，然其气质之禀或不能齐，是以不能皆有以知其性之所有而全之也。一有聪明睿智能尽其性者出于其间，则天必命之以为亿兆之君师，使之治而教之，以复其性。[1]

在原初意义上，君师一体、治教不分；到后世，圣王不存，自孔子起有了独立的教统，治教分离。[2] 治统与教统的关系甚为复杂，仅就本文所关心的问题而言，无论是君师一体，抑或是君师相分，君施行教化时，教化当指向天下万民，使百姓虽未自觉求道，也能在政教秩序中被教化之泽，做一善人，日用常行间大体不离乎道，因为教化民众、使复其性是出于义的规范性要求，若因民不主动求道便不予基本的教化，则是令所治之民陷入禽兽生活，辜负了应尽之责；而就独立的师生关系来看，

---

[1] 朱子《四书章句集注》，页1。
[2] 参见朱汉民《早期儒家之"师"与中国政教理念》，《社会科学战线》2021年第十期。

尽管从理上讲,人皆具有可以成德之善性,故而师所实行的教化在每一个人身上都可能发生效果,但现实中则未必人人皆会自觉拜师求道,尽管师者也可教化百姓、令百姓日迁善而不知,但真正的师生关系如要缔结,则仅有师者的担当是不足够的,学生的自觉同样是必要的,若无此自觉,则不能真正接续斯道。

总之,尽管师与君、父都有教导、教化之实,但教导、教化过程中的表现却各不相同。这是由于三者各自施行教导、教化的理由不同,而其根源,则在于各自规范性内核不同。规范性内核是五伦的区分标准,因此,父、君、师三者虽"势分相等",仍不得同伦。

小　结

本文以"师生关系是否不在五伦中"为中心问题,由朱子对"人伦不及师"的回应入手,将师生关系置于五伦之内予以考察与辨明,根据对各伦之规范性内核的分析指出,师生之名虽不在五伦,但师生之实属于朋友之伦,而师之势分则与父、君相等。

除在五伦之内,师生与五伦的关系还有其他更为复杂的方面。如,五伦之义,便须有师的传授、宣扬,才能使人得到更好的理解与推行。孟子说"(舜)使契为司徒,教以人伦"(《孟子·滕文公上》),也就是说,五伦之义要在实际生活中得以贯彻,是需要被传授的。原初官师不分,司徒担此职责,后世则由师传授此义。再如,"师无当于五服,五服弗得不亲"(《礼记·学记》),此是专言五服亲族之类由师教而知应当亲、如何亲,其他伦常关系皆须师教以明其义亦可想而知。要之,通过师者对人伦大义的宣扬,可推动实际中的五伦关系各得其当。本文仅在师生与五伦之间进行静态的关系性分析,至于究竟当如何由师教发起五伦大义、又当如何具体实际地处师生关系等问题,可另行撰文论说。

自《礼记·檀弓上》"事师无犯无隐"之说看师生之义

范恺歌

引　言

　　曹海涛《师生关系不在五伦中吗？——从朱子对"人伦不及师"的回应入手》一文，对朋友、君臣、父子、师生的规范性标准与规范性内核展开分析。在"问题引入"部分末尾，海涛问到："第一、师生关系和一般意义上的朋友关系究竟有何种区别？既然有此区别，师生关系何以仍然可以归属于朋友一伦？第二、如何理解师与君、父的所谓'势分相等'？既然师在势分上与君、父等，为何师生关系又不属于君臣、父子之伦？"后文两章，正是对这两大问题的回答。

　　对于第一个问题，海涛认为，师生一伦和朋友一伦的规范性内核都是"信"，目标都是求道进德，所以师生关系可以归属于朋友一伦。区别在于，师生关系的实质是道之传续，表现为师传之、弟子受之，并再向后学传此道；而朋友关系则是互相劝勉、责善以求道。也就是说，在求道进德之路上，师生为前后行，朋友则并行，朋友德学相若而师生德学相别。

　　对于第二个问题，海涛说："所谓'势分'，兼势位、情分而言。"又引用《国语》"'民生于三，事之如一。'父生之，师教之，君食之。非父不生，非食不长，非教不知生之族也，故壹事之"一段加以分析后得出结论："父、君、师三者从不同层次建立与成就人的生命，起到了同样重要的、不可或缺的作用，故而'势分相等'，须'事之如一'。"接着，他论说了"父子有亲""君臣有义"，并以"教导、劝谏过程中表现的不同"来进一步说明师与父、君不同伦的理由。

对于海涛的工作，我有以下两点想法：

第一、海涛既然说，"势分相等"是以"作用"言，"父、君、师三者从不同层次"成就人，这种成就都重大而不可或缺，故"势分相等"之所谓"不同层次"，其不同正表现为师生、君臣、父子三伦之不同，所以，"势分相等"而"不同伦"，似乎并不构成一个有待思考与解决的矛盾点。而海涛把这个问题当作一个核心问题来解决，是否导致了后文对父子、君臣、师生三伦的规范性内核之比较有所不足？

第二、理论上讲，第三章第三节至多可以从父教子、子谏父，君教臣、臣谏君，师教生、生谏师三对六个方面来比较。海涛于父子一伦论述详备，于师生一伦以其类同朋友而简要论述；于君臣一伦，却是用君民关系与师生关系做比较，以百姓之不自觉求道与弟子之自觉求道区分君的教化与师的教导，那么，到底是用君民关系和师生关系比较？还是用君臣关系和师生关系比较？且我认为，"君臣"被转换为"君民"，或许并非一个偶然的失误，因为，当我们只说"师生关系的实质是传道，以进德求道为要"与"君臣有义"时，这其实做的是一个与"君臣、师生皆以义合"类似的表述[1]；然而，"皆以义合"的理解，难免使我们更难以区分君臣与师生在教导、劝谏之作为的不同的必要。

《礼记·檀弓上》有曰：

> 事亲有隐而无犯，左右就养无方，服勤至死，致丧三年。事君有犯而无隐，左右就养有方，服勤至死，方丧三年。事师无犯无

---

[1] "君臣、师生皆以义合"，化用《论语》总章九二子游曰"事君数，斯辱矣，朋友数，斯疏矣"朱子集注所引范氏之语，其曰："君臣朋友皆以义合，故其事同也。"（朱子《四书章句集注》，页 74，中华书局 1983 年版）

隐，左右就养无方，服勤至死，心丧三年。①

本文从《礼记》这一段材料入手，试图在海涛工作的基础上，探讨师生之伦在劝谏一事上与君臣、父子、朋友三伦其规范性标准方面之异同，以期对师生关系的性质有更深入的理解。

一、隐皆以谏言

《礼记·檀弓上》这一段论述，大体从劝谏、奉养、丧祭三个方面描述了事亲、事君、事师的异同，本文只着眼于劝谏一面的问题。

于事亲之"有隐而无犯"，郑君注曰：

> 隐，谓不称扬其过失也。无犯，不犯颜而谏。《论语》曰："事父母几谏。"②

于事君之"有犯而无隐"，郑注曰：

> 既谏，人有问其国政者，可以语其得失。若齐晏子为晋叔向言之。③

也就是说，犯颜直谏之后，若君王不听不从，就可以言其过失。

按郑君对"隐""无犯"的注解，则在隐、犯之间应当是：对待父母，当不称扬其过失，但也不犯颜而谏；对待君王，当犯颜直谏，可以称扬其过失，不必有所隐；而对待老师，当既不犯颜而谏，也不称扬其过失。

然以事君言，《礼记·曲礼下》有谓："为人臣之礼，不显谏。三谏

---

① 郑玄注、孔颖达正义《礼记正义》，页225—226，上海古籍出版社2008年版。
② 同上，页225。
③ 同上。

而不听，则逃之。"郑注曰："为夺美也。显，明也。谓明言其君恶，不
几微。"①《礼记·少仪》有谓："为人臣下者，有谏而无讪。"孔疏曰：
"讪，为道说君之过恶及谤毁也。君若有恶，臣当谏之，不得向人道说
谤毁。故《论语》云：'恶居下流而讪，上者。'"② 这都表明，为人臣
下者，不应该明言其君之恶，不应该向他人称扬君之过恶。而"事君有
犯而无隐"处之"无隐"，按郑注，即可以称扬其过失，可以明言其君
之恶，如此，事君之"无隐"与"不显谏""无讪"似乎有些矛盾。因
而，郑君的理解虽然并非完全不能成立，但或许是因为上述问题，郑注
并没有得到后世所有注家的认可。

陈澔《礼记集说》引刘氏之说，曰：

> 隐皆以谏言。

又曰：

> 隐非掩恶之谓。若掩恶而不可扬于人，则二者皆当然也，惟秉
> 史笔者不在此限。③

卫湜《礼记集说》引山阴陆氏之说，曰：

> 若以谓"无隐"得称扬其过失，岂事君之道哉？岂事师之道
> 哉？盖臣子扬美隐恶，君、亲一例也。

又引横渠张氏之说，曰：

---

① 郑玄注、孔颖达正义《礼记正义》，页 199。
② 同上，页 1390。
③ 陈澔《礼记集说》卷二，《四库全书荟要》。

"有犯无隐"，"勿欺也，而犯之"，宁犯则可，不可欺也。①

孙希旦《礼记集解》亦曰：

> 愚谓几谏谓之隐，直谏谓之犯。父子主恩，犯则恐其责善而伤
> 于恩，故有几谏而无犯颜。君臣主义，隐则恐其阿谀而伤于义，故
> 必勿欺也而犯之。师者道之所在，有教则率，有疑则问，无所谓
> 隐，亦无所谓犯也。②

也就是说，"隐"与"犯"在事亲、事君、事师三类情况中，都是在说劝谏之事，而并非如郑注所理解，只有"犯"在说劝谏之事，而"隐"说的是是否能称扬过失的事情。

这一种理解，就避免了前文对郑注提出的质疑。"事亲有隐而无犯"，即《论语》所谓"事父母，几谏"（《里仁》）；"事君有犯而无隐"，即《论语》所谓"勿欺也，而犯之"（《宪问》）。不过，作为一组反义词的"隐""犯"，对理解事亲、事君两事都非常顺畅，但对理解"事师无犯无隐"却好像仍然有些犯难：对待老师，"无犯"则不能直谏，"无隐"则不能几谏，既不能直谏，又不能几谏，难道是说，学生就不能劝谏老师吗？

二、师者，道之所在

我们再来更详细完整地看一下陈澔《礼记集说》所引刘氏的话。刘氏曰：

> 隐皆以谏言。父子主恩，犯则为责善而伤恩，故几谏而不可犯

---

① 卫湜《礼记集说》卷十五，《四库全书荟要》。
② 孙希旦《礼记集解》，页 165，中华书局 1989 年版。

颜；君臣主义，隐则是畏威阿容而害义，故匡救其恶，"勿欺也，而犯之"。师生处恩义之间，而师者，道之所在，谏必不见拒，不必犯也；过则当疑问，不必隐也。隐非掩恶之谓，若掩恶而不可扬于人，则三者皆当然也，惟秉史笔者不在此限。①

刘氏用"父子主恩""君臣主义""师生处恩义之间"来为三类谏言的规范提供人伦上的根据，这种区分来自郑康成。郑注"事亲有隐而无犯，左右就养无方，服勤至死，致丧三年"曰"凡此以恩为制"，注"事君有犯而无隐，左右就养有方，服勤至死，方丧三年"曰"凡此，以义为制"，注"事师无犯无隐，左右就养无方，服勤至死，心丧三年"曰"此以恩义之间为制"。② 孔颖达疏曰：

> 云"以恩义之间为制"者，无犯是同亲之恩，无隐是同君之义，兼有亲恩君义，故言恩义之间为制。③

事师无犯无隐，与事亲、事君都有相似，所以说"兼有亲恩君义"。但是，较之事亲之"有隐"，事师却是"无隐"，所以不能说师生主恩，师生一伦有类似父子之恩，却不以恩为主；较之事君之"有犯"，事师却是"无犯"，所以不能说师生主义，师生一伦有类似君臣之义，却不以义为主。

由此再来看"以恩义之间为制""处恩义之间"，我们会发现，不同于父子之主恩与君臣之主义，"处恩义之间"意味着，恩、义两大原则在师生关系中都没有发挥决定性的范导作用。我们可以理解为什么"主恩"的父子一定要"有隐而无犯"，因为有犯无隐则伤恩，伤恩则动摇了父子一伦之根基与底线而"不祥莫大焉"（《孟子·离娄上》）；同样，我们也可以理解为什么"主义"的君臣一定要"有犯而无隐"。但似乎

---

① 陈澔《礼记集说》卷二。
② 郑玄注、孔颖达正义《礼记正义》，页225。
③ 同上，页227。

很难仅从"恩义之间"就推导出事师究竟该如何劝谏，由于恩、义两大原则都没有在师生一伦中有决定性的范导作用，我们可以说"无犯"是出于"恩"的原则，却难以说明为什么"恩"的原则只作用于"无犯"，却不会产生出"有隐"。

可以做这样一个假设，如果《礼记》原文是"事师有犯有隐"，则可以套用孔疏说："'以恩义之间为制'者，'有隐'是同亲之恩，'有犯'是同君之义，兼有亲恩、君义，故言'恩义之间为制'。"做这样的假设是想表明，孔疏对"事师无犯无隐"之理据还是没有说透，需要做进一步说明。

所以我们看到，刘氏在解释"无犯无隐"时，引入了恩、义之外另一个关键的原则："师者道之所在。"陈澔《礼记集说》同时亦引朱氏曰：

> 亲者，仁之所在，故有隐而无犯；君者，义之所在，故有犯而
> 无隐；师者，道之所在，故无犯无隐也。①

朱氏也以"师者道之所在"来解释"无犯无隐"。又如前引孙希旦"师者道之所在，有教则率，有疑则问，无所谓隐，亦无所谓犯也"，亦如此。因为老师一身就担负承载着道理，所以老师必然不会拒绝劝谏，学生也就不必犯颜而谏；老师既为"道之所在"，正能给学生解惑，而其言行举止又莫不是潜移默化之教育，所以学生对老师的任何言行有疑惑、不理解或不认同，正应该提出来请教老师，直陈疑惑而已，不必有所隐。

不过，"谏必不见拒"，大概会和很多人实际的生活经验不同，当我们认为老师某句话说得不对、某个行为做得不妥，而提出质疑与劝谏，难道老师每一次都接受了我们的谏言吗？子路恐怕也不会同意事师之"谏必不见拒"。由《论语》可见：子路以"何必读书，然后为学"谏

---

① 陈澔《礼记集说》卷二。

之，而孔子讥其"佞"（《先进》）；子路谏孔子曰"子之迂也"，而孔子以"野哉，由也"回应（《子路》）；"佛肸召，子欲往"，子路不悦而谏之，而孔子有匏瓜之叹（《阳货》）。子路恐怕不只是会不同意"谏必不见拒"，而是会以为"谏必见拒"的。

此处突然引入孔子与子路的几番问答，是因为孔子作为万世师表、作为所有人的老师、所有老师的老师，通过他和弟子的问答，我们或许更容易觉察到：如果前文所问"学生难道就完全不能劝谏老师吗"乍一听有些荒谬，"学生可以劝谏老师"这件事其实也颇奇怪。老师既然是"道之所在"，是有道者，而学生作为求道者，是"未能有道者"，一个正在求道、未能得道的人，是如何可能、是凭借什么去劝谏一个有道者呢？这也就不难怪，为什么当我们在求学经历中对老师发起某种"劝谏"，事后回想起来，这种"劝谏"表现的却是我们自己的无知，而不是老师的错误。当这种劝谏落在万世师表的孔子身上，就必然屡屡映衬出子路的莽撞与不成熟。

三、无犯：师生之与君臣

从刘氏"谏必不见拒，不必犯也"之语可以读出，"犯"和是否被拒绝相关。顺着刘氏的思路，"犯"好像就是在意识到对方可能会不听劝谏，或者在对方已经不听劝谏的时候，为了让对方能听进去，就在劝谏中多一些耿直乃至多一点"冒犯"。这种"用犯以谏"的思路，其实是对"犯"的误解。

> 子路问事君。子曰："勿欺也，而犯之。"（《论语·宪问》）

"勿欺"是人臣之用心，"犯之"并非人臣之用心，却是由"勿欺"而有的表现。所谓"大臣者，以道事君，不可则止"（《论语·先进》），君子怀德，以其道在我，所言所行皆出于正道。君有过，岂有心于犯而为一"好犯上"者乎？"不敢不告也"（《论语·宪问》），以道事君，不得不告也。然人往往畏威阿容，乃至媚上求荣，于是君子之"勿欺"，人或以为"犯上"，君子亦不避讳；常有责之之意，亦有似于"犯之"。[①]

故孟子不见齐王，景子曰："丑见王之敬子也，未见所以敬王也。"讥孟子之不敬，不敬即犯上也。孟子则曰："我非尧舜之道不敢以陈于王前，故齐人莫如我敬王也！"曾子曰："彼以其富，我以吾仁；彼以其爵，我以吾义。"道既在我，"吾何慊乎哉！"（《孟子·公孙丑下》）既不慊于心，而有一份凛然不可犯之辞气，亦有似乎犯上。然孟子曰："责难于君谓之恭，陈善闭邪谓之敬，吾君不能谓之贼。"（《孟子·离娄上》）"勿欺也""有犯而无隐"，才是对君王真正的恭敬，君子岂"好犯上"者哉？

至此，我们再来看事师之"无犯"的理据。"无犯"确实类同事父，但却不是基于"恩"的原则而"无犯"，即，不是孔疏所说的"无犯是同亲之恩"。"无犯"也并非如刘氏所说，是因为"必不见拒"所以"不必犯"。父子主恩，犯则伤恩，所以"无犯而有隐"；而君臣、师生皆以义合，然君臣之间道在臣，师生之间道在师。在君民关系中，君为教化者，民为被教化者；在君臣关系中，臣固然也在君的教化之中，但臣却往往是教育者，而君则是被教育者，合格的臣应当有师者的自任与道义的担当，"大臣者，以道事君"即此意，"以位，则子，君也；我，臣也：何敢与君友也！以德，则子，事我者也，奚可以与我友"（《孟子·万章下》）亦此意。所以，事君必有一份道在我的自觉与担当，非尧舜之道不敢陈于君，而欲致君尧舜，故责难之、直谏之而有犯；但是，事师却有一份不信己而信师、我求道而道在师的自觉，在师生关系的理想范型中，学生劝谏老师是不可能的，无法劝谏，而要请教，请教所以"无犯"。

---

① 丁纪说："所行虽正，无心于犯，人以为犯，不避忌也，故有似乎'犯之'，如上章夫子曰'以吾从大夫之后，不敢不告也。君曰"告夫三子者"'是也，其有'我为大夫，而能行道；君为国君，反不能行道'之意乎？则有责之之意，而若'犯之'也。"（《论语读诠》，页390—391，巴蜀书社2005年版）

四、无犯：师生之与朋友

不过，这种理解可能也有可能的问题：第一、学生不可能劝谏老师，好像和我们的生活经验不符；第二、与怀着劝谏之心相比，每每怀着请教之心求教于师，对于一个学生来说有什么不同？也就是说，肯认"师者，道之所在"的"无犯"，究竟意味着什么？

就第一个问题，理想范型与生活经验不符本来并不构成问题，这是一种"常态"。不过，在事师问题上，理想范型与生活经验的不符，恰恰有助于我们理解师生一伦与朋友一伦的关系。古训云："同门曰朋，同志曰友。"[1] 在同一位老师门下的叫"朋"，有相同志向的叫"友"。这其实意味着，如果没有师与师所彰显的道，就不会有"同门"；而没有可共同志向的道所，也就不会有"同志"。儒者之所以可能有朋友，正因为有孔子。这同时也意味着，作为圣人的孔子立人极而为万世师表之后，后世所有以孔子之道为志业的"朋友"或"师生"，其实都是孔子的学生，因而都是"同门""同志"，都是朋友。

施特劳斯在《什么是自由教育》里说：

> 正如土壤需要它的培育者，心灵需要老师。但老师的产生可没有农夫那么容易，老师自己是学生且必须是学生。但这种返回不能无限进行下去，最终必须有一些不再作为学生的老师。那些不再是学生的老师是伟大的心灵，或者为了避免在如此重要的事情上的含糊其词，可说是最伟大的心灵。这些人实乃凤毛麟角，我们不可能在课堂里遇到他们任何一位，我们也不可能在其他地方遇到他们任何一位。一个时代有一位这样的人活着，就已经是一种幸运了。实际上，无论学生的精通程度如何，他们都只能通过伟大的书来接近

---

[1] 如包咸注《论语》曰："同门曰朋。"许慎《说文》曰："同志为友。"郑康成注《周礼》曰："同师为朋，同志为友。"

不再是学生的老师，接近最伟大的心灵。因而，自由教育在于以特有的小心（with the proper care），研读最伟大的心灵所留下的伟大的书——在这种研读中，较有经验的学生帮助经验较少的学生，包括初学者。①

在儒家文明中，"最伟大的心灵"如果只有一个，那就是孔子；"最伟大的心灵"如果不止一个，那就是尧、舜、禹、汤、文、武、周、孔、孟、周、张、二程、朱。正如施特劳斯所说，"一个时代有一位这样的人活着，就已经是一种幸运了"，我们没法对自己的时代抱有过多的期待。在后孔子时代，同时也是一个罕有乃至没有大贤的时代，以孔子之道为志业，必读其书。于是，在对六经、《论语》的研读中，同门逐渐分出了高下，而有了师生，师作为"较有经验的学生"，弟子作为"经验较少的学生"与"初学者"。

不过，朋友之间也不可能完全水平相当，这一高下之别要到达何种程度，才会从朋友变成师生呢？

孔子说："温故而知新，可以为师矣。"（《论语·为政》）孔子所言之"故"，即三代之道与其所"雅言"之《诗》《书》（《论语·述而》）；所以后学之"故"，亦即六经、《论语》。朱子注曰："学能时习旧闻，而每有新得，则所学在我，而其应不穷，故可以为人师。"② 同样作为孔子之徒的师生，都是诵读经典、沉浸其中，有人却能"每有新得"，从已"故"却永恒的孔子之道中源源不断地汲取活力，以浇铸一儒者人格，激活自己的文化生命。这样的人，才可以引领其他人从经典中汲取活力，从自己本有的人性中激发出一文化生命，而这种"引领"，正表现在"其应不穷"的传道、解惑之中。

试想有一人于此，他是人，我也是人，我读孔子之书，他也读孔子之书，他所能读到的先贤注疏、解释，我也都能读到，然而我每每有疑

---

① 施特劳斯《什么是自由教育》，收录于刘小枫、陈少明编《古典传统与自由教育》，华夏出版社 2005 年版。

② 朱子《四书章句集注》，页 57。

而问之，一问则答之，再问再答，三问三答，有似"其应不穷"，即或有一不能答之，亦坦坦荡荡、谦虚好学，无丝毫遮遮掩掩、曲意回护，乃至其一言一行，无不是由"温故"而浇铸的鲜活、饱满、令人尊敬的生命闪耀，常令我思之而有所得，那么，我就知道，这个人是我的老师，我当以师道亲之尊之。《论语》总章六所谓"而亲仁"，即不当以友道待之。

可能会有人觉得，自己所处的时代既没有圣人，也罕有大贤，自己也没有遇见过上述"可以为师"者。一方面，这种情况固然是极其悲哀的，也完全是可能的；另一方面，我们也恰应该反思，究竟是这世上没有老师，是自己运气不好碰不到一个"可以为师"之人？还是我们为傲慢与偏执所蒙蔽，见到了人师，却不能以师道尊之呢？韩文公在《师说》中曾抨击学人"耻于相师"的自大和愚昧，不过，他自己也说："如仆者自度，若世无孔子，不当在弟子之列。"[1] 前文所说儒家师弟子皆为孔门同门，所以皆为朋友的观点，或也有类似的意味。对韩文公这一狂语，朱子评价到：

> 自古罕有人说得端的，惟退之《原道》庶几近之，却说见大体。程子谓"能作许大识见寻求"，真个如此。他资才甚高，然那时更无人制服他，便做大了，谓"世无孔子，不当在弟子之列"。[2]

朱子认为，韩文公确实"资才甚高"，不仅是同时代，乃至前后数百年，恐怕都没有人能制服他，真有资格做他的老师，然而，朱子依然批评他的傲慢，以"做大了"称之。孔子说："如有周公之才之美，使骄且吝，其余则不足观也已。"（《论语·泰伯》）骄吝之病，何其可畏！骄吝则不可能有从师请教之意。而这恰恰表明学者要每每怀着"请教之意"的必要性。即使我们真的如此不幸，没有人师，无人引领解惑，也应该"无友

---

[1] 《韩昌黎文集校注》，页 216，上海古籍出版社 1986 年版。

[2] 黎靖德编《朱子语类》卷九六，页 2476，中华书局 1986 年版。

不如己者"（《论语·学而》）、"友其士之仁者"（《论语·卫灵公》），以至"三人行，必有我师焉，择其善者而从之，其不善者而改之"（《论语·述而》）。"德不孤，必有邻"（《论语·里仁》），故不患"独学而无友"，惟患己之骄吝。

不过，即便同样怀着谦虚好学之心，事师与待友仍然有区别："朋友切切、偲偲"（《论语·子路》），朱子注曰："切切，恳到也。偲偲，详勉也。"[1] 朋友则须互相切责。又，《论语·颜渊》："子贡问友。子曰：'忠告而善道之，不可则止，无自辱焉。'"友有非，则必忠告之。同样，我们也希望朋友用同样的态度对待我们，夫子曰："益者三友，损者三友：友直、友谅、友多闻，益矣；友便辟、友善柔、友便佞，损矣。"（《论语·季氏》）朱子注曰："友直，则闻其过……善柔，谓工于媚悦而不谅。"[2] 朋友之伦，正当互相切磋，责难、警醒、"冒犯"。然而，在我则如朱子所说"尽其心以告之，善其说以道之"[3]，在彼倘以我为"犯"而生怨怒，则亦"不可则止，无自辱也"。此事，道在我而过在友，则我必"忠告善道之"；彼事，道在友而错在我，则友亦必"忠告而善道之"。故可曰：事友亦皆有犯，而皆不以为犯。

结　语

《礼记·檀弓上》关于事亲、事君、事师之隐或犯的表述，其中，"犯""隐"皆以谏言。"事师无犯无隐"之礼，虽然表现为兼备亲恩、君义，处于恩义之间，却是由"师者道之所在"之原则而定。"事亲有隐而无犯"，师生、父子同为"无犯"，事亲之"有隐"是由于父子主恩，而事师之"无隐"是由于师者有道，有疑当问；"事君有犯而无隐"，师生、君臣同为"无隐"，皆以义合，然事君"有犯"而劝谏之，

---

[1] 朱子《四书章句集注》，页148。
[2] 同上，页171。
[3] 同上，页140。

以其道在我，事师"无犯"而请教之，以其道在师。师友同伦，皆进德求道，而同为先师之徒；然师之教育引领、成就文化生命之功，非友可比，故就劝谏、请教一事言，事师与事友也不相同。

从《论语》"回何敢死"之语说起

刘卓然

孔子是世界上最好的老师，也是师道在人的当身化呈现；学者所当学的颜子，则是孔子最好的弟子，颜子殁后，孔子即有"今也则亡"（《论语·先进》）之叹。孔子与颜子，实为师生关系的最高典范，通过孔子与颜子来理解师生关系，也就成为一应然之事。

一、回何敢死

《论语》所载关于孔子与颜子的章节中，总章二七四，是少有的颜子直接透露对孔子心意的章节，其曰：

> 子畏于匡，颜渊后。子曰："吾以女为死矣。"曰："子在，回何敢死？"①

孔子为匡人所围，颜子与孔子相失而后至，孔子担心颜子的安危，因而再相见时既惊又喜，感叹"吾以女为死矣"。颜子说"子在，回何敢死"，是就孔子惊喜的感叹之辞而应答，以安夫子之心。

《集注》引用胡明仲的说法曰：

---

① 朱子《四书章句集注》，页129，中华书局2012年版。

> 先王之制，民生于三，事之如一。惟其所在，则致死焉。况颜
> 渊之于孔子，恩义兼尽，又非他人之为师弟子者而已。即夫子不幸
> 而遇难，回必捐生以赴之矣。捐生以赴之，幸而不死，则必上告天
> 子、下告方伯，请讨以复仇，不但已也。夫子而在，则回何为而不
> 爱其死，以犯匡人之锋乎？[1]

此处，胡氏乃引《国语·晋语》："'民生于三，事之如一。'父生之，师
教之，君食之。非父不生，非食不长，非教不知生之族也，故一事之。
惟其所在，则致死焉。"谓父是生我者、君是使我的生命得以相续者、
师是成就我之为人者，三者从不同方面成就民之生，所以人当"事之如
一"，尽心竭力，置死生于度外。引《国语》后，胡氏又就此章发挥其
义，先说夫子与颜子的关系。夫子待颜子"恩义兼尽"，而颜子对夫子
亦爱敬已极，所以夫子与颜子之师弟关系，与他人之为师弟子之关系不
同。此所谓不同，只是说夫子与颜子的师弟关系乃是本然的、最好的，
他人之师弟关系未至于此。胡氏指出，夫子与颜子关系既如此，假设孔
子不幸遇难，颜子必先赴死，赴死不得，则请讨罪复仇；若夫子尚存，
则颜子必保其身。

不过，胡氏此说，恐不免发挥"致死"之义太多，自己的意思过
重。如说夫子不幸遇难，明是假设之辞，全是旁人视角。若从颜子身上
看，既与师失散，必不逆料孔子或有不幸，白文"子在"二字便可见。
因而，"何敢死"三字，当从颜子身上看为是。所谓"何敢"，是指既尚
未有夫子消息，自家纵使涉险，也求保全自身。所以要保全自身，又绝
非贪生，其原因有如：

一、"回也视予犹父也"（《论语·先进》），颜子既视夫子如父，自然
以夫子之心为心。夫子既爱颜子，所以对颜子而言，"凡所以守其身者，
自不容于不谨矣"[2]。

---

① 朱子《四书章句集注》，页 129。
② 同上，页 55。

二、钱宾四先生说："孔子尚在，明道传道之责任大，不敢轻死。"[1] 彰明此道，必自明己德、当仁不让，纵夫子尚在，颜子也必承其任，不敢轻死。夫子"祖述尧舜，宪章文武"（《中庸》），颜子必"善继人之志，善述人之事"（《中庸》）。

三、颜子当仁不让，然未尝自以为知，"有若无，实若虚"（《论语·泰伯》），其心"惟知义理之无穷"[2]，因而必时时求尽道。既"畏于匡"，必求尽道而得正命，不敢陷于岩墙之下而自轻其身。

从"回何敢死"一语中可见，颜子确是以夫子之心为心，善继其志、善述其事。以下，我们不妨暂时搁置颜子之于师，先看看孔子是如何对待颜子的。《论语》总章二五八至二六二，皆围绕孔子如何安顿颜子之死而展开。

二、孔子对颜子逝后的安顿

胡氏所假设的不幸当时未曾发生，然而，对孔子来说，后来却真正经历了一件大不幸：

> 季康子问："弟子孰为好学？"孔子对曰："有颜回者好学，不幸短命死矣！今也则亡。"

本章文义明白，朱子亦不加注解。对于夫子而言，从过去的"吾以女为死矣"到"（回）短命死矣"，不意这种"白发人送黑发人"的不幸竟真的发生。这样的不幸，又不止如一般父子永诀的悲痛，"今也则亡"，并非只是对答季康子之语：

> 颜渊死。子曰："噫！天丧予！天丧予！"[3]

---

① 钱穆《论语新解》，页 267，三联书店 2018 年版。
② 朱子《四书章句集注》，页 104。
③ 同上，页 126。

"天丧予"的意思，《集注》言："悼道无传，若天丧己也。"① 《集注》
这一句话，与夫子所言的"丧予"相照应："悼道无传，若天丧己"固
然可见孔子与道为一，这与"天之未丧斯文也，匡人其如予何"（《论
语·子罕》）的意趣相若；然而孔子"丧予"之叹特发于颜子，便不当忽
视"予"字中所具有的颜子与孔子若为一体的意思：

> 颜渊死，子哭之恸。从者曰："子恸矣。"曰："有恸乎？非夫
> 人之为恸而谁为！"②

颜子死，孔子哭甚悲痛，从者以为太过，然而夫子但言不知有恸。所谓
不知有恸，只是恸由中流出，毫不自禁。唯有好学的颜子，方得夫子如
此，所以说"非夫人之为恸而谁为"，他者不得与焉。颜子之所以有如
此待遇，是颜子之好学，又欲继夫子之志而能述夫子之事，夫子亦既知
颜子能以夫子之心为心，所以视之若一人。

既视之若一人，以夫子而言颜子之志意：

> 颜渊死，颜路请子之车以为之椁。子曰："才不才，亦各言其
> 子也。鲤也死，有棺而无椁。吾不徒行以为之椁，以吾从大夫之
> 后，不可徒行也。"③

> 颜渊死，门人欲厚葬之。子曰："不可。"门人厚葬之。子曰：
> "回也视予犹父也，予不得视犹子也。非我也，夫二三子也。"④

颜子死，颜路及门人希望厚葬之，厚葬或即是用椁。盖颜子家贫，贫而
厚葬未合于礼，然而父子、同门情谊之深切可见。昔日鲤死不得椁，或

---

① 朱子《四书章句集注》，页 126。
② 同上，页 125。
③ 同上，页 125。
④ 同上，页 126。

由于贫，未详；今日颜子死，亦不许颜路请车，则由于"大夫不可徒行"之礼。颜路请孔子之车以为颜子之椁，孔子不许，人若以为孔子之于颜子不若颜路深情，却大不是。颜子视孔子为父，必善继其志，不肯违礼；孔子亦知颜子平生志意，岂欲以非礼加诸颜子？以非礼加于颜子，岂可以告慰泉壤？然而孔子终不禁门人厚葬，只是说"不得视犹子也"。钱宾四先生说："'仲尼不为已甚'，若孔子固不许门人之厚葬颜子，斯已甚矣，孔子不为也。然使起颜子于地下，将乐与孔子同意，孔子深知之，故本章所言，若对颜子有余疚。"[①] "有余疚"，是就孔子"不得视犹子"来说；"斯已甚"，是门人对颜子深情，此情虽过于当，然若孔子禁之亦为过甚，故孔子虽不以为然，亦不禁；"乐与孔子同意"，则是孔子深知颜子之心。"夫二三子也"，非深责二三子，实叹息之辞。此二章，于父子、门人处固可见情谊之深，惟从孔子处便见得情、义并至。

至此可说，孔子与颜子所代表的师生关系的实质，是一种根于道义的同心同德。孔子为师，若父，所愿在明道、传道；颜子为徒，似子，善继夫子之志。孔子与颜子之间，不仅爱至于极，而且义以相合，这便是胡氏所说的"恩义兼尽"。

三、恩义兼尽

孔子与颜子师生之间的同心同德，与基于成就德性而诚信相处，相互以善待之、而望之责之的朋友关系相比，其根本同，然其事有不同。朋友之间，相助以成就德性；孔、颜处，却不说相助：

> 子曰："回也非助我者也，于吾言无所不说。"[②]

---

① 钱穆《论语新解》，页284。
② 朱子《四书章句集注》，页125。

《集注》言："'助我'，若子夏之'起予'，因疑问而有以相长也。颜子于圣人之言，默识心通，无所疑问，故夫子云然，其辞若有憾焉，其实乃深喜之。"① 字面言，"非助我者"，是师弟子之间本有相助之义，朱子所引夫子谓子夏论《诗》能"起予"之事即是；但对孔子而言，"助"是助其发挥，不是助其领会。"因疑问而有以相长"，并非作谦辞理解，夫子虽与道为一，然若"寂然不动"，经弟子疑问，然后有所发挥、阐明。"长"之于孔子，是就义理彰显、发挥说；之于弟子，是就受到孔子指点而有所启发说。至于颜子，"默识心通"，不待问难而心如其义，所以难使夫子更有所发挥。但得一善问的弟子固可喜，得"于吾言无所不说"的弟子尤可喜。大抵门弟子能信孔子与道为一，然而不知孔子之文章即天道；或知文章即天道，而未亲切以知自家固有此道理；颜子的"无所不说"，是深知孔子所说之道，亦亲知其莫非我有，孔子若先得我心而代为说出者也。颜子于孔子之言"无所不说"，实亦于孔子之人、之道"无所不说"，"无所不说"自然无所不爱。

从颜子之所以能如此，又可见孔子于颜子之恩。所以，总章二七四曰：

> 颜渊喟然叹曰："仰之弥高，钻之弥坚；瞻之在前，忽焉在后。夫子循循然善诱人，博我以文，约我以礼。欲罢不能，既竭吾才，如有所立卓尔。虽欲从之，末由也已。"②

颜子深知夫子之道"无穷尽，无方体"③ 而未知其要，夫子则循循善诱，以格物致知、克己复礼教之，使颜子愈知夫子之道而深悦之，同时又知圣人大而化之之境无所用力。以颜子之资，犹须夫子以博文约礼之善教成其德性，师对于弟子的恩情也就可以想见了。若无师作为先知先觉者以教之，弟子便难知其方向与途径。师教的恩与义乃如此，所以

---

① 朱子《四书章句集注》，页 125。
② 同上，页 111–112。
③ 同上，页 111。

《国语》指出，人之事师，当如事父母、事君长。

辅汉卿就《论语集注》总章二七四胡氏之言说："颜子之于孔子，蒙博约之教，得圣道之传，真所谓受罔极之恩者。恩深则义重矣。"①真是善于阐明。"罔极"，语出《诗经·小雅·蓼莪》，指父母养育之恩无穷尽。说孔、颜师生之情如父子之恩，此意已屡屡言及，只是父子之恩出于天性之爱，师生之恩实出于信：基于成就德性的相同志意而能诚实相待，双方皆以善待之、望之、责之。也就是说，师生之间先由德性成就之义合，然后师者作为先觉，在德性上的成就常常远过弟子，因而对弟子有指点、照拂之实，弟子则相信于师而继师志、述师事，二者恩情渐渐深厚，是求道之义先于恩而后恩义兼备。辅氏"恩深则义重"，义是专就颜子之于孔子有致死之义来说，即胡氏所谓"捐生以赴之""请讨以复仇"。

致死之义，在君为君死，在父为父死，如今也可说在师为师死，此所谓"事之如一"。然"君使臣以礼，臣事君以忠"（《论语·八佾》），尹和靖所谓"君臣以义合者也"②是也。弟子之于师，岂不敬之？师之于弟子，岂得不竭心以教？是师生之间未尝不有义在，所以颜子对孔子有传道、致死之义。君臣之间亦有大义，如朱子在《大学章句序》中所说："一有聪明睿智能尽其性者出于其间，则天必命之以为亿兆之君师，使之治而教之，以复其性。"③上古之时君师不分，因德位相匹，君即"能尽其性"的先觉者；然以职分言，君即君，师即师，职分之当然各有侧重。君之教民，但使民由斯道；师的职分，则在使人觉而复其固有。孔子为万世之师，在于孔子之道可使古今亿兆之人以复其性。寻常论师生，是师者觉弟子；若论其极，则孔子为万世之师，教颜子之法亦教万世之法，而颜子所明、所传者乃斯道斯教，则师生之间，亦同样有此大义在焉。

饶双峰说："孔之于颜，教、爱两极其至。义虽师生，恩犹父子，

---

① 胡广等编《四书大全校注》，页 578，武汉大学出版社 2009 年版。
② 朱子《四书章句集注》，页 66。
③ 同上，页 1。

所以为恩义兼尽。"① 饶氏从教、爱分说义、恩，可说善解胡明仲的注文，"教"之一字，尤其可见孔、颜之为"义合"。

愚意，孔、颜之间似又可说，位则师生，恩犹父子，义似君臣。朱子尝言：

> 师与朋友同类，而势分等于君父，唯其所在而致死焉。②

"师与朋友同类"，同在一个"信"字；师之势分与君、父相同，致死如一。至于所以致死者，在父子则恩，在君臣则义，在师生则所谓"恩义兼尽"得之。

余　论

或者以为，"恩义兼尽"只可说在孔子、颜子之间。我以为，此四字正是师生关系的本质，不必仅限于孔、颜之间，乃是由孔、颜关系所见师生关系之本然。师生之间固亲爱，只有亲爱却不足以尽师生之义；师生关系固有明道、传道的目标，只有明道、传道之事却也不足以尽师生之谊。如以孔子、颜子而论，凡亲之、叹之、惜之、恸之之类，皆在"恩"边；凡传道、受教、觉民、致死之类，皆在"义"边。

较之父子、君臣、朋友：师生有父子之恩而非父子，有君臣之义而非君臣③；至于朋友，师生有朋友之信，而就其势分尤重者言，师者指点弟子成其为人，又基于德性成就的相同志意既诚实以待而又传之以道，说到底，依然是一种"恩义兼尽"的关系。

---

① 胡广等编《四书大全校注》，页 578。

② 《朱子语类》卷七，页 289，中华书局 2020 年版。

③ 有学者说："师虽有父道而非父，虽有君道而非君。"见常达《心丧传统的演变：从为师之丧到权变之礼》，《曹元弼的生平与学术》，页 302—303，中国人民大学出版社 2018 年版。

文献整理

近年来讲习《论语·学而》与《集注》相出入处

丁　纪

从来读《论语》，以朱子《集注》为准，然积年亦有不能尽契者渐多，此实不敢自昧，复不敢自安。窃惟朱子忠臣之初衷犹耿耿在胸，固非离心离德之持异自逞，然虽中怀疑贰者，其有过于此乎？乃忧乃惶，既恨不得赴九幽以面质，敢自暴露于光天白日以冀开释。

——《行有余力》

首章

无。

章二

（一）其为人：若言"彼其为人"。

（二）君子：已见于首章，朱子解曰"成德之名"，而"其为人也孝弟"既为人子弟者，则此"君子"非指彼等子弟可知。然则此章虽论孝弟为仁之本，乃自成德者之教人子弟言，不自子弟之从于父兄者言。"其为人"者为彼，"君子"者为此，彼此主客之间，其语势乃如此。

（三）孝弟也者，其为仁之本与：朱子解曰："孝弟，乃是为仁之本。"引程子之语曰："为仁，以孝弟为本；论性，则以仁为孝弟之本。"此《集注》于本章辨别之最着力处。程朱之所言皆是，程朱所以极力辨此者亦有由，乃在后世之人一见"本"字便以为"本体"之义，然若以孝弟当仁之"本体"则非也。故程朱之意乃谓：孝弟只是一切为仁之事

279

之本，谓之"本事"则可，要非仁之本体，谓之"本理"则谬；"本理"只是仁本身，孝弟之道理本体便是仁。孟子有最近于有子此语之义者，《孟子》总章八八所谓"仁之实，事亲是也；义之实，从兄是也"，故朱子亦以有子此语解《孟子》此章曰："有子以孝弟为为仁之本，其意亦犹此也。"仁义是事亲从兄之理，此是一"本"，"本理"之"本"；事亲从兄是仁义之"实"，此是一"本"，"本事"之"本"。一见孝弟为仁之本之说，遂以为仁别有本体，孝弟乃仁之本体者，盖混淆事理，将一切不从本体上出、根据上出，而从一特殊之事体上出，若此之"孝弟本体化"，则孝弟有时，其用或穷，故程朱不能不深加辨明以杜绝之。然此误解，在程朱之世有其余地，在有子之世则未必有之，则于解此章，似亦无须推广。"为仁"非"是仁"，乃"从事于仁"，此是。如后之总章二七八"克己复礼为仁"，所谓"为仁"亦只是从事之义，而非断"克己复礼"便是仁也，故朱子之解曰"为仁者，所以全其心之德也"，意思重在"所以全之"，而与此章"仁者，心之德也"之说为不同。"为仁"既为"从事于仁"，若非实加从事，仁则吾不知，故仁只在"为仁"中。就此章言，所谓"为仁"者，自孝弟至于不"好犯上"、不"好作乱"，皆"为仁"也；若不孝不弟、"好犯上"、"好作乱"，则"为不仁"矣。然则所谓"为仁之本"，乃谓如孝弟、如不"好犯上"、如不"好作乱"等等，一切"为仁"之事，孝弟乃其"本事"。"本事"，事之本、事之先也；君子之所以"务本"，亦不过《大学》所谓"知所先后，则近道矣"，无乱其序也。故所谓"君子务本"，非言子弟之自尽力于孝弟，虽人家佳子弟，亦有只一味行其孝弟，未必知此为何种之"本"者，惟子弟不知，成德者岂不知之？既知之，其欲使人不为犯上作乱之举，自无待将来临上教其不犯上、临治教其不作乱，乃自此刻居家对父兄，即教之以孝弟始，倘教得人家子弟皆孝弟，则临上自然不犯上、临治自然不作乱，不教之教也。故此乃为教之大者、为政之大者，亦有其定理在，非徒言寻常家事，然后寄望于某种不期然也。虽然，如总章五引杨氏之语曰："此特论其所存而已，未及为政也。"章旨仍着落在"学"，故入《学而》。

章三

补入"巧言令色"出处。《尚书·皋陶谟》曰："禹曰：'知人则哲，能官人；安民则惠，黎民怀之。能哲而惠，何忧乎驩兜？何迁乎有苗？何畏乎巧言令色孔壬？'"

补入程子一语。《遗书》卷二上，条八九，曰："禹之言曰：'何畏乎巧言令色？'巧言令色直消言'畏'，只是须著如此戒慎，犹恐不免。"

有此，则巧言令色害德之深，其为浸润渐渍之可惧，更无须多言。

章四

（一）补入"省"字解义。《尔雅》曰："省，察也。"《说文》曰："省，视也。"《广韵》曰："省，审也。"《正字通》曰："省，明也。""审"即"明"也。《尔雅》又曰："省，善也。"《尔雅》"察"字之训，即有"视""明"两义：如《论语》总章二六"视其所以，观其所由，察其所安"，"察"与"视""观"为同义；如《中庸》章一二"言其上下察也"（朱子注曰："察，著也。"）、《孟子》总章一〇八"舜明于庶物，察于人伦"，"察"与"明""著"为同义。故惟说一个"视"字其义不尽，惟说一个"明"字其义亦不尽，"明"由乎"视"，"视"必欲其"明"，然后为"省"也，此所以又训以"善"，盖一个"省"字便有"视思明"（《论语》总章四二九）之义，视尽其明，乃所谓善也。"省"字是一个大字眼，不可不讲，盖忠、信、习等等道德要求，作为一章之关键，全由它醒发出来。曾子以此一字发明人心之所能，用之守身则所守约，用之致功则为功大，自一事一物当然之理，充之至于天地，惟在乎此方寸之际一毫毋自欺，时时刻刻打得过，则无物不入乎此至诚之中矣。

（二）《集注》引谢氏之语曰："惜乎，其嘉言善行不尽传于世也！其幸存而未泯者，学者其可不尽心乎？"此固可见上蔡一片敬慕向往之心有不自禁者，然若果为曾子言行传世之少而惜，却不知当如颜子何？又如，夫子虽言满天下，其有不善观者，未必不以为总欠缺关键一语，于是总不免搁置眼下，而向语外求语、书外求书；然于善观者，得一语则于此一语中求有以尽之，得两语则于此两语中求有以尽之，倘或者来告于此一两语外更有他语，则曰："观止矣！若有他乐，吾不敢请已！"（《左传》襄公二十九年）读书，须知观止之义。

章五

（一）使民以时："时"，朱子曰："谓农隙之时。"疑。孟子固亦多曰"无失其时""勿夺其时"，"时"皆作"农时"解，然孟子本言田制，与此统言"道千乘之国"者又不同。若"使"谓征役，农工商皆不得以免，仅谓农闲之时，则于工商之民无所着落。且"使"又不但为征役之义，为政凡须与民共之者皆须有"使"，然则一年之中有春夏秋冬之所谓"时"，一日之中有如晨昏昼夜之所谓"时"，乃至一家之中亦有婚丧嫁娶等等之所谓"时"，"使"皆不得不以其时也。如《尚书·尧典》"历象日月星辰，敬授人时"，是"使民以时"也；如《礼记·曲礼上》"卜筮者，先圣王之所以使民信时日、敬鬼神、畏法令"，是"使民以时"也；如《诗经·王风·君子于役》"日之夕矣，羊牛下来"，是亦"使民以时"也。故"时"字只当取一宽解：日之所之曰时，谓天时也。民各奉天时以行其事，国事之使倘皆于其时为当，则时不乱而民不扰；不然，则所谓"奸时以动，而疲民以逞"（《左传》成公十六年，申叔时之语），蠹民之政，其败必矣。

（二）朱子曰："言治国之要，在此五者，亦务本之意也。"引程子之语曰："此三言者，若推其极，尧舜之治亦不过此。""五者""三言"虽不必相抵，终未克协。我从来以为此章，合则有"敬事而信"二者，而"敬事"在"节用而爱人"、"信"在"使民以时"，故分又为三者，如此分合作两层观，与程朱亦有不同。

章六

（一）谨而信：朱子曰："谨者，行之有常也；信者，言之有实也。"言行皆即身己言。窃谓，章四之"信"谓信于友，章五之"信"谓信于民，皆信于人而非信于己，故此章曰"谨而信"者，"谨"则谨其身，"信"亦信于友也。所以不谓信于民，以下"泛爱众"，"众"即民也，而曰"爱"之，信与爱，亦有远近亲疏之别也。

（二）行有余力：朱子曰："余力，犹言'暇日'。"疑。盖自入孝出弟至于爱众亲仁，弟子之行岂有闲暇时日？且其行之也既专心致志，正惟力或不给之为忧，故必以分心他求他为为可戒，而曰"行有暇日"乎？有心求暇，是慢其所当孝弟谨信者也。或曰：此言"暇日"，乃用孟子"壮者以暇日修其孝悌忠信，入以事其父母，出以事其长上"（《孟子》总章五）之所谓"暇日"也。曰：孟子以仁政之能"省刑罚，薄税敛，深耕易耨"，故壮者从事于耕耨之事也自宽闲，然其并不以耕耨为足以尽其职，要必以事父事长、讲信修睦为其本职而求不断尽之，此则孟子惟以耕耨之事为有"暇日"，正不以弟子之职之行得有"暇日"也。耕耨之暇尽心于事父兄长上，则耕耨之时其意亦只在乎父兄长上；倘于事父兄长上之际即欲求一分"暇日"以从事耕耨，则其心已弛，不足为孝弟矣，耕耨之事又奚足为？学者之学文，恰如农者之事耕耨而已。又，"行"或不作"知行"之"行"，而作"行将"之"行"，亦通；行将，或然之辞，非得以望望之也。一章之内，"行有余力"虽唯一言之，然其语实活：于"入则孝"与"出则弟"之间得一言之，于"出则弟"与"谨"字之间得一言之，于"谨"与"信"之间得一言之，于"信"字与"泛爱众"之间得一言之，于"泛爱众"与"而亲仁"之间亦得一言之，一章之内原得以五六言之，乃于最末"而亲仁"与"则以学文"之间唯一言之，其言亦真可谓简净。然则"行有余力"以前之事，恰当以"行无余力"为之；"行有余力"以后之事，非所必为，或所不为，然一旦得而为之，亦非"余力"为之，而必尽力为之，亦可知矣。又，"行有余力"仍与"则以学文"八字相连，亦如上所谓作五六读，则凡有所行、凡既已尽力于行者，便即有退思、即有所有校准乎学，而非谓一切行后乃有学文之事，置学文于荒远之地，乃随时在焉，行与学文常相顾，相互间关系尤紧密。要之，无行之人，则不配从事于此学，此学总期孝子悌弟一等人品前来研习奉行，此固然矣；然学文亦总得以使明其所以然、所当然，即其所行而更有以广大之，此所以学不徒学、文不徒文也。

章七

（一）贤贤易色：朱子曰："贤人之贤，而易其好色之心，好善有诚也。"如《遗书》卷二二上，条二一，程子亦曰："见贤则变易颜色，愈加恭敬。""易"作"改易""变易"解，亦通。然后之总章二二二夫子曰"吾未见好德如好色者也"、《大学》传之六章曰"如恶恶臭，如好好色"，好善好德皆曰"如好色"，不曰"易其好色之心"，盖不以好色之心为不然；又，后之总章二四夫子答子夏问孝曰"色难"，"难"对"易"言，子夏岂以贤贤为难，难者既能，至于色则不难，亦如事父兄为容色之不难乎？然则此"易"字作"容易"之"易"解，似亦有可说。

（二）虽曰未学，吾必谓之学矣：朱子曰："有能如是之人，苟非生质之美，必其务学之至。虽或以为未尝为学，我必谓之已学也。"然则朱子以此人为实尝从事于学，惟不知者误以为未学，故子夏云云。疑。此章子夏之言，全与上章夫子之言相照应，如"贤贤易色"即当"亲仁"；其所不同，乃夫子、子夏圣贤气象境界之有别。上章自入孝出弟至于爱众亲仁，虽皆当竭力为之，不得做"有余力"之想，然以夫子言之，人亦不至于竟无余力，故曰"行有余力，则以学文"，盖亦绰绰而有余裕也；然此章自"贤贤易色"至于"与朋友交言而有信"，其为行也无不同，惟以子夏言之，则曰"竭"曰"致"，更无余力于学。故"虽曰未学"，实未尝为学也；实未尝为学若有憾，于行无亏则可以无憾，此所以曰"吾必谓之学矣"。夫子曰"行有余力"，子夏乃自承以无余力，若与师教相悖反，然惟子夏，以圣门高弟之资，善发明领会乃师之旨如此，故"虽曰未学，吾必谓之学矣"，乃真知"行有余力"非教人于实行之时有任何惜力分心之举，自非大贤以上，要必以"行无余力"出之，乃可以当于教也。若此，子夏乃真可谓起予助我者之类。如子夏言人之从事往往曰"能"，"能竭其力""能致其身"；夫子之言，则一不及此：此盖亦"中庸不可能"，不至于中庸则势须能而后可。《集注》引吴氏之语曰："子夏之言，其意善矣，然辞气之间抑扬太过，其流之弊，将或至于废学。必若上章夫子之言，然后为无弊也。"子夏固非不知夫子之言之周浃，惟言出己有，亦岂得模拟口吻，与圣人强作等伦？故在子夏，此际意不在于无弊，乃在"与其……宁……"，即在两害相权之间者也：与其有废行之弊，宁有废学之弊，如此，以见儒者学之所尚也。《语类》有曰："（上章）夫子只是泛恁地说，说得较宽；子夏说得较力，他是说那诚处……这说得都重……他是要其终而言。道理也是恁地，但不合说得大力些。"（卷一一九，条七）可见亦非不以子夏之说为正当，惟《集注》更多着意在"不合说得大力些"方面。

章八

此章三"不"字、二"勿"（"无"）字，"不"与"勿"皆反言。言"不"，则其当然可知；言"勿"，乃禁止之辞。一章之中，有三（或四）反言，"主忠信"乃唯一正言，可知一章之主意乃在此。

此章《集注》亦无甚疑义。"不重则不威，学则不固"连读，若曰"不重则不威，不重而学则不固"，"固"取"坚固"义，此与程子同，如程子有曰："人安重，则学坚固。"（《外书》卷六，条二〇）"无友不如己者"，"不如"取"不及"之义，此与谢氏同，如上蔡有曰："人不可与不胜己者处，钝滞了人。"（《上蔡语录》卷一，条四八）末引游氏之语条理全章，"以威重为质，而学以成之"为"君子之学"之文质表里，继之"以忠信为主，而以胜己者辅之"为"学之道"之主次轻重，而"以'过则勿惮改'终焉"以免于为有德者之弃，一章之脉络亦可见焉。惟就全章之解释发明而言，终觉尚欠一分透脱疏畅。

且如"固"字，后之总章二〇九"子绝四"之"毋固"、《礼记·曲礼上》"将适舍，求毋固"皆取"固陋"之义，故何氏注此亦作"固陋"解，"不重则不威"与"学则不固"分读，盖不重则不威，重则自然有威，然威重而固陋者亦或有之，则惟学以胜其固陋。此解似不妨存之。即"固"不取"固陋"之义，亦未必指学之效而言，如，"重"上应章六之"谨"字，义为"谨重"，"威"即后之总章一八四"威而不猛"之"威"，"重"以言质，"威"以言志，质不谨重则其志不威不勇，如此虽学，学不贞固而难乎有恒，中道画者多有之，然则"固"亦可取"贞固恒久"之义。

又，此章之争议点，多在"无友不如己者"一语。尝谓：寻常读《论语》，往往至章二"孝弟也者，其为仁之本与"为第一个疑难点，而至此章"无友不如己者"为第一个聚讼争议点，或至以夫子此言为不然也。程子解此曰："人必以忠信为本。'无友不如己者'，无忠信者也。"（《外书》卷一，条一七）又曰："毋友不忠信之人。"（《遗书》卷二二上，条一七）我主忠信，人之无忠信者固不足为友，然此之"不如"近于"不类"，谓志不同道不合，而与"不及"之解有别。取"不类"之义，"无友不如己者"之紧张感顿消，"道不同"且"不相为谋"（总章四一七），而况乎友之？然即皆忠信之辈，岂皆取作我友？岂不可又以如不如论之？故以"不及"与"不类"相较，却似"不及"之义反为可取，如《孟子》总章一三九乡士友乡士、国士友国士、天下士友天下士，即不仅于志向类似，亦不可失次而躐等也。或者所以致疑于此者，往往以为友交之初而论如不如，似不免有损于友道之纯粹，然此非择于友，乃择其人使无损于友，向使畏人非议、于人无择，后必损于友，此非儒家友道，其实乃乡愿而已。《文中子》卷八，条二四，曰："君子先择而后交，小人先交而后择。故君子寡尤，小人多怨，良以是夫!"

　　一章之宗旨在"主忠信"，"忠"只取"尽己"之义，"信"只取"以实"之义，则不重、不威、不固（或不学而固）则不足于"尽己"，无友而友、勿惮而惮则不足于"以实"；然所以能威重而固（或学而除其固）、所以能无友勿惮者，亦不过尽己、以实，忠信一以贯之而已。如此，章旨似亦晓然而凝练。陆稼书《三鱼堂剩言》卷八，条二四，曰："昔人云：'进思尽忠，退思补过。'（《左传》宣公十二年，士贞子论荀林父之语）此与夫子'主忠信''徙义'之意同。我人存一至诚无伪之心进而有为，可谓忠矣；然其间轻重缓急过差而不合于义者尽多，故'进思尽忠'者必'退思补过'，'主忠信'者必'徙义'。"据此，三"不"字句以见"主忠信"者之"进思尽忠"，两"勿"字句以见"主忠信"者之"退思补过"，亦可谓得其要领。

　　章九

　　此章《集注》于"终""远"二字之义，先以丧、祭之礼解之，而后曰"终者，人之所易忽也，而能谨之；远者，人之所易忘也，而能追之"云云，丧、祭自非人所易忽易忘，则此"终"只是对"始"而言、此"远"只是对"近"而言，"终""远"皆于无形之间转用其常义矣。

章一〇

"夫子之求之也，其诸异乎人之求之与?"朱子曰："言夫子未尝求之，但其德容如是，故时君敬信，自以其政就而问之耳，非若他人必求之而后得也。"《语类》亦曰："'夫子之求之也'，此是反语，言夫子不曾求，不似其它人求后方得。"（卷一一九，条七）据朱子此意，盖以为夫子非求之，乃他人与之也。然"其诸异乎"，言不异也。人有求之者，夫子求之，不异于人；人又岂无与之者? 则人之与于夫子，亦不异于人也。他人之间倘有异，无非在求之、与之之不同；夫子亦或求之、或与之，然夫子之异于人，岂仅在于此乎? 子贡于夫子之所以为夫子者既先言之，而后以此语启子禽，欲其勿向求之、与之中求也。大概朱子之心，于言夫子，讳言一个"求"字，反而偏向一个"与"字，此似在不必。盖此之"求"，欲与闻其政，恰为一种"求在外者"（《孟子》总章一七九），既非求有以外铄，亦"求之有道"而已。如朱子曰："夫子也不要求之于己而后得，也不只是有此五德。若说求之于己而后得，则圣人又无这般意思。这只是说圣人谨厚退让，不自以为圣贤，人自然乐告之。"（《语类》同上条）此说得却好，"夫子温良恭俭让以得之"，温良恭俭让非为求也，然求之、与之之异乎人者皆在于此。

章一一

（一）可谓孝矣：朱子以为此句只管得"三年无改于父之道"一句，不管前两句"父在，观其志；父没，观其行"，故由前两句只可"观此足以知其人之善恶"，倘非有后之"三年无改于父之道"，则"所行虽善，亦不得为孝"。若此，则似父在之时不可以论孝矣，父没三年之后亦不可以论孝矣。疑。《礼记·祭统》有曰："孝子之事亲也，有三道焉：生则养，没则丧，丧毕则祭；养则观其顺也，丧则观其哀也，祭则观其敬而时也。尽此三道者，孝子之行也。"盖谓此也。"父在，观其志"，观其顺志也；"三年无改于父之道"，三年之丧，以尽其哀也；"父没，观其行"，三年之后，观其时祭有以尽其敬也：而皆称曰孝。若父在无志之可观、父没无行之可观，岂止于不善? 亦必以为不孝矣。即仅以《论语》言之，如，后之总章二一，孝曰"无违"，而以"生，事之以礼；死，葬之以礼，祭之以礼"当"无违"，乃括生死而言，无违一以贯之，到此自无改，则三年无改，三年之无违而已；又如，后之总章四八八曾子引夫子称孟庄子之孝，"其他可能也；其不改父之臣与父之政，是难能也"，"难能"，孝之大者，"其他可能"虽非其大，非不孝也，孝亦兼无改与"其他"而言。大概善而不得为孝者亦有之，如后之总章三一九叶公所谓"吾党有直躬者，其父攘羊，而子证之"，此亦可谓善矣，然不得为孝；又如《孟子》总章八九"不得乎亲，不可以为人；不顺乎亲，不可以为子"，"可以为人"则既善矣，然必至于"可以为子"乃得为孝。然善与孝又非必惟自一面以论其高下难易，如《礼记·内则》曰"与其得罪于乡党州闾，宁孰谏"，宁蒙乡党州闾所加不孝之名，亦必谕于道而归于善，惟此恰又为孝之至而已。故善之与孝，其间实颇有可论者，至于此章，却似无须言至于此。"可谓孝矣"一句，实照管得全章三句：父在，其志可观而无专于行，则"可谓孝矣"；父没，其行可观而无改于志，则"可谓孝矣"：志行克肖其父，固既得以称孝。至于三年无改之"可谓孝矣"，亦固无疑。如后之总章八六重出此章而仅曰"三年无改于父之道，可谓孝矣"，《集注》引胡氏之语以为乃"复出而逸其半"，逸其语之半，非刊落其义，故不可据以例此章。

（二）三年无改于父之道："无"近于章八禁止之辞"无"，乃绝无之意，谓不得而改也；"三年无改"，盖在人视之皆以为当改，在子处之则不改之为当然，然不改为难，夫子故曰"三年无改"而称之以孝。然《集注》引尹氏、游氏二语，所言皆在改什么、如何改；尤其尹氏所谓"然则'三年无改'者，孝子之心有所不忍故也"，不忍而改，是忍也，亦岂可哉？疑。两宋之间世系屡更，尤当仁、英、神、哲之朝政复多变，既有借"无改"以固执其政者，亦自有于"无改"之中探求如何改之之余地以更革既有之政者，此亦可取为论经学与时代关系之一大例证，故尹、游二说亦有可原，然不得不说，此变易经旨之举，所失盖多。据此章，于时则有"父在"与"父没"、"三年"与三年之后之不同，然于孝子之心之志固无不同，如"父在，观其志"，则"事父母，几谏。见志不从，又敬不违，劳而不怨"（总章八四），至于"父没"，欲"几谏""见志"而不得，然则"三年无改于父之道"，非"父没"之"敬不违，劳而不怨"乎？尹氏曰"如其道""如其非道"，夫子既已曰"父之道"矣，何至又有"如其非道"？即如"非道"，《易》蛊之初六有曰"干父之蛊，有子，考无咎"，子不子，咎在其子，父只须任不得其子之咎，不任"非道"之咎。"夫孝者，善继人之志、善述人之事者也。"（《中庸》章一九）善继善述，则为"有子"，则"三年无改于父之道"，而美善归于父；有改，其为彰父之过，欲归功于己者，则亦可谓"无子"矣。且如后之总章三七四引《尚书》曰"高宗谅阴，三年不言"、后之总章四五四宰我问"三年不为礼，礼必坏；三年不为乐，乐必崩"，皆论三年之丧，而"三年不言"，至于礼乐若坏若崩，在纲常制度之所格限，虽欲改之，亦何从而改哉？至于游氏所谓"'三年无改'，亦谓在所当改而可以未改者耳"，似有先含忍此三年，三年之后一改之之意，意味亦不佳。既谓"当改"，则曰"无改"者岂非教人不行其所应当？又此"无改"之教岂竟为一种不应当，而夫子乃以不应当教人者？尹氏区分"如其道""如其非道"，前已谓之不必要，至曰"虽终身无改可也"，此则是也。由三年不改，非谓三年后而改，乃欲由此三年习之而熟，遂至于终身无改，如此，则"可谓孝矣"。要之，人子于其父之道，为必不可改者也，无论改多改少、改大改小，或以忍以不忍；必欲改之，借用上条论善与孝之话头，或可见其为善矣，至于孝则诚不知也。后之总章二六五曰"仍旧贯，何必改作？"所论虽有不同，然亦谓不改，可参见。

章一二

（一）礼之用：朱子曰："盖礼之为体虽严，而皆出于自然之理；故其为用必从容而不迫，乃为可贵。"引范氏之语曰："凡礼之体主于敬，而其用则以和为贵。"皆以"用"为"体用"之"用"，而以体用之关系解此章。然体用乃后起之观念，其或出自释老之出身方面虽不必芥蒂，然似亦无须藉以解释此章。"用"，只是"施行"之义。

（二）和为贵："和"，朱子解曰"从容不迫之意"，以言"礼之用"

也；又于"愚谓"以下曰"严而泰，和而节"，以言"礼之全体"也：皆惟就礼而言。然引程子之用《乐记》"礼胜则离，乐胜则流"语解此章，以及引范氏之语曰"若有子，可谓达礼乐之本矣"，皆并言礼乐，朱子所以引此二语，自亦不以为不然。以"和"当乐、礼乐并言以解此章，大概如章九之以丧、祭解"终""远"二字，皆承自汉儒，然亦在所非必。大概礼乐有一言之者，有并言之者：一言之，言礼则乐在其中，言乐则礼在其中；并言之，则礼乐有不同，遂有相厌相胜之可能。此章，有子只言及一个"礼"字，若以"和"当乐，乐也只在"礼之用"中，用之极，自然而和，自然而成乐，似不得礼乐并言言之。至如朱子曰"严而泰，和而节"，"严"即"节"，"泰"即"和"，"严而泰"则乐在礼中，"和而节"则礼在乐中，虽仍寓一个"乐"之义，然此一言之，则无相对敌之虞，与有子之言亦为贴切。

（三）先王之道斯为美，小大由之："先王之道斯为美"与前句"礼之用，和为贵"语义相叠："先王之道"—"礼之用"，"斯"—"和"，"美"—"贵"，故自成解，亦不烦其他。然"斯"亦可不作代词，而取"如斯"之义，表程度，有赞叹意。盖人寻常虽不得不行乎先王所制作礼乐之道，往往行之而不见其美；一旦和由中出，其美则人皆得而见之，遂有此叹，而无所往不欲入乎此途、置身此境，所谓"小大由之"也。此句语意，有近似于后之总章二一五者："仰之弥高，钻之弥坚；瞻之在前，忽焉在后"故"先王之道斯为美"，"欲罢不能"故"小大由之"。所以"小大由之"，以见其渴慕之深也。

（四）有所不行：知和而和，不以礼节之，亦不可行也："礼之用，和为贵"之"和"，乃"以礼节之"之"和"，故其为贵、为美、为"小大由之"；"知和而和"之"和"，为"不以礼节之"之"和"，既为"和而无节"之"和"，亦为侥幸偶获之"和"，故其为"有所不行""亦不可行"也。"亦"字非"又"之义，只是加重语气，以言此之不可行乃诚不可行也。李延平以"小大由之"从下读，作"小大由之，有所不行；知和而和，不以礼节之，亦不可行也"，"亦"作"又"，以为有两种不可行，然以"小大由之"为一种不行，前既曰"礼之用，和为贵，先王之道斯为美"，如斯之美却不得"小大由之"，语意颇难相连。朱子未取延平此解，然"愚谓"以下曰"其不可行，均矣"，所指虽已不同，师说之迹可谓之宛然犹存。

章一三

此章《集注》，朱子大概参取程、张而以张子为主。张子之语有曰："君子宁言之不顾，不规规于非义之信；宁身被困辱，不徇人以失礼之恭；宁孤立无助，不失亲于可贱之人：三者，知和而能以礼节之也。"此解，尹和靖录之壁帖，亦极加推崇，似可收入《集注》本文。"不失其亲"，如章六之"亲仁"、章七之"贤贤"及下章之"就有道而正焉"等，皆"不失其亲"者也。"宗"，朱子解曰"主"，即章八"主忠信"之"主"。儒者之所宗主，惟在忠信，惟在仁义礼智，若信、若恭、若因等，原不在焉。然践言为信，一信而向乎义则信，一信而背乎义则宁可为食言之失，盖不义之失为尤大；免于耻辱为愿恭，一恭而合乎礼则恭，一恭而背乎礼则宁可蒙受耻辱，盖非礼之耻为尤耻；合群顺众为因，一因而见乎仁爱则因，一因而失乎仁爱则宁穷愁孤独以终，盖害仁之害为尤其不可堪者也：如此，则信、恭、因虽非儒者正当之所宗主，既皆一切准之以仁义礼智，不在"亦可宗"者之列乎？然譬之如《孟子》总章二五之论孔子与伯夷、伊尹，虽"皆古圣人"，而"不同道"："乃所愿，则学孔子"，则惟当主其所主、宗其所宗；至夷、尹之人品，岂不极有可敬，而可以大大兴起人心风气一番哉？故"亦可宗也"。惟"亦可宗"与正当之宗主，所以成就处终有不同，人倘宗此"亦可宗"者，须于其间每更下抉择，慎勿用此反致堕丧。

章一四

（一）敏于事而慎于言：朱子解曰："'敏于事'者，勉其所不足；'慎于言'者，不敢尽其所有余也。"此之言"不足""有余"，非实不足、实有余也，乃自君子之心而言：作为之间总欲更其劲健一分，虽足，不敢丝毫有所自足，故足犹不足；言语之际总欲更其逊退一分，虽有余，不敢丝毫自以为有余，故有余犹若有歉。后之总章一八九曾子谓颜子"有若无，实若虚"："勉其所不足"，"有若无"也；"不敢尽其所有余"，"实若虚"也。

（二）好学：后之总章一一九夫子自谓"好学"，后之总章一二一、总章二五八夫子称颜子为"好学"，此章乃"好学"一语之首出。至于其义，则如首章"学而时习之，不亦说乎"，非好学者，不能有此不亦之说也；如卒章之"知命""知礼""知言"，知之皆以学，见其好之不已也。自首章至于卒章，自学者至于圣人，无不以"好学"言，可知"好学"亦一彻上下、贯始终之语也。虽然，其间又自有阶级：此章，士之好学，"士希贤"（周子《通书·志学》）也；颜子，大贤之好学，"贤希圣"也；夫子，圣人之好学，"圣希天"也。"好学"皆所以"希"之，然各有其分，亦各有其事。故如"食无求饱，居无求安，敏于事而慎于言，就有道而正焉"，此士君子"好学"之必有事也。如后之总章四七五子夏以"日知其所亡，月无忘其所能"为"好学"，亦学者之好学也。

章一五

（一）告诸往而知来者：朱子解曰："'往'者，其所已言者；'来'者，其所未言者。"然"往""来"之本义，只是言既往、将来。子贡有闻一知二之资（后之总章一〇〇），其能"告诸往而知来者"，见其有契于"默而识之"（后之总章一四九）之道矣；又，诗教本非质言之系统，乃比兴寄寓，恰须"以意逆志"（《孟子》总章一二六），于往来间得之，此所以曰"始可与言《诗》已矣"。

（二）朱子"愚按"之语，非正解经义，亦不可谓圣人之教将或有此流弊，乃不善会者自有以致之，迄于成风，使一世之人往往不幸而中之，故不得不如此深切警之。于救治时弊虽为不得不然，于解经则属旁出其义。此例，前于章二之解"孝弟也者，其为仁之本与"、章六之"愚谓"、章一一之解"三年无改于父之道"等处已屡见之矣，时风之动亦确随时响应乎经学之中。

章一六

补入"患"字一解。董子《春秋繁露·天道无二》有曰："心止于一中者谓之忠，持二中者谓之患。患，人之中不一者也。""忠"与"患"相较，乃可曰："忠"则坦荡荡，"患"则长戚戚（后之总章一八三）。然则"患人之不己知"者，用"患"字本义，如后之总章四四八所谓"患得患失"亦用本义；至于"患不知人"，乃借用其字，如其患之，亦尽其在己而已，又何患之有？大概"患"字语义都偏且重，此章夫子之语，或因人之言所以及此，如首章于人之不知，只曰"不愠"，《语类》曰："'愠'不是大段怒，但心里略有不平底意，便是愠。"（卷一一九，条七）果欲知人，亦忠焉可也。故如孟子曰："人知之，亦嚣嚣；人不知，亦嚣嚣。"（总章一八五）嚣嚣而乐，患盖不足以言之。

朱子于篇题下注曰："此为书之首篇，故所记多务本之意，乃入道之门、积德之基、学者之先务也。"于此亦无疑。《语类》曰："《学而》一篇，皆是就本领上说。"（卷一一九，条七）有此本领，乃有一切之功用。如《为政》篇夫子之第一语即曰"为政以德"，以此篇所以养成之德也；而所谓为政也者，亦惟成德君子之所有事，不可知乎？

《论语》章与章，以至篇与篇，分则如断玉，合则如连环。若以分篇言之，则似以此篇与《乡党》《子张》之篇最具独立性。《乡党》《子张》另各有由。此篇，朱子有曰："今读《论语》，且熟读《学而》一篇。若明得一篇，其余自然易晓。"（《语类》卷二〇，条一）亦不但以此篇所言皆先务，且以一篇体态之完然、义旨之不倚，如《为政》等，则倚于此也。

朱子又曰："《学而》篇，皆是先言自修，而后亲师友：'有朋自远方来'在'时习'之后，'而亲仁'在'入则孝，出则弟'之后，'就有道而正焉'在'食无求饱，居无求安'之后，'无友不如己者'在'不重则不威'之后。今人都不去自修，只是专靠师友说话！"（《语类》卷二〇，条二）既以融摄一篇之旨而出之，于学者提撕告诫之意亦极谆切。此等善发明处所在多有，然或散见他书，有《集注》囊括未尽者。

此篇将成，复检朱子《答张敬夫语解》、《与张敬夫论癸巳论语说》（文集卷三一）二书，因补记数条：（一）首章，朱子有曰："'学而时习之'，此是《论语》第一句，句中五字虽有虚实轻重之不同，然字字皆有意味，无一字无下落，读者不可以不详，而说者尤不可以有所略也。"又曰："'时'者，无时而不然也。"（二）章四，朱子有曰："大抵学者为其所不得不为者，至于人欲尽而天理全，则仁在是矣。若先有个云'我欲以此去为仁'，便是'先获'也。"此对南轩"三省者，曾子之为仁"之意而言。据此，曾子之三省，若当颜子之四勿。（三）章八，朱子曰："'友不如己'，恐只是'不胜己'。"又曰："经但言'无友不如己者'，以见友必胜己之意；今乃以'如己'、'胜己'分为二等，则失之矣。"可见朱子解此章伊始即惟取"不胜"之义。（四）章一一，"三年无改于父之道"，朱子早取尹、游二说，谓尹氏之语"最为悫实"、游氏之语"斟酌事理尤得其当"。疑。盖当父没，人子只须无改，无所用乎斟酌也。（五）章一三，朱子有曰："窃原本意，盖曰：欲其言之信于人而不度于义者，复之则害于义，不复则害于信，进退之间盖无适而可也。故君子欲其言之信于人也，必度其近于义而后出焉，则凡其所言者，后无不可复之患矣。"张子一语解此章最精当，朱子此解亦甚为分明。（六）章一六，朱子以为此章"正为取友用人而言耳"，意亦较实，然似不必如此限定。

壬寅六月十六—廿二

悔　言[①]

夏灵峰　著　　李娇　卢辰　点校

目　录

予取辛巳以前所杂记之编，而题之曰《悔言》，纪实也。予少而习举业、攻诗文，则悔；长而泛滥于经史、驰骋于申韩黄老，则悔；既而稍知从事于圣人之道，则又喜陆王、厌程朱，以灵明为真性，以虚寂为至道，则悔。盖予至是凡三悔，而年已将三十矣。自今以往，其或得与闻斯道，则夫明学术、正人心，所以继往圣而俟来哲，固有不得辞其责者。虽然，未敢自信也，姑先以此区区者就正于海内同志。

光绪七年辛巳冬十二月辛酉　富阳夏震武　识

---

①　夏灵峰先生，或可谓最后一位以程朱理学立场直面中国社会转型的传统儒者。先生（夏历癸丑十二月，咸丰三年—庚午五月，1854.1—1930.5）名震武，浙江富阳人，早年居乡读书，中年一度出而行道，辛亥后退居乡里，讲学于灵峰精舍。中国人民大学出版社"中国近代思想家文库"《夏震武卷》主要收录先生中年时期的作品，而对早年研学和晚年讲学的著作多有阙略。《悔言》为夏先生三十岁时所记之学问心得，后与朋友多有反复，见于先生三十九岁时所定之《悔言附记》《悔言辨正》。基于对"理学与历史"的问题意识，张传海、卢辰组织夏先生著作共读会，同门学友王明华、李娇、吴婕、罗慧琳等以各自承担导读一部作品的方式参与会讲，每周一会，切磋共读，历时十月。其时，共读诸位多已过而立之年，读夏先生三、四十岁之间的朋友切磋和学问进益，更有一份文字之外的感触。《悔言》《悔言附记》《悔言辨正》为清光绪年间《富阳夏氏丛刻》七篇中的系列三篇，共读期间，由李娇导读，卢辰承担部分文字录入、校对工作，范恺歌协助做了版本校对。

识　误

以"一贯"为诚、"忠恕"为思诚，胡氏已有此说。朱子《答吴耕老书》辨之极明，曰："曾子之言'忠恕'，即诚也；子思之言'违道不远'、孟子之言'求仁莫近'，乃思诚也。"其言允矣。当时轻于立说，并朱子《文集》亦不及检，可愧之甚！

光绪壬午七月　夏震武

卷之一　学术

（凡一百〇八条）

条一

天下有大任，而君相不与焉。"居天下之广居，立天下之正位，行天下之大道"，"为天地立心，为生民立命，为往圣继绝学，为万世开太平"，"建诸天地而不悖，质诸鬼神而无疑，百世以俟圣人而不惑"，此天地之所命我者，身之职也，性之分也，达不加而穷不损也。人无不胜之者，患莫肯举耳。大人者，能举之者也；举之者，"先立乎其大者"而已矣。

条二

一日未死，则一日之天命民彝赖以立。

条三

一日未死，则一日有明道觉世之责；一日未死，则一日有进德修业之功。

条四

达而在上，则救天下以政；穷而在下，则救天下以学。政以救一时，学以救万世。

条五

在上者欲正人心、厚风俗，必自兴学始；在下者欲正人心、厚风俗，必自讲学始。

条六

君子在上而持正道，则小人指以为朋党；君子在下而持正学，则小人指以为门户。不宗程朱则已，有宗程朱者，必曰是门户也；不辟陆王则已，有辟陆王者，必曰是门户也。夫以宗程朱、辟陆王为门户，则孟子之宗孔子、辟杨墨，亦将指之为门户与？自此说兴，而世之儒者欲宗程朱，则恐人加以门户之名，于是不顾其理之是非，而于程朱谬为异同；欲辟陆王，则恐人斥为门户之习，于是不顾其学之邪正，而于陆王谬为附和。是故门户之说，其祸必使上无正道、下无正学而后已夫？彼小人之恶直丑正，欲加之罪诚不足责，独奈何世之儒者亦惑于其说而不察也？吁，可怪矣！

条七

世之喜陆王而恶程朱者，程朱之问学本于实功，不若陆王之本心良知可以直任胸臆也；世之喜许郑而恶程朱者，程朱之义理归于躬行，不若许郑之训诂笺注可以徒凭口耳也。

条八

程朱是孔孟大宗子，陆王是孔孟冒姓子。

条九

汉唐诸儒之得失易见，宋明诸儒之得失难知。

条一〇

汉唐之讲训诂趋于俗学者，其弊浅；宋明之谈性理流为禅学者，其病深。

条一一

汉儒之学，未尝无可取也，但学者当用汉儒，不可为汉儒所用。程子、朱子，是能用汉儒者也，汉儒之主人翁也；乾嘉诸儒，是为汉儒所用者也，汉儒之奴婢也。汉唐诸儒之是非折衷于程朱，程朱诸子之是非折衷于孔孟。

条一二

以程朱为向导，以孔孟为依归。

条一三

呜呼！始倡为"汉学"之名以立异于程朱者谁与？其始不过出于一二人之胜心私意，而其后遂成为议论风俗；其始不过为一家之曲学邪说，而其后遂贻患于家国天下。盖至今日，而其祸烈矣。后生小子稍稍读注疏、览《说文》，得其一二绪论者，辄敢诃斥理学、鄙薄程朱，傲然以汉学自命，而不复知有身心性命、操守行谊之事。郑玄、贾逵之说信于四子，《说文》《广雅》之书尊于六经。呜呼！谁实为之与？吾为之追原祸首，盖国初毛奇龄之徒已开其端，而其时正学昌明，道德一、风俗同，不能以其私说售也；及至乾嘉之世，惠栋、纪昀、戴震、阮元、汪中、焦循、孙星衍等起，嘘其余焰，力与程朱为难，而天下遂靡然从之矣。始也诋程朱为好名、为门户、为空疏迂腐，犹得列于儒之中，幸矣；继也遂斥为异端、为释老、为申韩杨墨，而直摈之于儒之外。呜呼！何其甚也！自宋以来，诋程朱者固有之矣，然其人莫不有奇伟之行、卓绝之操，足以振俗而式靡，而特以其一时偏见，遂成为贤智之过，以取病于世，未有若今之专恃训诂考据为能事，狂妄自大而陵蔑儒先者也。夫所谓训诂考据者，程朱固亦未尝不有事于此，然其所以修己治人，正人心、明学术，继往圣而诏来哲，则固不在此区区之末迹。今乃置其大者远者一切不讲，而徒执其区区之末迹，以求驾于儒先之上，狂詈丑诋，呶呶焉唯恐不足，是果何为者也？彼以程朱之言身心性命、操守行谊为空谈，则吾不知与喧争于文字故实之微、聚讼于名物器数之末、一字一义刺刺累幅不已者果孰为空谈耶？其必相与竭力诋斥而摈勿言者，则以其说之足妨吾私。而其归也，躬行实践不足为，存理遏欲不足法，惟恃其训诂考据营货利、竞功名以济其欲而快其私，苟能博闻强记，则虽轶规荡矩、毁弃行检而无所害。谓之"汉学"，在己既以此自矜而不复知其余，在世亦以此相高而不复责其他。既不若程朱之学之拘苦，动为世忌，一言一动之偶失，人必群伺其隙以相诋，而安然可以收名利兼得之效。此其术固可谓巧，而特不知彼所推"汉学"，为笃守孔氏者其道固如是耶？以是而排程朱，此与以匪人而妄认一小支以攻大宗者何以异哉？许郑者，孔氏之小支也；程朱者，孔氏之大宗也。尊许郑、排程朱以趋时好，而道术裂矣。人心邪而风气变，礼义绝而廉耻亡，盗贼、夷狄之祸，固已日积于当时士大夫之心而不可救，又何待于今日而始验与？此吾所以追原祸首，不得不叹息痛恨于乾嘉诸儒；而其败坏天下之罪，盖范武子之论"王弼、何晏罪浮桀纣"，所谓"一世之患轻，历代之害重；自丧之恶小，迷众之罪大"者也。虽然，世有不以吾言为讲学门户之见者几希矣。悲夫！

条一四

理者，经史之理；学者，经史之学：经学、史学即理学也，非有二也。离经史而讲理学者，禅学也；离理学而讲经史者，俗学也。

条一五

善学不如善师，善师不如善友。

条一六

古之教者为人，今之教者为己。

条一七

独学终年，不如一日亲师；博记万卷，不如一言躬行。

条一八

学以静得，躁则失；事以缓成，急则败。

条一九

学日进，则过日见多；学日退，则过日见少。

条二〇

贵而无补，不如匹夫之利人也；老而无成，不如早死之闻道也。

条二一

君子有终身之忧，而王天下不能解焉；君子有终身之乐，而居陋巷无所损焉。上畏天命、下悯人穷，君子终身之忧也；仰不愧天、俯不怍人，君子终身之乐也。

条二二

戏言轻动，德之贼也。

条二三

妻子化其德，而后修身之学诚矣；梦寐止于道，而后存心之功笃矣。

条二四

威仪者，性命之实也。尽性立命之学，必于威仪见之。

条二五

"畏天命"三字，是千圣真血脉；"正人心"三字，是万世大根本。

条二六

一点畏心，是千圣真命脉；一点耻心，是千圣真骨子。

条二七

"九思"是存心要诀，"三戒"是养气要诀。

条二八

思，心官也，不思则旷官矣。思诚者，"先立乎其大者"也。

条二九

"吾道一以贯之"："一"者，诚也，圣人一诚而已矣；"忠恕"，所以诚之也。"诚者，天之道也；诚之者，人之道也。"

条三〇

下学之外无上达，博学之外无反约，格物之外无致知，忠恕之外无一贯。

条三一

尧、舜之道，"中"以贯之；文、武之道，"敬"以贯之；孔、颜之道，"仁"以贯之；曾、思之道，"诚"以贯之。

条三二

孔子，诚者也，"四绝"，诚之学也；曾子，思诚者也，"三省"，思诚之学也。

条三三

"主忠信"而必先之以威重者，非敬不诚也。

条三四

戒惧，是以礼制心；慎独，是以义制事。

条三五

"敬以直内"者，"尊德性"；"义以方外"者，"道问学"。

条三六

"喜怒哀乐之未发谓之中"：中者，寂然不动之性也；致中者，"敬以直内"。"发而皆中节谓之和"：和者，感而遂通之情也；致和者，"义以方外"。"敬以直内"是涵养，"义以方外"是省察。

条三七

已发之前是未发，已发之后是未发。

条三八

敬贯未发、已发。

条三九

戒谨恐惧是未发之敬，慎独是已发之敬。

条四〇

周子言"主静"，不若程子言"主敬"之无弊也。禅家可谓之静，不可谓之敬。禅家最喜一"静"字，最忌一"敬"字。

条四一

"思不出其位"者，敬也。

条四二

敬者，心之生气；怠者，心之死气。

条四三

心，敬则聚，怠则散。

条四四

"忘敬而后无不敬"，非程子语也。主敬者，程子之教也。人心"操则存，舍则亡"，敬岂可言忘者耶？既忘矣，尚何敬之有？如必以忘敬为敬，则苏东坡之"打破'敬'字"真可谓敬矣，毋乃适为无忌惮之小人借口与？此乃禅宗翻弄之语，固不待陆王出而"敬"字已成赘矣！

条四五

行非敬不力，知非敬不致：敬贯知行；静非敬不存，动非敬不察：敬贯动静；体非敬不立，用非敬不行：敬贯体用；内非敬不养，外非敬不制：敬贯内外。

条四六

居敬之学，如之何？曰：有事时随事省察，无事时随时存养；有念时随念省察，无念时随时存养。

条四七

敬则胸怀洒落。

条四八

一敬立，而百善从之。

条四九

高存之谓"心无一事之谓敬"，刘念台谓"敬则心无一事"，此皆禅宗之说，非圣门所有也。孔子言"敬事"、言"执事敬"、言"敬其事"、言"事思敬"，未闻以"心无一事"为敬也。程子曰："主一无适之谓敬。"朱子释之曰："主一者，主于一事，不为他事所乱也。"是明言"主于一事"为敬，不言"心无一事"为敬也。以"心无一事"为敬，此释子坐禅入定之学，岂圣门之所谓敬哉？彼其说亦本于《遗书》之"心不可有一事"，而不知程子所谓事者，指计度林木之类而言，非教人举凡事而绝之也；不然，其异乎禅学者几何矣？

条五〇

敬，在勿忘勿助间。

条五一

陆桴亭世仪谓"觉即是敬"，非也。敬则无不觉，觉不可为敬。

条五二

治心犹治病也：居敬是调养，穷理是辨方，力行是服药。力行而不穷理，是服药而不辨方；穷理而不力行，是辨方而不服药；力行、穷理而不居敬，是辨方、服药而不调养。

条五三

居敬可以持志，穷理可以知言。

条五四

学在致知，尤在养知。致其知，则可大；养其知，则可久。致知莫善于穷理，养知莫善于居敬。

条五五

朱子所谓"即物穷理"者，即身、心、意之物而穷其理也，即家、国、天下之物而穷其理也，非教人求物于八条目之外也。身、心、意者，物之本；家、国、天下者，物之末：本末具举者也，非教人务本而遗末、骛末而忘本也。王阳明谓"即物穷理，亦是玩物丧志"，钱子辰民谓"即物穷理，其弊在于无本"，是何不察而妄诋之甚也！多见其不得其门而入而已，于朱子何病焉！

条五六

《大学》之教，不先求之身、心、意而先求之物者，何也？"万物皆备于我"矣。身心意、家国天下莫非物也，合内外之道也。必若舜之"明于庶物"，然后谓之物格。

条五七

有问格物之说者。予谓：子今之问，是即格物也，有何异义乎？

条五八

随事精察，是曾子格物致知，一以贯之则物格知致；多学而识，是子贡格物致知，一以贯之则物格知致。

条五九

格物者，格其身心意、家国天下之物；致知者，致其诚心□□□□□□□□意家国天下之□□□□修齐治平之知致而可实诸□□□□□□□□慎思明辨之事也；诚正修齐治平者，笃行之事也。

条六〇

《大学》，礼之纲；"三礼"，礼之目。

条六一

凌廷堪《复礼说》不知礼。礼者，理也。仁义礼智分言之则为礼，浑言之则为理，一而已，非有二也。廷堪谓"圣学言礼不言理"，而讥宋儒言"理"为释氏之学，则"穷理尽性"见于《易》、"理义悦心"见于《孟子》，廷堪读《礼》，岂不读《易》与《孟子》者耶？廷堪讥宋儒言"理"为释氏之学，则《易》与《孟子》亦释氏之学耶？谬矣！凌廷堪不知礼！

条六二

《大学》是六经纲领，六经是《大学》注疏。

条六三

《大学》者，孔门传道之书也。曾子受之孔子以授子思，子思述其说而记之者也。何以言之？《大学》一书，发明内圣外王之学，其义之精深广大，言之简明切要，纲领六经，表里《庸》《孟》，有断非游、夏之徒所能赞一辞者，孔门弟子断非曾子不能传，曾门弟子断非子思不能记也。况其"絜矩"之言，实与忠恕一贯之旨相印合；"十目""十手"之语，又为《中庸》"慎独"之义所自出哉！朱子断其出于曾子，信矣！嘉庆之时，有妄人汪中者，乃始倡异说，以为："《大学》非出自曾子，孔门设教，初未尝以是为至德要道而使人必出于其途。"夫为学而舍格致诚正修齐治平，则将出于何途？格致诚正修齐治平而尚谓"非至德要道"，则将以何者为"至德要道"耶？中之狂诋无理，甚矣！中又以为："《大学》之文与《坊记》《表记》《缁衣》相伯仲，视《曾子问》《曾子立事》诸篇非其伦也。"此不知《大学》一书实会群经之要以立言，纲领节目综贯无遗，即六经、《语》、《孟》亦未能或先，岂《曾子问》《曾子立事》诸篇所可拟？何得反谓"非其伦"？至于《坊记》《表记》《缁衣》之纯驳不一，杂出汉儒所记者，更无论已，中又何以不知而妄议之也？中又以为："宋世禅学盛行，士君子入之既深，遂以被诸孔子。求之经典，唯《大学》之格物致知可与传合，遂举平日之所心得者著之于书，习非胜是，一国皆狂。"夫程子以格物穷理为学，朱子本其意以补《格致传》，此正与禅学冰炭不相入者，中顾诬以为禅学而诋之为狂。呜呼！中则狂矣，奈何不自知其狂，而以不狂为狂也？中之非圣无法如此，真可谓无忌惮之尤者！盖自程朱以来，道学之说昌明于世，其不便于小人之所为而欲甘心之者久矣。因道学而攻程朱，因程朱而攻其所表章之《学》《庸》，又以《学》《庸》乃孔子、曾子、子思之书，未可显诋也，于是以为伪作、叶酉以《中庸》为汉儒伪作。以为非出于曾子，然后得以肆意掊击而无所顾忌矣，此乾嘉议论风气之常，固不止一汪中而已也。愚因叹夫乾嘉诸儒之学搜残举碎、矜尚考订，固亦未尝无裨经学之万一，然遂以此而自命为儒，置身心民物于不问、操守行谊于不讲，则已不免为圣门之罪人；况其訾议经传、颠倒是非、轻肆胸臆、妄生穿凿、侮圣毁贤一至于此，其为祸可胜道哉？此天下学术人心所关，又不独为一家之横议邪说。盖其时士大夫以郑贾为圣人、程朱为异端，诋诃理学为通儒，攻击儒先为能事，逐利沽名以趋时局，荡检败行无复知讳，已成风俗，是以不旋踵而盗贼、夷狄之祸遂作。盖生心害政，势有必然，学术人心既亡而天下亦遂随之矣，今其遗风余毒犹未艾也。呜呼！此后之君子所宜深戒，若汪中之徒，又不足责者已。

条六四

博约兼资、文行并举者，孔门以来相传之教，其见于《论语》《孟子》者无异辞也。有约而无博者，陆王禅学之谬；有文而无行者，乾嘉汉学之弊。

条六五

"善《易》者不言《易》"，孟子是也。

条六六

《易》义，虞、郑不及朱子；《诗》传，朱子不及毛、郑。

条六七

古文《尚书》所以或有可疑者，以其非三代之本文也；古文《尚书》所以必不可废者，以其皆三代之遗言也。梅赜《泰誓》之矜露猛厉，或有可疑，史迁《泰誓》之浅恶怪诞，必不可信。

条六八

或问："胡氏有言：'《春秋》以夏时冠周月。'信与？"曰："不然！《春秋》之作，所以诛僭乱、尊周室、明王制也。'非天子，不议礼，不制度。'改正朔者，异姓革命之事。孔子，周人也，而改本朝之正朔，是先自蹈于乱贼，率天下而无君矣，于他人乎何诛？"曰："《孟子》不云乎：'《春秋》，天子之事也'？"曰："否，非谓是也。'天子事'云者，谓夫《春秋》之褒贬予夺，皆所以明天子之法云尔。""然则孔子'罪我'之言谓何？"曰："褒贬予夺，史官之职也。孔子非史官而操其权，是以自嫌为罪也，岂改正朔之谓哉！且夫周苟改月不改时也，则是以冬为春，周不改夏时而孔子反改之也。圣人不若是之悖矣。""然则子又何以知周之必改月、改时与？"曰："吾读《春秋》而知之矣：'僖公十年，冬，大雨雪'，若在夏之冬，则雨雪非异也；'襄公二十八年，春，无冰'，若在夏之春，则无冰非异也；'庄公七年，秋，大水，无麦苗'，若夏时之秋，安得麦苗乎？是周之改时，明矣。'桓公十四年，春，正月，无冰'，若夏之春正月，又何异焉？'成公元年，春，二月，无冰'，若夏之春二月，又何异焉？'桓公八年，冬，十月，雨雪'，'定公元年，冬，十月，陨霜杀菽'，《春秋》非灾异不书，其在夏之冬十月，何异之有？是周之改月兼改时，又明矣。僖公五年，《左氏传》曰'春，王正月，辛亥，朔日南至'；昭公二十年，《左氏传》曰'春，王二月，己丑，日南至'。'日至'者，夏之冬至也，周不改时月，安有春正月、二月而冬至者耶？由是观之，则周之改月、改时。《春秋》之书'春，王正月'者，周时也、周月也，非以夏时冠周月也审矣，何疑焉？"曰："浴沂风雩，《论语》所言之'暮春'，非夏正耶？'卉木''仓庚'，《小雅》所言之'春日'，非夏正耶？是谓周不改时者，亦非无据也。"曰："此周之兼用三正，非周之不改时也。三正之通于民俗久矣，启之征有扈，曰'怠弃三正'，是夏之兼用三正也，周安得废之？改正朔者，所以明王制；兼用三正者，所以从民俗。""然则子可以为春与？"曰："何为其不可也？子者，一阳之生，于卦为复，至午而阳极焉；午者，一阴之生，于卦为姤，至子而阴极焉。阳生阴极而为春，阴生阳极而为秋，此天道自然之运也，其何不可焉？陈宠曰：'阳气始萌，天以为正，周以为春；阳气上通，地以为正，殷以为春；阳气已至，人以为正，夏以为春。'三正者，古今之所通用，夫各有其道也。是故《春秋》，国史也，必禀王制、奉正朔；若夫民俗之通用三正，则唐、虞、夏、殷固未之改也，何独周？"

条六九

读经宜通大义，读史在得大意。

条七〇

读经，宜先古注而后今汇；读史，宜详诸《志》而略《列传》。

条七一

读史之法，《纲目》为主，《通鉴》《通考》为辅：《纲目》以明列代之大势，《通鉴》以备列代之事迹，《通考》以详列代之典章。

条七二

不能经者，于史必粗；不能史者，于经必陋。

条七三

不精一经，不能通诸经；不通诸经，不能精一经。专通一经以立其基，则有本；参考诸经以广其见，则无蔽。

条七四

务博不如务要，求多不如求精。

条七五

博览而要取之，多读而精择之。不博则不能要，博而不要则无用；不多则不能精，多而不精则无益。

条七六

交满天下，不如得力之友一人；博极群书，不如得力之书一卷。

条七七

以书明心，则逸而有功；以心逐书，则劳而无得。

条七八

善学不如善问。善学者，集古人之益；善问者，并集今人之益。

条七九

讲理学不可有迂儒气，讲经济不可有策士气，讲考据不可有经生气，讲文章不可有文人气。

条八〇

"穷则独善其身，达则兼善天下。"穷亦未尝不可兼善天下也。致君泽民，此达而在上者兼善天下之事也；著书立言，此穷而在下者兼善天下之事也。

条八一

服官出政，与其得罪于小民，不如得罪于天子；著书立言，与其得罪于后学，不如得罪于先儒。

条八二

知理气之二而不知理气之一者，薛文清也；知理气之一而不知理气之二者，罗文庄也。

条八三

日者，天之精气；心者，人之精气。

条八四

帝者，天之主宰；心者，人之主宰。帝是天之心，心是人之帝。

条八五

心可以日喻，不可以镜喻：释氏以镜喻心，是冷而死者也；日是热而生者。圣人之心如日，释氏之心如镜。

条八六

张子曰："心，统性情者也。"刘念台以为"终是二物"，不知"统"者兼也，兼性情而言之也。张子正明其为一，而念台反谓其指为二，谬矣！

条八七

意者，心之发动；情者，心之流行。

条八八

情者，性之所发也。性五而已，情亦必五。《中庸》言"喜怒哀乐和"，此五情之明证也。木金水火，统之者土；仁义礼智，统之者信；

喜怒哀乐，统之者和。五性既有信以配土，五情亦宜有和以配土，此乃人心自然之理，非由安排。《礼运》"七情"牵合无义，不如"喜怒哀乐和"五字之配五行确而当也。《中庸》以"和"字配土，极精；说《中庸》者或别欲以"欲"字增入"喜怒哀乐"之中配土，或又欲增入"平"字、"思"字，俱赘。喜怒哀乐之未发者，仁义礼智也；发而皆中节者，恻隐、羞恶、辞让、是非也。①

条八九

未发为性，已发为情。心者，性情之统名，兼未发、已发而言者也。程子曰："既发则可谓之情，不可谓之心。"是以心为性也，此记者之误也。谓既发为情、不可谓性则可，谓既发为情、不可谓心则不可。

条九〇

七情是人心，四端是道心。

条九一

道心者，人心之正。

条九二

张子曰："合虚与气，有性之名；合性与知觉，有心之名。"予谓：虚者气之体，性者知觉之理，非二物也，不当言"合"。如张子之言，则是气外别有所谓虚、性外别有所谓知觉，虚自虚、气自气，性自性、知觉自知觉，不相属而必待于合也，误矣。

条九三

程子谓"性即理也"，吾谓"理即性也"，明乎理之即性，则知无一事一物非性之所存，而性不可以有外；朱子谓"天即理也"，吾谓"理即天也"，明乎理之即天，则知无一事一物非天之所在，而天不可以偶欺。

条九四

孟子曰："仁，人心也。"程子曰："性即理也。"孔子言仁，得孟子而始明；孟子言性，得程子而始明。

---

① "者恻隐"以下原阙，据《悔言辨正》补。

条九五

阴阳之外无道，气质之外无性。

条九六

孟子没而性学亡，周秦、汉唐诸子之言性皆妄也。其有言之近是者，陆贾曰："天地生人也以礼义之性，人能察己所以受命则顺，顺谓之道。"董子曰："明于天性，知自贵于物；知自贵于物，然后知仁义；知仁义，然后重礼节；重礼节，然后安处善；安处善，然后乐循理。"文中子曰："我未见欲仁好义而不得者也；如不得，斯无性者也。"韩退之曰："性也者，与生俱生也；情也者，接于物而生也。性之品有上中下三，而其所以为性者五，曰仁曰礼曰信曰义曰智；情之品有上中下三，而其所以为情者七，曰喜曰怒曰哀曰惧曰爱曰恶曰欲。"四子之言皆笃实，非诸子所及也，视以性为恶、为善恶混、为无善无恶者卓然远矣！

条九七

颜子之夭，正命也；盗跖之寿，非正命也。正命者，人所受于天之正道也。尽其正道而死者，桎梏亦正也；失其正道而死者，考终非正也。

条九八

饮食男女，天命也。唯寡欲者，然后可以立命。

条九九

天下之理，消长而已矣。知呼吸之道，则知生死；知生死之道，则知古今。

条一○○

转生、鬼神之说，佛氏固荒诞不经，而儒者以为必无，则亦矫枉之过也。朱子于鬼神，举明道"有无"之语，而一言以断之曰"有"；转生之事，朱子谓"偶然而非其常"，亦未尝以为无也：可谓知死生之说者已。

条一○一

人死气散者，理之常也，要未尝无不散者。有终古不散者，圣贤之气、忠臣义士之气也；有一时不散者，冤抑之气、取多用宏之气也。

条一○二

人在生时，邪正之气各以类感，正气感神，邪气感鬼，世往往有生尝遇祟者，非异也，其人本鬼类；人在死时，邪正之气各以类从，正气从神，邪气从鬼，世往往有死而为厉者，非异也，其人本鬼类也。

条一○三

人、神一气，人、鬼一体。我之气即天地之气，我之体即祖考之体。一气，故无微不知，而念虑萌动，有必难欺之大地；一体，故有感必通，而祭祀诚求，无不可致之祖考。

条一○四

三代以上，以人道治鬼，鬼受治于人；三代以下，以鬼道治人，人受治于鬼。

条一○五

上世神近而鬼远，后世神远而鬼近。

条一○六

王章乱而庙寺盛，人事失而鬼神灵。

条一○七

人之精神窍于目，天之精神窍于日。

条一○八

地者，气之核；日者，气之窍。地浑圆无上下，以人所履而为上下；日周流无出入，以人所见而为出入。日行有东西，故为昼夜；日行有南北，故为寒暑。人处地上而不坠者，气摄之也；地在天中而不陷者，气举之也。

卷之二　言行
（凡五十二条）

条一

道在人先，艺在人后；行在人先，言在人后；事在人先，食在人

311

后；功在人先，名在人后。

条二

好动之人，其中必乱；多言之夫，其内必浮。

条三

信在言前，则言省；识在事前，则事省；情在文前，则文省；智在谋前，则谋省。

条四

危莫大于多欲，苦莫大于无厌，辱莫大于求人，愚莫大于自是，过莫大于言人之恶。故君子以寡欲为安、知足为乐、无求为荣、不自是为智、攻己恶无攻人之恶为德。

条五

君子慎誉，无所毁。文中子之于人也，有问人善者，知其善则称之，不善则曰"未尝与久也"，吾师乎！

条六

毋以私怨而暴其恶，毋以私恩而饰其非。

条七

人有善，我何害焉，而妒之、掩之？人有恶，我何利焉，而快之、扬之？斯惑之甚也！人掩我善、扬我恶，我其甘乎？是亦弗思而已矣。君子视人之善若己善，视人之恶若己恶。

条八

讳己恶，增一恶；讳人之恶，是一善。扬人善，有一善；扬己之善，即一恶。讳人恶，恕也；讳己之恶，伪也。扬己善，夸也；扬人之善，仁也。

条九

我好毁人而恶人之毁我，我不肯称人善而欲人称我之善，此大惑也！我毁人，其过在我；人毁我，其过在人：我何必使过在我而不在人？我称人之善，其善在我；人称我之善，其善在人：我何必使善在人而不在我？

条一〇

毁人于我者，必能毁我于人者也，勿信之；毁人以谀我者，必能毁我以谀人者也，勿喜之。

条一一

人之毁我也，我无是恶矣，何害？我有是恶矣，吾将改之不暇，而何怨焉？人之誉我也，我有是善矣，何荣？我无是善矣，吾将愧之不暇，而何喜焉？善处毁者，毁皆吾之药也；不善处誉者，誉皆吾之毒也。

条一二

君子有四耐：耐苦以炼志，耐劳以炼①忍，而耐辱以炼量，耐烦以炼识。君子有四守：守静以养心，守正以养气，□□□□□，守②廉以养品。

条一三

事莫耻于攘善，行莫丑于沽名，言莫恶于造谤。

条一四

好名太甚者，必以伪败。

条一五

小盗窃货，大盗窃名。小盗杀身，大盗杀心。

条一六

名利不可居人前，行谊不可居人后。

条一七

志在功名，是为无志；耻不富贵，是为无耻。

条一八

求荣者辱，求贵者贱。不求荣故荣，不求贵故贵。

条一九

守道者不辱，知命者不困，见几者不危，积德者不倾。

---

① "炼"字原阙，据文义径补。
② "守"字原亦阙，据文义径补。

条二〇

能以世俗之所荣者为耻，则几道矣。

条二一

贫贱不可作富贵想，富贵不可改贫贱志。

条二二

廉者常富，贪者常贫；廉者常贵，贪者常贱。廉者常有余，故富；贪者常不足，故贫。廉者常寡求，故贵；贪者常多欲，故贱。

条二三

奢者多贪，俭者多廉；廉者似啬，贪者似豪。不妄取于人，不能妄用于己；不巧与于先，不能巧取于后。

条二四

儒者节用安贫之外无治生。

条二五

临取与，可以观其守；临喜怒，可以观其养；临得失，可以观其度；临行止，可以观其识。

条二六

浮躁，处事之贼也。惟静者可以当大事。

条二七

勤生闲，怠生忙。

条二八

毋以恩怨为善恶，毋以贫富为亲疏，毋以喜怒为恩威，毋以毁誉为是非。

条二九

和以持介，通以守正，谨以致果，恕以行严。

条三〇

小勇胜人，大勇自胜；小智自用，大智用人。善用人者不自用，善胜人者必自胜。

条三一

陋莫陋于矜博，短莫短于逞长，愚莫愚于恃智，浅莫浅于求深。

条三二

不讳其所不知，是为大知；不饰其所不能，是为大能。

条三三

与其为改过之勇，不若为先事之审；与其为防患之周，不若为守道之安；与其为博辨之工，不若为约言之要；与其为摄生之谨，不若为养心之善。

条三四

治财不如节用，服药不如养身，施恩不如报德，广交不如择贤，博闻不如力行，守信不如谨言，好谋不如省事，多才不如虚心，悔过不如改行，辩谤不如修德，博施不如周急，厚养不如尽孝。

条三五

祈福不如避祸，求荣不如远辱，逞长不如补短，饰名不如务实。

条三六

谨小慎微，则可以当大事。

条三七

君子不见己之善，故善日进；小人不见己之恶，故恶日进。

条三八

为一善而汲汲焉欲人知者，其人必多恶而少善。

条三九

为善而欲人知者，心不诚也；为善而畏人议者，志不笃也。

条四〇

善者必祸、恶者必福，君子有善以受祸、无恶以邀福也，况善未必祸、恶未必福乎？直者必穷、枉者必通，君子有直以取穷、无枉以求通也，况直未必穷、枉未必通乎？君子之善也，性也，恶有所不能也；君子之直也，性也，枉有所不可也。

条四一

人之所同好者，善也；所同恶者，恶也。如使善不可好，则称之以善而何以莫不喜也？如使恶不可恶，则责之以恶而何以莫不怒也？人莫不贪，责之以贪而不怒者，未有也；人莫不淫，责之以淫而不怒者，未有也。知贪淫之可为，则何为讳其名？知贪淫之不可为，则何为居其实？呜呼！是谁欺？欺天乎？吾弗知之矣！

条四二

善不能感人者，不诚也。

条四三

善是吾分所应为，不可以有善于人而为恩；恶是吾分所不应为，不可以无恶于己而为德。

条四四

施者毋吝人所不见之恩，报者毋忘人所不知之德。

条四五

诚者能使仇雠相亲，况平人乎？诈者能使亲戚相疑，况他人乎？

条四六

以爱人之心规人则易从，以轻人之心责人则难入。盛喜之中毋易事，盛怒之中毋易言。

条四七

忍怒可以免祸，节欲可以却病，少求可以远辱，省交可以寡悔。

条四八

受小耻者无大辱，忍小怒者无大悔。

条四九

不妨使非者常在人，不可使是者不在己。

条五〇

忠者责己，恕者不责人。忠者常见己之非，不见己之是；恕者常见人之是，不见人之非。

条五一

诚者，天下无不可化之人；恕者，天下无不可与之人。不可化、不可与者，必我之诚未至也，必我之恕未至也，君子反其诚而已矣，反其恕而已矣。今有人告我曰："或谤汝。"君子曰："必无是也。果有之，吾必有过焉，吾省吾过而已矣。"又有人告我曰："或将辱汝。"君子曰："必无是也。果有之，吾必有过焉，吾省吾过而已矣。"如果不意而加我以横逆也，君子不敢较也，曰："敢请罪。"不可，则避之而已矣。君子不敢怨也，曰："人孰无良？吾实无德以感之而使至此也，吾则愧矣！"是故君子终身体人而不敢责人也，终身教人而不敢怒人也。其自视也，常若其有余过；其视人也，常若其有余善：是以兢兢焉德日益修而过日益寡。

条五二

……①指痛则引全身者，同气故也。天下之人孰非吾同气者乎？今知呼号疾痛于其身，而不知呼号疾痛于同气之人，是一体而吴越也。夫一体之痛痒而无知觉，则亦死人而已矣。天之生此人也，何为哉？一勺一粟皆天禄也，食天之禄，旷天之职，不必厌粱肉、衣文绣而后为罪也，饭疏饮水而无济，犹天之戮民矣。伊尹，耕夫也，曰："一夫不获，时予之辜。"孔子，窭人也，曰："老者安之，少者怀之。"此非圣贤之过情也，畏天命、悲人穷，诚知痛痒之迫于身而不能自已也。是以有其位则尽其职，无其位则尽其心，孳孳焉如众人之于己身，忧饥念寒，惧灾愁病，日夜以思，无所不至。盖不如是，而吾心有所不安也，无他，天下之人皆吾一体者也。夫一体之痛痒而无知觉，此惟死人则然；若夫一息之气尚存，则未有不呼号呻吟者也。夫当呼号呻吟之时而晏然谈笑处之，则将谓之死人耶？彼固觍然人也；则将谓之非死人耶？何其一体之痛痒而无知觉也？噫！

卷之三　伦常
（凡六条）

条一

"不孝有三，家贫亲老不为禄仕居其一，然则为人子者，必能禄养而后为孝与？"曰："何为其然也！君子之仕也，行其义也，得之不得有命焉。君子未尝不欲禄养也，顾恶不由其义，不由其义而得者，是亏体

---

① 　自条五一末至此，阙一页又二行，亦不知其间条数，姑存此以待考。

辱亲之大者也，焉得为孝乎！必曰家贫亲老，则竭力耕田供子职，岂有不能养志者耶？如其义，则啜菽饮水以养其亲谓之孝；如其不义，则以天下养谓之不孝。""然则不仕而亲不悦，则如之何？"曰："起敬起孝，谕亲于道而已矣。至诚而不动者，未有也。若夫从亲之令以为孝，孝抑末矣。"

条二

逢亲之喜，乐不敢肆；逢亲之怒，惧不敢怨。亲有过，谏不敢忤；亲有疾，忧不敢形。

条三

君以过恩杀臣，父以过宠杀子，夫以过爱杀妻，官以过宽杀民。

条四

择婿观其父，择妇观其母。

条五

君子之于子也，不以爱弛诲；于妻也，不以情灭礼。

条六

嫁而论财，以女货也；葬而求福，以亲市也。

卷之四　政事
（凡十二条）

条一

千圣心法，一言以尽之，曰遏人欲、存天理；千圣治法，一言以尽之，曰近君子、退小人。

条二

理财在政，举政在人，用人在德。无政则无财，无人则无政，无德则无人。提纲挈领在用人，正本清源在修德。

条三

贤人，天下之心也；农夫，天下之命也。不用贤人，天下之心绝矣；不恤农夫，天下之命绝矣。

条四

农之弃人则士，士之弃人则官。古者才足以治四民而后仕，今也才不能为四民而后仕，哀哉！

条五

格君心，进人才，宰相之职如此而已矣。兵刑钱谷，则有司存。

条六

君信其志，则仕可矣；民安其德，则禄可矣。忠信不达于上下，君子不敢 口虚居其位。

条七

毋役国之恩威以快一己之私，毋顺上之喜怒以博一日之宠。

条八

御下之道，其惟和而庄、严而恕乎？和而不庄则生玩，严而不恕则生怨。

条九

观其家而童仆知礼，可以知其主之贤矣；入其邑而胥役守法，可以知其官之清矣。

条一〇

视民如子，可以言教矣；嫉恶如仇，可以言养矣。

条一一

以慈母之爱子者爱民，民未有不亲者；以严父之教子者教民，民未有不化者。

条一二

善政不及于贪吏之邑，苛法不及于良吏之民。

卷之五　圣贤
（凡三十六条）

条一

或举陆清献陇其《泰伯论》语予曰："泰伯三以天下让，让商也，非让周也。"曰："何以言之？"曰："太王有翦商之志而伯不从，伯不从而周不遽王、商不遽亡，是谓以天下让。"曰："甚哉，陆子之诬太王、泰伯也！信斯言也，则太王为不臣、泰伯为不子。放伐者，天下之大变也，非圣人所得已也。天怒人怨，人人欲得而诛之，圣人不能独违之也，故从天下诛之焉，夫是之谓诛独夫也。天下之人，有匹夫匹妇之尚未离心，则固犹天下之君，不可以一日不守人臣之义，故曰武王先甲子一日而伐纣则为篡，而况其欲举武王之事于太王之世乎？且以纣之暴虐、武王之圣，然且继文而事之者十三载，太王之世，商未衰也，小乙、武丁、祖庚、祖甲皆贤主，祖甲之事见《书·无逸》甚明，《史记》乃谓"帝甲淫乱，殷复衰，迁之"，诬罔类如此，不得据以疑经。非有无道之君也，太王以窜徙新造之国，又未若武王之德洽于天下，而欲妄冀神器，翦灭天下之宗主，此操、懿之所不敢为也，曾谓太王之仁而为之乎？且夫太王能弃国于狄人侵伐之时，必不争天下于商家未乱之日；语本仁山金氏。不然，太王诚有是心也，是天下乱逆之尤矣，为泰伯者，必当委曲几谏、谕父于道，积诚起敬，必求感动其父，以免父于恶名然后已，洁身而去之，彰父之过以为己名，可乎？知父有翦商之志，弃国而避其父，是委不义于父也；知父有翦商之志，弃国而让之弟，是委不义于弟也：委不义于父非孝，委不义于弟非友，恶在其为'至德'也？"曰："不然。泰伯，守天下之大经者也；太王，通天下之大权者也。太王翦商之志，犹武王誓师之志也；泰伯让商之心，犹伯夷扣马之心也。庸何伤？"曰："恶！是何言也！是不特诬太王、泰伯也，且诬武王、伯夷实甚。太王、泰伯，武王、伯夷，其心一也。张子曰：'天命、人心一日未绝，则为君臣；一日既绝，则为独夫。'是故誓师于武王之世则为义，翦商于太王之世则为逆。武王处太王之时，必终守臣节；伯夷居武王之位，必兴师伐商。太王、泰伯，武王、伯夷，易地则皆然。若武王誓师而伯夷扣马，何以为伯夷、武王？"伯夷言行，孔孟称述甚详，扣马谏伐必无之事，王荆公之论至矣。自朱子轻信史迁妄谈，采入《集注》，遂成夷、齐实录，此皆后人以私见窥测古人之过。"然则泰伯之让，让周与？"曰："让周也。""让周何以谓之'至德'也？"曰："至德莫大乎孝，孝莫大乎先意承志。太王之欲传历及昌也，非私爱也，为国家而择贤也。高宗欲废祖庚立祖甲，祖甲以为不义而逃去。舍长立贤，亦是当时故事。然而太王虽微有其意，废长立幼又太王之所不忍出也。伯知之而不让，则恐伤父心；伯让之而不善，又恐伤弟心。于是托之采药而逃焉以掩其迹，且约仲俱去焉以成其事，然后父不疑而弟可受，此伯之善处人伦之变而不失其常，所以谓之'至德'也。若夫不义其父而去，是太王之罪人而已矣，何以为泰伯？"曰："然则太王与晋献、齐景，泰伯与子臧、季札，何以异与？"曰："太王之所立、泰伯之所让者，何人耶？王季之贤而文王之圣也。且夫泰伯从父之命，则虽让非其人，不得律以子臧、季札。"曰："废长立幼，邪也，非正也。泰伯探其父之邪志而成之，不可为孝。"曰："然则伯夷亦成父之邪志者耶？孔子何以称其仁焉？夫泰伯知有父命而已矣，父之所欲立则立，父之所欲废则废，人子焉得而问其邪正哉？况太王之欲传历及昌，固为国家而择贤，不可谓之邪者耶。清献之说，是所谓不得其理而强辨者也。"曰："是非清献之说，朱子之说也。"曰："吾固恶清献以朱子之说而曲护之也。夫生先儒之后而纠其失，后人之责也。清献必以朱子之说而曲护之，亦惑矣。"李文贞光地曰："泰伯逃后，更王季、文王又百年而商始亡。商之必亡，周之必王，泰伯乌乎知之？况王季、文王未尝革命也，泰伯如传序而行王季、文王之事，亦孰能御之？何以逃为？故知'太王欲翦商而泰伯不从'，乃史者之诬。夫子所谓'三以天下让'者，美其让国之无迹，由周后日受命而追论之，故谓国为天下耳。"又曰："'太王翦商'，是诗人推原兴隆之由实自太王始耳。太史公遽云'有翦商之志'，谬甚！太王迁岐，孟子谓'非择而取之，不得已也'，方自顾不暇，岂得便有图度天命之心？狄人尚不与争土地，而反思伐商，必无是理。"顾亭林炎武曰："太王当武丁、祖甲之世，殷道未衰，何从有翦商之事？诗人特本其王迹所基而侈言之耳，犹《泰誓》之言'命我文考，肃将天威'、《康诰》之言'天乃大命文王，殪戎殷'也，亦后人追言之也。"

条二

"泰伯、夷齐之让，一也。孔子称泰伯'至德'，夷齐则否；孟子称伯夷圣，叔齐则否。何与夫伯夷不能为泰伯、叔齐不能为王季？""此其不以'至德'许之也。然考二子所处，则守节过情又异矣，兹又叔齐之所以不得为圣与？中子不能求立，叔齐以终父□□，晏然居于其位，岂以其利耶？抑□□□□□知身存宗祀、全弟名，不可谓非贤矣。公子郢让国，卫乱；季①札、子臧不能正位讨贼：三人者，执小节，废大义，是又中子之罪人也。"

条三

"苏轼曰：'武王非圣人也，弑其君，取其天下。'""甚哉，轼之无忌惮！放伐者，古今之通义。孟子曰：'闻诛一夫纣矣，未闻弑君也。'此天下之公言，非孟子一人之私言也。孔子赞《易》而以顺天应人称汤、武，未尝有不足于汤、武也；孟子之言，孔子之意也，未见其有异于孔子也。轼以孟子为乱孔氏家法，呜呼，何其不思而敢于逞私狂诋也！轼之无忌惮，甚矣！""然则君臣之位，若是其可变置与？"曰："天生民而立之君，以为民也。民所与立则立，民所与废则废，非有常位者也。天下之民，有匹夫匹妇之不欲以为君，则一日不可窃居其位，故曰：天下归之则为天子，天下叛之则为独夫。桀、纣既已众叛亲离，则即是独夫也，非君也；汤、武既已天与人归，则即是天子也，非臣也。以天子而率天下以诛独夫，受天命者行天讨，礼之权、义之正也，夫何嫌焉？不然，如以淫昏无道之主泰然自据于民上，肆其虐而莫之救，曰'吾，君也，人不得而治我也'，则生民之类尽矣。天岂生人以供一夫之欲乎？必不然矣！""然则伯夷何为其谏伐而饿也？"曰："传之者妄也。伯夷之饿也，避纣也，非谏武也。避纣故饿，饿故思养，而与太公同归于周。太公相武伐纣而伯夷不与者，必其未及武王之世而卒也；不然，避纣归周既与太公有同心，则其所欲相武伐纣者，必与太公无异志也，岂有避纣以待清时，乃反谏武而殉污朝者哉？扣马谏伐之事，其为传之者妄，审矣。李文贞曰："《史记》载伯夷叩马事，欧、王皆辨其妄。二老久受养于西伯，何至叩马时乃似初识？又前云武王告于文王之墓，载主而行，后却云'父死不葬'，不葬安得有墓？"且夫伐暴救民者，天下万

---

① "乱季"二字原阙，详文义及《左传》等纪事补。

世之公心，非武王一人之私意也。伯夷而非圣人也则已，伯夷而圣人也，则必以天下生民为心。太公佐武王，倡大义于天下，以救民水火之中，伯夷独以为不可，何以为伯夷？孟子，学孔子者也，孔子尊周，孟子游说列国，惓惓于齐、梁之君，教之以王，孟子岂叛孔子者哉？天下公器，有能救民者则为天子，非一人一姓所得私也。孟子之心，尧、舜、禹、汤、文、武、孔子之心也。得其位，则为文、武、太公；不得其位，则为孔子、孟子。我故曰：尧、舜禅，汤、武放伐，仲尼尊周，孟子思王齐、梁，其义一也。'民为贵，社稷次之，君为轻。'"苏轼《武王非圣人论》，逞私狂诋，罪不容诛，朱子斥为"丧心无忌惮之言"，甚正。然其作《集注》也，于孔子论《武》之"未尽善"，则谓揖让、征诛之异；于称周"至德"，则谓"因武王之言而及文王之德"，有微意焉；于史迁夷、齐谏伐之妄谈，则取入《集注》，以证"求仁得仁"之言。而《语类》谓夷齐守经、武王行权，不无高下，又皆不免袭苏氏之余说，何与？刘汝佳曰："揖让、征诛，自是圣人所遇，使舜当武之时，亦须征伐。孔子曰：'唐、虞禅，夏后、殷、周继，其义一也。'性之、反之，自其从入之异；及其成功，一也。人而天，反而性矣。以是而论乐之优劣，其与以追蠡者何异哉？"顾炎武曰："观于季札论文王之乐，以为'美哉！犹有憾'，则如夫子谓《武》'未尽善'之旨矣。'犹未洽于天下'，此文之'犹有憾'也；天下未安而崩，此武之'未尽善'也。《记》曰：'乐者，象成者也。'又曰：'移风易俗，莫善于乐。'武王当日诛纣伐奄，三年讨其君，而《宝龟之命》曰：'有大艰于西土，殷之顽民，迪屡不静。商俗靡靡，利口惟贤，余风未殄。'视舜之'从欲以治，四方风动'者何如哉？故《大武》之乐虽作于周公，而未至于世变风移之日、圣人之时也，非人力之所能为矣。"崔述曰："武王牧野以前，其事殷之心与文王不异。孔子言'周之德'，'周'者，文、武之统称。况上文所记者，武王之言，以为论武而兼文则可；若以为专论文而不及武，则上下文不相属矣。"又曰："夷、齐无扣马谏伐事，避纣故饿，饿故思养而归于周。《论语》但言'饿于首阳'，不言'饿死于首阳'。盖战国时，杨、墨横议，常非尧舜、薄汤武以快其私，毁尧则托诸许由，毁禹则托诸子高，毁孔子则托诸老聃，毁武王则托诸伯夷；太史公尊黄老，故好采异端杂说。学者但当信《论》《孟》，不当信《史记》。"此数说，可以正朱子之失。

条四

世皆称蘧伯玉出处合于孔子，以予观之，伯玉特春秋之谢朏耳，何足以拟孔子！意如逐君，孔子终昭公之世去鲁不返，其肯如伯玉之周旋贼臣、再出再入哉？虽然，伯玉，孔子所谓君子者也，宜不出此，吾恐《左氏》之诬伯玉也。

条五

王阳明论卫辄、蒯聩，谓："子迎其父、父让其子，则一举而名正。"非也。蒯聩，罪人也，辄不受先君之命，拒之、迎之皆逆而已矣。为辄计者，让国公子郢，逃焉可也：此孔子正名之义也。

条六

孔子，其尧乎！颜子似舜，曾子似禹，孟子似汤、武。

条七

孔子，天也；颜、曾，日月也；游、夏，列星也。

条八

曾点之乐虚，颜子之乐实；曾点之乐暂，颜子之乐久。

条九

孟子学孔子，得伊尹。

条一〇

冉求、季路，孔子徒也，求附季氏，由仕孔悝；沮、溺、丈人，在春秋，不可及也。乐正子，亲炙孟子者也，从于子敖；鲁仲连、颜阖，在战国，不可及也。"君子之仕也，行其义也。"道如孔、孟，斯可出矣；志如沮、溺、丈人，斯能隐矣。孔、孟之出也，贤于其处也；沮、溺、丈人之隐也，贤于其仕也。由、求，出处两失者也，是为人所役而已矣。郑玄[①]赴袁绍之召、蔡邕感董卓之知、杨时应蔡京之荐，皆由、求、乐正子类也。此无他，识不足而力不定也。是以君子贵"笃信好学，守死善道"。

---

① "玄"，原为清世避讳作"元"，兹改回本字。下同。

条一一

君子可与人死，不失身以救人，失身以救人者，陈太邱是也，君子弗为也；君子可与国亡，不失身以存国，失身以存国者，狄梁公是也，君子弗为也。

条一二

郭汾阳穷奢极欲，亦不学故也。

条一三

子房谲，武侯正。邺侯似子房，宣公似武侯。

条一四

前乎程朱能尊孔子者，董子而已；前乎程朱能尊孟子者，韩子而已。

条一五

汉之人物，取江都、武侯；唐之人物，取昌黎、宣公。江都之才不如武侯，昌黎之才不如宣公，要其与闻乎道，则武侯、宣公有不及者矣。汉、唐之世，孔孟既没，程朱未起，守先启后，使天下知有正学而不至尽入异端者，二子之力也，圣人复起，不废其功。程子称董子"度越诸子"而推昌黎为"孟子后一人"者，非虚也。贾、董、韩、欧并称者，世俗之论也，非知二子者矣。

条一六

韩昌黎识高而行不笃，司马温公行笃而识不高。

条一七

周子有倡道之功，而言孔孟正宗，必推程子。朱子作《濂溪祠堂记》，以道统归周子，而以程子为见知；及序《学》《庸》、于《孟子》篇末，止举程子而不及周子，其论定，审矣。

条一八

明道才高，伊川学笃。明道似颜子，伊川似曾子。善学颜子者学曾子，善学明道者学伊川。和靖善学伊川，龟山不善学明道。

条一九

朱子之学，至矣！尽矣！圣人复起，无以易之矣！吾所独不安于朱子者，则刊《孝经》、补《大学》二事也。古经传远，其不能无残脱讹乱，势也；儒者生于其后，信古阙疑乃其分耳，即有所见，存其说以示学者可也，岂宜上施笔削于古经哉？郑玄好改字，世犹讥之，况可以刊补经文者耶？此尊经之道当然，非拘也。朱子一生笃信谨守，独于此，未免自信太果，虽理非不是而于学者亦未尝无功，然终失后学谨慎之义，有以启世儒僭妄之端。其后王柏、吴澄、舒芬、崔铣、刘宗周之徒动至删易经文，始之者则朱子不得辞其责也。朱子之人之书，天下万世之所当诵法，而有未可为训者，此则后人所不得借口者也。

条二〇

武侯是三代下小周公，朱子是三代下小孔子。武侯天资高，朱子学术正。

条二一

程子明堂贺赦日不吊温公之丧者，《礼》①："郊之日，丧者不哭，不敢凶服。"明堂大礼，非轻于郊也。朱子《伊川年谱附注》载此事而不斥为诬者，知程子之意矣。

条二二

六经、孔孟之言，醇乎醇者也；周、程、张、朱之言，大醇而小疵。周子言"主静"，程子言"静坐"，其弊皆必流于禅，非圣门正当之教也。故周子之学一传至子即变而学佛谈禅，而程门高弟若游、杨、上蔡之徒无不沈溺禅宗者，此虽不得归罪周、程，要亦其说之不能无弊有以启之。若非朱子出而正之，则儒、释混一，岂待象山、阳明哉！然朱子之言，如《答何叔京书》极言"学在察识良心，与书册语言无涉"，《答黄子耕书》教其静坐视息，及教郭德元"半日静坐，半日读书"、教吴伯英"放了持敬，须是静坐"之类，亦皆涉异学，非圣门所有；至如所作《存斋记》《调息箴》《参同契》《阴符经注》，吹嘘佛老，不一而足，尤属害道之甚。凡此，或其未定之论，或门人记录之误，或由于少年出入佛老时所为，皆未可为据。若夫居敬穷理之言、格物致知之训，则固可以传之万世而无弊者，学者精择而慎师之可也。

---

① 《礼记·郊特牲》。

条二三

程朱之说未尝无失也，一时语言文字之小有出入、名物训诂之小有疏误，择之未精、考之未详者，固有之矣；要其所以发明学术于大本大原之处，知之明，见之卓，则固有可"百世以俟圣人而不惑"者。后之学者，正当求其本原之处而尽心焉；若夫语言文字、名物训诂之小失，略而置之可也，纠而正之亦可也。今乃于其本原之处未尝实行其万一，偶摘其一二端之小失，遂自以为贤于程朱，而津津然笔之于书，至极口狂诋不以为怪，此不惟得罪先儒，而其甘自暴弃亦甚矣！

条二四

程朱之人，万世之人也，非一时一代之人也；程朱之学，万世之学也，非一时一代之学也。陆清献谓："今之学者，概指程朱为'宋儒'，是犹指孔子为'春秋人物'、指孟子为'战国人物'也。"予谓：今之学者，概指程朱为"宋学"，是犹指孔子为"春秋学术"、指孟子为"战国学术"也，其可乎！

条二五

刘静修曰："邵，至大也；周，至精也；程，至正也；朱子，极其大、尽其精而贯之以正也。"此语似是而非者也。朱子之学，周、程之学也，其至大、至精、至正，一也；邵子，儒之杂者也，安有所谓大者？是不可班于张子，况周、程乎？刘静修实不知周、程、朱子！静修此条，罗文庄已辨其非，谓："孰有精而不正、正而不大者？"○吴幼清、刘静修，皆非知道者。静修尚不失为好学有志之士；若夫吴氏之主张陆学、首倡邪说、鼓惑后世，则又显为吾儒之罪人矣。论其出处，则失身之士；论其学术，则叛道之徒。是以君子于静修犹有取焉，于吴氏无取也。

条二六

薛文清曰："自考亭后，斯道大明，无烦著作，直须躬行耳。"章枫山曰："先儒之言，至矣！尽矣！但删其繁芜可也。"至哉其言，此万世学者所当法也！二先生之所见如此，宜其学之粹矣。枫山之学虽不及薛、胡，然躬行笃实，实不在二子下。其言"为学之方，当依程子'涵养须用敬，进学在致知'，朱子亦是从事此语"，深得程朱要领；至于自言"自幼为学，虽

327

未尝无寻乐之心，然自省日用之间，言未能无口过，行未能无怨恶，隐微念虑之萌真妄错杂，行年五十，方且战兢惕厉，求为伯玉之知非寡过而未能"，其于天理真乐诚然未之有得，其反躬内省、为己之功笃挚真切如此，以视象山、阳明之徒猖狂纵恣、肆无忌惮、自以为得天理之真乐者，卓然远矣！我浙有明一代之儒，当以枫山为第一。

条二七

董广川曰："诸不在六艺之科、孔子之术者，皆绝其道，勿使并进。"后之尊孔子者，当以为法。陆清献曰："诸不在孔子之术、朱子之道者，皆绝其道，勿使并进。"后之尊朱子以尊孔子者，当以为法。

条二八

朱子没而正学衰。真西山之学，文章也；何、王、金、许之学，章句也。变于吴草庐，坏于陈白沙，极于王阳明。

条二九

真西山不及许鲁斋：西山之学华，鲁斋之学实。

条三〇

邱仲深之议许鲁斋，非笃论也。鲁斋生长元人域中，非宋人也。不仕之义，责吴澄可也，责鲁斋不可也。熊文端赐履附和其说，而不载鲁斋于《学统》者，谬也。

条三一

五子而前，行之笃者，莫若董江都；五子而后，行之笃者，莫若许鲁斋。

条三二

曹月川为父作《夜行烛》，是谕父于道；尹和靖为母诵《金刚经》，是成母之过。

条三三

尹和靖、胡敬斋皆以敬得之。

条三四

许、薛、胡、罗，鲁斋在薛、胡之上，整庵在薛、胡之下。

条三五

本朝之汤斌、陆，犹元之吴、许：清献之于潜庵，犹鲁斋之于吴澄。

条三六

陆清献德业之盛虽不及许鲁斋，要其学醇行笃，本朝诸儒未有先焉者也。其尊朱子，辟阳明，辨高、刘，斥孙奇逢、黄宗羲，使学者不至误入歧途，则尤有功后学者。彭绍升、罗有高等乃诋清献辟陆王为"堕讲学习气，失儒者之度"，则必如彭氏、罗氏之禅贩如来、统一三教而后谓之无"讲学习气"、得"儒者之度"耶？其亦妄矣！虽然，彼既身为释氏之徒，则其不满于清献之辟陆王也固宜。本朝诸儒，理学取陆清献，经济取李文贞、曾文正国藩，文章取方望溪苞、姚姬传鼐，音学取顾亭林，算学取梅定九文鼎，训诂取王氏父子念孙、引之。

卷之六　异学

（凡三十九条）

条一

应潜斋撝谦曰："孔子得《易》之乾，老子得《易》之坤。"非也。老子学坤而失之者也。应潜斋非特不知《易》，亦不知老子。

条二

庄子不及老子有实用。

条三

庄子渐近于佛。

条四

老氏指气为道，释氏认神为性。

条五

老氏以权诈言道德，其失易见；释氏以空寂谈心性，其误难知。

条六

佛氏不知生，焉知死？不知人，焉知鬼？

条七

"不动心"，儒、释所同也；"君子所性，仁义礼智根于心"，此儒之所以异于佛。

条八

人之所以为心者，天命之性也；人之所以为性者，人伦之理也。佛既举君臣、父子、夫妇、兄弟而尽弃之矣，彼其所谓"明心见性"者，明何心、见何性耶？其亦勿思耳矣！

条九

赏罚淆而民惑于鬼神、因果、地狱之说，衰世之意也。其始于周之末造乎？

条一〇

《感应篇》《阴骘文》作，天下之善心绝矣。士大夫之信奉二书者，起一念，行一事，无非为邀福求利也，安得有善心？

条一一

鬼神不贪，必不受非义之祀；鬼神若贪，何以为聪明正直？

条一二

问吉凶于地师、葬师，问得失于命士、相士，问祸福于土偶、木偶，是为三大愚；不修今世修后世，不学人道学仙道，不务民事务鬼事，是为三大惑。

条一三

族葬废而形家之说兴，丧礼失而浮屠之事作。

条一四

或问卜日。曰："吉凶在人不在日。商以甲子亡，周以甲子兴。"问卜地。曰："吉凶在人不在地。秦以关中亡，汉以关中兴。""然则日与地果无吉凶与？"曰："有之。吉凶，以类应者也。吉日不应凶人，凶日不应吉人。"

条一五

荀子之学杂申、韩，扬子之学杂老、庄。荀子才高而僻，扬子才短而腐。

条一六

黄老于汉，张良、曹参之力也。三代之治不可复，汉实为之，良也其为罪首乎？

条一七

老变为佛，佛变为禅，达摩释氏之禅又变为陆王儒者之禅，其议论虽不同，要其病根则一，总由于知气不知理。至陆王而弥近似者，乃至陆王而乱真愈甚。达摩入，而后释变为禅；象山起，而后禅入于儒。

条一八

象山出而圣学乱，阳明出而圣学亡。象山之不得行其学于宋者，有朱子也；阳明之得行其学于明者，无朱子也。

条一九

陆王谓"心即理"，吾考六经、《四子》，言心者多矣，未闻有"心即理"之说也。其兼理而言之者，《孟子》之言"存心""养心""求放心"是也；其别理而言之者，《古文尚书》之言"以礼制心"、孔子之言"其心三月不违仁"、《大学》之言"正心"、《孟子》之言"以仁存心，以礼存心"是也。必如陆王之说，概曰"心即理"也，则是六经、《四子》之言皆不知心者矣。是岂陆王之心果有异于六经、《四子》者耶？吾弗知之矣！

条二〇

象山谓朱子："既不知'尊德性'，焉有所谓'道问学'？"我则谓象山：既不知"道问学"，焉有所谓"尊德性"！

条二一

孟子之良知，知爱知敬之知也；阳明之"良知"，无善无恶之知也。《大学》之致知，致其至善之知也；阳明之"致知"，致其无善无恶之知也；陆桴亭谓："阳明于'致知'之中增一'良'字，最有功于后学。"予谓：以"致知"为"致良知"，非始于阳明也，吕氏《大学解》已言之。所异者，吕氏特未尝以良知为无善无恶耳。是阳明之"良知"尚非吕氏之良知，借儒文释，其所以祸天下万世之人心学术者正在于此。桴亭不察，反谓其有功后学，谬矣！语相似而意实相反者也。彭定求曰："今谓良知近禅，则'良知'两言出孟子，将并孟子病之乎？程子云：'知者，吾之所固有；然不致，则不能得之。'将并程子病之乎？"吁！孔、孟、程子之所谓知，果无善无恶之知耶？彭氏亦弗思甚已！

条二二

禅恶理，而禅之托于儒者必言理，要其所谓"理"者，则仍指知觉而言，无善无恶之"理"，非吾儒之理也。阳明谓"无善无恶理之静"，又谓"无善无恶心之体"，心体即性也，性即理也，是以理为无善无恶也，明矣。其以理为无善无恶也，则由于认知觉为理也，故有"心即理""良知即天理"等说也。既认知觉为理，则其谓无善无恶也固宜。刘念台曰："阳明言'无善无恶心之体'，非言性无善无恶也。性以理言，理无不善；心以气言，安有善恶？"其护阳明则巧矣，吾不知何以解于阳明"心即理""无善无恶理之静"之说耶？

条二三

观《大学》古本，可以见阳明学术之不正；观《晚年定论》，可以见阳明心术之不正。辟陆王者，罗文庄《困知记》及陈清澜《学蔀通辨》二书最详，学者不可不看。清澜《学蔀通辨》又本文庄而作，尤为精核。其辟阳明《大学》古本之说曰："阳明之训格物曰：'物者，意之用也；格者，正也。正其不正以归于正也。'此其训，与正心、诚意潸复窒碍，乖经意矣。又《传习录》云：'吾心之良知，即所谓天理也。致吾心良知之天理于事事物物，则事事物物各得其理矣。致吾心之良知者，致知也；事事物物各得其理者，格物也。'如此言，则是先致知而后格物，盖颠倒舛戾之甚矣。阳明乃以此议朱子，岂不妄与？原其失，由于认本来面目之说为良知，援儒入佛，所以致此。朱子尝谓：'释氏之说为主于中，而外欲强为儒者之论，正如非我族类而欲强以色笑相亲，意思终有间隔碍阻。'罗整庵亦云：'世有学禅而未至者，略见些光影，便要将两家之说和合为一，弥缝虽巧，败阙处不可胜言，弄得来儒不儒、佛不佛，心劳日拙，毕竟何益之有？'阳明正是此病。"其辨《朱子晚年定论》曰："朱、陆早同晚异之实，二家谱集俱载甚明。近世东山赵汸《对江右六君子策》乃云：'朱子《答项平父书》有"去短集长"之言，岂鹅湖之论至是而有合耶？使其合并于晚岁，则其微言精义必有契焉，而子静则既往矣。'此朱、陆早异晚同之说所萌芽也。程篁墩因之，乃著《道一编》，分朱、陆异同为三节：始焉如冰炭之相反，中焉则疑信之相半，终焉若辅车之相依。朱、陆早异晚同之说，于是乎成矣。王阳明因之，遂有《朱子晚年定论》之录，专取朱子议论与象山合者，与《道一编》'辅车'之说正相唱和矣。凡此，皆颠倒早晚以弥缝陆学，而不顾矫诬朱子、诳误后学之深！故今编年以辨，而二家早晚之实、近儒颠倒之弊举昭然矣。"又曰："朱子有朱子之定论，象山有象山之定论，不可强同。专务虚静、完养精神，此象山之定论也；主敬涵养以立其本，读书穷理以致其知，身体力行以践其实，三者交修并进，此朱子之定论也。乃或专言涵养，或专言穷理，或止言力行，则朱子因人之教、因病之药也。今乃指专言涵养者为定论，以附合于象山，其诬朱子甚矣！"又曰："朱子之学，凡三节：早年尝出入禅学，与象山未会而相同；至中年方识象山，其说多去短集长、疑信相半；至晚年始觉其弊而力攻之，及象山既没之后，朱子所以排之者尤明，焉可诬也?"又曰："赵东山所云，盖求朱、陆生前无可同之实，而没后乃臆料其后会之必同，本欲安排早异晚同，乃至说成生异死同，可笑！可笑！如此，岂不适所以彰朱、陆平生之未尝同，适自彰其牵合欺人之弊？奈何近世咸信之而莫能察也！昔裴延龄掩有为无、指无为有以欺人主，陆宣公谓其'愚弄朝廷，甚于赵高指鹿为马'；今篁墩辈分明掩有为无、指无为有以欺弄后学，岂非吾道中之延龄哉！"又曰："昔韩绛、吕惠卿代王安石执政，时号绛为'传法沙门'、惠卿为'护法善神'。愚谓：今日继陆学而兴者，王阳明是'传法沙门'、程篁墩则'护法善神'也！"

条二四

诛人者，必正人之罪名。孟子辟杨墨而邪说止者，能正杨墨之罪名也；后儒辟王氏而邪说不止者，不能正王氏之罪名也。无父无君，杨墨之罪名也；无天无圣，王氏之罪名也。善者，天命也，王氏言"无善"，是无天也；孔子，圣宗也，王氏贬孔子，是无圣也。世徒讥事赞诋议圣人、"不以孔子之是非为是非"，而不知赞实渊源阳明也。阳明尝言："学贵心得。求之于心而非，虽言出于孔子，不敢以为是。"其与门人论圣人，至诋孔子为"九千镒"，翻孟子"生民未有"之案。自古无忌惮而敢于非圣无法者，未有若阳明之甚者也。后有君子，必当正其罪、黜其从祀而后可。

条二五

朱子之辟陆九渊，孟子功臣也；罗、陆之辟王守仁，朱子功臣也。议者曰："是不免门户之见。"则必尊达摩、混儒释而后为不分门户耶？必以辨别是非为分门户，则孟子之辟杨、墨、告子，亦分门户与？杨、墨、告子在战国，亦贤者也，其才度不在陆、王下，墨之学仁、杨之学义、告子之不动心，彼亦何尝不自附于圣人？孟子不辟申、韩而必力辨杨、墨、告子者，为其近理乱真也。近理乱真，孰有甚于陆、王者？君子不能诬道以苟同于人，非实有以见夫是非邪正之必不容混淆，则亦何心而独好为此无益之辨与？陆氏，自称学孟子者也。孟子之言先立其大也，曰："心之官则思，思则得之，不思则不得。"陆氏则曰："心不可泊一事。"是陆氏之立大，非孟子之立大也。信斯言也，虽一切断灭可也，禅家所谓"语言道断，心思路绝"是也。王氏，自称学孟子者也。孟子之贯良知也，曰："孩提无不知爱，及长无不知敬。"王氏则曰："不思善，不思恶，即吾所谓良知。"是王氏之"良知"，非孟子之良知也。信斯言也，虽一切扫尽可也，禅家所谓"净智妙圆，体自空寂"是也。孟子曰"明善"、曰"孳孳为善"，陆氏则曰："恶能害心，善亦能害心。"是以善为障也。信斯言也，虽一切俱空可也，禅家所谓"人法双静，善恶两忘"是也。孟子曰"思诚"、曰"恭敬之心礼之端"，陆氏则曰："目能视，耳能听，鼻能知香，口能知味，心能思，手足能运动，如何更要存诚主敬，硬将一物去治一物做甚？"是以诚敬为赘也。信斯言也，虽一切不碍可也，禅家所谓"手持足行，无非道妙"是也。孟子曰"性善"，王氏则曰："性无善无恶。"是翻性善之案也。信斯言也，虽一切无着可也，禅家所谓"无净无垢，非空非色"是也。孟子曰"以仁存心，以礼存心"，王氏则曰："心即理也。"是乱心、理之辨也。信斯言也，虽一切任心可也，禅家所谓"即心是佛"是也。陆氏之以"万物皆备"为"镜中观花"也，则诬孟子以就禅；王氏之以"常提念头"为"必有事"也，则推禅以附孟子。陆氏之以"收拾精神"为"求放心"，不以语言文字为意也，则禅家"直指人心，不立文字"之教也，孟子无是也；王氏之以穷格物理为义外也，则禅家"遗物弃事，专务明心"之教也，孟子无是也。由此数说观之，陆、王之学，儒耶？禅耶？孟子耶？达摩、慧能耶？其亦可以不辨而明矣。世之惑者犹曰："陆、王之学，孟子之学也。"孟子与达摩、慧能，若是其班乎？呜呼，抑何弗思之甚也！孟子谓："杨墨之道不息，孔子之道不著。"我亦谓：陆王之学不息，孟子之学不著。有诋程朱之非者，予谓：程朱未尝无非也，其所以不害为圣人之徒者，大本是也。大本即是，虽有一二言之非，岂足累其是乎？有称陆王之是者，予谓：陆王未尝无是也，其所以不免为异学之归者，大本非也。大本既非，虽有一二言之是，岂足掩其非乎？

条二六

世之调停程朱、陆王者，动借口于伯夷、伊尹、柳下惠之"不同道"，曾子、子贡之不同学。不知伯夷、伊尹、柳下惠"不同道"而同为圣人，曾子、子贡不同学而同有得于圣道者，大本同也。陆王以"心即理"为宗旨，大本异矣，尚复何同之可言哉！

条二七

凡言"某某持朱、陆之平""某某兼为程朱、陆王之学""某某宗陆王之学而不倍程朱"者，皆不知学者也。程朱之于陆王，犹水火之不相入也，既宗陆王，焉能不倍程朱？既为陆王之学，焉能复兼程朱耶？至谓"持朱、陆之平"，则尤谬甚。朱子之学，孔孟之学也；陆氏之学，则本于佛老者也。今欲"持朱、陆之平"，则亦将持孔孟、佛老之平与？此皆无知而妄作解事，在彼方自以为平介，而不知自识者观之，适足以见其未尝学问而已矣。

条二八

章枫山谓："陈同甫有末而无本，陆象山有本而无末。"非也。本末一致，有则俱有，无则俱无，未有有末无本、有本无末者也。陈同甫以智术为事功，惟其无末，所以无本；陆象山以空寂为心性，惟其无本，所以无末。

条二九

汉之名臣多学老，张子房、曹参、汲黯。宋之名臣多参禅。富郑公、赵清献、吕正献、陈忠肃、李忠定。

条三〇

象山才如康节而学术更偏，阳明才如象山而心术尤诈。

条三一

苏子瞻欲打破"敬"字，王阳明直欲打破"善"字。阳明不论其他，只"无善无恶"四字，已足贻祸万世有余，明末狂禅，弊可睹矣。世乃有曲为解者，不知何心！陆王好言"本心良知"，似矣；其居丧也，一则卒哭即欲彻几筵，一则未百日即命弟姪食肉，何"本心良知"之薄于亲也？噫！

条三二

白沙是禅中名士，阳明是禅中奸雄。

条三三

陆王以佛老乱孔孟，高刘以陆王乱程朱。

条三四

高忠宪《复七遗规》[①] 是养生诀，非为学方也。

条三五

周子所谓"吉凶悔吝生乎动，吉一而已"者，言吉居其一而凶悔吝居其三也；所谓"富贵贫贱处之一，处之一则能化而齐"者，言不以富贵贫贱易其心而处之如一也。刘念台以"吉一"之"一"为"主一"之"一"、"处一"之"一"为"吉一"之"一"，不亦牵扯可笑之甚乎？此与以孟子"无有乎尔"之"无"为佛氏之"无"者何以异哉？

条三六

洛学变于孙钟元，关学绝于李中孚。

条三七

禅学家最恶一"理"字，汉学家亦最恶一"理"字。杨慈湖谓："近世学者沉溺乎义理之意说，胸中常存一理不能忘舍，舍是则豁然所凭依，故必置'理'字于其中。不知圣人胸中初无如许意度也。"管东溟谓："性者，大觉。宋儒谓'性即理也'，彼以知觉为心，谓理乃心所包之物，岂非包着一件不觉之物乎？"是禅学家最恶一"理"字也。戴震谓："程朱说'性即理也'，其视理俨如别有一物凑泊附着于形体。孔孟无之。"凌廷堪谓："圣学言'礼'不言'理'。"是汉学家亦最恶一"理"字也。禅学家之恶"理"字也，为其有累于虚寂之体也，故必攻去"理"字而后得还其虚寂也，此出于贤智之私意也；汉学家之恶

---

① 《复七遗规》，当作《复七规程》。

"理"字也，为其有碍于嗜欲之私也，故必攻去"理"字而后得恣其嗜欲也，此出于愚不肖之私意也：其讥程朱之言理，语相似而意实不同矣。

条三八

汉学有文而无行，其文已非；西学有数而无理，其数终谬。

条三九

汉学灭天理，西学绝人伦。

附一

悔言附记

夏靖叔^① 著   李娇 卢辰 点校

目 录

仲弟靖叔读予《悔言》，时有所推阐订正。其言虽间或偏激失平，而大指不谬于道。因时立论，独出己见，一无剿说，多有可以匡予不逮者。因略加刊定，为之次第写录，以质知言君子。

光绪庚寅三月　夏震武　谨识

学术类附记

（凡二十四条^②）

条一

汉唐之讲训诂趋于俗学者，其弊浅；宋明之谈性理流为禅学者，其

---

① 夏靖叔，名鼎武，灵峰先生弟。

② 据《富阳夏氏丛刻》本，《悔言附记》目录各类之下标记条目数，此类之下曰二十八条，"圣贤类"曰十六条，"异学类"曰九条，盖以《附记》自成条也。本次点校，乃依《悔言》而成条，故与原刻数目有不同，特此说明。

病深。（《悔言》卷之一，条一〇）

讲训诂者趋于俗学，其弊至本朝乾嘉而极；谈性理者流为禅学，其病至前明嘉隆而极。俗学之弊，唯中于章句之儒，故浅；禅学之病，多中于豪杰之士，故深。浅者，言其显而易见；深者，言其隐而难知。

条二

汉儒之学，未尝无可取也，但学者当用汉儒，不可为汉儒所用。程子、朱子，是能用汉儒者也，汉儒之主人翁也；乾嘉诸儒，是为汉儒所用者也，汉儒之奴婢也。（《悔言》卷之一，条一一）

程朱能取汉儒之长，乾嘉诸儒徒得汉儒之短。汉儒之学，经明行修，未尝以考据为事也；其间一二黠者，乃始假借经术以哗众取荣，然不可以此尽概汉儒也。读前后《汉书》列传，而知汉儒伦常、出处、进退、取与、死生大节，卓然可以立懦廉顽，与程朱后先同揆，此汉儒之所以可贵，不愧孔氏之徒。乾嘉诸儒名尊汉学，考其大节，曾不足为汉儒奴婢。吾以为，为汉学者，当实践汉儒之行，不当空谈汉儒之言。必能通达国体、抗疏陈事，如贾谊；非礼不行、匡正骄王，如董仲舒；以三百五篇谏，如王式；高节不桡，身为儒宗，有古社稷臣之谊，如萧望之；忠精感主，廉靖乐道，直言极谏，书数十上，痛切发于至诚，如刘向；好礼有行，非典谟不言，母没庐冢，不就征辟，如周磐；不读非圣之书，不修贺问之好，非身所耕渔不食，征聘不起，如周燮；志行高整，非礼不动，遇妻子如君臣，如冯良；家贫常自耕稼，非其力不食，恭俭义让，所居服其德，征聘不至，如徐稚；丧亲尽礼，隐居精学，佣工自给，累征不起，终全高志，如申屠蟠；博通坟籍，不应辟举，隐不违亲，贞不绝俗，天子不得臣，诸侯不得友，如郭太；刚毅有大节，学通古今，才兼文武，不赂宦官，独抗强臣，如卢植；杜门让爵，不就征辟，如郑玄：方可谓之汉学。乾嘉诸儒，其行谊果有能如董仲舒、刘向、申屠蟠、徐稚、卢植、郑玄诸大儒者否？彼其阿时趋势、矜名走利，止可谓之公孙弘[①]、戴圣、匡衡、张禹、孔光、贾逵、马融之学，

---

① "弘"，原作"宏"，径改。

未可谓之汉学也。汉诸大儒可作，必当屏之门墙之外，何靦然敢汉学之居？嗟乎！语录家之理学，宋儒之罪人也，而自以为"宋学"；考据家之经学，汉儒之罪人也，而自以为"汉学"：此孔子所以恶似而非与？

条三

训诂考据，程朱固亦未尝不有事于此。（《悔言》卷之一，条一三）

朱子之学，义理、文章、经济、考据无所不包，得其一端，便成一代之学。元、明及国初诸儒得其义理，乾嘉诸儒得其考据，二者皆朱子之支流苗裔，本亦不必过事排斥。所恶于乾嘉诸儒者，为其本出朱子而务与朱子立异也。乾嘉三《礼》、《说文》、天算、地理之学，朱子皆已提倡于前，诸儒不过因而明之，窃其一二绪论，反欲陵蔑先贤，创为"汉学"名目张皇标揭、自别朱子。蠹出于木，还食其木，自欺欺人，为害学术、人心未知所止！

条四

善学不如善师，善师不如善友。（《悔言》卷之一，条一五）

善学者必善师，不善师者，非善学者也；善师者必善友，不善友者，非善师者也。"善学不如善师"者，好学而无师，则学或非其正；"善师不如善友"者，亲师而无友，则师亦患其孤。善师，斯成德大矣；善友，斯取益广矣。师友废，久矣！世知学之重，不知师友之重也。抑扬其辞者，明学问、师友不可偏废，非果有所轻重也。夫子言思不如学，亦以明学之重耳，思、学岂可偏废哉？善学不如善问亦此意。

条五

"吾道一以贯之"："一"者，诚也，圣人一诚而已矣；"忠恕"，所以诚之也。"诚者，天之道也；诚之者，人之道也。"（《悔言》卷之一，条二九）

圣人之忠恕，"诚者，天之道也"，忠恕一贯是也；学者之忠恕，"诚之者，人之道也"，"忠恕违道不远"是也。忠恕，一也；圣人、学者体之，则有异矣。夫子之忠恕固天之道，曾子以告门人，则固以门人所知人之道明之，非强语以天之道也，故曰："忠恕，所以诚之。"

条六

下学之外无上达，博学之外无反约，格物之外无致知，忠恕之外无一贯。（《悔言》卷之一，条三〇）

此为禅学家舍下学而讲上达、舍博学而讲反约者言之，非以下学为上达、博学为反约也。下二句仿此。

条七

"喜怒哀乐之未发谓之中"。（《悔言》卷之一，条三六）

未发之旨不明于世久矣，为陆王之学者不足道也。《语类》论未发者两条，一言："未发之中，未是论圣人，只是泛论众人亦有此，与圣人都一般。这里未有昏明；不然，是无大本，道理绝了。"一言："未发而不中者，此却是气质昏浊，为私欲所胜，客来为主，其未发时只是块然如顽石相似，劈砍不开，发来便是那乖的。"据前一条，则是未发即中；据后一条，则是未发有不中者。考《中庸》本文及程朱之言，则以前一条所记为正。《中庸》"喜怒哀乐之未发谓之中，发而皆中节谓之和"，发必中节乃谓之和，足见发有不和；未发直谓之中，则未发固无不中者，未发即中，明矣。程子曰："只喜怒哀乐不发便是中。"又曰："喜怒哀乐未发，何尝不善？"朱子亦曰："未发之前，气不用事，所以有善而无恶。"此皆足以证明未发即中。黄勉斋言："性虽为气质所杂，然其未发也，此心湛然，物欲不生，气虽偏而理自正，气虽昏而理自明，气虽有赢乏而理无胜负。"阐论未发即中最为明确。勉斋亲炙朱子，其言固非无据也。胡敬斋不加深考，反以勉斋为误，言："偏浊之人，未发之前已失其中，故已发不能和；不善之人亦有静时，其时物欲固未动，然气已昏、心已偏倚、理已塞、本体已亏。"并勉斋所引朱子"未发气不用事，有善无恶"之言而亦疑之。吴竹如从而附和其说，可谓不识大本甚矣。未发，性也；已发，情也。情有善恶，而性无不善。未发有不中，则性有不善矣。敬斋讥荀、扬不知性，彼当战国、两汉之时，群言淆乱，性学久晦于天下，宜其知性之难也；敬斋生程朱性学大明之后，所见尚如此，复何荀、扬之责哉？虽然，是又不得独罪敬斋也。未发之旨，程、朱、勉斋而后，固未有能明之者。讲学家剿袭程朱之说，率取雷同陈言，其偶须展卷考索者，即无人复言，有言辄谬。求如汉学家之于许郑训诂，实事求是、精心研核者，陆清献之外，未见其人也。程朱没而理学亡，呜呼，岂独陆王、汉学之咎哉！

条八

"忘敬而后无不敬"，非程子语也。（《悔言》卷之一，条四四）

"忘敬而后无不敬"，犹云"不期敬而自敬"耳。有意主敬，便有间断，即不能无不敬矣。主敬为初学之士言，此以成德言之，语各不同。罗整庵谓"'主敬''持敬'，着一'主''持'二字，便心有所系，不能周流无滞"者，正足发明此条之意，不得疑为非程子语。若不善体会，则先贤之语皆可滋弊，又不独此条也。

条九

居敬之学，如之何？曰：有事时随事省察，无事时随时存养；有念时随念省察，无念时随时存养。（《悔言》卷之一，条四六）

敬贯动静，故存养、省察皆敬之事。敬、义对言，则存养属敬，省察属义；专言敬，则该存养、省察。存养者，全体之敬；省察者，因事之敬。

条一〇

《易》义，虞、郑不及朱子；《诗》传，朱子不及毛、郑。（《悔言》卷之一，条六六）

二语未是。当曰："《易》义专宗朱子，《诗》传兼取毛、郑。《诗》传，义理宗朱子，训诂取毛、郑。"〇朱子《周易本义》继程子《易传》而作，阐明义理，指切人事，孟、京邪说一扫而空之，《易》学至此，始大明于天下，由其说以读《易》，然后《易》能有益于人。至本朝乾嘉诸儒，乃复舍正义而理孟、京互体、纳甲、卦气、爻辰、飞伏之邪说，此《易》学一大阨也。互体、纳甲、卦气、爻辰、飞伏诸邪说，孔子"十翼"所无有也，丁宽"作《易说》三万言，训故举大谊"所无有也，费直"以《彖》《象》《系辞》十篇文言解说上下经"所无有也，其说独出于诈言背师之孟喜、不密杀身之京房，而荀爽、郑康成、虞翻三家从而祖述推衍之，微特非羲、文、周、孔、商瞿四圣一贤之《易》，亦断非汉儒田何、丁宽、施雠、梁邱贺、费直之《易》，明矣。乾嘉诸儒顾欲以孟京邪说、汉儒之所斥者冒为汉《易》，岂不妄与？程子、朱子之《易》，阐明义理，指切人事，则真汉《易》也。朱子《诗传》兼取三家之长而弃其短，卓然为《诗》学大宗。其改《毛诗序》及以《郑风》为多淫诗，则《毛诗序》为卫宏作，《后汉书》具有明文，朱子据三家、《左传》、《国策》、《国语》以正卫宏之失，未尝不可；若以《毛诗序》为出子夏，必不可改，则齐、鲁、韩三家之《诗》皆出子夏，何以一人之《序》，四家各异也？《郑》诗二十一篇，说妇人者十九，故"郑声淫"，刘向已有此说，向本治鲁《诗》，《毛诗序》可信，《鲁诗序》何独不可信耶？平心论之，郑君三《礼》注，自为天下后世所不可少之书；其《易》注，则可以无作。本朝经说，亦惟小学、三《礼》为最精实，足补先儒所未逮；《诗》争小序、《书》攻古文，已属无谓；惠定宇、张皋闻之《易》，则直斥为邪说可也。

条——

古文《尚书》所以或有可疑者，以其非三代之本文也；古文《尚书》所以必不可废者，以其皆三代之遗言也。孔《书》《泰誓》之矜露猛厉，或有可疑；《史记》《泰誓》之浅恶怪诞，必不可信。（《悔言》卷之一，条六七）

孔《书》增多二十五篇，与《史记·儒林传》"逸《书》得十余篇"、《汉书·艺文志》"逸《书》得多十六篇"不合，与郑注二十四篇目亦异。然郑注二十四篇目亦不合《史》《汉》，且义自相矛盾，则固不得以郑注断孔《书》之真伪矣。《汉志》"《尚书》古文经四十六卷五十七篇"，与刘向《别录》、桓谭《新论》所载又各不同。《尚书》篇卷，在汉已无定数，杜林《漆书》则只一卷，是又不得以《汉志》断孔《书》之真伪矣。孔《书》为传记所引者，郑学家每以为剿窃，其间字句参差不同者又以为窜改，然孔、郑今古文所共有之二十八篇亦未尝不见引传记，字句亦多参差不同，不得谓亦系后人剿窃窜改也，则又不得以此断孔《书》之真伪矣。孔《书》晚出东晋，刘歆、贾逵、马融皆所未见，诚有可疑；必欲断以为伪，则终无确据。其间固非无后人窜易之语、补缀之篇，不必尽属《尚书》本文，而三代大义微言实赖是仅存，必不可废。《周礼》未尝无后世附益之语，未闻以此废《周礼》；《礼记》，《坊记》《表记》《缁衣》《儒行》等篇纯驳互见，其出后儒依托、非尽孔子之言明甚，未闻以此废《坊记》《表记》《缁衣》《儒行》，使不得列于经也。《史记》神怪《太誓》，马融已疑其伪。马融亲典秘书，亲见真古文，其时但有神怪《太誓》而别无真《太誓》，则孔《书》《太誓》非真《太誓》可知，神怪《太誓》之不可信，亦当以马融之言为断。观《史记》所载《金縢》非真《金縢》，则《史记》所载《太誓》又安得信为真《太誓》？郑学家以史迁亲从安国问故，所载必真古文，坚执《史记》神怪《太誓》为真《太誓》，不思甚矣！要之，年湮代远，书缺简脱，传闻不同，不知则阙，未可臆断。孔学家争孔《书》为真，郑学家攻孔《书》为伪，二者皆非，阙疑之义。余别有辨，兹不具。

条一二

凌廷堪《复礼说》不知礼。（《悔言》卷之一，条六一）

《乐记》明言"礼者，理也"，则言礼即是言理。凌氏之言，非但不读《易》与《孟子》，亦并不读《礼》矣；惠定宇以宋儒言"理与道同"为偏，是不读《易纬》郑注；戴东原以宋儒言"性即理"为非，是不读《乐记》郑注。

条一三

"善《易》者不言《易》"，孟子是也。（《悔言》卷之一，条六五）

孟子所言，皆《易》之精也。李文贞谓："孟子竟不见《易》。"武断甚矣！见《易》者岂必引《易》哉？赵邠卿谓："孟子通五经，尤长于《诗》《书》。"庶知孟子者也。

条一四

有约而无博者，陆王禅学之谬；有文而无行者，乾嘉汉学之弊。（《悔言》卷之一，条六四）

有约而无博，其约已谬；有文而无行，其文即非。○禅学、汉学偏蔽虽同，亦微有别：讲禅学者，实多笃守志士；讲汉学者，绝少躬行大儒。以本朝诸儒论，夏峰、潜庵、二曲皆为禅学者，何等品行！何等志节！汉学家诸人，则伦常、出处、取与大节无一可纪者。两家人品优劣所判，即两家学术得失所分。一则鞭策身心，犹知为己；一则矜炫口耳，全属为人。择术一定，终身因之，学者不可不慎！

条一五

读经，宜先古注而后今注。（《悔言》卷之一，条七〇）

汉儒古注，亦当分别论之。毛氏《故训传》、郑君三《礼》注，自不可不读；其余多穿凿害道之言，不读可也，《易》注尤甚。读经，总以先读朱注为要。朱注者，古注、今注之权衡也。先读朱注，则义理既明，于古今训诂得失自能了然；否则，汉儒之说先入为主，其弊不至如乾嘉诸儒不止。

条一六

博览而要取之，多读而精择之。（《悔言》卷之一，条七五）

薛、胡要而不博，纪、阮多而不精。

条一七

著书立言，此穷而在下者兼善天下之事也。（《悔言》卷之一，条八〇）

著书立言兼善天下，言之何易也！上者必如周、程、张、朱，次亦必如董、韩，道与文兼至，乃可以著书立言；不然，皆妄也。道与文有一不能，皆可以无作。古之著书立言者，未有不道与文兼至者也。降及周衰，乃有不知道而著书立言者，然未有不能文者也。自语录家起，则有不能文而著书立言者矣。程朱之语录，非自为也，其徒为之也。其师之言不可以无传，而又不能为文，则不得不以俚俗之语记之，其不得已也。若自著书立言而为语录，则亦不可以已乎？书日多而文日陋、道日晦，自明之语录家始矣。语录家之理学，所托虽高，其足以激发人心、廉顽立懦，曾不若屈原之《骚》、陶潜之诗，彼于文极工、于道未离也，真至之气油然感人，道与文皆本于自得也。语录家之道，非自得也，袭取程朱而为之也。生程朱理学大明之后，雷同剿说固无难矣，惟文乃所自为，而陋恶腐烂莫甚焉。曾子曰："出辞气，斯远鄙倍矣。"孔子曰："言之不文，行而不远。"语录家乃务为鄙倍不文之言以相夸尚，何其异于曾子、孔子也！屈原之《骚》、陶潜之诗，百读而不厌；语录家之书，驳者释子谈禅，纯者学究讲道，展卷一览而不昏然欲睡者，寡矣。是且不足窥屈原、陶潜之藩，焉敢望程、朱、董、韩之室与？世之著书立言以乱天下者多不胜数，彼皆显然自叛于道之外，则君子有所不暇责焉。语录家动以明道自命，而其技乃不过剽窃程朱数言、附会程朱数义，造为陋恶腐烂之书，传世欺人，游谈无根，大言不怍，辄自以为程朱复生，妄欲鄙薄屈陶、非议董韩，不学无识者亦且从而程朱之，豪杰有志之士遂以为程朱之道止于是，辄生其厌薄之心，因以病及程朱，群然相率而去之，此于道非徒不能明，而又加之晦蚀焉者也。以是为兼善天下，适足以贼害天下而已。后之君子，其必思所以救其弊乎？

条一八

知理气之二而不知理气之一者，薛文清也；知理气之一而不知理气之二者，罗文庄也。（《悔言》卷之一，条八二）

薛文清、罗文庄于理气分合之义皆未透彻。理为气主，理先气后，理不离气，亦不杂气，自朱子后，至本朝陆清献、李文贞、吴竹如、罗忠节所见始透。

条一九

圣人之心如日，释氏之心如镜。（《悔言》卷之一，条八五）

圣人之心阳明用事，木火春夏之气发生不息者也，故如日；释氏之心阴幽用事，金水秋冬之气收藏不动者也，故如镜。

条二〇

张子曰："合虚与气，有性之名；合性与知觉，有心之名。"予谓：虚者气之体，性者知觉之理，非二物也，不当言"合"。（《悔言》卷之一，条九二）

张子二语所见极精，而语不能无病。性兼理气，心统性情，言"合"亦无不可；病在不言理而言虚、不言情而言知觉，则是以虚为理、知觉为情矣。虚，气也，非理也；知觉，心也，兼未发、已发而言，非专属情也。合理与气言性则可，合虚与气言性则不可；合性与情言心则可，合性与知觉言心则不可。

条二一

程子曰："性即理也。"孟子言性，得程子而始明。（《悔言》卷之一，条九四）

"孟子言性，得程子而始明。"前乎程朱而发此义者，尚有康成。程子曰"性即理也"，康成曰"理犹性也"，二子之言若合符节。孟子性善之义久成聚讼，观二子之言，则知孟子所谓性善者，理也，非气也，专指气中之理而言，非兼指气而言也，明矣。性者，理而已，理安有不善者？然则孟子既言"性善"，何以又言"忍性""不谓性"？理岂可言"忍"、可言"不谓"？曰：此犹孔子既言继善成性、穷理尽性、"将以顺性命之理"，又言"性相近"，一专指理言，一专指气言，所指不同，故所言异也。"性""命"二字，古训皆分理、气二义。"命"有以理言者，有以气数言者；"性"有以理言者，有以气质言者：不得执一废二。《说文》"性，阳气"，训"性"为"气"；康成、程子，训"性"为"理"。"性"字之训实分二义，六经皆然，不独孟子。《召诰》"节性"以气质言，《戡黎》"虞性"则以理言矣；《王制》"节性"以气质言，《中庸》"率性"则以理言矣。必拘一义训一字，则执"理"训"性"，"节性""忍性"之说必不可通；执"气"训"性"，"率性""尽性"之说又不可通。义理、气质之性，有断不容混者。孟子既以"善"言"性"，则其为义理之性、非气质之性明甚。气外无理，义理之性必别于气质而言之者，气则阴阳，理则健顺，人同秉此阴阳之气，即同秉此健顺之理。理至中，故无不善；气有过不及，即可以为善、可以为不善：善属义理之性，不属气质之性，固不得混而一之也。荀、扬、释氏所学不同，其所以言性者，无非气质而已。荀、扬见其气质之粗者，释氏见其气质之精者。康成、程朱而后，讲宋学而以知觉为性，叛程朱而入于释氏者，有王阳明；讲汉学而以知觉为性，叛康成而入于释氏者，有戴东原。焦理堂《性善解》、阮芸台《性命古训》，附和东原以攻程朱者也。焦氏专主食色知觉言性，阮氏专主声色臭味、血气心知言性。食色知觉、声色臭味、血气心知岂可为理？岂可为善？此无论其叛程朱，亦叛康成、叛孟子甚矣！谢金圃至以孟子性善、荀子性恶为同属偏论，其谬固不待言；

颜习斋谓"孟子言'性善'，即孔子言'性相近，习相远'，语异而意同"，则亦不知孔孟所言之性，有指理、指气之不同。李安溪、陆桴亭之学精矣，安溪谓"孟子'性善'已兼气质言，非专以天命言"，桴亭谓"'性善'只在气质，不当分义理、气质以言性"，此皆未深考于古训，不知性本有理、气二义而妄言之也。

条二二

孟子没而性学亡，周秦、汉唐诸子之言性皆妄也。其有言之近是者，陆贾、董子、文中子、韩退之。（《悔言》卷之一，条九六）

康成《乐记》注"理犹性也"，直指理为性，所见更出董、韩之上。○康成《乐记》注"理犹性也"、《易纬》注"道者，理也"，二语实开程朱性理之先，程朱一生阐发，不出二语。康成想亦本之古训，乾嘉诸儒名尊康成，而于康成学识大者，如此等处，绝无所见，反痛诋程朱训"性"为"理"、训"道"为"理"之非，而不知程朱实本康成也，可谓惑矣！

条二三

转生之事，朱子谓"偶然而非其常"，亦未尝以为无也。（《悔言》卷之一，条一〇〇）

人死而不转生者，其常；转生者，其变也。佛氏轮回之说，以转生为常；朱子之说，则以转生为变：此儒、佛之所以异。

条二四

日行有东西，故为昼夜；日行有远近，故为寒暑。（《悔言》卷之一，条一〇八）

此条犹是中国旧说。据近日西学家言，则地为诸行星之一，日为诸恒星之一，地动而日不动，地自转一周成昼夜，绕日一周成寒暑，其说亦非无见；但谓日静地动，终不合阴阳之理，不如依旧说"地随天动"为安。○西人最无理者，"太阳静"一语。近亦自悟其非，有太阳二十四日自转一周之说。黄炳厚等尚尊奉西人旧说，至以《易·大象》"天行健"为圣人有所不知，未免太妄矣！

政事类附记
（凡一条）

君信其志，则仕可矣；民安其德，则禄可矣。忠信不达于上下，君子不敢一日虚居其位。（《悔言》卷之四，条六）

斯义也，三代以下亡之久矣！诸葛武侯庶几得之；程朱难进易退，其以此与？许文正犹有古人之风。薛文清迟迟吾行，吾甚惑焉。

圣贤类附记
（凡十二条）

条一

此数说，可以正朱子之失。（《悔言》卷之五，条三）

《语类》谓"夷、齐守经，武王行权，不无高下"，诚有可疑；至论乐之"尽善""未尽善"，以性、反为断而兼及于揖让、征诛，《集注》自确。刘汝佳谓："揖让、征诛，自是圣人所遇之时。使舜当武之时，亦须征伐。性、反自其从入之途而言，成功则一。"固是。但谓"不得以是论乐优劣"，则所见殊偏。性、反为圣虽一，而其德终不能无殊；德既有殊，乐安得无别？揖让、征诛，圣人所遇既有幸不幸，亦不得谓竟于乐无关也。亭林以乐之"未尽善"由于商俗之未能丕变，此亦圣人遇征诛之世，"未尽善"之一端，而其本终在于德，朱子之说自不可易。

条二

失身以救人者，陈太邱是也；失身以存国者，狄梁公是也。（《悔言》卷之五，条一一）

以"失身救人""失身存国"断太邱、梁公，极允；原情定罪，太邱、梁公亦当心服。吕新吾以太邱为得道之权，此新吾之谬也。汪瑟庵曰："太邱道广，究为名教罪人；梁公非纯臣，'宁使唐亡社稷，不可使千古有二臣'，数语词严义正。"可为太邱、梁公万世定案。

条三

吾所独不安于朱子者，则刊《孝经》、补《大学》二事也。（《悔言》

卷之五，条一九）

此伯兄早年未定之论，近日则谓："朱子刊补《孝经》《大学》，圣人复起，不易其言。"

条四

朱子是三代下小孔子。（《悔言》卷之五，条二〇）

朱子集诸儒之大成，为孔子后一人，其功自非汉、唐、宋诸贤可比。仁庙诏议尊崇朱子典礼，廷议升列四配，最允。李厚庵号为专宗朱子，何以尼此特典？殊不可解！沈端恪有"颜、曾、思、孟、周、程、张、朱九配"之议。余谓：当升周、程、朱子为八配，而进张子于十哲之列，庶为允当。

条五

程子明堂贺赦日不吊温公之丧者，《礼》："郊之日，丧者不哭，不敢凶服。"明堂大礼，非轻于郊也。（《悔言》卷之五，条二一）

程子此事，为世俗口实久矣，程子既不屑自明，后人卒无有知大贤所为者。朱子《语类》答鲁叔一条亦以程子为过，此断非朱子之言。陈兰甫《东塾读书记》反引此为朱子"持平""未尝偏于洛党"之证，谬甚。朱子岂亦同于苏子瞻哉？微此条援《礼》证明，则大贤之心终古不白于天下，小人轻薄之口愈喜有辞矣。〇陈兰甫《东塾读书记》论朱子一卷，颇为有功朱子；独此条，及论朱子推重东坡一条，则殊未然。东坡学术极谬，气节可取，朱子深恶苏氏之学，而不以学术之谬并薄其人。黜其学术、称其气节，此正圣贤持论之公。陈兰甫乃指朱子推重东坡气节者为"晚年定论"，而以深恶苏学为"早年之见"，此与论"朱、陆早异晚同"者同一，诬朱子甚矣！陈兰甫论未发一条亦最谬，兹不及辨。

条六

朱子没而正学衰。真西山之学，文章也；何、王、金、许之学，章句也。（《悔言》卷之五，条二八）

西山文行并茂，无愧儒者，可谓宋学之后劲，元、明诸儒殆无其四，章枫山以"文章"讥之，殊非笃论。何、王、金、许，王固近妄，何、金、许自不可及，固不得以"章句"二字抹杀其守先启后之功。

条七

鲁斋生长元人域中，非宋人也。不仕之义，责吴澄可也，责鲁斋不可也。（《悔言》卷之五，条三〇）

鲁斋生于怀孟，怀孟为金南怀州之地，是金人，非"生长元人域中"，但既不仕金，则仕元自无害于义。邱琼山以宋人责其不当仕元，方植之又以金人责其不当仕元，均非笃论。论鲁斋者，自当以薛文清之言为定评。

条八

曹月川为父作《夜行烛》，是谕父于道。（《悔言》卷之五，条三二）

曹月川《夜行烛》，陆清献极称其力量非常，倭文端则讥其"命名既觉未安，序中措词亦失'善则归亲'之义"。吴竹如谓："谕亲于道之功、《夜行烛》命名措词之失各不相掩，当分别观之。"所论最公。

条九

尹和靖、胡敬斋皆以敬得之。（《悔言》卷之五，条三三）

尹和靖、胡敬斋，皆少精义之学、穷理之功；其于敬，亦勉强而行之，非能从容自然者。敬斋气象褊迫，视和靖犹有间焉。张清恪抑和靖而右敬斋，殆非公论。○章枫山谓："胡敬斋不适于用。"予亦谓：张考夫不适于用。敬斋不识未发之中，考夫不识心性、理气之辨，体有未明，所以用有未达。讲学家动拟之程朱，一卷《语录》，遂可为程朱，程朱果若是易与？考夫母丧未葬而除服授徒，祖柩厝野而不寝苫守护，卒被盗毁，此乡党守礼之士所不为者，何论程朱！讲学家标榜之习，世人以为诟病固宜。

条一〇

鲁斋在薛、胡之上，整庵在薛、胡之下。（《悔言》卷之五，条三四）

鲁斋在敬轩之上，敬斋在敬轩之下。整庵、敬斋互有短长：论学，则敬斋略纯；论功，则整庵独难。

条一一

本朝之汤、陆，犹元之吴、许：清献之于潜庵，犹鲁斋之于吴澄。

（《悔言》卷之五，条三五）

汤、陆之学，纯疵判然不同矣。考其进退大节，潜庵为徐健庵所构陷，死而不知谗邪朋兴，不能见几而作；既闻母病，请归不坚，求去不力，被议改官，隐忍就职，意欲何为？子、臣之职俱亏，君、亲之义两失，所谓进退无据者也。有言职者，不得其言则去，清献官为御史，言既不用，可以去矣，必待外调而后去，去亦恨晚。鲁斋之难进易退，二公盖均有愧焉。

条一二

本朝诸儒，理学取陆清献，经济取李文贞、曾文正，文章取方望溪、姚姬传，音学取顾亭林，算学取梅定九，训诂取王念孙、引之。

（《悔言》卷之五，条三六）

经济取安溪、湘乡，其实湘乡非安溪比也，安溪有湘乡之才，湘乡无安溪之学。姬传亦远非望溪之比。湘乡曾文正公文章尔雅、勋业甚伟，惜其生平宗旨，以庄老为体、禹墨为用，所见甚杂。《圣哲画像记》以左、庄、马、班与文、周、孔、孟并列，乖谬已甚。左、马、班极其所长，亦不过言语之才，置之韩、柳之列可也；庄子则非圣无法，异端之尤者，儒者所宜摈黜勿道，何得列于圣哲也？公之学识可知矣。公回任江督时，病目，守备马昌明自称能对坐运气，移入人身，以疗目疾，公即与之对坐。此不能欺儿童，公乃为其所欺，惑亦甚矣！见理未明，故妄人怪说得以入之也。公早年从倭文端、唐确慎、吴竹如、何文贞诸儒讲论，颇知崇尚正学、克己力行，《书学案小识后》上宗朱子，下法当湖，力斥陆、王、高、顾、颜、李、戴、惠为学之一蔽，伟论不刊，可谓道与文兼至者也，公之能立大节、建殊勋者，其本皆基于此；晚年名位既隆，议论即变，称述阳明，提倡汉学，答夏弢甫、朱久香、郭筠仙诸书，持论全与《书学案小识后》相反，以陆王为"江河不废之流"，以当湖排击姚江为过，以王氏"致良知"为"苦心牖世，正学始明"，以乾嘉经学为"千载一时"，以戴震、段玉裁为"卓然自立，不愧《儒林传》中人物"，以陈清澜《学蔀通辨》为"阿私执政"、张武承《王学质疑》为"附和大儒"，一口两舌，任意颠倒，至曰"性理之说愈推愈密，苛责君子愈无容身之地，纵容小人愈得宽然无忌，如虎飞而鲸漏，谈性理者熟视而莫敢谁何，独于一二朴讷之君子，攻击惨毒而已"，是何言也！责君子而容小人，此正由性理之不明于天下，何反归咎"性理之说愈推愈密"哉？"性理之说愈推愈密"，君子得以检身，小人不得肆志，此小人之所不便，非君子之所不便也。君子而有过，固当受责，非所谓苛；君子而无过，恶直丑正，君子之道微，小人之势张，讲性理者无如之何，非所谓纵责君子而容小人，性理固不任此咎矣。如公之言，则周、程、张、朱之性理皆贻祸君子者也，必如汉学家之蔑理，然后君子得以容身、小人不得宽然无忌与？公以剿捻无成，屡被言者纠劾，遂激而仇视性理，毋乃怒于室而色于市与？考其时，弹公数人皆非讲性理者也；其讲性理诸儒援责备贤者之义以责公者，此皆公所当引咎自责者，何反归咎性理？公之失言，可谓甚矣！吾疑公之学，不能不疑公之心也。公之勋业、文章，近世未有；然不能尽满人意，其亦讲学之功有未至与？全才之难，自古叹之矣！至于安溪之夺情不能固辞，及《大学古本》《中庸章段》之有意立异程朱，则先儒已多有论之者，兹故不具。○理学，本也；小学、经学、文章、经济，末也。以理学兼小学者，其小学有本；以理学兼经学者，其经学有本；以理学兼算学者，其算学有本；以理学兼文章、经济者，其文章、经济有本。否则，皆无本之学也。○本朝小学、经学、算学、文章、经济专家甚多，求其有本者，清献之外，惟李文贞心得最深，方望溪躬行尤笃，顾亭林、梅定九、姚姬传、曾文正践履笃实、言行相顾，均不失为君子，数子者，可谓有本矣；王氏父子以训诂论，诚足跨绝一代，核其躬行大节，终不得为有本之学。

异学类附记

（凡八条）

条一

庄子渐近于佛。（《悔言》卷之六，条三）

佛学精言，多有合于庄子；西学精言，多有合于墨子。中西一理，智者所见不约而同，亦无足怪，必因其一二言之偶合，指为原本庄、墨，恐未必然。佛学出于庄子，前人屡言之；西学出于墨子，则近儒邹特夫、陈兰甫之言。

条二

陆桴亭谓："阳明于'致知'之中增一'良'字，最有功于后学。"予谓：以"致知"为"致良知"，非始于阳明也，吕氏《大学解》已言之。（《悔言》卷之六，条二一）

阳明窃取吕氏"致良知"三字提倡天下而讳其所自来，夸为独得之秘，攘人之言以为己名，可耻孰甚焉？讲学家乃俱为其所欺而不悟，亦可悯矣！

条三

自古无忌惮而敢于非圣无法者，未有若阳明之甚者也。后有君子，必当正其罪、黜其从祀而后可。（《悔言》卷之六，条二四）

陆王不当从祀，先儒论之详矣。虽然，固不独陆王可议也。伏生传《书》，田何传《易》，毛公传《诗》，高堂生、后仓、郑康成传《礼》，董子、韩子、周子传道，程子、张子、朱子传道而亦传经，从祀之典可无愧焉，外此皆可议也。王仲淹之僭经而从祀、吴草庐之失节而从祀、陈白沙之参禅而从祀，是亦不可以已乎？固不若屈原、刘向、岳飞、于谦大节精忠，足以激发人心、扶植世教也。后有君子，必有以正之矣。

条四

朱子之辟陆九渊，孟子功臣也；罗、陆之辟王守仁，朱子功臣也。（《悔言》卷之六，条二五）

古之君子，必有自得之学、独见之理，遇其时则有其事与言，而未尝以依放前人为能。孟子之辟杨墨，董子之辟黄老，韩子之辟佛，程子、朱子之辟禅，罗文庄、陆清献之辟陆、王、高、刘，皆自得者也，独见者也，遇其时为之也，非有所依放而为之也；其所辟异学者，皆当异学极盛之时，所以其事难能可贵，其功不废。近儒罗忠节之《姚江学辨》、吴竹如之《拙修集》，其言非不纯粹正大，然二子皆生当汉学大行、王学既熄之日，不能自出一语以与汉学争是非，而徒依放前人辟禅、辟陆、辟王，此如生当董子之时不辟黄老而徒学孟子之辟杨墨、生当韩子之时不辟佛而徒效董子之辟黄老，大盗在门，不执戈驱逐，而追论前人已定之盗案以为明焉，曷足贵哉？《悔言》辟陆、王，亦有此弊。吾是以笃服方植之《汉学商兑》为卓不可及。惜乎，行不掩言，未可跻之纯儒之列！然其人虽未足望文庄、清献，其书之有功世道人心，则岂在文庄、清献下哉！

条五

苏子瞻欲打破"敬"字，王阳明直欲打破"善"字。（《悔言》卷之六，条三一）

近日汉学家，则并欲打破"理"字矣。学术愈趋愈下，言之慨然！

条六

白沙是禅中名士，阳明是禅中奸雄。（《悔言》卷之六，条三二）

断白沙、阳明最确！或病"奸雄"二字斥阳明太甚，窃谓：以阳明为奸雄，《榕村语录》已有此言，书中不直目阳明为奸雄而曰"禅中奸雄"，语自有分寸。程子亦尝称康节为"乱世奸雄中之道学有得者"。

条七

汉学家亦最恶一"理"字。（《悔言》卷之六，条三七）

蔑理之学，倡于戴东原。戴氏谓："程朱以理杀人，甚于申韩以法杀人。"而焦理堂、凌次仲等附和之。俞荫甫谓："圣人治天下以礼不以理。以理绳人，是司空城旦书。"亦一类妄谈也！

条八

汉学有文而无行，其文已非；西学有数而无理，其数终谬。（《悔言》卷之六，条三八）

汉学得吾儒之书，西学得吾儒之数。书、数二端，汉学、西学家实有专长，要亦不过与射、御同属艺事，若以为圣人之道已尽于此，则射者、御者亦将与于斯道之传矣。圣门教人，先志道、据德、依仁而后游艺，轻重较然。今汉学、西学家唯务一艺，不知道、德、仁为何事；于艺中又唯务一书一数，不知礼、乐、射、御为何事，此非特不足语于圣门之道，其所谓艺者，亦得其一而失其二矣。〇理明，则数自不能外，朱子是也。西人天算之学号为精绝无伦，然至歌白尼始知地动，又不明地随天动之理，至有"太阳静"之谬说，至今日始知太阳、地球俱动。考《语类》，则地随天动，朱子已早有是言，是西人天算之学，终不能出朱子范围矣。〇汉学家以实事求是为主，名非不正也，其弊在惟知实事求是于训诂考据，而不知实事求是于心性伦常，所以终为无本之学；禅学家则又反是。朱子之学以心性伦常为本而不废训诂考据，道艺兼修，文行并进，卓为万世儒宗。若能本朱子之义理而参观汉学、西学、词章、经济家之言，舍短取长，择精遗粗，则圣人之道不外是矣，是在善学者。

悔言辨正

夏灵峰

序　目

　　震武早岁过不自量，急于就正，刻有《悔言》六卷，其近是者皆先儒所已言，其自为说者率多谬陋而不足取，取讥通识，追改无从，深用内疚。当时盛气无前，高自期许，言不顾行；及今十年，学业荒落，无一克践，展卷面热，意欲焚弃久矣。重蒙四方君子不弃，悯其无知，恐遂终以自误误人，为之订正，其言类皆核实持平，有裨道术。自维吾书可毁，而诸君子之言不可以不存，乃次第写录，辑为兹编，间亦略附己见，用示学者，不没诸君子直谅多闻之实，且以著吾妄作之失，永为后戒云尔。

光绪庚寅七月七日　夏震武　　自题

卷之六　异学类辨正

震武辑《悔言辨正》既成，见者多议其采列群言，所取太杂，有玷讲学，诮让日至。震武维是编以言存人，不以人存言，其言苟足以纠正吾失，何必其人？其人是，言固以人而重；其人非，言亦不以人而废。震武惟惧己之不免为小人，不敢疑人之不能为君子。过辱诸君子不弃，幸闻其言，愿见其行，其各内省。人言："行己有耻，束身自爱，毋令世有戴圣、邢恕之疑，诟及儒术焉。"震武虽不敏，尚庶几与诸君子共勉之。

光绪庚寅十月十日 夏震武　谨识

卷之首　总论

偶　斋　书中多有先儒所已言者，似不必再言。年未三十刻书，亦太早矣。作者天性刚毅，能为能不为，数年来学愈进愈正，识愈扩愈广，德愈积愈高，求之近今学士大夫中，实罕其匹。独此一事，深不愿作者为之。无论所言未必尽当，即当，亦不必急于此。孔、孟皆栖皇至老，不得已而始以言救世，非本心也。作者年尚未壮，未必终身不遇，何乃汲汲为此？非特无益人己，适足以取忌致谤耳。理学高名，汉学、西学时尚，其中是非得失，但当闭户与二三同志讲求，俟后世论定之，不必及身著书标揭，何如？

黄藻轩　三复全书，择精语详，清献而后，鲜有及者。然玩其气象，大抵果断有余，而语意或近急迫，少从容详至之味。未知是否？

复　庵　《悔言》少从容详至之味，黄评最允。作者文笔多病，此不独《悔言》，论汉学亦有过当处。鄙意则欲详列先儒传注，平心静气与之辨析，为是为非使天下自见，不必痛斥怒骂若市井贾竖，争言如此，非特不足服汉学家之心，即在己亦未免稍失儒者气象。是否？敬质。

卷之一　学术类辨正
（凡十五条）

条一

汉儒之学，未尝无可取也。（《悔言》卷之一，条一一）

　　自　记　汉儒所不可少者四人：伏生、毛公、董子、郑君。伏生、毛公、郑君有传经之功，董子有传道之功。汉四儒、宋五子，所得虽浅深大小不同，其有功万世则一。学者固当以程朱为主，而伏、毛、董、郑之学亦不可不加研求。讲汉学者不徒事训诂而必以躬行为先，讲宋学者不空谈性理而必以实践为主，自无流弊。

条二

人心邪而风气变，礼义绝而廉耻亡，盗贼、夷狄之祸，固已日积于当时士大夫之心而不可救，又何待于今日而始验与？此吾所以追原祸首，不得不叹息痛恨于乾嘉诸儒。而其败坏天下之罪，范武子所谓"一世之患轻，历代之害重；自丧之恶小，迷众之罪大"者也。（《悔言》卷之一，条一三）

　　邹秉乾　论汉学一条，大声疾呼，世之以训诂考据为能事者可以恍然矣。有疑盗贼、夷狄之祸归咎学术未免太过者，非过也。天下之乱，皆由人心之坏也；人心之所以坏，皆由学术之坏也：岂有学术已坏而天下晏然无事者乎？且今日之坐而讲论者，异日皆或有公卿之责者也，平昔所研求者只此名物训诂，而不复知有身心性命之原、修己治人之要矣，一旦出而临民，虽使有所裨益，亦不过钱谷、兵刑琐屑之计，安能正本清源，为国家建太平之业哉？嗟乎！今日者，夷狄之患诚深矣！凡战守攻取之具诚不容以不备，而其本，实由人心之不正。谋者不思所以正学术以正人心为厚其本根之计，徒归咎于船炮之不如，亟亟然西学之是讲，几欲变华而夷之，是犹治病者不治其本而徒救其标，病未愈而本之残已益甚矣！

条三

学以静得，躁则失。（《悔言》卷之一，条一八）

康步云　据此言，则静之有功于学也明矣，而"圣贤类"又以周子之"主静"、程子之"静坐"为流于禅，自相矛盾，殊不可解！

自　记　谨按：静未尝不可以救躁之失，而偏主于静则未有不入于禅者，非矛盾也。"主静"之说虽出周子，而程子则曰："言静则偏了。而今且只道敬。"又曰："若言静，便入于释氏之说也。"朱子亦曰："道理自有动时、自有静时，不可专去静处求。所以伊川说'只用敬，不用静'，便说得平。"是周子之"主静"，程、朱皆未尝深主其说。明道"教人静坐"、伊川"见人静坐，便叹其善学"者，自是一时有为言之，终非为学正规。学者当以程、朱平日定论为断。

条四

"吾道一以贯之"："一"者，诚也，圣人一诚而已矣；"忠恕"，所以诚之也。"诚者，天之道也；诚之者，人之道也。"（《悔言》卷之一，条二九）

康步云　"忠恕"即"一贯"也，诚者、诚之者皆有之，不得分"一贯"为诚者、"忠恕"为诚之者也。若如此说，则"一贯"优于"忠恕"矣，"一贯"与"忠恕"为二矣，非曾子本旨也。

陈再陶　按此章"忠恕"与《中庸》"忠恕违道不远"不同：此章为圣人之"忠恕"，《中庸》为学者之"忠恕"。外注程子三条，分别最明。以《中庸》之"忠恕"释此章，断不可通。前评第知"一贯""忠恕"之不可分，而不知《中庸》之"忠恕"是诚之者之事、此章之"忠恕"是诚者之事。以"忠恕"属诚之者固不可，谓"一贯""忠恕"诚者、诚之者皆有亦不可也。

条五

戒惧是未发之敬，慎独是已发之敬。（《悔言》卷之一，条三九）

自　记　戒惧兼未发、已发而言，慎独则专指已发言之。

条六

随事精察，是曾子格物致知，一以贯之则物格知致；多学而识，是子贡格物致知，一以贯之则物格知致。（《悔言》卷之一，条五八）

陈再陶　按《论语》，告曾子"一以贯之"以行言，告子贡"一以贯之"以知言。《大学补传》"一旦豁然贯通"亦专以知言，然学者之"豁然贯通"与圣人"一贯"分量亦有浅深。

条七

周子言"主静"，不若程子言"主敬"之无弊也。禅家可谓之静，不可谓之敬。（《悔言》卷之一，条四〇）

邹秉乾 "周子言'主静'，不若程子言'主敬'之无弊"，固然矣；然儒者之静，与禅家之静亦异：禅家之静，则寂然之中万理皆灭；儒者之静，则凝然之际万理毕涵。一则主静正以蓄动之用，一则主静适以绝动之根。故禅家之静，非特不可与敬同语也，即吾儒之静，亦岂彼所得而托哉？

条八

居敬之学，如之何？曰：有事时随事省察，无事时随时存养；有念时随念省察，无念时随时存养。（《悔言》卷之一，条四六）

黄藻轩 论居敬，谓"有事时随事省察"，似属"义以方外"之事；又谓"无事时随时存养"，似未指出居敬实际。窃意：居敬之学，有事时，随事专一致谨；无事时，其心湛然纯一。未知是否？

邹秉乾 省察是穷理类，不得混入居敬。曰居敬之中有省察则可，曰省察之功即居敬则不可。居敬之学，先儒言之已详，程子之"主一无适"、和靖之"收敛身心"、上蔡之"常惺惺法"，皆使人确有下手处，不必别立宗旨。

陈再陶 存养、省察对言，则存养属静、省察属动。专言敬，实该得省察。朱子言敬，曰"提撕"、曰"唤醒"，皆省察意也。存养为全体之敬，省察则敬之用力接续处。前评"省察是穷理类"固是，但省察与穷理亦有别。窃谓：穷理是入手工夫，省察是全体接续工夫。未知是否？敬质。

条九

敬者，心之生气。（《悔言》卷之一，条四二）

陈再陶 按下条引高景逸"心无一事之谓敬"、刘念台"敬则心无一事"，固是禅宗之说；今云"心之生气"，亦恐开假借之门。敬固是

"心之生气"，而但就心言，不就工夫言，则任心者得援以为说矣。朱子答蔡季通云："叔京云：'能存其心，是之谓敬。'而某以为：惟敬，所以能存其心。"此言最当。

条一〇

改正朔者，异姓革命之事。孔子，周人也，而改本朝之正朔，是先自蹈于乱贼，率天下而无君矣。（《悔言》卷之一，条六八）

黄新庄 此段立论虽正，措语太过。凡论及圣贤，虽假设之言，亦当致谨致慎，不可轻重失当。

条一一

心可以日喻，不可以镜喻：释氏以镜喻心，是冷而死者也。（《悔言》卷之一，条八五）

邹秉乾 以镜喻心，语虽出释氏，而先儒亦常取以为喻者，取其明，非取其冷与死也：语同，而所见自与释氏不同。以日喻心固善，以镜喻心亦无不可，不必过泥。

条一二

情者，性之所发也。性五而已，情亦必五。（《悔言》卷之一，条八八）

偶斋 考"性有五"始见《白虎通》，而情则曰有六，谓"性本五行""情本六气"，如人脏五而腑六也。《左传》则曰"六志"生于"六气"，朱子谓"志""意"皆原于情。《礼记》则增为七，朱子谓其分属水火木金而无土：论各不同。夏子谓"性五，情亦必五"，以《中庸》之"喜怒哀乐和"为证，以"和"配信之土，窃疑未然。自《洪范》言"五行""五事"，后人凡事凡物动以五为言，自然者少，牵强者多。天地间事物无定，安能强同？《中庸》言"达道"五，而"达德"则三；《洪范》言"五行"，亦非凡数皆作五也。《中庸》之"喜怒哀乐"，不过举人情之大者而言，非谓人情尽于此四者，更未必分配五行。孟子传道于子思子，所言"四端"乃与此不同。朱子谓："七情不可分配四端。"喜、怒、哀皆在七情中，惟殊一乐，自亦难分配。夏子谓："《礼运》'七情'，牵合无义。"爱、恶、欲固在喜、怒、乐中，而惧亦人情之大端，可补《中庸》所未备。《白虎通》所增之"好、恶"与爱、恶同，可统于喜、怒，然此之乐亦可统于喜，则四字实止三情耳。更有"忧"字，近于哀而不同，与惧相从。羞恶之羞亦情之一，虽与恶连类，而称亦实不同。此外，若矜美、妒怨之类，不一而足，皆由喜、怒而来。人情多连类而生，亦有极而反者。总其大，不过顺逆两端，分属阴阳；必欲分配四端，则不能相混。欲择不复不漏四字，良难恰合自然。《中庸》所言，未必果有此意。"和"字配土甚恰，然"和"字岂得为人之一情？不同"仁义礼智信"之自然也。且《孟子》但言"四端"，汉儒乃增"信"字分配五行，相传至今，岂敢妄议？其实，"仁"已赅"诚"在内，可统四端，如元之统四德，增"信"固较分明，不增亦已浑括。"元亨利贞"本为四德，又何增乎？孟子传道于子思子者也，果《中庸》以"和"配土，则《孟子》当已以"信"配四端，不待汉儒之补矣。且所谓五性者，原四性也，仁义礼智之理皆性中固有，其理真实无妄，即诚也，即信也，非四者外别有信也；其发为四端也，亦真实无妄，不必言信而信已在其中，不信则非仁义礼智矣。故程子曰："信，只是有此。故四端不言信。"朱子谓："四端，理之发；七情，气所发。"未发则理、气皆未动，故四性可口五性；已发则一情属一气，土气寄于四气之中。情有属水火木金者，未闻有属土者，无论喜怒哀乐未必分配四气，即果分配，则明明四气发为四情，中节之"和"乃土气分寄四气之中者，谓之四情兼五气则可，明明四情，谓之五，可乎？若四情可谓五情，则四端亦兼五理，亦可谓之五端矣。若《礼运》"七情"，则言情之数，不配气言；《左传》"六志"、《白虎通》之"六情"，则分配六律、六气言，不配五行：原各殊其旨也。夏子又谓："喜怒哀乐未发者，仁义礼智也；发而中节者，恻隐、羞恶、辞让、是非也。"亦似是而非。未发之中，亦有信在；四端固发而中节，但不能分配喜怒哀乐，朱子谓"七情自于四端贯通"，足见有不同也。夫天地间凡物凡事固不出阴阳、五行之中，然必拘拘求其所属，且必求其数之同，恐落汉儒附会穿凿窠臼。程朱立论，先理后气数，虽亦时论气数，大半遵前人之说推阐之，罕有标新立异者。盖天地之道至大而不测，虽圣人有不知，但可因理测数；作想当然之说，必谓何物何事必何气何数，恐未必有定也。

夏靖叔　喜怒哀乐配木金水火，前人已有此说。喜属仁，木之气也，于时为春；乐属礼，火之气也，于时为夏；怒属义，金之气也，于时为秋；哀属智，水之气也，于时为冬。四气之发，在天为四时，在人为四情。在天者既有土气分寄于四时，在人者岂独无土气分寄于四情？偶斋先生谓"'和'不得为人之一情"，然和于四情虽无定位，而四情非和不可，亦犹土于四时无定位，而四时非土不成也；偶斋先生谓"中节之'和'即土气分寄四气之中者"，是矣，既属土气分寄四气之中，则配土自无可疑。《孟子》言四端无"信"而《中庸》言四情有"和"，以四情之和配土，自较四端之信为有明文可据。信分寄于仁义礼智，可以配仁义礼智而为五性；和分寄于喜怒哀乐，亦未尝不可以配喜怒哀乐而为五情也。五气发为五情，理本自然，非同牵强。喜怒哀乐于五气皆有所属，和者情之正气，所以统喜怒哀乐而为之主者，不容反无所属。和不属土，则此情果何气所发？人岂有不本五气之情？五气之发于人者，不应独缺一气也。偶斋先生谓"情未有属土者"，自属未安，但此皆就汉儒五常配五行之说而推衍之，五常、七情同出汉儒，何必是彼非此？此则偶斋先生所驳为通人之论矣。四时兼五气，不必增为五时；四情兼五气，不必增为五情：持论最通。伯兄亦自谓："以和配土则可，创为'五情'之名则凿。"

陈再陶　按：喜怒哀乐四情俱兼善恶言，和专就善言，今以为五情，疑非是。窃谓："和"对"中"而言，是喜怒哀乐中节之名，可谓之情，却不可合喜怒哀乐而谓之五情。靖评"和者情之正气"，是也；"和"配土之误，偶评已详，今因其未及此意，敢再申之。

条一三

七情是人心，四端是道心。（《悔言》卷之一，条九〇）

自　记　人心、道心二句，初作"知觉是人心，义理是道心"；继以人心、道心既属情，皆兼知觉而言，不能以知觉、义理分属，改为"嗜欲是人心，义理是道心"；又以专指义理为道心，终无以见道心之为情，改为此二句，似较分明，俟质。"人心是人欲，道心是天理"，程子之说；"知觉是人心，是非是道心"，李厚庵之说。

条一四

张子曰："合虚与气，有性之名；合性与知觉，有心之名。"予谓：虚者气之体，性者知觉之理，非二物也，不当言"合"。（《悔言》卷之一，条九二）

自　记　理气、心性，一而二、二而一者也，言"合"言"分"，自无不可。张子语之有病，不在分虚气、性知觉为二，而在下字未安：性兼理气，心统性情，虚亦气也，不得遂指为理与气对言；知觉兼性情，不得专属之情与性对言；既合虚气言性，已兼知觉在内，不得复以性与知觉对言。如云"合理与气，有性之名；合性与情，有心之名"，便无语病。张子之意似本如此。先贤语有未莹者，自当反复熟玩，为之申明；前以浅见轻驳，所驳又不中其失，实妄。而"虚者气之体"一语，不免认虚为理，仍沿张子之误，记此俟质。

条一五

阴阳之外无道，气质之外无性。（《悔言》卷之一，条九五）

自　记　二语未是，陆桴亭已有是说矣。阴阳之外无道，而阴阳非道；气质之外无性，而气质非性。

卷之二　言行类辨正
（凡三条）

条一

人掩我善、扬我恶，我其甘乎？视人之恶若己恶。（《悔言》卷之二，条七）

陈再陶　按：人掩我善、扬我恶而我不甘者，欲心也；若其本心，人掩我善而善无损、扬我恶而恶可改，何不甘之有？下条"讳己恶，增一恶"，义精矣。今云"视人之恶若己恶"，是以己恶为可讳也，语似有病。

夏靖叔　"人掩我善、扬我恶，我其甘乎？"此就常情指点，对掩善扬恶者而言，固不必遽责以圣贤无我之学也。"视人之恶若己恶"，亦对上文"快之""扬之"而言。已有恶，改之而已，断无快之、扬之之理；人有恶，则亦望其改之而已，岂有快之、扬之哉？此与下条"讳己恶，增一恶"语各不同，不必以彼驳此。

条二

儒者节用安贫之外无治生。（《悔言》卷之二，条二四）

朱黼廷　儒者治生亦分内事，节用安贫之外，不可不勤！

廖养泉　许鲁斋先生以"治生为学者第一义"者，盖自受田之制废，士生三代而后，实无治生之术，所以寡廉鲜耻，救死而恐不赡，无恒产而有恒心，虽士亦不能矣；无已，则于世俗治生之事，择其义所可为者而为之，即黼廷先生所谓"节用安贫之外，不可不勤"。勤则不匮，始可言用，始可言节，始可言安贫；不然，皆空言高谕矣。持论必须设身处地，方得平实。

条三

省交可以寡悔。（《悔言》卷之二，条四七）

杨正夫　良朋愈多愈善，交何可省？必以省交为寡悔，则孤陋之患必不免矣。然广交亦正有弊，计惟有慎之而已。"省"字不如易以"慎"字。

卷之三　伦常类辨正
（凡二条）

条一

起敬起孝，谕亲于道而已。（《悔言》卷之三，条一）

孙彦清　为父母者不必皆贤知，在为之子者能谕之，尤在能使安之。啜菽饮水，而将之以婉容愉色，则安之之道也。

条二

亲有疾，忧不敢形。（《悔言》卷之三，条二）

黄藻轩　以《礼记》"冠者不栉"数句及"文王色忧，行不能正履"

观之，此句似有病。

夏靖叔　"忧不敢形"者，不敢形于亲之前也，与《记》自别。

卷之四　政事类辨正
（凡一条）

农之弃人则士，士之弃人则官。古者才足以治四民而后仕，今也才不能为四民而后仕。（《悔言》卷之四，条四）

黄新庄　所言亦有见，然未免过激矣。意气化，则愤嫉自平。

卷之五　圣贤类辨正
（凡十三条）

条一

太王之欲传历及昌也，非私爱也，为国家而择贤也。（《悔言》卷之五，条一）

夏靖叔　泰伯至德，不在王季、文王之下，为国择贤，则泰伯并非不贤。丈夫爱怜少子，抱孙之愿甚于抱子，泰伯无子而王季有子，传历及昌，太王废立，止是家庭恒情，不必过尊太王为国择贤，曲为回护，反非事实。

条二

伯夷之饿也，避纣也，非谏武也。太公佐武王，倡大义于天下，以救民水火之中，伯夷独以为不可，何以为伯夷？（《悔言》卷之五，条三）

周亦韩　《史记》载伯夷谏伐纣事，语多牴牾，诚难尽信；但谓"太公佐武王，倡大义于天下，以救民水火之中，伯夷独以为不可，何以为伯夷"，鄙意殊不谓然。伯夷之圣，圣而清者也，太公是伊尹一流，伯夷、伊尹未必尽同，夫子自谓"无可无不可"，则伯夷固有所不可矣。盖救民之事固重，君臣之义岂可谓轻？武王行权，伯夷守经，固有并行不悖者，朱子之论是也。作者既谓"放伐者，天下之大变也，非圣人所得已也"，此言是矣；又谓"放伐者，古今之通义"，看得甚轻。总缘有孟子"民为贵"数语横在胸中，不觉言之太快。不知孟子生当战国，时乱已极，故发此论以警当时人君，亦不得已之思也。孔子虽称汤武顺天应人，而以三分服事为至德，非无深意，圣人之言面面皆圆而又万万无弊如此。吾辈立言，未可直抒胸臆，抑扬稍过，流弊无穷，与陆王之信心为理亦恐无所区别矣。

自　记　为臣而言则曰"放伐者，天下之大变"，为君而言则曰"放伐者，古今之通义"，惟其为天下之大变而又为古今之通义，故谓之权。二语互相发明，非有轻重。天生民而立之君，以为民也。孟子"民为贵"数语，实是最顶一层议论，非第为一时救弊之言。君臣之义固重，但探源立论，则天生民而立之君以为民、设之臣助君以为民，君臣之义皆自为民而起，必视民为进退去就。父子主恩，恩无可离；君臣主义，义有当去。纣之无道，得罪于民甚矣，立其朝者尚有去之义、无死之义，况于未尝委质之人而为之死？"圣人，人伦之至"，必不为此过情之行。非其君不事，此伯夷之清、伯夷之不可，所以异于伊尹者；死非其君则非清，非不可矣。以情论之，避纣于前，死纣于后，非情；以理论之，天下公器，非一姓所得私有，能救民者则为天子。微、箕所以北面臣周而无怨色者，其公天下之心，固不敢以天下为一家相传私物也；以微、箕之亲臣而尚不死，则夷、齐断无死之理可知。易姓革命之际，以效死为尚，义起后世，由后世得国者不必义、失国者不必不义，无以服天下之心而然：汤武以至仁伐至不仁，不应有此。观于秦、隋之亡，即未有为之死者，死亦不得谓之忠义。况于汤武之仁、桀纣之恶，是非无两立，以为民除暴为非、荼毒生民为是，世无此理，亦无此人。后世君臣之义重，而为民之义特因君而起；古人为民之义重，而君臣之义必以民为断。孔子称文王为至德，文王不辞三分有二，其意主于为民而不主于为纣可知；伯夷不嫌归三分有二之文王，其意亦主于为民而不主于为纣可知。先儒以文王、伯夷守经，武王、太公行权，不知使纣恶贯盈之日文王、伯夷尚存，则武王、太公之所为固未尝不为之矣。孟子学孔子，孔子尊周而孟子教齐、梁以王，圣贤之心归于救民而已，固不得据此谓孔孟不同道；至以孟子之言为不如孔子之无弊，则后世奸雄所依托者，皆在尧、舜、文王、伊尹、周公之禅让、服事、废立、居摄，而不在汤武之放伐。生民之祸，正由"民为贵，君为轻"之义不明于天下，不虑其以汤武为借口也。孟子之言，实有功万世生民，未见其弊。前评总未从为民立君上探源立论，鄙意终有未喻。谨质。

条三

自朱子轻信史迁妄谈，采入《集注》，遂成夷、齐实录，此皆后人以私见窥测古人之过。（《悔言》卷之五，条一）

自　记　朱子《集注》原有未定之论，后人偶有所见，为之订正未尝不可，但须存有尊敬先贤、不敢自信之意。扣马谏伐，自古相传，非特朱子有所本，即史公亦未尝无所本，岂得以"私见"直斥大贤！书中如此类数条，实属狂妄已甚，追悔无及，书此以志吾过！

条四

吾恐《左氏》之诬伯玉也。（《悔言》卷之五，条四）

汪莘农　伯玉事，前人多疑之。孙、宁之乱，《左氏》但言其从近关出而不言居何官，疑伯玉此时盖尚未仕。记此俟质。

王积成　伯玉出处，《左氏》未有明文。以夫子之言断之，其遭孙、宁之乱时，断为致仕无疑。夫子称伯玉："邦有道，则仕；邦无道，则可卷而怀之。"献公虚而无信，不可谓有道；殇公篡立，奸臣柄国，尤无道之甚者。设其时犹浮沉朝列，尚得为卷怀之君子乎？惟其致仕而家居也，故孙林父、宁喜皆无所忌惮而敢告之以谋。伯玉既不在位，即洁身去乱可也。所以夫子亦但取其见几之决，而不复苛其临难之苟免。

黄新庄　以伯玉为未仕及致仕，前人已有言之者，此皆无解于"近关而出"之事而为之说耳。其实伯玉之贤，总以夫子之言为断。《左氏》多诬，不必泥其传闻异辞以疑伯玉。

条五

由、求，出处两失者也，是为人所役而已矣。郑玄赴袁绍之召、蔡邕感董卓之知、杨时应蔡京之荐，皆由、求、乐正子类也。（《悔言》卷之五，条一〇）

偶　斋　斥仲、冉二子亦太甚。名呼圣门高弟，岂学者之礼？张南

369

轩谓："不可斥先儒名。"况圣门高弟哉？孟子、朱子亦偶一然，亦不必学之，且孟子、朱子则可。

自　记　谨按：仲、冉二子不宜名，康成、龟山亦不宜名。朱子于康成、龟山未尝名之，此等实失后学恭谨之义，偶斋先生所言极是，后当敬改！

偶　斋　康成赴袁绍之召，考本《传》，并非屈节袁绍，被其劫耳。时已病甚，但不能以死拒之，是亦先儒所遇之不幸，可原也。康成盖能不为利疚，而未能不为威惕者。

自　记　谨按：偶斋先生所论极允。康成、伯嚻皆被人所劫，非其本意，情有可原。康成并未受袁绍之官，则其情尤轻于伯嚻。龟山之出虽荐自蔡京，而召之者，徽宗也；立朝后，绝无依附蔡京之迹，义无不可。纪晓岚《四库提要》多诋诬宋儒之言，不可为据。

夏靖叔　康成所处究未安；李厚庵往见耿精忠，亦学康成者，于义终属可商。假令西汉儒者龚胜、李业处此，必能以死拒矣。学者遇此等事，惟当以龚胜、李业为法，不可借口康成、厚庵。○康成《戒子书》有"亡亲坟垄未成"之语，时康成年已七十矣。康成断非久丧不葬者，或葬而坟垄未成耳。然葬亲大事，古人多有躬自负土成坟者，康成礼宗，何反不及李氏一女子耶？《春秋》责备贤者，不能为康成讳矣。

条六

汉之人物，取江都、武侯；唐之人物，取昌黎、宣公。（《悔言》卷之五，条一五）

邹秉乾　昌黎尚近文人，江都而后，当首推文中子，而昌黎次焉。昌黎见地颇高，皆由其聪明胜人；至立身制行，则实不足为后学法，固不得因其一二语之偶合，遂谓与闻乎道也，程子推为"孟子后一人"，窃所未喻。

自　记　谨按：文中子以佛为圣人，视昌黎攘斥佛老，所见悬绝；至其立身制行，则文中子之献策、昌黎之上书，其失亦略相当。江都、昌黎所以可贵者，汉唐以来，佛老盛行，世几不知有吾道矣，其间能昌言以辟之者，独昌黎、江都二人，继孔孟之后，开程朱之先，文中子固不得与于其列。朱子虽谓昌黎不如仲淹之"恳恻有条理"，而于《原道》之"独见大原"，则亦以为非荀、杨、仲淹所及也。程子之言，自是定论。

条七

周子有倡道之功，而言孔孟正宗，必推程子。朱子作《濂溪祠堂记》，以道统归周子，而以程子为见知；及序《学》《庸》、于《孟子》篇末，止举程子而不及周子，其论定，审矣。（《悔言》卷之五，条一七）

偶　斋　周子《太极图说》开程朱言理气之先，无能出其范围者。朱子序《学》《庸》、于《孟子》篇末止举程子而不及周子，或别有深意，非后学所敢轻下断语。论理学，总以周子为首，创难述易也。

条八

吾所独不安于朱子者，则刊《孝经》、补《大学》二事也。（《悔言》卷之五，条一九）

自　记　朱子《大学补传》，吴竹如所谓"圣人复起，不易其言"者也；刊定《孝经》亦然。予向者惑于良知、汉学家之说，辄生异议，其妄已甚。既不敢终以自误，而又恐世之人未必无若予者，或遂执而不悟，则其惑将甚于予。予甚愿世人之无蹈予失而更甚焉，私窃恨其说之不及追改，世或妄援予言以重予罪，因述其区区所自悔者以告于世，使知邪说惑人不可不察，毋徒耳食而议前贤之著作以自误误人也。若夫论《补传》、古本之得失者，则自陆清献而后，方植之《汉学商兑》、罗罗山《姚江学辨》其说尤为知言，学者诚有志于圣人之道，固不可不熟复乎其书！

条九

周子言"主静"，程子言"静坐"，其弊皆必流于禅。（《悔言》卷之五，条二二）

偶　斋　汉学家每讥静坐为禅，不知静坐之教实出《曲礼》，非始于禅。《记》所谓"坐如尸"，即静坐也。此乃古圣贤主敬之学，敬贯动静，有事固敬，无事而坐，亦敬不懈，静坐即是持敬，非学释子坐禅入定也。书有未明，静坐思之；理有未明，静坐体之。静坐亦非必心无事者，不过"正衣冠，尊瞻视"而已。程子窥吕与叔闲居必俨然危坐，称其敦笃，谓："安有箕踞而心不慢者？"宋儒之静坐如此，何禅之有？必以"静"字为禅家所已言而禁之，则六经精言为禅家袭取者多矣，安能尽禁之与？"静"字见于《论语》《大学》《乐记》诸书，实古圣贤体道精言；况宋儒论静坐，每以敬言之，又何病于人而仇视之也？静坐为禅，则必动驰乃为儒与？侯师圣亦程门弟子，坐少时不得，只管要行，延平谓其"轻躁不定"，必如是乃非禅耶？儒、禅所异，在空不在静。坐乃人生日用之常，禅不禅岂在坐不坐哉？作者以是病程子，其亦不免惑于汉学家之说而未加深考也，过矣！

黄藻轩 按明道教上蔡静坐者，想因上蔡志意纷驰，故以此救之。然程子之学，以敬为主者也，兹何以不言敬而言静？而《近思录》"且取之以教初学"，及玩一"且"字，乃知以此暂定其心，后必继以居敬之说可知也。如治热疾，必先以芩、连暂泻之，始见效；若遽投以中和之品，安能下其热哉？上蔡执着一边，故近于禅，所谓"如扶醉汉，救得一边，倒了一边"者，此耳。而必病乎程子之说，似太拘。

自　记　谨按：偶斋先生以程子教人静坐为即《曲礼》"坐如尸"之义，所见极是。然静坐不过人生日用之一端，理虽无不可，要亦不必特举此为教。志意纷驰，莫若以敬救之，言敬，则静坐在其中矣；言静坐，则未免遗却言动一边，偏于孤寂。程子此条，朱子虽载其语于《近思录》，而《文集》《语类》中言其弊者不一而足，是朱子固未尝以此教人也。程门主敬之教有功万世，而此语则断不能无弊。其后伊川谓"只用敬，不用静"者，即伊川亦且自病其说矣。朱子以"明道教人静坐，为学终是小偏"，而叹伊川之言为平正，自是定论。

条一〇

真西山之学，文章也；何、王、金、许之学，章句也。〇真西山不及许鲁斋。（《悔言》卷之五，条二八、条二九）

黄藻轩 西山所著《大学衍义》《读书记》，恪遵程朱，阐发义理，有裨世道人心不浅，虽所见不及朱子之透彻，要未见有为文章者；惟《文章正宗》，似有启后人为词章之弊，然其所取，主于明义理、切世用，非萧《选》诸书所可同日而语也。故谓其兼及文章则可，谓其全为文章，窃有未喻。至谓西山不及鲁斋，则诚不易之论矣。何、王、金、许，似亦非全是章句之学。

自　记　谨按：西山著作彪炳天壤，卓然不愧一代儒宗，而践履未纯，终不免文胜于德。《集》中如《赐史弥远诏》之不辞秉笔、极其赞扬，则陆清献已讥之；《生辰建醮祈嗣》诸篇杂于异端鄙俚之谈，忘其身为儒者，则张铁山已讥之：此于名节、学术所关非小，章枫山以西山之学为文章，似非无见。

条一一

清献之于潜庵，犹鲁斋之于吴澄。（《悔言》卷之五，条三五）

自　记　国初诸儒，夏峰、潜庵、二曲、习斋人品自正、学术自偏，不得因其人品而护其学术，亦不得因其学术而薄其人品。此与宋之象山，明之阳明、高、刘，学者师其人则可，宗其学则不可。

条一二

陆清献德业之盛虽不及许鲁斋。（《悔言》卷之五，条三六）

夏靖叔　许文正、陆清献德业各有盛处，且所遇亦不同，似不宜有所轩轾。

条一三

理学取陆清献，经济取李文贞、曾文正。（同上）

黄藻轩　安溪、湘乡，以功业论，安溪不如湘乡之伟，然亦时势不同也；以学问论，则湘乡用功与其所以示诸子者羕多博杂，似非安溪之比。

自　记　国朝理学诸儒，清献之外，杨园、竹如、罗山均属恪守程朱；安溪穷理之精，度越薛、胡，虽瑕瑜不掩，亦程朱之功臣也；此外，则方植之《汉学商兑》最为有功程朱。辟王学者，罗整庵《困知记》为首功；辟汉学者，方植之《汉学商兑》为首功。

卷六　异学类辨正

（凡四条）

条一

《感应篇》《阴骘文》作，天下之善心绝矣。士大夫之信奉二书者，起一念，行一事，无非为邀福求利也，安得有善心？（《悔言》卷之六，条一〇）

偶　斋　论《感应篇》《阴骘文》一条，此等高议论，乍看似纯粹正大，细按实似是而非；若然，则圣人不当有刑赏矣。须知"无所为而为""论是非，不论利害"，惟可语中人以上；下此即不免有所为而为，不得不以利害动之，此圣人刑赏之所为作也。"福善祸淫降殃祥"，亦是以此劝人为善，六经已先言之。二书虽出异端，语多不经，要其劝人为善，大指则实无背六经、圣人，分别论之可矣。

杨正夫　刑赏者，圣人之所以明是非也。有刑赏而后有是非，有是非而后人知孰为善、孰为恶。善可为，恶不可为，岂以利害动之哉？

廖养泉　先儒有言："圣人过化存神，尚不能转移风俗，岂有设伪教而遂能惩劝中人以下哉！"[1] 异端流弊甚大，严绝之为是。

条二

吉凶在人不在日。吉凶在人不在地。（《悔言》卷之六，条一四）

黄藻轩　吉凶在人不在日与地，所见固正，然《礼经》言"卜日"者多矣，必以吉凶在人而废之，似亦未免过高。君子葬亲，不为祈福，然亦必择其山水环抱、地气结聚处而后骸骨久存、神灵克安，使执"吉凶在人不在地"之说而遂不加择，万一置其亲于水泉蝼蚁之乡、凹风之处，骸骨消灭，神灵无依，纵不为身，奈祖考何？吉凶以类应者，天道也；卜地安亲者，人事也：恃天道而废人事，亦非孝子之所敢出也。《孝经》"卜其宅兆"，程子释之以为"卜地美恶"，而朱子《山陵议》尤

---

①　程明道语，见《遗书》卷一三，条七。原作："至诚贯天地，人尚有不化，岂有立伪教而人可化乎！"

备言之，盖为此也。窃思：同一卜地也，为安亲则为天理之公，为利己则为人欲之私，亦视乎其用心而已矣。

条三

辟王学者，罗文庄《困知记》及陈清澜《学蔀通辨》二书最详，学者不可不看。（《悔言》卷之六，条二三）

自　记　陈清澜《学蔀通辨》卫道极严、析理极精，惟辞气叫嚣，未免稍失儒者气象；张武承《王学质疑》亦然。不如罗文庄《困知记》、罗忠节《姚江学辨》，为粹然儒者之言。辟王学者，有文庄、忠节一书，抉摘已无遗义，学者唯当精思熟玩而笃守之，不必再有所作。

条四

凡言"某某持朱、陆之平""某某兼为程朱、陆王之学""某某宗陆王之学而不倍程朱"者，皆不知学者也。（《悔言》卷之六，条二七）

黄新庄　纪晓岚《四库提要》、张香涛《书目答问》，于理学诸儒动云"某某持朱、陆之平""某某兼为程朱、陆王之学"，得此足正其谬。

附　录

《切磋集》系列文集分作者总目录

《切磋集》系列文集自庚寅（2010 年）出版至己亥（2019 年），十年间共出八集，前后作者四十三人，累计发表各类体裁文章一百一十五篇。兹以作者姓名笔画数为序，将全部发表情况分作者编制总目录如下：

丁纪（凡十四篇）

《思齐与自省——〈论语〉总章八三衍义》，《切磋一集》，四川人民出版社 2010 年；

《己丑学语杂辑》，同上；

《寻求方法的边界——对陈少明教授〈经典世界中的人、事、物〉的讨论记录》（与曾海军等），同上；

《本能、艺能与良能》，《切磋二集》，四川人民出版社 2012 年；

《论学信札（十八通）》，同上；

《朱子〈乐记动静说〉述》，《切磋三集》，华夏出版社 2013 年；

《短章集》，同上；

《六经之所由作》，《切磋四集》，华夏出版社 2014 年；

《仁术与定本》，《切磋五集》，华夏出版社 2015 年；

《理学名义》，《切磋六集》，华夏出版社 2016 年；

《葛兆光"大陆新儒学"批评驳议》，《切磋七集》，华夏出版社 2018 年；

《高老师其志、其识、其德——在高小强教授荣休学术讨论会上的发言》，同上；

《鹅湖诗与四句教》，同上；

《吕泾野〈朱子抄释〉商正》，《切磋八集》，华夏出版社 2019 年；

方芳（凡一篇）

《朱子礼学管窥——以〈仪礼经传通解〉、〈家礼·冠礼〉为例》，《切磋七集》，华夏出版社 2018 年；

王明华（凡十一篇）

《道南一脉对"理一分殊"之体悟》，《切磋二集》，四川人民出版社 2012 年；

《父与子》，同上；

《理一分殊述》，《切磋三集》，华夏出版社 2013 年；

《对理解〈西铭〉的三条进路的批评》，《切磋四集》，华夏出版社 2014 年；

《孔门四科发微——从"言语科"切入的新探索》（与孙奥麟），《切磋五集》，华夏出版社 2015 年；

《童能灵〈理学疑问〉》（点校，与李毅等），《切磋五集》，华夏出版社 2015 年；

《〈论孟集注〉之方法论初探》，《切磋六集》，华夏出版社 2016 年；

《〈论语·公冶长〉"令尹子文"章解义》，《切磋七集》，华夏出版社 2018 年；

《吕与叔东见二程始末》，《切磋八集》，华夏出版社 2019 年；

《陈确庵〈淮云问答〉》（点校），《切磋八集》，华夏出版社 2019 年；

《陈确庵〈淮云问答续编〉》（点校），同上；

王凌皞（凡一篇）

《品格、运气与制度——孟子人性论的道德与法律哲学探究》，《切磋五集》，华夏出版社 2015 年；

邓晓可（凡一篇）

《"中庸"辨义》，《切磋三集》，华夏出版社 2013 年；

卢辰（凡一篇）

《论立志的端始意义——以〈孟子〉"滕文公为世子"章为中心》，《切磋五集》，华夏出版社 2015 年；

刘伟（凡二篇）

《秩序的理念（上）——论〈王制〉之品格及读法》，《切磋三集》，华夏出版社 2013 年；

《〈王制〉篇研习讨论会实录及补记》（与吴小锋等），同上；

刘益（凡一篇）

《古乐、新乐之辨》，《切磋四集》，华夏出版社 2014 年；

刘朝霞（凡二篇）

《魏晋风度与人生境界》，《切磋一集》，四川人民出版社 2010 年；

《无净与圆融——〈维摩诘经〉的核心义理对宗教对话的贡献》，同上；

齐义虎（凡一篇）

《五爵三等考》，《切磋八集》，华夏出版社 2019 年；

闫雷雷（凡一篇）

《"传子、传贤，其义一也"》，《切磋五集》，华夏出版社 2015 年；

孙伟（凡一篇）

《成长、成年与成人、成圣——儒家成人之道的考察》，《切磋四集》，华夏出版社 2014 年；

孙奥麟（凡一篇）

《癸巳读书劄记》，《切磋四集》，华夏出版社 2014 年；

沈娟（凡一篇）

《从大同、小康说看宋儒的"三代观"——以〈礼运集说〉为中心》，《切磋五集》，华夏出版社 2015 年；

李长春（凡一篇）

《廖平经学与中国问题》，《切磋六集》，华夏出版社 2016 年；

李秋莎（凡五篇）

《朱子与张南轩〈仁说〉异同述考》，《切磋一集》，四川人民出版社 2010 年；
《天下无不是底父母》，《切磋二集》，四川人民出版社 2012 年；
《勉学随记》，《切磋四集》，华夏出版社 2014 年；
《礼、体、理——朱子释"克己复礼为仁"探义》，《切磋七集》，华夏出版社 2018 年；
《天性与人能——朱子释"天命之谓性"探义》，《切磋八集》，华夏出版社 2019 年；

李毅（凡一篇）

《一贯与忠恕——〈论语〉总章八一沉潜》，《切磋四集》，华夏出版社 2014 年；

吴丹（凡一篇）

《天命与人心——从孟子不尊周谈起》，《切磋四集》，华夏出版社 2014 年；

吴婕（凡一篇）

《朱、陆太极论辩——并述〈性理学大义〉之辑录》，《切磋八集》，华夏出版社 2019 年；

吴瑶（凡一篇）

《〈儒行〉之"备豫"——"视其所以，观其所由，察其所安"》，《切磋五集》，华夏出版社 2015 年；

张传海（凡一篇）

《论恻隐之心的超越性意义——以"乍见孺子将入于井"为视域》，《切磋四集》，华夏出版社 2014 年；

陈建美（凡一篇）

《朱子的情论》，《切磋八集》，华夏出版社 2019 年；

陈洁（凡一篇）

《略论性、道、教之名义——以〈中庸〉首三句为中心》，《切磋八集》，华夏出版社 2019 年；

陈威（凡一篇）

《科学，作为儒学问题》，《切磋七集》，华夏出版社 2018 年；

陈磊（凡一篇）

《自任与穷理——朱、陆工夫异同管窥》，《切磋七集》，华夏出版社

2018 年；

陈壁生（凡三篇）

《〈经学的新开展〉及相关讨论》（与高小强等），《切磋二集》，四川人民出版社 2012 年；

《皮锡瑞〈孝经郑注疏〉的学术与政治》，《切磋四集》，华夏出版社 2014 年；

《理教与经教之间——朱子政治哲学中的帝王、士大夫与庶民》，《切磋七集》，华夏出版社 2018 年；

邵磊（凡一篇）

《天台山读书记》 （与王亦然等）， 《切磋三集》，华夏出版社 2013 年；

庞令强（凡一篇）

《说"由己溺之"》，《切磋七集》，华夏出版社 2018 年；

郑丽娟（凡一篇）

《时宜：在理想与现实之间——围绕宋襄公之"不鼓不成列"来谈》，《切磋六集》，华夏出版社 2016 年；

罗慧琳（凡一篇）

《戒慎恐惧——在涵养、闲邪、克己之关系中看其地位》，《切磋八集》，华夏出版社 2019 年；

练亚坤（凡一篇）

《公羊学视野下的"鲁隐公让国"》， 《切磋六集》，华夏出版社 2016 年；

赵玫（凡一篇）

《〈论语〉"子贡欲去告朔之饩羊"章解》，《切磋五集》，华夏出版社
2015 年；

柯胜（凡二篇）

《略论"致中和"何以"天地位，万物育"》，《切磋五集》，华夏出
版社 2015 年；

《〈象传〉"天地之心"辨析》，《切磋六集》，华夏出版社 2016 年；

高小强（凡十三篇）

《天道与人道——人类和谐与尊严的生活何以可能》，《切磋一集》，
四川人民出版社 2010 年；

《论正义》，同上；

《如何可能成为一位中国学人》，《切磋二集》，四川人民出版社
2012 年；

《民族大义与天下兴亡—— 辛亥百年反思》，同上；

《知之者不如好之者，好之者不如乐之者》，《切磋三集》，华夏出版
社 2013 年；

《〈礼记·经解〉研读》，同上；

《德性与秩序——第一期切磋讨论班实录》（与丁纪等），同上；

《论儒家学问与康德道德哲学》，《切磋四集》，华夏出版社 2014 年；

《〈礼记·学记〉研读（上）》，同上；

《〈礼记·学记〉研读（下）》，《切磋五集》，华夏出版社 2015 年；

《〈大学〉研读（之一）》，《切磋六集》，华夏出版社 2016 年；

《"述而不作，信而好古"——我们今日如何可能传承道、政、学三
统合一之道统》，《切磋七集》，华夏出版社 2018 年；

《论〈四书·大学〉及"格物致知"说的意义》，《切磋八集》，华夏
出版社 2019 年；

高春林（凡一篇）

《"以意逆志"中的诠释学问题》，《切磋三集》，华夏出版社2013年；

莫天成（凡二篇）

《真实与恻隐——孟子"人皆有不忍人之心"章衍义》，《切磋四集》，华夏出版社2014年；

《论志的实践意义》，《切磋六集》，华夏出版社2016年；

梁中和（凡四篇）

《朱子〈四书章句集注〉的解释学意义》，《切磋二集》，四川人民出版社2012年；

《〈关雎〉教恉疏义》，《切磋四集》，华夏出版社2014年；

《"不以亲亲害尊尊"——〈谷梁〉"正隐治桓"义辨正》，《切磋六集》，华夏出版社2016年；

《直面确定性——现代处境中的先验思想与道德感》，《切磋七集》，华夏出版社2018年；

麻尧宾（凡二篇）

《〈学〉、〈庸〉天人范式议论——以朱子疏释为关键之视域》，《切磋一集》，四川人民出版社2010年；

《从叶适到朱熹："过不及"辨略》，同上；

康茜（凡一篇）

《〈朱子语类〉卷一读诠》，《切磋五集》，华夏出版社2015年；

黄玉顺（凡二篇）

《生活儒学的基本观念》，《切磋一集》，四川人民出版社2010年；

《生活儒学的正义理论》，同上；

曾怡（凡一篇）

《为有明月似旧时——浅评高小强教授学述》，《切磋七集》，华夏出版社 2018 年；

曾海军（凡十一篇。另，自《切磋二集》以下，每集前，各弁以《前言》一篇，凡七篇）

《荀子论"争"》，《切磋一集》，四川人民出版社 2010 年；

《董子"三纲"思想深察》，同上；

《内圣与外王，或心性与政治——从"修己以安百姓"论起》，《切磋二集》，四川人民出版社 2012 年；

《从家到国与从国到家——论儒、法秩序的天壤之别》，同上；

《教化与人性——孟、荀之人性论再辨》，《切磋三集》，华夏出版社 2013 年；

《"恻隐之心"的哲学之途》，《切磋四集》，华夏出版社 2014 年；

《论"与民同乐"》，《切磋五集》，华夏出版社 2015 年；

《从别禽兽到远鬼神——儒家"人文"精神简论》，《切磋六集》，华夏出版社 2016 年；

《〈大学〉英译》，同上；

《一种儒家的情怀到底有多重要——写在高小强教授荣休之际》，《切磋七集》，华夏出版社 2018 年；

《天道、德性与秩序——论晚周朱子的秩序关怀》，《切磋八集》，华夏出版社 2019 年；

廖恒（凡二篇）

《儒墨的思想辩争与历史分际——何炳棣〈国史上的"大事因缘"解谜〉商论》，《切磋四集》，华夏出版社 2014 年；

《儒家思想与德国哲学》，《切磋七集》，华夏出版社 2018 年；

（以下不著名氏，凡十一篇）

《〈大学〉研习心得交流会笔录》，《切磋四集》，华夏出版社 2014 年；

《贺麟故居〈大学〉读书记》，《切磋四集》，同上；

《儒家与人文——第十一期切磋讨论班实录》，《切磋五集》，华夏出版社 2015 年；

《〈礼运〉研习心得交流会实录》，《切磋五集》，同上；

《北京凤凰岭书院读书记》，同上；

《儒家人文学文献收集汇报——第二十期切磋讨论班实录》，《切磋六集》，华夏出版社 2016 年；

《〈尧典〉研习心得交流发言稿》，同上；

《儒家与女性——第三十二期切磋班活动整理稿》，《切磋七集》，华夏出版社 2018 年；

《〈皋陶谟〉研习心得交流发言稿》，同上；

《〈禹贡〉研习心得交流发言稿》，同上；

《第八期儒家经典研习营总结发言稿》，《切磋八集》，华夏出版社 2019 年。

后　记

任何好的事物或许都有自身的传统，而任何事物在成长过程遇上某种紧要关头，在展望未来的同时也需要回顾传统。十二年对于一套系列论文集而言，也足以形成一个小小的传统。而现在就是这种关键点，需要全面回顾一下"切磋"系列论文集的成长经历。本集附录中的《〈切磋集〉系列文集分作者总目录》已经对全部论文做了一次整体性的回顾，作为本集的后记，也准备根据每一集的前言完成回顾工作。

自《切磋二集》开始，论文集的主编工作由我接手承担，我当时在前言中这样写道：

> 庚寅年十月，我们曾以中国哲学教研室的名义出版过一册《切磋集》。这一次的《切磋二集》，定位于儒家哲学，主要收录儒家哲学方向师友的文字，由该方向承担编辑出版工作。是编取名为《切磋二集》，既是承上一集而来，更是期望会有持续的三集、四集……这样出下去。"切磋"之名由丁老师确定，其用意在于，往低里说，是为我们儒家哲学方向师生提供一个切磋思想成果的平台；再不济，也可以做成我们自己的"哲学年鉴"，以资后来人检阅。当然，也会抱一些更高的愿望，若能吸引到真诚地以儒家为志业的同仁们也参与到这个切磋平台上来，共同为儒家文明的传承做一些事情，或者改变目前这个学界里的一些东西，是为幸甚。

实际上，这段文字是有删减的。由于当时刚接手主编，便将写出的原稿呈给丁老师把关，他便删除了其中的一些意思。有人想方设法删除对自己不利的文字，丁老师却总是删除对自己"有利"的文字。我后来也发现，同学们拿给丁老师过目的文字中，提起丁老师总是显得很"客观"，这也不难推测，大凡说丁老师好话的文字都被删掉了。只不过我后来再写前言时，不再给丁老师过目，我想怎么写他，他也就管不着了。今天恢复当年被删除的文字，读起来更能见丁老师的为人。其文如下：

> 尽管当时的《切磋集》从最初的统稿到付印，前前后后的工作事无巨细，都是丁老师亲力亲为，他却执意不肯署上主编之名，其无意于这种成果上的虚名，令人敬佩。《切磋二集》署上我的主编之名，却并非出于我承担了全部的主编工作，丁老师依旧为本文集付出了大量的心血。高老师和丁老师都坚持署上我的名字，完全是出于对后学者的提携和期望。想我这人一向才疏学浅，每每念起两位老师的这种信任与托付，真是令我既感动又不安。作为后学者，惟有将这种关怀和照顾铭感于心，以儒家为志业，兢兢业业投身于学，以不辜负了这种厚爱。

此后一直主编"切磋"系列论文集至今，有没有辜负这种厚爱，我自个儿没法评判。在《切磋三集》的前言中，我一方面接上前两集，另一方面继续说明论文集的定位：

> 本集书名之为《切磋三集》，是承前面出版的《切磋集》《切磋二集》而来。编者曾在《切磋二集》的前言中说到，"切磋"系列论文集不限于纯粹的学术论文，二集已经出现除论文之外的演讲、报告、座谈、讨论、通信等多种形式，本集又有"经注"和"札记"，甚至还出现了非学术性的"游记"。学术成果形式的多样性确实是"切磋系列"所希望呈现的一个特色。

接下来从《切磋三集》到《切磋五集》属于稳定阶段，编辑和出版工作都按部就班地进行着。到了《切磋六集》时，就明显感觉到了出版经费的压力：

> "切磋"论文集出版到第六集，突然有种前不着村、后不着店的感觉。"前不着村"是觉得出到第六集了，似乎比预想中的走得远，已经回不去了。"后不着店"是继续走下去已成定局，但没有什么盘缠，看不到下一家店在哪，心里发慌。在这种境况中，啥也别说了，只有埋着头干活。

然后在出版《切磋七集》时果然出现停顿，我在该集前言中写道：

> 在《切磋六集》的前言中，表达过"前不着村、后不着店"的预感，现在看来，这种预感并非没有来由，在筹划《切磋七集》的过程中，由于缺乏经费的支持而陷入停顿。好在并未耽搁太长时间，一年之后重新启动编辑和出版工作。

尽管我在前言中许下心愿，表示"《切磋七集》的出版已经耽搁了一年，在这辞旧迎新之际，衷心希望今后的'切磋'系列论文集的出版能够顺顺当当，保持每年一集的节奏，不再有这种耽搁"云云，但在《切磋八集》的前言中可以看出，一点也没能扭转局面。我再次表达了"依旧好不容易出版了上一集，却不知道下一集的经费还有没有着落"这一困境，此后的出版陷入停摆，这一停就是三年。

三年后重启"切磋"系列论文集的出版计划，并由丁老师亲自担任主编。本集的编辑工作从最初的征稿到最后的统稿，完全由丁老师承担，同时也已经写好了后记。丁老师对此说明如下：

> 《诗》有之："如切如磋，如琢如磨。"本刊之名义乃取自此。原先定位为师友同仁学术合刊，取系列文集形式，拟每年出版一

集，因条件所限，虽经曾海军老师等苦心筹措经营，中间仍不免偶有间断，十年共出八集，八集之总目已见前附录。自《切磋八集》迄今又三年矣，多事跌宕停滞，艰者却似愈艰，然本刊并非停办，故此次海军老师雄心再起，觉得事犹在所可为，则于本刊，乃前事之续起，要非作兴一新事体也。

自本集开始，有一个重大的变化，按丁老师的说法，"原名称为'切磋某集'，以切合文集样式，每集系以期数，今则径称《切磋》，以肖杂志之风格。其余则概仍其旧，无求于新颖与变化"。故本集书名定为《切磋（癸卯集）》，而非按过去的方式为《切磋九集》，此后每集皆照此处理。此外还有一个变化，即由过去的正体字改为简体字，以减轻编辑工作上的负担，也一并予以说明。

在此前的论文集前言中，我都会对该集所收录的论文篇目加以总体说明，丁老师在原先的后记中对本集所收论文也已经有所说明，现照录如下：

> 本辑卷首收李景林教授特稿一篇。壬寅之年，值李教授入执四川大学哲学系讲席，本为远方之师长，惟向之慕之；忽尔得就近受益，德风日沐，幸亦何如！既承李教授惠此大作，适用以志此盛。
>
> 特稿以下，分常设、非常设栏目两种。常设栏目，有学术论文、理学班专区、实体教学专区、文献整理专区以及院务专区等；非常设栏目，如专题讨论，本辑设师友之伦专题，收文三篇，此专题设立缘由及各文成文始末，专栏前已加编者按稍予说明，兹不复赘。
>
> 本辑学术论文专区收文四篇，数量稍嫌不足，每辑似总以六至八篇论文为较相当。此次原计划尚有朱子后学论明明德一篇，隐恶扬善、教育教化之形上根据一篇，以种种缘故不获收入，因以致此。然已入各篇既皆体量不凡，尤其海军老师、高老师两篇，视野开阔，立意高远，亦可大大减去单薄之嫌矣。

　　钦明书院所有事业，以本刊创成于庚寅之年（2010）为最早，其次则理学班之创议始于乙未之年（2015），持之以恒，今已七届。本辑所收理学班专区论文三篇，乃以近三届理学班十数篇论文为基础加以遴选，取其主题可相呼应者。凡理学班专区之所发表，正文之下皆以当场交流讨论内容附之，此最可以应本刊"切磋"之义。

　　理学班而下，则书院之实体教学活动始于己亥之年（2019），由院师高小强老师率同诸院生，常年坚持研读《四书》、五经、宋五子，今已为第四年，如《四书》已入第二轮，如《诗经》、《尚书》、周子、程子等亦皆读过。本辑收入实体教学专区论文三篇，论题出自《论语》《诗经》二经，可稍见实体教学参与者之感受与收益。

　　所以设为文献整理专区者，盖以我等师友实负经典传承宣扬之责，不但于一己思想之表达与学术之研究也。本辑收文两种，其最重要，亦为本辑一大光彩点之所在，乃夏灵峰先生《悔言》及围绕此之《附记》与《辨正》。灵峰先生早年之作，见识正大而辩锋甚锐，读之使人不禁兴起于百年之卜；亦惟如此，先生后来藏身匿迹之决然，见其感时伤世之痛之深，天地间盖莫可告语者，尤令人思之不能不慨乎怅然矣。其中，《悔言》卷五条一（又，《附记》"圣贤类"之条一）论及《武》之"未尽善"，可与高老师一文相参看；条三〇（又，《附记》"政事类"之条、"圣贤类"之条七、条一一）论及许鲁斋出处，可与王羿龙一文相参看。李娇、卢辰二君精心条理，使此秩然为可观，二君为力不小。至于区区所献之一种，乃对朱子抱愧之作，用为同志之士指谬之凭藉，非敢自谓有其他之价值，惟亦不妨视作《论语·学而》一篇之疏解，虽其粗陋无足观，亦忝列文献整理专栏；而敢置诸《悔言》之上，亦惟以《论语》之经，非以此读者解者然也。

　　丁老师在完成本集全部的编辑工作之后，四川大学哲学系决定自本集开始正式资助出版经费。职是之故，丁老师以为仍由我继续承担主编为宜，避免中途发生变更。因丁老师已经承担了本集的全部工作，只能冒昧地署以"执行主编"，尽管这远不足以体现丁老师的功劳。

在此前出版的系列论文集中，我所撰写的前言都带有比较强烈的个人及团体特色。受四川大学哲学系的资助之后，《切磋》论文集更具公共性了，也不宜再撰写此类前言。故自本集开始，便不再设"前言"，临时增加一篇"后记"，仅为过渡性的说明，此后也不会再出现。既然获得了稳定的资助渠道，希望从此以后顺顺利利地定期出版。只有不再需要通过"前言"或"后记"特别加以说明，才意味着一切正常。

曾海军谨识

五月初七于与文里

图书在版编目（CIP）数据

切磋：癸卯集 / 曾海军主编 . — 成都：四川大学
出版社，2023.9

ISBN 978-7-5690-6357-8

Ⅰ. ①切… Ⅱ. ①曾… Ⅲ. ①儒家－文集 Ⅳ.
① B222.05-53

中国国家版本馆 CIP 数据核字（2023）第 182689 号

书　　　名	切磋（癸卯集）
	Qiecuo（Guimao Ji）
主　　　编	曾海军

选题策划：张宇琛
责任编辑：张宇琛
责任校对：张伊伊
装帧设计：叶　茂
责任印制：王　炜

出版发行：四川大学出版社有限责任公司
　　　　　地址：成都市一环路南一段 24 号（610065）
　　　　　电话：（028）85408311（发行部）、85400276（总编室）
　　　　　电子邮箱：scupress@vip.163.com
　　　　　网址：https://press.scu.edu.cn
印前制作：四川胜翔数码印务设计有限公司
印刷装订：四川省平轩印务有限公司

成品尺寸：155mm×232mm
印　　张：25
字　　数：415 千字

版　　次：2023 年 9 月 第 1 版
印　　次：2023 年 9 月 第 1 次印刷
定　　价：89.00 元

扫码获取数字资源

四川大学出版社
微信公众号